AUSCHWITZ'DE İKİ KARDEŞ

Malka Adler

İsrail'in kuzeyinde, Celile Gölü yakınındaki küçük bir köyde doğdu. Yazarlığa 50 yaşındayken başladı. Yaratıcı yazarlık eğitimi aldıktan sonra sanata gönül verdi. Dördü Yahudi Soykırımı hakkında olmak üzere altı kitap yazdı. Bar Ilan Üniversitesi'nden Eğitim Danışmanlığı lisans ve yüksek lisans dereceleri aldı, bir aile ve çift terapistidir, yazar ve aynı zamanda çeşitli okuma kulüplerinde yönetici olarak görev yapmaktadır. Evli ve 3 oğlu olan Malka, büyükannedir.

D

Suat Kemal Angı

[28 Aralık 1966]. ODTÜ Metalürji ve Malzeme Mühendisliği bölümünü bitirdi. Uzun süre aynı üniversitede araştırma görevlisi olarak çalıştı. Şiir, deneme, anlatı, roman türünde kitaplar yazdı. Birçok önemli kitabı İngilizceden Türkçeye çevirdi. Ankara'da yaşıyor ve çevirmenlik, editörlük, yayıncılık, öğretmenlik yapıyor.

Adler, Malka
  Auschwitz'de İki Kardeş
    ISBN 978-975-298-626-8 / Türkçesi, Suat Kemal Angı / Dost Kitabevi Yayınları
    Ağustos 2020, Ankara, 336 sayfa
  Edebiyat-Biyografi

AUSCHWITZ'DE İKİ KARDEŞ

Malka Adler

ISBN 978-975-298-626-8

The Brothers of Auschwitz
MALKA ADLER

© Malka Adler, 2004

Bu kitabın tüm hakları
Akçalı Telif Ajansı aracılığıyla
Dost Kitabevi Yayınları'na aittir
Birinci Baskı, Ağustos 2020, Ankara

İngilizceden çev., Suat Kemal Angı

Son okuma, Yeşim Baktır, Pelin Angı

Teknik hazırlık, Mehmet Dirican

Baskı, Pelin Ofset Ltd. Şti.
Sertifika No: 16157
İvedik Organize Sanayi Bölgesi, Matbaacılar Sitesi
1514. Sokak No: 28-30, Yenimahalle / Ankara
Tel: (0312) 395 25 80-81 • Faks: (0312) 395 25 84

Erdal Akalın - Dost Kitabevi
Sertifika No: 46177
Karanfil Sokak No: 11/4, Kızılay 06420 Ankara
Tel: (0.312) 435 93 70 • Faks: (0.312) 419 18 51
www.dostkitabevi.com • bilgi@dostyayinevi.com

Teşekkür

En zor anlarda birbirlerinin elini tutan ve hiç bırakmayan İshak ve Dov kardeşlere en içten teşekkürlerimi sunuyorum. Bu korkunç anıları yeniden yaşamanın muazzam acısına rağmen, akıl almaz hikâyelerini anlatmayı kabul ettikleri için onlara minnettarım.

Kardeşlerin kız kardeşi Sara'ya, yürek parçalayan hayatta kalma hikâyesini paylaştığı için minnet borçluyum. Hafızasına selam olsun.

İbranice editörü Lilly Perry'ye, bu kederli yolculukta bana eşlik ettiği için minnettarım.

Kudüs'teki Yad Vashem'e, bana çok yardımı olan malzemeler sağladığı için teşekkür ederim.

*Leora ve Avi Ravit'e,
Yonit ve Hadar'a adanmıştır.*

Işık göğün en karanlık yerini delip geçer.

Giriş

İsrail, 2001

Sabah 07.30 ve hava buz gibi.

Beit Yehoshua peronunda, sırtımdaki ağır siyah paltonun içinde büzüşmüş duruyorum. Nahariyya'da Dov ve İshak'la randevum var. Bir zamanlar İshak'ı Icho, Dov'u da Bernard olarak bilirlerdi. İshak şimdi yetmiş beş yaşında ve hâlâ bir danayı kaldırabilir. Hâlâ güçlüdür. Yetmiş altısında olan Dov İshak'tan daha iridir ve kakaolu kurabiyeyi, televizyonu, sessizliği ve huzuru sever. İkisi de evli. İshak'ın iyi kalpli bir kadın olan Hanna'sı var, Dov'unsa Shosh'u, o da iyi kalpli bir kadın.

Yağmur bıçak gibi kesiliyor. Acı gibi. Önce şiddetli ve çok yoğun, sonra damla damla yağıyor. Ağaç dalları kaygısızca yere düşüyor. Şşşşş. Okaliptüs ağaçlarının tepeleri rüzgârda bir yandan diğer yana savruluyor ve benim daha şimdiden tekrar çişim geliyor. Hoparlör sonraki treni anons ediyor. Lambanın ışığı titriyor. İki saat sonra İshak ve Dov'la buluşacağım. İshak artık acele etmiyor. Dov ise asla acele etmez, önceden de etmezdi. Dov iyi kahveyle birlikte kakaolu ve üzümlü kurabiye getirecek.

Piuv. Piuv. Piuv.

Uzun paltolu bir adam yaklaşan trene ateş ediyor. Piuv. Piuv. Piuv. Başına yana sarkan bir bere takmış, elinde siyah bir şemsiye tutuyor ve ateş ediyor. Yüzünü karanlık çizgiler bölüyor, alnını, yanaklarını, çenesini, hatta burnunu bile. Yüzü, sanki birisi derisinin altına yerleştirdiği elastik iç çamaşırını çekiyormuş gibi gergin, neredeyse yırtılacak, ama hayır. Telaşlı kısa adımlar atıyor, kollarını bir o yana bir bu yana sallıyor, sanki bir sinek veya böcek sürüsünü ya da yakıcı düşünceleri kovmaya çalışıyor ve ateş ediyor. Şemsiyesini havaya kaldırıyor. Okaliptüs ağaçlarını ya da treni hedef alıp bağırıyor, piuv-piuv. Piuv-piuv. Piuv.

Piuv, piuv, piuv, diye bağıran adamın gözlerinin ta içine bakıyorum. Piuv. Şimdi onun yanındayım ve dur diyor. Dur. Nişan alıyor ve ateş ediyor, piuv-piuv. Piuv. Piuv. Piuv, herkes öldü, diyor ve elini eski pantolonuna siliyor. Öksürüyorum, o ise kaşlarını çatıyor, çenesini yayıyor ve dudaklarını, "Sana söyledim, söylemedim mi?" der gibi ısırıyor. Bunu hak ettiniz, sapıklar. Ve sonra şemsiyesinin ucundan üç kez üflüyor, püf, püf, püf, paltosundan hayali kırıntıları silkiyor, beresini düzeltiyor ve peronun ortasına geri dönüyor. Bir ileri bir geri. İleri geri ve tekrar geri, elleri daima dövüşmeye hazır bekliyor.

Askerler cuma atışlarına, yani sabah saat yedide peronda patlayan büyük öfkeye alışmıştı.

Herkes onun Even Yehuda'dan bisikletiyle geldiğini bilir. Yaz kış, cuma günleri gelir. Sürekli oradadır. Trenler istasyondan ayrılır ama o öğlene kadar kalır. Bir an bile dinlenmeden ateş eder. Yazın baston kullanır. İnsanlar ona, ye iç dinlen, neden kendini yoruyorsun, eve git, bu çok kötü der, ama o kendi dünyasındadır. Sabah yedi, cuma, yetmişinde olmalı, belki daha az, saçları beyaz ve dağınık, elbiseleri kir içinde, peronda ateş eder. Her cuma tamı tamına on iki buçukta bisikletiyle ayrılır. Biletçi onun hakkındaki her şeyi bilir. Meraklı biletçi. Siyah saçlı, sarı kâküllü, şişman biletçi. Adamın saati yok. İstasyonun duvarında bir tane var. Ama sırtı saate dönük durur. Zaman onun için önemli değildir. Biliyor. Ölümü için Şabat'a[1] hazırlanıyor.

Ah. Beit Yehoshua peronu Auschwitz'deki peronlara en yakın şeydir. Biletçinin bize söylediği bu ve biz sessiz kalıyoruz. Ailesine son kez Auschwitz'de dokundu o. İshak'ın söylediği buydu ve şapkasını kaldırıp bağırdı: Yahu, neden Yahudilerin peronlarda durması gerekiyor? Otobüs yok mu? Bazen de otobüste durmanız gerekir, iyi, o zaman taksi. Taksiler pahalı. Ne olmuş yani, peronlarda durmayı reddediyor. Dov, İshak'ın bir şeye kızdığını duysa öksürürdü. Sonra susardı. Oralı olmazdım. Önce İshak'a sonra Dov'a bakıp teybi açardım. İshak yüksek sesle şöyle derdi, neden peronlarda duruyorsun, neden sen de bir taksiye binmiyorsun. Evet.

Okaliptüs ağaçları şimdi hareketsiz. Ve biletçi kadın birine Yajec hakkında bir şeyler anlatıyor. Yeni biri daha Yajec'e bağırmadan önce acele etmeli. Biletçi her cuma onu korur. Her cuma onu tanımayan, çaresizliğini duymamış insanlar olur. Biletçi onu duymuştu ve bu yüzden yaşlılara onu rahatsız etmemelerini söyler.

---

1) İbranice "lişbot", yani iş bırakma kelimesinden gelen Şabat (ya da Sebt), Yahudilerin dinlenme günü olan cumartesi gününü ifade eder. (ç.n.)

Şemsiyesiyle öldürmesi için onu rahat bırakın, piuv. Piuv. Piuv. Piuv-piuv. Bir keresinde bazı yeni insanlara, onu rahat bırakın, olduğu gibi bırakın demişti. Yajec, annesinin elbisesine yapışmış ağlayan küçük bir çocuktu, evet. Hiç durmadan ağladı, çığlık attı, beni bırakma, ama zavallı kadın onu erkeklerin olduğu gruba doğru itti, ama o annesine koştu, Anne, beni al, ama zavallı kadın onu almadı. Yüzü solgun, çocuğuna bakarak kulağına bağırdı, benimle kalmıyorsun Yajec, oraya git, duyuyor musun? Ve onu tokatlayıp sertçe itti. Beni duydun. Evet. Anne kadınlarla birlikte gitti ve çocuk, yedi ya da sekiz yaşında olduğu için onu görmeyen yabancılarla kaldı, evet.

Tren istasyona girdi ve durdu. Sessizlik. Üç dakikalık sessizlik. Tren durduğunda biletçi bile konuşmuyor. İnsanların kafasının karışmasını istemiyor. Binmesi gerekenler trene biniyor, inmesi gerekenler iniyor. Tren kalkıyor. Biletçi Yajec'in babasının da kaybolduğunu söyledi. Ve büyükbabası, büyükannesi, dört kız kardeşi ve Serena Hala ve Abraham Dayı.

Etiyopyalı bir kadının yüzünü görünce mideme bir ağrı saplanıyor. Asil, kırılgan bir yüz, ağzı sanki ağlamak üzereymiş gibi gergin, gözleri kederden kararmış, başka, uzak bir yere ait bir keder bu, yüksekliğe göre katmanlar halinde sıralanmış bir keder, alnında taze, üst bir katman, yüzü güçlü. İshak ve Dov burada olsaydı, bu yüz muhtemelen onları ağlatırdı. Fakat İshak asla kimseyi ziyaret etmez, kimse de onu ziyaret etmez. Dov buraya gelseydi, muhtemelen kadına kurabiye ve meyve suyu verirdi, oturmasını, bir bankta oturmasını ve biraz dinlenmesini söylerdi.

İstasyona başka bir tren giriyor. Peron boşalıyor, geride sadece uzun paltolu ve bereli adam kalıyor. Etiyopyalı kadın trene biniyor. Zorlanacağını biliyor ama binmekten vazgeçmiyor. Biletçi onun da trenin düzenli yolcularından olduğunu söyledi. Yatılı okulun müdüründen azar işitecekti. Kızının sabah akşam davranış sorunları var. Öğretmenlerini çıldırtıyor; Etiyopya'ya geri dönmek istiyor; halkı arasında yaşamak istiyor; bir cuma gecesi kaçıp şehre iniyor, bir Reggae Kulüp'te zaman öldürüyor. Tek istediği *rap* yapmak. Uzun bir etekle ve uzun kollu bir gömlekle gidiyor. Çantasında küçük bir şort ile karnını gösteren kısa, renkli bir bluz taşıyor. Yatılı okulda kalmak istemiyor, istemiyor! Annesi bağırıyor, benimle geri dönmüyorsun, kalıyorsun, anladın mı?

İshak kızın buna alışacağını, eninde sonunda alışacağını söylerdi ve annesi neden her cuma trene biniyor ki derdi, iki üç ayda bir yeter ve taksiyle de gidebilir, ona söylemediler mi? Dov ise, neden çocuklar konusunda ısrarcı diye sorardı, asla işe yaramaz, en iyisi alıp onu eve götürmesi, hepsi bu, öyle değil mi?

Beyaz bir güneş dar bir çatlağı zorluyor. Okaliptüs ağaçlarının arkasından devasa, parlak bir kaleydoskop yaratarak görünüveriyor. Hoparlörün sesi duyuluyor: dikkat, dikkat. Güneş kayboluyor. Tren istasyondan ayrılıyor.

Nahariyya'ya gidiyorum.
    İshak beni almayacak. Alabilirdi. Telefonda, bakarız dedi. İshak sabırsız.
    Dov benimle oturacak. Dov sözünü tutar. İshak da. Ama İshak hiç söz vermez. İshak der ki, perşembe günü telefon et, sonrasına bakarız.
    Her perşembe ararım ve bakarız der. Sonunda, evet, gelebilirsin der.
    Dov arabayla istasyonda bekler. Dov beni İshak'a götürür.
    Hiçbir şeyden emin değilim. Benimle konuşmayı kabul edecekler mi? Tekrar gel, bir ya da iki kez, sonrasına bakarız. Telefonda böyle derler.
    Hayır, "bakarız". Bakmalılar.
    Doğru.
    Hikâyenizi anlatmama izin verir misiniz?
    Veririz. Veririz.
    Yavaş yavaş anlatacağız, usul usul.
    Belki de hızlı hızlı, yani pişman olursak, ha. Ha. Ha.
    Tek tek mi, birlikte mi?
    Hangisi işe yararsa, ama ilgilenmem gereken bir inek çiftliğim var.
    Yani daha çok Dov ile.
    Elbette. Ne zaman istersen seninle konuşmaya hazırım.
    Sadece yağmurlu günlerde, yağmur yağdığında gel.
    Tamam İshak.
    Gün ortasında inek çiftliğinden ayrılamıyorum.
    Gerek yok.
    Tüm buzağıları beslemem gerekiyor ve bazen ben de çekip gidebilirim.
    Yağmur yağarken geleceğim.
    En iyisi bu olacak, sadece yağmur yağdığında evdeyim.
    Öyleyse yağmur yağdığında.
    Anlaşıldı.
    Ama önce ara, sonrasına bakarız.

1. Bölüm

Ben İshak: İsrail Devleti bana İshak adını verdi.
Naziler bana 55484 numarasını verdi.
Yahudi olmayanlar bana Ichko adını verdi.
Kendi Yahudi halkım bana Icho adını verdi.

İshak'ın Oturma Odasında

En zoru evimizden çıkartılıyor olmaktı.

Her zamanki gibi uyanmıştık. Önce kalktım ve babamla birlikte pazara gitmek istedim.

Tatil olduğunu unutmuştum. Babam sinagogdan döndü. Siyah saçlı, orta boyluydu. Üzerinde palto varken bile zayıf görünürdü. Babam bir sandalyeye oturdu. Bizi çağırdı. Lea, buraya gel. Sara. Avrum. Dov, Icho'yu da çağır. Babamızın etrafında toplandık.

Babamın yüzü güneşin altında kalmış teneke rengiydi. Solgun. Gözlerimiz anneyi aradı.

Toparlanmamız gerekiyor dedi baba. Köyden ayrılıyoruz. Hemen atıldık, ne? Nereye gidiyoruz nereye, bilmiyorum, Macarlar bizi buradan gönderiyor. Nereye baba, nereye. Söylemediler, acele etmeliyiz, biraz giysi ve battaniye denklemeliyiz, öksürdü. Lea, bir bardak su lütfen, birkaç çatal bıçak, birkaç tabak ve çorap alın, çorapları unutmayın, baba, bizi nereye gönderiyorlar, nereye, diye sordu Avrum.

"Ölmeye!" dedi Dov. Yeter Dov, yeter, köydeki tüm Yahudileri başka bir yere gönderiyorlar, doğuya, doğuda çalışmaya. Neden sadece Yahudileri gönderiyorlar, diye sordu Sara. Öyleyse öleceğiz ve sonunda bizden kurtulacaklar, bizi hayatlarından ebediyen çıkaracaklar, anlamıyor musun?

Babam yüzünü kalın, koyu, güçlü parmaklarıyla örttü.

Kısık bir ağlama sesi duydum. Annemize bakındık. Annem kahverengi saçlı ve yumuşak yüzlü bir kadındı, kendini güneşten sakınan bir çiçek gibi ufak tefekti.

Annem her iki elinin de parmaklarını ısırıyordu. Ona dönüp, babama bize anlatmasını söyle dedim, anlamıyorum, söyle ona, söyle ona. Annem bir sandalyeye oturdu. Babamdan biraz uzakta. Sessizdi. Babam sanki derisini soymak istiyormuş gibi yüzünü ovuşturdu ve bağırdı: Yeter! Ve sonra ayağa kalktı, uzanıp sandalyeye tutundu, parmakları beyaz, neredeyse kansızdı. Anneme bakarak boğuk bir sesle konuşmaya başladı: Macar askerleri sinagoga geldi, tüfekleri vardı. Bize evlerimizi boşaltmak için hazırlanmamızı söylediler. Bir saat içinde dediler. İhtiyaçlarımız için sadece bir bavul hazırlamamızı söylediler. Sinagoga gitmemizi söylediler. Beklememizi. Emirler gelecekmiş.

Hep bir ağızdan bağırdık, ama baba, savaş bitti, uzaktaki Rus toplarını duyabiliyoruz, onlara savaşın bittiğini söyleyebiliriz. Baba hafifçe, biliyorlar, dedi. Avrum bağırdı, öyleyse neden bizi götürüyorlar baba, bize ne yapmak istiyorlar, ne?

Yahudileri yakmak istiyorlar. Radyodan duydum. Hepimiz öleceğiz, dedi Sara, ağlamak üzereydi.

Hitler'in planladığı şey tam da bu, dedi Dov, cebine bir elma koydu.

Baba ayağını sertçe yere vurdu, yeter. Odana git, hadi, git, toparlanmak için bir saatimiz var. Ama ne valizimiz var ne de çantamız, dedi anne, nasıl toparlanabiliriz?

Her şeyi çarşafların, hatta masa örtülerinin üstüne koy, dedi baba, yığınları bohça yapıp iple bağlayacağız, Avrum, koş ve sandık odasından ipleri kap gel, çocukların ipleri bağlamasına yardım et, Lea, sen bizim odadasın, ben mutfaktayım. Annem sessizliğe gömülmüştü. Kollarını sıkıca kavuşturmuş, kımıldamadan duruyordu.

Sara ağlıyordu.

Hamursuz Bayramı gecesinden kalan bulaşıkları yıkamalıyım, tabakları dolaba dizmeliyim, dedi, babam bağırdı, boş ver şimdi onları, bulaşıklar önemli değil.

Annem sandalyesinden kalktı, lavabonun önünde durdu, musluğu sonuna kadar açtı ve kirli bir tabağı kapıp hızlı hızlı sabunlamaya başladı. Babam, ellerini sanki güç kazanmak istercesine pantolonunun yanlarına vurdu, annemin yanına geldi ve musluğu kapattı. Annem döndü ve tabağı yere fırlattı, ellerini önlüğünde kuruladı, doğruldu ve gidip toplanalım dedi. Sara eğildi ve parçaları yerden toplamaya başladı, şimdi daha şiddetli ağlıyordu, ama biz döndüğümüzde tabaklar kokmuş olacak, atılmaları gerekecek. Merak etme, hepimizi kokutacaklar, dedi Dov. Annem Sara'yı kaldırdı, ona sarıldı, alnına düşmüş saçlarını düzeltti, kafasını okşadı ve gidiyoruz dedi. Annem ve Sara odalara girdiler. Avrum iple geri döndü.

Annemin peşinden gitti. Dov pencerenin önünde duruyordu. Babam mutfaktaki çatal bıçak takımlarını topladı.

Başıma yünlü bir şapka taktım ve kapıya gittim. Kulpu yakaladım. Bacaklarım güçsüz hissediyordu.

Babam seslendi, Icho, nereye gidiyorsun?

Ahıra, inekleri beslemeliyim, onları gitmeye hazır hale getireceğim.

Babam paniğe kapıldı, hayır, hayır, bu imkânsız, inekler olmadan gidiyoruz, sadece giysiler ve battaniyeler, elbiselerini bir bohçaya yerleştir. Babam karşımda duruyordu.

Ya inekler, diye sordum? İneklerle kim ilgilenecek?

Babam bana sertçe, uzun uzun baktı, benimle tartışma.

İneklerimizi bırakamazdım. Onlar bahçemizde yaşıyordu.

Ahır evin arkasındaydı. İnekleri sağmak hoşuma giderdi. Bazen konuşurduk, sanki aynı dili konuşuyorduk. Buzağılar ellerime doğmuştu. Dov'a baktım. Yeni duş almış gibi görünüyordu. Kafasındaki bukleler gözüme küçük göründü.

Dov beni uyardı, yapma, bırak. Babama dedim ki, ineklerimizi kim sağacak, inekler yemeksiz ölecekler. Babam hiçbir şey bilmiyordu, komşuların onlara bakacağını sanıyordu, belki de tüfekli askerlerden biri, hiçbir şeyden emin değildi.

Aklıma kedim geldi. Hamursuz Bayramı gecesinde üşüten kedim ne olacaktı, bilmek istiyordum. Siyah beyaz tüyleri olan iri bir kedim vardı. Babama gittim. Sırtı bana dönük duruyordu, mutfak dolaplarını açmıştı ve bir büyükbabama benziyordu. Hiç olmazsa kedi diye yalvardım.

Kedimi alacağım, bize rahatsızlık vermeyecek, tamam mı?

Baba dolabın içinden konuştu, kediyi bırak Icho, dışarıya çıkma. Sonra doğruldu, sırtını kavradı, yola bakan pencereye gitti ve buraya gel dedi. Bak şu pencereden. Askerleri görüyor musun? Yakında gelecekler ve bohçalarımız olmadan bizi sokağa atacaklar, şimdi anlıyor musun?

Sanki bir hastalık tüm vücuduma yayılıyor ve hayatımı alıp götürüyormuş gibi hissettim. Kedimi istiyordum. Mırıltılarıyla gelip yatağıma giren kedimi. Karnının gıdıklanmasını ve kürkünün arasındaki emciklerden süt fışkırmasını severdi. Kendini saatlerce yalamayı severdi. Ağabeyim Avrum kapı aralığında duruyordu. Avrum uzun boylu, zayıf ve anne gibi nazikti.

Hadi, sana yardım edeceğim, dedi, Dov da seni bekliyor. Bir dakika. Hasta kedime sarılmak istedim. Sara yanımda duruyordu. Elimden tuttu. Dışarıda bir ses duyduk. Sara pencereye koştu.

Kemikli vücuduyla sarktı ve babaya seslendi: Baba, baba, komşular bahçemizde, seni çağırıyorlar. Sara da zayıftı. Şimdi sırası değil Sara, dedi baba ve oralı olmadı. Sara daha ısrarlı seslendi, komşular kapıya geliyor baba, onlar için dışarı çık. Odaya Dov girdi, diğer cebine bir elma, gömleğinin içine de biraz matsa[2] koydu. Kahverengi gözleri vardı ve her iki kolunda topa benzeyen kasları. Sırtına bir kazak attı.

Kapının çalınmasıyla yerimden sıçradım.

Babam kapıya gitti. Komşumuzun, "Nereye gidiyorsunuz Strullu?" diye sorduğunu duydum. Stanku'ydu. Başında her zaman kasketi olurdu, yanağında kırmızı uçlu bir siğil vardı.

Anlat bana, dedi baba, belki sana bir şey söylediler.

Bana hiçbir şey söylemediler. Konuştukları sendin.

Babam sessiz kaldı. Stanku doğruldu. Ya çocuklar?

Bizimle geliyorlar, dedi baba. Yaşlılar da.

Stanku kasketini çıkardı, ekmeğe ihtiyacın var. Babam istemedi. Matsamız var dedi.

Hayır Strullu, yolculuk için ekmeğe ve suya ihtiyacın var. İstemiyorum.

Kek al, Paskalya için çok kek yapmıştık. Size kek vereceğiz. Onları giysilerinizin altında saklayın. Ne olacağını kim bilir.

Dov kendi kendine, olacak olan bir trajedi dedi. Korkunç bir trajedi.

Baba, Stanku'ya acıyla gülümsedi. Bu çocuk, dedi sessizce, her zaman trajedileri düşünür. Nesi var bilmiyorum. Stanku babamın elini tuttu. Eli titredi. Mavi gözleri nemliydi.

Evle ilgileniriz Strullu, dedi Stanku, ineklere göz kulak oluruz ve siz geri döneceksiniz, geri dönmelisiniz.

Babam ve Stanku kucaklaştılar. Sırtlarından gelen güm güm sesler duydum. Babamın kesik kesik, geri döneceğimizi sanmıyorum Stanku, dediğini duydum, beni affet, içeri girmeliyim. Babam gitti.

Stanku'ya döndüm, öyleyse evle ilgileneceksin, ineklerle de ve kediyle, ve onu besleyeceksin, evet, ama eğer insanlar onu görür de almak isterse, onlara ne diyeceksin?

---

2) Mısır köleliğinden kurtuluşun anısına, Hamursuz Bayramı'nda yenilen mayasız ekmek. Tevrat'ta anlatıldığı üzere, Yahudiler Mısır'dan apar topar çıktıklarında ekmeklerini mayalamaya fırsat bulamadıklarından bu mayasız ekmekleri yemişlerdir. (ç.n.)

Stanku boğazını temizledi. Ve tekrar temizledi, boğazını tuttu. Fısıldadım, biriktirdiğim az bir para var, onu sana vereceğim Stanku.

Stanku ellerini kaldırdı, ayağını yolda hızla yere vurdu, hayır, hayır, hayır dedi, ve sen merak etme Icho, siz güvenli bir şekilde eve dönene kadar ben her şeyle ilgileneceğim. El sıkıştık. İçeri girdim.

Dov pencereden dışarı atladı.

Dov'un ormana kaçtığından emindim. Kaçmasına sevinmiştim. Kimsenin görmemesine sevinmiştim. Ailemizden hiç değilse bir kişinin evle ilgilenecek olmasına sevinmiştim. Babam, annem, Sara, Avrum ve ben, sırtımızdaki bohçalarla sinagoga gittik. Macar askerleri bizi saydılar. Biri bizi ihbar etti, ailemizden bir oğlanın eksik olduğunu söyledi.

Askerler parmak sallayarak babamı tehdit ettiler: akşama kadar. Çocuk akşama kadar dönmeli. Yoksa hepinizi duvarın önüne dizeriz, bom, bom, bom. Anladın mı? Babam Dov'un sınıfından Vassily'yi çağırdı.

Vassily Dov'un en iyi arkadaşıydı. Vassily çorapsız ve şapkasız yaşamayı severdi. Yaz ya da kış, fark etmezdi. Vassily koşarak geldi. Bir kolu kısa, diğeri uzun bir paltosu vardı.

Babam kolunu Vassily'nin omzuna attı ve ona, Dov'u bize getir Vassily, dedi. O şimdi ormanda. Bunu sadece sen yapabilirsin. Vassily babama baktı, üzgündü, Dov, Dov. Babam eğildi ve Vassily'ye, Dov'a Budapeşteli genç adam Şorkodi'yi hatırlamasını söyle, o anlayacaktır, diye fısıldadı.

Dov, yüzü gözü şişmiş halde döndü, dayak yemişti.

O gece Macar askerleriyle birlikte döndü. Yüzü iki gün şiş kaldı. Yüzünde, alnından kulağına kadar derin bir kesik vardı. Saçının altındaki yara kabuk bağlamıştı. Tek kelime etmedi. Üzgündüm, maalesef geri döndün Dov, çok yazık.

İki gün sonra bizi trenle, şimdiki adı Ujgorod olan Ungvár'a götürdüler.

Ungvár şehrinde bizi açık bir madene benzeyen dev bir çukura koydular. Orada, tuvaleti ve duşu olmayan bir alanda, binlerce Yahudi vardı. Sadece bir boru ve küçük bir musluk. Sürekli yağan yağmur. Yağmur madeni yıkayıp temizledi. Çamurda ve güçlü bir kokunun ortasında boğuluyorduk. Önce ölecek insanların keskin kokusu geldi. Sonra insan dışkısı kokusu geldi. Bu kötü kokulara alışamıyordum. Kustuktan hemen sonra bile tekrar kusmak istiyordum.

Ailemize bir oturma odası kanepesi büyüklüğünde bir alan verildi. Tahtaların ve ıslak battaniyelerin üstünde uyuduk. Saatlerce sırada bekledikten sonra bir kâse patates çorbası içtik. Günde bir kâse. Hâlâ açtık. Çukurun etrafında yürüyen seyyar satıcılar görüyorduk. Bize el işaretleri yapıyorlardı. Haç işaretleri ve sanki ellerinde bıçak tutuyorlarmış gibi, boğaz kesme işaretleri. Pis pis sırıtıyorlardı, hee hee hee. Onları yumruklayabilirdim. Annem benimle sözcüksüz, tek kelime söylemeden konuşuyordu. Bacağım uyuşana dek kendimi yumrukladım. Ciddi yüzleri ve ıslak ceketleri olan insanlar aramızda dolaşıyordu. Onlara *Judenräte*[3] diyorlardı.

Söz vermişlerdi, sadece birkaç gün sonra doğuda olacaktık. Birçok çalışma yerinden söz ediyorlardı.

Bizi doğudaki bu çalışma yerlerine götürecek treni bekliyorduk. Tren gelmek bilmiyordu. İnsanlar giderek daha fazla sabırsızlanıyordu. Üç gün sonra sebepsiz yere birbirlerine bağırmaya başladılar. Çorba veya çeşme kuyruğunda yanlışlıkla birinin dirseğine dokunsalar, bağırıyorlardı. İnsanlar nerede uyuyacaklarını, uyurken başlarını veya ayaklarını nereye koyacaklarını tartışıyordu. Ya da neden bebeğin yüzüne osurdun diye.

Zavallı küçük şey, boğuldu, biraz dikkat et Büyükbaba. Söylentiler hakkında tartıştılar. Bağırdılar, bağırdılar, bağırdılar, bir gün sonra söylentileri tekrar ettiler ve yeni söylentiler ortaya attılar. Ölüm hakkında söylenti yoktu, ölüm hakkında tek kelime edilmiyordu; kurtuluş hakkında, evet. En çok yakın veya uzak kurtuluştan söz ediliyordu. Gelen haberler hakkında hiçbir şey bilmiyorduk, yeni duyuyorduk ve bekliyorduk. Neredeyse bir ay bekledik.

Sonunda rayların üstüne özel bir sığır treni geldi.

Bir yanlışlık olduğundan emindik. Askerler bizi vagonlara tıktılar. Tüm aileleri zorla tıktılar. Bütün köyleri. Kasabaları. Şehirleri. Anlamıştım. Macarlar dünyayı Yahudilerden temizlemek istiyordu. İçinde Yahudilerin yürüdüğü bir dünyada nefes almak istemiyorlardı. Yahudilerin olmadığı, ah hem de hiç olmadığı uzak geleceğe bakmak istiyorlardı. Gökyüzü tertemiz, güneş de temiz, ay da.

Trenle yolculuk bir kâbustu.

Üç gün boyunca yiyeceksiz ve susuz seyahat ettik. Vagonda, bütün bir kasabanın ihtiyaçları için tek bir teneke kova vardı. Gözlük camı çatlamış bir kadının kollarındaki bebek durmadan ağladı. Kulağından sarı bir şey sızıyordu. Anne çarşaftan kestiği şeridi bebeğin kafasının etrafına bağladı. Kabakulağa benziyordu.

---

3) Judenrat ya da Judenräte: Yahudi konseyi ya da heyeti. İkinci Dünya Savaşı sırasında, Nazi Almanya'sının Yahudi cemaatlerinin yaşadığı yerlerde kurduğu ve Alman işgalci yetkililerle işgal altındaki Yahudi cemaatleri arasında köprü görevi gören yönetim organları. (ç.n.)

Bebeğin ağlaması arttı. Kadın onu emzirmeyi denedi, ama istemiyordu. Sadece ağlamak istiyordu. İki gün sonra bebeğin ağlaması kesildi ve kadın başladı. Önce yalnız ağladı, sonra yanındaki beş altı kişiyle birlikte ağlamaya başladılar, bir koro gibi. Nihayet kadın bebeğin yüzünü bir çarşafla örttü. Bebeği yanında duran uzun boylu adama vermeyi reddetti. Gözlüklerinde kahverengi bir leke vardı. Tırnaklarımla bacağımı deşiyordum, deştim, deştim, sonunda küçük bir delik oluştu.

Kurtuldu, dedi Dov, bebek annesinin kollarında öldü. Biz yalnız öleceğiz.

Auschwitz'deki peronlarda sıraya girmiştik.

Raylar boyunca trenler duruyordu. Kocaman, uzun kuyruklu bir iblis gibi.

Bebekler kuşlar gibi havada uçuyordu. Hamile kadınları bir kamyona attılar. Bir kadının karnı havada patladı, her şey orada sanki bebek değil de bir karpuz varmış gibi dağılıyordu. Yürüyemeyen yaşlı insanlar yere serilmişti. Bütün köyler peronda dikiliyordu ve kımıldayacak yer yoktu. Havada bir duman sütunu ve yanmış tavukların keskin kokusu. İşte benim hatırladıklarım bunlar.

Önce kadınları erkeklerden ayırdılar.

Annemi ya da Sara'yı bir daha hiç görmedim.

Hoş bir yüzü olan bir subayın yanından geçtik, bizden hoşlanmış gibiydi, kaygılandık. Sanki bizi önemsiyordu. Parmağıyla sağa, sola, sağa, sola diye işaret etti. Parmağının gökyüzüne ulaşacak kadar uzun olduğunu bilmiyorduk. Sonra meslekleri sordular. İlk davranan Dov oldu. Birbirimizden ayrılacak zamanımız yoktu.

Askerler, inşaatçı diye bağırdı, aranızda inşaatçı var mı? Avrum ve ben birlikte öne çıktık. Babam başka bir meslek seçmek için geride kaldı. Bir daha babamı görmedim.

Bizi soyunacağımız bir binaya götürdüler.

Uzun, hiç bitmeyen bir sıra. Sanki orada şeker dağıtıyorlardı. Ve sonra bize çabuk soyunun dediler, acele edin. Çıplak kadınlar büyük demir bir kapıya doğru koştular. Kapı sürekli açıktı. Kapının siyah boşluğu çıplak kadınları içine çekti. Denizin büyük ağzı gibi. Erkekler ve oğlanlar diğer tarafa koştular. Sakallı hahamlar *Şema İsrail, Şema İsrail*[4] diye feryat ediyordu.

Avrum ve ben, birçok insanı yutan binanın karşısında titreyerek duruyorduk.

---

4) (*İbr.*) "Shema": Dinle. Tek bir Tanrı olduğu inancını ifade eden Yahudi duasının ilk sözleri: "Dinle, Ey İsrail! Tanrımız Rab tek Rab'dir (Tesniye 6: 4)." (ç.n.)

Binanın tıpatıp aynı iki siyah kapısı vardı. Kardeşim ve ben nereye koşmamız gerektiğini bilmiyorduk. Çıplak ve şaşkın bir halde bir taraftan diğer tarafa koşarken, bacakları çiğniyor, ellerimizle itiyorduk. Etrafımda, elleri başlarının üstünde dönen, göğüslerini döven, saçlarını ve cinsel organlarının tüylerini yolan insanlar gördüm. Tanrıları için ağlayan, ona, Tanrım beni duy, bana bir işaret gönder, Evrenin Efendisi Mesih nerede, diye yakaran insanlar gördüm. Hafif bir uğultu duyuluyordu, kar fırtınası gibi ağırdı. Huuuu. Huuuu.

Sesim kısılana kadar kardeşime seslendim.

Avrum, Avrum, diye haykırdım, hangi kapıya koşmamız gerekiyor, Avrum, cevap ver.

Avrum elimi yakaladı. Avrum hıçkıra hıçkıra ağlıyordu, buraya, hayır, oraya, hayır, hayır, Avrum, ne yapıyoruz, nereye, nereye, ilk kapı, hayır, hayır, ikinci, ne yapıyorsun Icho, beni dinle, bekle, dinleee. Biz içerideydik.

Banklarla dolu kocaman bir salondaydık. Saç tıraşı yapan berberlerin olduğu kocaman bir salon. Bıkıp usanmadan tıraş ediyorlardı. Sonra bizi duşlara götürdüler. Ve sonra, şırrrrr. Su. Avrum, dedim, bu su, su, yaşıyoruz, Avrum, hâlâ birlikteyiz Avrum, şanslıyız Avrum. Duş bitine kadar hıçkıra hıçkıra ağladım.

2. Bölüm

Ben Dov: İsrail Devleti bana Arieh-Dov, kısaca Dov adını verdi.
Naziler bana A-4092 numarasını verdi.
Yahudi olmayanlar bana Bernard adını verdi.
Kendi Yahudi halkım bana Leiber adını verdi.

Dov'un Oturma Odasında

Bizi ölüme götürdüklerinden emindim.

Babam bizi çalışmaya uzak fabrikalara gönderdiklerini düşünüyordu. Ben ölümü düşünüyordum. Ölümüm parlak kırmızı renkteydi. Auschwitz treninde yanımda duran adamın kulağından sızan kan gibi kırmızı. Bu adam trene binmeyi reddetmişti ve kanama da üç gün boyunca durmayı reddetti, belki trendeki izdiham ve sıkıntı yüzünden, herkes herkesi sıkıştırıyordu. Bir fıçıda taze ölüm kokan balıklar gibiydik, hayatıma giren ve beni uzun süre terk etmeyen yeni bir koku.

Auschwitz treni durdu.

Vagonun kapısı aniden açıldı. Meşaleler, ışıldaklar gibi, gözlerimizin içinde patladı. Hoparlörün sesi duyuldu: çabuk, çabuk, *schnell, schnell*.[5] Eşyaları trende bırakın. Duyduğumuz keskin ve çiğ ses sinirliydi, sanki sadece ses vardı, insan yoktu, sadece tek bir ses, *schnell, schnell*.

Peronda silahlı askerler ve hoparlör sesine benzer sesler vardı. İn, çabuk, çabuk. Boğazlarına bir hoparlör takılıymış gibi bağırıyorlardı. Bir yanda çizgili pijama yığınları duruyordu, bir kafa ve pijamalardan dışarı fırlamış kollar. Onlardan başka bir şey görmüyordum. Eğik ve tıraşlı kafalarıyla bir kenarda dikiliyorlardı. Düzenli bir şekilde duran askerlerden daha korkutucuydular. Hasta ve acı çekiyor görünüyorlardı. Askerler değil. Orkestra da sağlıklıydı. Zafer yürüyüşüne uygun neşeli marşlar çalıyordu.

---

5) (*Alm.*) "Schnell": Acele, çabuk, hızlı. (ç.n.)

Tasmalı köpekler çılgınca havlıyordu. Keskin dişleri, akan burunları ve çivi gibi dikleşmiş tüyleriyle köpekler. Askerler, ne yapacağını anlamayan ve komutana, bağışlayın efendim, diyen yaşlı ve sakallı bir büyükbabayı ittiler, ne yapmam gere... Küt. Yaşlı adam yere düştü. Askerler diğer zayıf yaşlıları patakladılar. Parçalanmış omuzlar, karınlar, sırtlar. Hemen oracıkta ölmelerine izin vermediler, onları ağlamaya terk ettiler. Onlar da acıyla ağladılar, hıçkıra hıçkıra. Endişeyle ağlayanlar da vardı, ya da orkestra yüzünden. Auschwitz'de iyi bir orkestra vardı. Dinleyince iyi olduğunu hemen anlayabiliyordum. Az kalsın onun güzelliği için ağlayacaktım, ama aklımda büyük çizgili pijama yığını vardı ve ağlamadım.

Başka bir tarafta, askerler küçük bir çocuğu top gibi tekmeliyordu; çocuk belki üç yaşındaydı. Duymamış, çabuk çabuk yürümemişti. Siyah bukleli küçük oğlanın üzerinde kısa bir ceket ve pantolonunun içinde ağır bir bebek bezi vardı. Yolculuk sırasında kakayla dolmuş bir bebek bezi. Çocuk annesini ve babasını kaybetmiş, kolunun altında tuttuğu kahverengi oyuncak ayısıyla kalakalmıştı. Önce oyuncak ayı düştü, ardından da çocuk. Bir tekme daha. Çabuk yürü emrini yine duymamıştı. Müzik yüzünden duymak biraz zordu. Çocuğun kafası hafifçe yarıldı. Bir tekme daha, işte bu kadar. Peronda, oyuncak ayısının yanında, yoldaki siyah bir leke gibi kalakaldı. Etraf bir anda sessizliğe büründü. Hiç kimse konuşmadı, tek kelime bile, sadece neşeli müzik.

İleri doğru sürükleniyordum ve gürültü artıyordu. Müthiş bir ağlamaydı. Şimdiye dek duyduğum en büyük ağlama. Büyük, fırtınalı bir okyanusun ağlaması. Kıyıdaki kayalara çarpıp kırılan dalgalar gibi bir ağlama, fooşşş, fooşşş.

Askerler, sıraya geçin, çabuk diye haykırdı.

Askerler insanları iki gruba ayırdı, kadınları sola, erkekleri sağa. Erkekler küçük çocuklara sarıldılar. Çocuklar hıçkırıklara boğulmuştu, Anne, Anne, Büyükanne, Annem nerede. Eşarplı bir büyükanne eliyle ağzını örttü. Dişleri yoktu. Büyükanne, sahildeki bir cankurtaran gibi, garip sesler çıkarıyordu. Rüzgârda küçük bir megafona bağıran bir cankurtaran. Vaaav, vaaav, vaaav, vaaaaaav.

Bastonlu bir büyükbaba ağlayan bir çocuğun elini tuttu. Onu sıkıca kavradı, şşşş, şşşş, şşşş, ağlama evlat ve yere yığıldı. Küt. Çocuk sustu. Asker, battaniyeye sarılı bebeği annesinin kollarından kaptı. Asker bebeğin kafasından yünlü şapkasını yırtarak çıkardı ve kel kafayı vagonun kapısına çarparak parçaladı. Bir çığlık duydum, köyde katledilen bir buzağının bıçağı görünce attığı çığlık gibi.

Annem ve Sara giderek uzaklaşıyordu.

Annem ellerini havaya kaldırdı. Ruhları ve şeytanları kovmak istiyor gibiydi. Eşarbını başından çekip çıkardı, saçlarını yoldu, acı acı haykırdı: Çocuklar, kendinize iyi bakın. Annem daha yüksek sesle bağırdı: Çocuklarım, kendinize iyi bakın. Beni duyuyor musunuz? Annemin feryadı kalbimi parçaladı. Sanki biri bir sinire çivi sokmuş çakıyordu. Annemin gözyaşlarını ve son sözlerini hatırladığımda bugün bile ağlarım.

Annem ve Sara öndeki ilk dört kişi arasındaydı. Peronların ortasında gözden kaybolana kadar yürüdüler, yürüdüler.

Dörtlü sıralar oluşturun, çabuk, diye bağırıyordu askerler ve orkestra marşlar çalıyordu.

Hoparlör emir vermeye devam ediyordu. Meşaleler daha az acıtıyordu. İnsanlar karanlıktaki hamamböcekleri gibi koşuşturuyordu. Gündüz olduğunu unutmuşlardı. Dörtlü sıralar oluşturmak için akrabalarını arıyorlardı. Muazzam bir gürültü vardı. Hoparlörden gelen bir emir, peronlardaki herkesi bir an için durdurdu, sonra herkes koşmaya, birbirine seslenmeye başladı: Tibor, yaklaş, Solomon, Yaakov, siz de gelin, dörtlü oluşturacağız. Onlarla birlikte et satmış olan Şimon gözlükleri olmadan geldi, araya girmeye çalıştı. Sen bizimle değilsin, topal Şandor telaşlandı, geri çekildi.

Köyümüzden şaşı Yaakov, dört kişiyiz dedi, bu yeterli ve siz bizim arkamıza geçeceksiniz. Şaşı Yaakov yürümeye başladı.

Topal Şandor elini tuttu, nereye gidiyorsun, yanımda dur, burada, bir, iki, üç, dört, beş? Hayır, hayır, yürü, yer yok, Yaakov, bekle, onun nesi var, şapkasını yere atıyor ve pantolonunu indiriyor, Şimon, buraya gel, çabuk geri gel, burada dur, burada, hareket etme, daha fazla yer yok, siz hepiniz bizim önümüzde duracaksınız, kuzenseniz ne olmuş, o zaman başka bir dörtlü yapın.

Peronlardaki hoparlör kanalı değiştirdi. Dans müziğine geçti. Orada duruyorduk, üç oğlan ve baba, zayıf ve sakalsız. Babam başını kaldırdı, Avrum babamın kolunu yakaladı, İshak SS adama doğru iki adım attı.

Avrum İshak'ı zorla çizgiye çekti. Fısıldadı, ne yaptığını sanıyorsun.

Uçuruma fırlatılan ağır bir taş gibi durdum. Dön, dön, dön, güm.

Kayaya çarpıp parçalanan bir taş gibi.

Babam sessizdi, kolumu sıcak kerpeten gibi sıkıyordu.

Sakin bir Alman subayı parmağıyla işaret etti, sağ, sol, sol, sol, sol ve tekrar sağ.

Orkestra dans müziğini değiştirdi. Subayın gözleri camdaki çatlağa benziyordu.

Beyaz eldivenler giymişti. Parlak düğmeleri ve şarap içen bir yüzü vardı. Sağa gittik. Sağa gidenler işe gitti. Sola gidenler gitti.

Bir buluttan çok da uzaklarda gezinmeyen bir duman gördüm. Onu hatırlıyorum, kara bir bulut, olağandışı. Duman büyük bir binanın bacasından çıkıyordu, kocaman bir binanın, duman mantar resmi çiziyordu. Babama bu nedir diye sordum?

Çelik fabrikası, Dov.

Baba, cevap ver.

Bir fabrika, Dov. Savaş için çelik fabrikası.

Burası Yahudileri yaktıkları yer baba, bu da Yahudi etinin dumanı.

Babam bir yılanın üstüne basmış gibi sıçradı, hayır. Hayır, elbette değil, bu bir fabrika, duman makinelerden çıkıyor Dov.

Askerler bağırdı, makine ustası, burada makine ustası var mı?

Ben, ben, diye bağırdım, ben makine ustasıyım. Sıradan çıktım. Tek başıma çıktım.

Elimden geldiğince buradan kaçıp kurtulmak istiyordum. Dumanın getireceği et yığınlarından kaçmak istiyordum. Babam, Avrum ve İshak ardımda kaldılar.

Geriye dönüp bakmadım, ileriyi istiyordum, uzakları.

Cilalı ayakkabıları ve branda bezine benzeyen tozluklarıyla askerler beni iki katlı bir binaya götürdüler ve Alman siyasi mahkûmların olduğu kata koydular. Sarı saçlı Alman mahkûmlar ve bıyıklı biri. Mahkûmlara evlerinden yiyecek paketleri gelmişti. Grup halinde oturmuş yemek yiyorlardı. Yatağın ucunda tahta bir kutuları vardı. Orta boy bir kilidi olan kapaklı bir kutu.

En dipteki yatağa oturdum ve odadaki insanların ağızlarına baktım. Dişleriyle bir ısırık almalarını, ağızlarını şapırdatmalarını, çiğnemelerini, yutmalarını, sohbet etmelerini, birbirlerine ikramda bulunmalarını, teşekkür ederim demelerini, yiyecekleri emmelerini, burunlarını silmelerini, geğirmelerini, kaşınmalarını, gülmelerini, kalan yiyecekleri bir peçeteye sarmalarını, sonra onları tekrar kutuya koymalarını, kutuyu kilitlemelerini ve uyumalarını izledim. Alman mahkûmlar geldiğimi fark etmemişlerdi, ilgisizdiler. Onlar için ben duvarda bir lekeydim.

Yiyecek kokusu beni deli etmişti. Ağzım sulandı. Sosis ve kek kokusunu alabiliyordum. Ekmek ve tütsülenmiş balık. Fıstık ve çikolata. Karnım gurulduyordu. Karnımı yumrukladım. Gurultu geçmedi. Ayakkabılarımı çıkardım ve sırtüstü uzandım. Budapeşteli bir Yahudi yanımda yatmaya geldi. Şişman, yaşlı bir Yahudi, altmış yaşlarında. Yanağında ter damlaları vardı. Eski bir tren motoru gibi zor nefes alıyordu. Bana Macaristan'da bıraktığı muazzam çiftliğinden bahsetti. Şok olmuştum. Toprakları olan bir Yahudi mi? Evet evlat, üç köy büyüklüğünde. Gerçekten mi? Evet evlat, ama şimdi bana ne faydası var bunun, ölüyorum, açlıktan ölüyorum. Senin adın ne evlat?

Bernard, bu benim Hıristiyan adım. Evdeyse adım Leiber.

Kaç yaşındasın evlat?

On altıdan biraz çok.

Adam omuzlarımdan tuttu, sıkıca sarstı, gözlerini dikip bana baktı, bir gözü sağlıklı diğeri camdandı ve dedi ki: Bernard, bana bak, benim şansım yok, senin var. Çal, öldür, yaşa, beni duyuyor musun? Gençsin Bernard, bu savaştan sağ çıkma şansı yüksek bir çocuksun, anladın mı?

Başımı hafifçe salladım, anladım. Şişman adam dönüp sırtüstü yattı. Anında uykuya daldık. Ertesi gün gitmişti, sonradan anladım ki, Auschwitz'e gitmiş. Bir an biriyle konuşuyorsun, sonra bir bakmışsın gitmiş.

3. Bölüm

İshak

Auschwitz'de, 1944 yılında bana yeni bir isim verdiler.

55484 numarası pantolonumun yan tarafına dikildi ve bu benim yeni adım oldu. Bana çizgili kumaştan elbiseler verildi. Bugün gördüğümüz resimlerdeki gibi, aynı kumaştan bir gömlek ve bir pantolon. Çizgili bir şapka ve tahta tabanlı plastik ayakkabılar verildi. Karanlıkta duruyorduk, sıra sıra mahkûm, herkes aynıydı. Göğüslerinde ve yan taraflarında rakamlar olan bir karınca ordusu gibi.

12. Bloğa yerleştirildik. Blokta üç katlı yataklar vardı. Aslında yatak sayılmazlar, daha çok uyuma sıralarına benziyorlar. Yatakların yanında sıraya geçmemiz emredildi. Avrum ve ben yan yana durduk. Avrum on sekiz yaşındaydı ve bana Dov'un nerede olduğunu sordu. Ben on beşimi biraz geçmiştim, Dov'dan bir yaş daha küçüktüm ve onun nerede olduğunu bilmiyordum. Avrum benden en azı bir kafa daha uzundu. Geniş omuzları ve sert kılları olan bir sakalı vardı. Benimse gömleğimin omuz kısımlarında boşluklar vardı ve pürüzsüz yüzümde sakaldan eser yoktu. Blokta yaşıtım başka çocuklar da vardı. Yaşlı mahkûmların arasında duruyor ve yere bakıyorlardı. Kardeşime göz ucuyla baktım, sol elimin başparmağını şiddetle ovuyordum. Ovmayı bırakamıyordum.

Bir SS adam bloğa girdi. Bacakları aralık vaziyette dimdik duruyordu ve kafasında bir şapka vardı. Bir eli kalçasının üzerinde dururken, diğer eli kıçıyla oynuyordu. Dudaklarını ıslık çalıyormuş gibi büzmüştü ve mahkûmların önünden yavaşça yürüyerek geçiyordu. İlerledi. Durdu. Geri döndü. Belki on üç yaşında, belki daha da küçük bir çocuğun önünde durdu.

On üç yaşındaki çocuk göğsünü ve karnını şişirdi, kendini daha uzun, çok daha uzun göstermeye çalıştı.

SS adam parmağıyla işaret edip çocuğu çağırdı.

Çocuk sıradan çıktı. Çocuk sessizce ağlıyordu. Çocuk titriyordu.

SS adam çocuğun kalçasına vurdu. Pat. Çocuk sessiz kaldı.

SS adam boynunu küçük parmağının uzun tırnağıyla kaşıdı. Sert kıllarını yavaşça kaşıdı. Bir zımpara kâğıdının bir tahtanın üstünde çıkardığı sesi duydum. Kaşıdı, kaşıdı, kaşıdı, durdu.

Nefesimi tuttum.

SS adam dudaklarını büzdü. Tekrar bizi incelemeye başladı.

Karşımda duran bir çocuk kollarını çimdikliyordu. Ayak parmaklarının ucunda durduğunu gördüm. Düştüğünü. Kalktığını. Düştüğünü. Yanımdaki çocuk, sanki sırada dikildiğinden beri şişmanlamış gibi, gömleğini pantolonundan çıkardı. Sıranın sonundaki biri yere düştü. Onu yan tarafta duran çocuğa doğru sürüklediler.

SS adam üç çocuğu ve düşen kişiyi alıp gitti.

Krematoryumu bilmiyordum. Ama SS adamla dışarı çıkmamam gerektiğini iyi biliyordum. Göz kapaklarındaki çatlaktan her şeyi anlamıştım. On beş yaşımı biraz geçmiştim, zayıf ve uygundum ve onlarla dışarı çıkmamak benim için büyük şanstı. İlk kez başıma talih kuşu konmuştu. Ve ikincisi de kondu. Köyümden iki kardeş beni kurtardı. Aynı bloktaydılar, benden iki yatak ötede. Kollarında şişmiş kasları ve boğa gibi boyunları olan iki iri kardeş. Kardeşler beni yatağın üçüncü katına kaldırdılar.

Üzerime saman bir döşek attılar ve dediler ki, bir *appel*[6] olduğunda aşağı inmiyorsun, anladın mı Icho? Dört gün boyunca üçüncü katta kaldım. SS adam her gün ya da iki günde bir bizim bloğa geldi, küçük ve zayıf mahkûmları alıp gitti. Avrum bana ekmek veriyordu. Avrum aşağıdan durumu bana fısıldıyordu.

Bir hafta sonra hoparlörden bir anons yaptılar: Çalışmaya gidiliyor, sayıma değil. Köylüm olan iki kardeş hoparlöre inanmadı. Gruba dönüp, bizi krematoryuma götürecekler dedi. İki kardeş yatağa tırmanıp aşağı inmeme yardım etti. Üçüncü kattan iniyorum ve bacaklarımın kendiliğinden katlandığını hissediyorum. Sanki bacaklarım margarinle doluymuş gibi. Duvara tutunup kardeşime baktım. Avrum beni kalçalarımdan kavradı ve dilini dışarı çıkardı. Beni kapıya

6) (*Fr.*) Sayım.

sürükledi. En son ayrılan bizdik ve tel örgüye baktım. En az dört metre yüksekliğinde dikenli tel örgü, elektrikli. Üzerinde bir kafatası resmi ve birkaç kelime olan bir tabela gördüm.

Arkamdan biri fısıldadı, dikkatli olun, ölüm tehlikesi. Uzun zaman önce, sıradan insanların tel örgünün ardında oraya buraya yürüdüklerini düşündüm. Onlara ne oldu, hayattalar mı yoksa öldüler mi, cevabım yoktu.

SS adam tren rayları yönünde bağırdı, sol, sağ, sol, sağ.

Yine vagondaki kalabalık. Önümdekini ve arkamdakini öldürürsem ve şu taraftakileri de öldürürsem, ne kadar yer açılır diye hesapladım, belki her iki yanda bir cetvel uzunluğunda bir yer, daha fazla değil. Kardeşime bakındım. Gördüm ki ona seslenmenin bir anlamı yoktu. İki uzun boylu adamın arasında sıkışmıştı. Solgun. Göz kapaklarının kırık bir otomat gibi zıpladığını gördüm.

Birkaç gün seyahat ettik. Günde çeyrek ekmek, su yok. Etrafımdaki insanlar sessizce ölüyordu. Morararak ölüyordu, ağızları kapalıydı. Tırnaklarının altında morluklar vardı. Yaranın üzerine dökülen iyot gibi. Birisi ölüyordu ve biz hemen onun yiyeceğini arıyorduk. Sonra onu hâlâ sıcakken yatırıyor ve sırayla yanında oturuyorduk.

Vagonda herkese yetecek kadar hava yoktu.

Ekşi ter giysilerimizi ıslatmıştı. Ağızlarımız açık, sıkışık halde duruyorduk, bağırıyorduk, hava, hava. Kapıya vurduk. Bir saat boyunca çığlık attık. Sesim kısıldı. Sonunda tepede dar bir şerit açtılar. Nefes alabilmek için ölülerin ve zayıfların üstüne basarak tırmandık. Sanki onlar bizim hayat merdivenimizdi.

Pencereden bakınca Weimar'a varmış olduğumuzu gördüm. Dikkat çeken bir tabela vardı. Bizi Weimar'dan Buchenwald Kampı'na götürdüler. Bunu tabeladan anladım.

55. Bloğa vardık. Eli yaralı bir mahkûmun bana ilk söylediği şu oldu: Dikkatli ol, çocukları arıyorlar ve ben bir anda kendimi ranzaların üçüncü katına attım. Koğuşun kapısı açılırdı ve ben, tıpkı Auschwitz'de yaptığım gibi, en tepede olurdum. Ağabeyim Avrum bana ineceğim zamanı söylerdi. İki gün sonra hoparlör, rapor vermesi için ağabeyim Avrum'u çağırdı. Çağırdıkları kişiyi numarasından anlıyorduk.

Avrum veda etmeye geldi ama hiçbir şey söylemedi. Bana baktı ve titredi. Yüzü çarşaf gibi beyazdı. İçim cız etti, oy, oy, oy, bu bir hata, numarayı karıştırmışlardır Avrum, gitme, beni yalnız bırakma. Avrum'un gömleği gözyaşlarıyla ıslandı. Çenesinin titremesi arttı. Ağzı sanki bana çok önemli şeyler söylüyormuş gibi yanlara doğru geriliyordu. Çok hızlı nefes alıyordu ve burnu bir musluk gibi akıyordu. Hoparlör tekrar Avrum'un numarasını söyledi. Korktum. Avrum atıldı ve bana sımsıkı sarıldı. Kulağına ağladım, seninle kalmak istiyorum, ne yapıyoruz Avrum, birlikte gidelim mi. Avrum reddetti. Kaburgalarımız kırılmış gibi hissettim ve sonra beni itti, nefes alıp verdi, yüzümü sildi, şimdi onu daha net görüyordum, gitti. Peşinden kapıya koştum. Girişteki nöbetçi gitmeme izin vermedi. Eliyle, yerine dön, yoksa görürsün anlamına gelen işaretler yaptı. Elinde cop vardı. Ucunda demir topuzu olan bir cop. Bağırmak istedim, Avrum, Avrum, beni bekle. Ağzımı kocaman açtım. Kapattım. Üçüncü kattaki yerime döndüm.

Kendimi dipsiz bir çukura düşüyormuş gibi hissediyordum. Sanki ayağıma bir ağırlık bağlamışlar ve beni içinde yabancıların olduğu karanlık bir yere atmışlardı. Ranzama uzandım ve Avrum'un ranzasına yeni bir mahkûm getirilene kadar bir saat ağladım. Hemen sırtımı döndüm. Yanımda başka birini görmeye dayanamazdım. Canım sıkkındı. Biliyordum ki o mahkûmu öldürecek kadar sinirliydim. İki saat geçmişti ve hâlâ sakinleşememiştim. Başka bir bloktan bir Alman koğuşa girdi. Tırmanacak zamanım yoktu.

Sıraya girin, diye emretti, hareket etmeyin. Alman, gözlerini kısarak bizi yavaşça inceledi. İleri geri. İleri geri. Çarpık bir gülümsemesi ve çenesinin altında bir şişlik vardı. Yiyecek dolu bir cep gibi. Kaşları bir çit gibi bitişikti ve kemerinin altında sivri bir göbeği vardı. Bir elinde bir çift beyaz eldiven tutuyor ve onları diğer avucuna hafifçe vuruyordu. Sanki eldivenler düşünmesine yardım ediyordu. İleri geri, ileri geri. Nefesimi tuttum. Alman eldivenlerini giydi ve benimle birlikte dört çocuğu daha götürdü. Onu takip ettim, hiçbir şeyin farkında değildim.

Dışarıda öğleden sonra güneşi sıcaktı, yazın başındaydık. Parlak ışık bloklar arasındaki boşlukları dolduruyordu. Bu parlak ışıkta Avrum'u aradım. Tören alanına bakındım. Tenteli kamyonlar gördüm. İçeride mahkûmlar mı vardı yoksa kamyonlar boş muydu bilmiyordum. Avrum'u bir daha görmedim, onu bir daha hiç görmedim.

Beyaz eldivenli Alman bizi 8. Bloğa götürdü. 8. Blokta işler bizim için iyiydi. Yemekler zamanında. Işıklar sönük. Her gün duş. Battaniyeli yataklar, temiz çarşaflar. Disiplinli ve beyaz renkli bir yer. Baba dedikleri Volodya Amca ile birlikte elli altmış çocuk, çocuklardan o sorumluydu. Tombul burunlu, kalın sesli şişman bir adam ve elinde büyük bir mendil. Mendiliyle kel kafasına hafifçe vurmayı seviyordu, pat-pat-pat-pat, ama onunla çocukların gözyaşlarını silmeyi de seviyordu. Çoğunlukla geceleri siler ve her yerimizi okşardı. O silip okşarken ben sessiz, neredeyse kımıldamadan dururdum. Ağzım kapalı olurdu ve çok az nefes alırdım.

Her sabah bloğa doktor gelirdi.

Doktorun anten gibi duyarlı kulakları vardı. Doktor merhaba, nasılsınız çocuklar, derdi. Doktor beyaz dişleriyle gülerdi ve ben antenin hafifçe titrediğini görürdüm. Doktor bir çocuk seçer ve giderdi.

Bu arada, Baba Volodya çocukları okşardı. Baba Volodya yanakları sıkardı ve tavana öpücükler yollardı. Çocuklar Baba'nın üzerine atlardı. Çocuklar Baba'ya sarılırdı. Çocuklar, teşekkür ederim Baba, derdi, teşekkür ederim. İyi yemek için teşekkür ederim. Temiz çarşaflar için. Duş ve sıcak su için.

Yöntemi sezmiştim: Doktorla giden çocuklar bloğa geri dönmüyordu. Yatakları boş kalıyordu. Anlamıyordum. Sağlıklı çocuklar doktorla gidiyor. Tombul çocuklar bloktan ayrılıyor. Yanakları renkli çocuklar uyumak için bloğa geri dönmüyor.

Baba Volodya'nın omzuna asıldım ve ona, çocuklar nereye gidiyor Baba, diye sordum, neden uyumak için bloğa geri dönmüyorlar, burada neler oluyor Baba, ha? Baba yanıt vermedi. Karnıma bıçak saplandığını hissettim. Açık pencerede solunacak hava kalmadığını hissettim. Doktor ne zaman içeri girse, Baba Volodya'nın gözünü yakalıyordum. Gözünü yakalıyor ve bırakmıyordum. Sanki uzaktan omzuna asılıyordum, sanki ona, "sen benim babamsın, sen benim babamsın ve beni ilk babam gibi yalnız bırakmayacaksın, beni duyuyor musun?" diyordum. Sadece doktor gittiğinde Baba Volodya'yı bırakıyor ve mümkün olan en derin yerden nefes alıyordum.

Etrafta dolaşmaya, sorular sormaya başladım.

Blok boyunca yürüdüm. Ve tekrar geri döndüm. İleri geri yürürken düşünüyordum. Çocuklar nereye gidiyor, nereye, diye sordum ama yanıt alamadım. Yaşlı mahkûmların yanına gittim. Elbiselerindeki rakamlardan ve sessizliklerinden, onların eski mahkûm olduğunu biliyordum. Ne soru soruyor ne de yanıt veriyorlardı, hiçbir yere bakmadan orada öylece duruyorlardı. Söyleyin bana dedim, doktor ve çocuklar nereye gidiyor, o bina nerede?

Mahkûmlardan biri, gençler üzerinde deneyler yapılan özel bir yer var, dedi, ve yetişkinler üzerinde deneyler yapılan başka bir yer. Doktor ve çocuklar gençler üzerinde deney yapılan yere gidiyor.

Deneyler mi, ne deneyleri, dedim, ne demek istiyorsun, söyle, anlamıyorum. Adamın gözünde enfeksiyon vardı ve sümüklüböcek gibi iltihap sızdırıyordu.

Beni görmeden bana baktı, sanki beni düşünüyormuş gibiydi, sonra nihayet dedi ki, çek git evlat. Kanım damarlarımı hızla dövmeye başladı, pat-pat, pat-pat. Beni duyan şişkin göbekli başka biri yakama yapıştı. Şimdi kanım damarlarımı daha hızlı dövüyordu.

Yeni arkadaşım, dikkatli ol dedi. O yere yakın bir yere gitmiyorum. Her çocuğu gazlı bir tencereye atarlar, kafasının üstünden kapağı kapatırlar, çorba gibi. Başka durumlar da var. Bazı çocukları incelerken saat tutuyorlar: Havasız ne kadar yaşayabilirler. Bazıları uzun süre dayanır, diğerleri hiç dayanamaz. Saat ayarlandığı anda ölürler.

Ayağımı hızla yere vurdum ve tekrar bloğa doğru koştum. Çilli bir çocuğu boynundan yakaladım, tedirgin bir şekilde bağırdım, oğlum bekle. Doktorun bir oğlanla gitmesi ve onsuz geri dönmesi ne anlama geliyor. Söyle bana, onu bir tencerede pişirdikleri doğru mu? Onu kestikleri?

Çocuk bilmiyorum dedi ve sanki elimde bir kasap bıçağı varmış gibi kaçtı. Vazgeçmedim. Dışarı koştum. Çenesi salyalı kısa boylu bir mahkûmu yakaladım.

Deneyler de nedir, diye sordum ve sağlıklı çocukların yatakları neden boş kalıyor, ha?

Nerede, diye sordu.

8. Blokta, diye mırıldandım.

Oturdu, o blokta mısın?

Omzuna vurdum. Bana bloğumda neler olduğunu söyle, diye bağırdım.

Tane tane konuşmaya başladı ve dedi ki, çocuğa iğneyle damarından bir madde enjekte ederler, ama önce onunla kibar konuşurlar. Sonra maddenin kalbe ne kadar sürede ulaştığını ölçerler. Bazıları için bu süre üç dakikadır. Bazıları için bir dakika. Bazıları içinse daha da az. Ama bilmelisin ki böyle ölmek acı vermez. Orada, pis bir koku olmadan, güzelce ölürler.

Böyle saçma sapan şeyleri kim anlatıyor, diye sordum, ölen biri mi?

Adam hayır dedi. Ölen biri değil ve gitmek istedi.

Gömleğinden asıldım, doktor böyle mi söylüyor?

Hayır.

Öyleyse acıtmadığını kim söylüyor, kim? Mahkûm döndü ve yürüyüp gitti.

8. Bloktan kaçmaya karar verdim.

Kadınlar kampı için aşçı aradıklarını duydum. Baba Volodya'ya çok iyi bir aşçı olduğumu söyledim. Beni buradan kadınlar kampına gönder. Beni buradan çıkar Baba, lütfen. Sanki senin oğlunmuşum gibi. Baba Volodya dişlerinin arasına bir kibrit sıkıştırdı ve sertçe ezdi. Kımıldamadan duruyordum. Volodya adımı bir kâğıda yazdı.

Bekle, dedi Volodya. Bekledim. Onu durduğum yerden izledim. İzledim ve bekledim.

Achtung.[7] *Achtung.* 55484, rapor.

Kalbim durdu. Beni nereye gönderdiklerini bilmiyordum, Yahudileri koydukları gaz odasına, deney yaptıkları tencereye, ya da kadınlar kampında yemek pişirmeye. Gaz. Mutfak. Tencere. Gaz. Mutfak. Tencere. Mutfak. Mutfak. Dilim anında kurudu. Sırtımda şiddetli bir acı hissettim. Dışarıya çıktım.

Askerler beni bir benzin istasyonuna götürdüler. Askerler beni bir tren vagonuna bindirdiler. Buchenwald'dan Zeiss Kampı'na nakledildim. Bir sığır treninde, bütün bir gün.

---

7) (*Alm.*) "Achtung": Dikkat. (ç.n.)

4. Bölüm

Dov: Bizi evden alıp Ungvár'a götürdükleri günü anımsıyor musun, üstü açık sığır vagonlarında oturmuş, tren düdüklerini dinlemiştik?
İshak: Hatırlıyorum.
Dov: Ya hahamımızın dediğini hatırlıyor musun? Mesih geldiğinde, Şofar[8] sesi duyacaksınız.
İshak: Yani?
Dov: Tren düdüğünü duyduğumda, düşündüm ki, belki hahamımız haklıydı, belki Mesih gerçekten geldi.
İshak: Bizi kurtarmaya kimse gelmedi. Hiç kimse.

Dov

1944'te Auschwitz'de koluma bir dövme yapıldı, bir numara, A-4092.
"A" Macaristan'dan nakledildiğim anlamına geliyordu. Ertesi gün bizi, sekiz saat boyunca tören alanında esas duruşta beklettiler. Hiç durmadan yağmur yağdı. Üşüyordum. Soğuk. Soğuk. Tüylerim, topluiğne başı gibi diken diken olmuştu. Sırtıma bir tahta çakmışlar gibi hissediyordum. Omuzlarıma. Bacaklarım hızlıca titriyordu, hızlıca, yavaşça. Hızlıca, hızlıca, şak. Kasım zıpladı. Herkesin görebildiğinden emindim.

SS adam bağırdı, Kımıldama. Oturma. Pantolonumu tutup kumaşı yukarı çekmeye çalıştım.

Düşenler kalkmıyordu.

Mahkûmlar genellikle sessizce düşüyordu. Bazen yuvadaki civcivler gibi cıvıldıyorlardı. Bazen bir çarpma sesi duyuyordum, küt ve konu kapanıyordu. Görevli mahkûmların kollarında şeritler ve bir kurdele vardı ve düşenleri sıranın dışına sürüklüyorlardı. Bakışlarımı en yakın duvara odakladım. Tören alanı boyunca uzanan siyah daireler gördüm. Daireler şakaklarda ve omuzlarda karıncalanmaya neden oluyordu, iki-üç dakika ve karıncalanma bacaklara yerleşti. Aniden sıcak. Daha sıcak. Ve işte bu kadar. Bacaklarımı hissetmiyordum. Felç gibi. Omuzlarımı ve boynumu da.

8) Şofar, keçi ya da koç boynuzundan yapılan ve Musevilerin Roşaşana ve Yom Kipur bayramlarında çalınan bir boru. (ç.n.)

Hoparlörden numaralar anons ettiler. Hoparlörden gelen ses neşeliydi. Sanki eve gitmeden önce bitirmesi gereken birkaç angarya işi varmış gibi, la-la-la. Yanımdaki mahkûm, yaşlı bir adam, sessizce ağlamaya başladı.

Sh'ma Yisra-el Adonai Eloheinu Adonai Echad[9] dediğini duydum ve der demez düştü. Dudaklarında beyaz köpük vardı. İnliyor, bir botun tekmelediği bir kedinin miyavlaması gibi sesler çıkarıyordu. Saniyeler içinde sürükleyip götürdüler. Gözden kayboldu. Zavallı adam, zavallı adam, Tanrı onu duymamıştı. Çığlık atmak istedim, neredesin? Tanrı cevap vermedi. Benimle de konuşmadı. Kendime bir emir verdim, dik dur Dov, kımıldama, ha. Numaramı hoparlörden duydum. Diğer mahkûmlarla birlikte gittim. Bizi, adını trenlerdeki mahkûmların peronlarda bıraktıkları eşyalardan alan Kamp "Kanada"ya çalışmaya gönderdiler. Bize "Kanada" Komandosu diyorlardı. Beni kocaman bir depoya koydular ve giysileri tasnif etmemi söylediler. Depoda devasa bir yığın vardı. Renkli bir kum tepesi gibi. Bavullar vardı. Numarası, ismi ya da etiketi iple bağlı bir sürü valiz. Bazılarının sapında sadece küçük bir kurdele vardı, küçük kızların saçlarını bağladıkları kurdelelere benzeyen, kırmızı veya yeşil bir kurdele.

Giysileri yığınlara ayırdım. Erkeklerin kıyafetleri sağa. Kadın elbiseleri, etekler ve bluzlar sola. Ceketler sağda ayrı bir yere. Çocuk giysileri, arkamda. En güzeli çocukların giysilerine dokunmaktı. Lekeli ve kenarları aşınmış. Bazen bir yama ya da küçük bir cep ve esnediği için şekli bozulmuş başka bir cep, bazen parlak iplikle işlenmiş bir nakış, bir çiçek. Kelebek. Palyaço. Ah. Giysilerde düzenli bir ev kokusu vardı. Sabun ve naftalin kokusu. Elbiseler arasında annemin önlüğünü buldum. Büyük cepli mavi bir önlük. Titreyen parmakları cebe sokuyorum. Ne aradığımı bilmiyorum, ama hiçbir şey bulamadım. Önlük krep ve sosis kokuyordu. Ağzım sulandı. Önlüğü almak, gömleğimin altına saklamak istedim. Arkamda duran ve gözünü üstümden ayırmadan çalışma tempomu izleyen uzun boylu SS adam yüzünden cesaret edemedim.

Saatlerce, durup dinlenmeden yığınlar arasında gidip geldim. Bacaklarım ağrıdı ama bir saniye bile durmadım. SS adam arkamdan hiç ayrılmadı. Göz ucuyla görebildiğim şey, bir el ve bir silahtı. İçimdeki karıncalanan yere bir kurşun sıkacağını biliyordum. Ense köküme. O günden beri, her sonbaharda karıncalanma hissettiğim o yere. Bir kez yüzünü gördüm, yüzünde gözbebekleri yerine tırnaklar vardı.

---

9) Dinle, Ey İsrail! Tanrımız Rab tek Rab'dir.

Auschwitz'de her gün yaptığımız rutin işler vardı.

Erken kalkıyorduk, karanlıkta. Battaniyeleri düzeltiyor, temizlenmek için helâların deliklerine koşuyor ve boğucu bir kokuya üşüşüyorduk, işemek ya da sıçmak için on dakika, sonra yüze çarpılan biraz su, açık ve tatsız kahve için girilen sıra, içtima; ve sonra bizi çalışma için gruplara ayırıyorlardı. Kuru yüzlerden ve tıraşlı kafalardan oluşan, kirli ve sessiz, sıra sıra mahkûm grupları.

Çığlık atan karınlarımız ve ağrıyan kaslarımızla günde on iki saat çalışıyorduk. Yine bir kâse çorba için sıra. Yine blokta sayım ve tören alanında akşam içtiması. Say. Yanlış. Baştan. Bir mahkûmun kafasına copla vurdular. Pat. Pat. Saatlerce avaz avaz bağıran hoparlörler. Uyumak istiyordum. Bloktaki ranzama gitmeyi, tahtaya devrilip uyumayı öyle çok istiyordum ki. Anında uykuya dalabilirdim.

Üç hafta sonra bizi Auschwitz'den Birkenau'ya sevk ettiler, üç ya da daha fazla kilometrelik yolu yürüyerek kat ettik. Çizgili üniformalar giymiş mahkûmların oluşturduğu bir konvoyda ayaklarımı sürüklüyordum. Güçlükle yürüyebiliyordum. Başımı kaldırdım ve sarımsı kahverengi bir renk gördüm, fırtınadan önceki an gibi. Bacadan duman çıkıyordu. Yoğun, kalın bir duman. Hiç delik yok. Hiç boşluk yok. Dışarıda hoş bir koku vardı. Ateşte pişmiş iyi et kokusu. Kusmak istedim. Ağzım tükürükle doldu, iğrençti. Uzakta, duvarları ham kütükten inşa edilmiş bir dizi kışla binası gördüm. Hiç pencere göremedim.

Yine bavullardan boşaltılan eşya yığınlarını sınıflandırdım. Ayakkabılar ayakkabı yığınına. Ceketler ceket yığınına. Çantalar çanta yığınına. Koskoca depoların içinde dağ kadar yüksek yığınlar. Biliyordum. Bu bavulları hazırlayan eller, havaya yükselen siyah dumana karışmıştı artık.

Birkenau'da bir kışla binasında yaşadım.

Çoğu insanın işini bitiren çirkin binalar. Beş ila sekiz yüz kişi arasında. Binalarda odacıklar halinde ayrılmış üç katlı hücreler vardı. Üçüncü katta uyuyordum. Bir hücreye altı mahkûm. Her sabah yeni mahkûmlar gelirdi ve onlar için her zaman yatacak yer olurdu, dışarıya sürüklediklerı ölülerden boşalan yerler. Mahkûmlar, zayıf bacaklarından tuttukları ölüleri hücreden zemine çekerlerdi. Bazen bir ses duyardım. Güm. Güm. Kafalar tahtaya çarpardı, merdiven iniyormuş gibi. Güm. Güm. Güm-güm. Bazen ölüleri koridorda soyarlardı, bazen de soymazlardı. Bu, geceden kalma ölünün kokusuna bağlıydı. Kokan ölüler giysileriyle kalırdı.

Her sabah yanımda farklı suratlar görürdüm. Açlığın ve mutlak ölümün sindiği suratlar. Her sabah sorular duyardım, yanıtlarını biliyormuş gibi hissederdim.

Hücre babamın inek ahırı gibi kokuyordu. İki aydır duş yüzü görmemiştim. Bitler, sanki SS adam emir vermiş gibi, tenimde sıraya girmişti. Kanatana kadar kaşıyordum. Bir dünya kan. Kendimi ısırmak istiyordum.

Üçgen kafalı bir dev olan bloğun başı çizgili bir yelek giymişti. Göğsünde yeşil bir üçgen vardı. Bloğun başı çığlık attı, her zaman elinde tuttuğu ve topuzlu uzun bir parmağa benzeyen copla vurdu. Bloktaki mahkûmlar fısıldaşıyor, güçlükle konuşuyorlardı. Memleketlerinde tanıdıkları insanlarla ilgili hatıralardan söz ediyorlardı. Yiyecekleri anımsıyorlardı. Biri diğerine, cilt üzerinde büyüyen lekelerin nasıl silineceğini sordu. Döküntüler, küçük yaralar, tuhaf sarılıklar, yanık izleri, pul pul olmuş cilt, tek tük oluşan enfeksiyonlar. Cilt problemlerinden ve çıplak mahkûmları muayene ettikten sonra onları *Selektion*'a[10] sevk eden doktordan endişe ediyorlardı. *Selektion* sırasında, savaşı kazanma şansı üzerine ya da soğukta açık bırakılmış bir kapı hakkında tartışıyorlardı. Hiçbir şeye burnumu sokmuyordum. Fısıltılar beni ilgilendirmiyordu. Başımı tahtaya koydum ve uykuya daldım.

Bir sabah hoparlör numaramı söyledi: *Achtung, Achtung,* A-4092, dışarıda rapor ver. Beni fırına atacaklarından emindim, Cennet Bahçesi'ne gitme sırası bana gelmişti. Kendi kendime, dünyaya veda et Dov, dedim. Güneşe veda et. Kolundaki mavi rakamlara veda et. Giydiğin paçavralara veda et. Leş gibi kokan hücreye. Her tarafına yayılmış bitlere veda et, lanet olsun onlara. Sen ve bitler birlikte ateşe, ama önce gaza; çünkü emir böyle.

Onurlu bir çocuk gibi binadan çıktım.

Güneşi aradım. Bulamadım, pantolonumun içine buz koymuşlar gibi titriyordum. Benimle birlikte üç kişi daha bloktan çıktı. Yanımdaki iri mahkûm hiç durmadan ağlıyordu. Karışmadım, dosdoğru yürüdüm. Ona ne söyleyebilirdim? Almanların çalıştırmak için güçlü kuvvetli adamları seçtiklerini biliyordum ama bu insanı her zaman rahatlatmıyordu. İhtiyaçlarına göre karar veriyorlardı: Çalıştırılacak işçiye ihtiyaçları var mıydı yok muydu? Krematoryumda işler yolunda mıydı değil miydi? Sevk edilen tüm mahkûmların aynı gün bacaya gönderildiği de oluyordu, peronlarda onların yüzlerine bile bakmıyorlardı. Ve aralarında, omuzları sadece omuz, elleri sadece el olmayan genç ve güçlü adamlar vardı, ağır bir buzağıyı zorlanmadan kaldırıp taşıyabilirlerdi. Krematoryuma götür-

---

10) (*Alm.*) "Selektion": Ayıklama, seçme, doğal ayıklanma. (ç.n.)

dükleri erkekler arasında genç sayılabilecek olanlar da vardı ve daha sonra, tam krematoryumun kapısında, onlara binalarınıza geri dönün diyorlardı, neden? *Sonderkommando*[11] bir önceki nakil aracını henüz tamamen boşaltmamıştı. Ben bir çocuktum ve şansımın olmadığını biliyordum.

Bir tarafta çizgili pijama giyen mahkûmların üstü açık kamyonu duruyordu. Elinde cop tutan SS adam bize yaklaşmamızı ve çabucak kamyona tırmanmamızı işaret etti. Yanında silahlı iki gardiyan vardı. Kamyona doğru koştuk. Başka bir SS adam, tek bacağı havada bizi bekliyordu. Sırtımızda sert bir tekme ve biz yerdeydik. Bizi nereye götürdüklerini bilmiyordum ve sormadım. Düşündüm ki, belki ormana, bir makineli tüfekle tanıştırmaya, bir tarladaki toplu bir mezara, belki de çalışmaya? Gardiyanlara sormaya cesaret edemedim, mahkûmlarla da konuşmak istemedim.

Kamyon bir çalışma kampında durdu: Jaworzno.

İsrail, 2001

14.18, Nahariyya peronunda banliyö trenine binerken.

Deniz yüzünden pencereden ayrılmıyorum, Nahariyya'ya birkaç dalga getirmesini bekliyorum. Mavi deniz ve cep telefonu melodileri. Neşeli bir Türk marşı telefonun askerini uyandırmayı başaramıyor. Sona eriyor. Bir mesaj. Solda, Haçaturyan'ın[12] Kılıçları saldırıyor ve vagonun sonundan başka bir melodi ve bir mesaj. Falan filan. Kafama aniden hafif, iğnemsi bir ağrı saplanıyor, geçiyor. İshak, vagonda ne işin var, derdi, elbette başın ağrır, taksiye binsen daha iyiydi. Dov da derdi ki, en iyisi kulaklık kullanmak, Auschwitz orkestrasını bile duymazsın, öyle değil mi?

Dov'a bakar, tükürüğümü yutar ve susardım. Nihayet ben de derdim ki, kulaklık takamıyorum işte, takamıyorum Dov, kafamda çok fazla gürültü var, bir

---

11) (*Alm.*) "Sonderkommando": Nazi Almanya'sındaki ölüm kamplarında, Yahudileri gaz odasına götürmek, gazı açmak ve cesetleri toplayıp fırınlarda yakmak gibi görevleri olan Yahudi mahkûmlardan oluşan ekiplere verilen ad. Bu işte çalışan esirlerin neredeyse tamamı ölümle tehdit edilerek bu işi yapmaya zorlanmıştır. (ç.n.)

12) Aram Haçaturyan (1903-1978): Ermeni-Sovyet bestecisi. "Kılıç Dansı" Haçaturian'ın en çok bilinen eseridir. (ç.n.)

açıklığa ihtiyacım var. Ve sonra İshak, "ne gürültüsü ha?" diye sorardı, Ben de ona, boş ver, derdim.

İshak ve Dov'a gerçeği söyleseydim, onlara 15 Mayıs 1944 ve 8 Temmuz 1944 tarihleri arasında, Macaristan'dan 501.507 Yahudi, çoğu da Auschwitz'e nakledildi deseydim, Dov matematiğinin iyi olmadığımı söylerdi. Böyle büyük sayılar öğrenmeden önce bizi götürdüler. Ve İshak hemen o an bir bardak greyfurt suyuna votka karıştırır ve ne demek istiyorsun diye sorardı ve karısı Hanna da, ona ne için ihtiyacın var diye sorardı, o da hayat için Hanna, derdi ve sonra ben, beş dakika boyunca konuşulanların tek bir kelimesine bile inanmayan Dov'a odaklanırdım. Sonra yüksek sesle ellerini çırpar ve bunu nasıl başardılar diye bana sorardı: Bunu nasıl başardılar ha, beş yüz bir bin artı beş yüz yedi Yahudi'yi iki ay içinde Macaristan'dan nasıl naklettiler?

İshak düzeltirdi, iki aydan daha az. İki aydan daha az Dov.

Dov bana, emin misin diye sorardı. Evet, evet, derdim, televizyonda gördüm ve sonra Dov, hangi programda diye sorardı, tüm programları bilirim ve ben de Kanal 8 derdim, belki, ya da belki Kanal 23 ve sonra Dov, eliyle bir sineği kovalıyormuş gibi yaparken sıkıcı, derdi. Kanalınızda bir krematoryum var mı? Duman ve koku olmadan orada duran bir krematoryumu tarif edemeyiz. Televizyondan gelmeyen et kokusunu hayal edemeyiz.

Tam et kokusu yüzünden mide bulantısı başlamıştı ki, tren durdu. Yolun sonu. Olamaz, derdi Dov, olabilir, olabilir, derdi İshak, Almanlar büyük sayılarda iyiydi ve sonra Dov, mola derdi. Herkese meyve suyu getirirdi ve ben ayakkabılarımı çıkarır, gömleğimin kollarını olabildiğince yukarıya katlar ve açılacak bir panjur arardım ve İshak senin neyin var diye sorardı ve ben de ateş bastı derdim, yaş yüzünden, aldırma.

5. Bölüm

İshak: Nasıl oldu da sadece üçüncü sınıfa kadar okudum?
Dov: Üçüncü sınıftan sonra okumak istemedin. Ama ben bırakmadım, okudum.
İshak: 1929 yılında hangi ayda doğduğumu bilmek ister misin? Gübreyi tarlaya çıkardıklarında ve lahana ektiklerinde. Kasım ayı. 11.11.1929.
Dov da kasım ayında doğdu. Bir yıl önce.
Dov: Beni evden gönderdiklerinde bir yaşındaydım.

Dov

Çekoslovak olarak doğduk. Ölmeye Macar olarak gönderildik.

1944 yılında ailem bir toplama kampına gönderildi. İsrail Baba kırk dokuz yaşındaydı. Lea Anne kırk iki yaşındaydı. Çocukların yaşları on beş ile yirmi arasındaydı.

Karpat Dağları'ndaki Tur'i Remety köyünde yaşadık, Perechyn kasabasına yakındı. Küçük bir yer, belki altı yüz aile. Belki otuz Yahudi aile. Köyümüz at yarışlarıyla tanınırdı.

Bölgedeki insanlar güzel yarış atlarıyla bize gelirdi. Yarışlar için bilet almazdım. Param yoktu. Dağın yakınlarında yüksekçe bir yere otururdum. Bir elma yerdim, tü, tü, tü, diye mızıkamı çalardım: Tüüü. Tü. Tü. Tü. Tüüü. Tüüüh. Ortaya çıkan şey buydu ve bu arada atların şansı hakkında tahminlerde bulunurdum. Yarışlar Çeklerin zamanındaydı. Macarlar yarışlara son verdiler. Avrupa'da savaş tüm şiddetiyle devam ediyordu ama köyde kimse savaş hakkında konuşmuyordu, dağlarda çok uzaktaydık.

Köyümüzde yaşayan *goyim*[13] çiftçiydi. Yahudilerse tüccardı. Kasap, bakkal, fırın, un değirmeni, bunun gibi şeyler. Yahudilerin ceplerinde her zaman para olurdu.

Köyde akşamları goyim ile birlikte mısır soymak için toplanırdık. Diyelim Korol ailesinin mısır tarlasındaki mısır olgunlaşmış. Korol ailesi mısırı keser.

---

13) Yahudi olmayanlar.

Korol ailesi mısırı depoya getirir. Köyün gençleri akşamları toplaşır ve mısır soyar.

Gençler çalışır, şarkı söyler, sıcak mısır yer. Bazen iki genç, bir erkek bir kız, evet, mısırı paçavra bir gömlek ya da pantolonla soyardı ve çok geçmeden biz, farkında olmadan onlara mısır kabuğu fırlatmaya başlardık, ucunda püskülleri olan bir sürü kabuk, battaniye gibi, üşümesinler diye, Tanrı korusun. Sabaha kadar *vecherkas*'ta olurduk, goyim ile birlikte yaptığımız bu toplanmalara *vecherkas* derdik. Ertesi gün başka bir çiftçiye gider, tekrar *vecherkas*'a ve eğlenmeye başlardık. Askerler dağlara gelip bizi sarı yamalar takmaya zorlayınca, her şey sona erdi.

İsrail Baba kasaptı.

Evimizin yanında bir kasap dükkânımız vardı. Babam aynı zamanda bir hayvan tüccarıydı ve haftada üç gece evden uzakta olurdu. Bahçede bir inek ahırımız vardı, kazlarımız ve tavuklarımız vardı. Annem çocukları uyandırırdı. Annem inekleri sağardı, kilere yardım ederdi, evi çekip çevirirdi, annem usta bir fırıncıydı, pastalarının tadı Cennet Bahçesi'ne benzerdi. Annem sürekli çalışır, bir an bile dinlenmezdi. Acıktığımızda yiyeceğimizi kendimiz alırdık. Sadece Şabat'ta birlikte yemeğe oturduk. Ben bir yaşındayken kardeşim İshak doğdu ve evden gönderildim. Kız kardeşim Sara beş yaşındaydı. Erkek kardeşim Avrum üç yaşındaydı. Annem herkesle aynı anda ilgilenemiyordu. Beni büyükannem ile büyükbabamın yanına gönderdiler. Bizim köyden belki otuz kilometre uzakta, başka bir köyde yaşıyorlardı. Üç yaşındayken beni eve geri getirdiler. Kız kardeşim Sara sürekli ağladığımı söylerdi.

Köyümüz Karpat Dağları'nda, kocaman bir ormanın kenarındaydı.

En çok ormanda yürüyüş yapmayı severdim. Kurtlar yüzünden daima bir sopayla. Ağaçlara tırmanmayı ve dallardan sallanmayı severdim. Ağacın ta tepesine tırmanır, oradan tarlalara, evlere bakardım. Kendimi sadece ağaçlarda güvende hissederdim. Ağaçların tepesinde kimsenin beni bulamayacağını bilirdim. Ormanda kendi özel saklanma yerim vardı. Evden aldığım bir battaniyeyle bir hamak yapmıştım ve mevsime göre toplayıp istiflediğim meyveleri yerdim. Ormanda armudu, mantarı, böğürtleni ve fındığı nerede bulacağımı bilirdim. Meyvenin yenmeye ne zaman hazır olduğunu bilen ilk kişi bendim.

Kışın çok acı çektim.

Kışın karların erimesini beklerdim, böylece ayakkabılarımdan kurtulup ormanıma çıplak ayakla koşabilirdim. Annem beni utandırırdı. Elinde ayakkabılarla peşimden koşardı. Komşuların önünde adımı yüksek sesle çağırırdı, üşüteceğimden endişe eder, Avrum, Avrum, Avrum, bana yardım et diye bağırır, ama sonra çekip babamın yanına giderdi. Sara, Sara, dediğini duyardım, kitabını bir anlığına bırak da, ne, gidip kardeşini ara, ayakkabılarını götür ve onu eve getir.

Bazen, elde ayakkabılar, İshak ile geri dönerdim. Bazen Sara ile. Soğuk yeryüzünü hissetmekten hoşlanıyordum. Sırtımda, ta ense köküme kadar hoş bir gıdıklanma hissederdim. Belki de bu yüzden kampta incecik tabanlarla yürüdüğümde ayaklarım acımazdı.

İshak ve ben *cheder*'e birlikte gittik, burası Museviliğin ve İbranicenin öğretildiği geleneksel bir ilkokuldu. Bu okula başladığımızda dört yaşındaydık. Her gün sabah beş buçukta evden çıkardık. Kışın sıcaklık sıfırın altında yirmi beş derece olurdu. El ele tutuşur ve karanlıkta yürürdük. Palto, şapka, eldiven, yün çorap ve ayakkabı giyer, atkı sarınırdık. Buna rağmen yüzüm acırdı, bir demirin hızla tenime saplanması gibi. Ayazda ayaklarımı hissedemezdim. Bacaklarımız ortasından bükülmüş tahtalar gibiydi. Zülüflerimiz dikenli tellere benzerdi. Konuşmazdık, böylece dillerimiz ağzımızdan çıkmaz ve karlara yapışmazdı.

Cheder'de iki saat ders görür, sonra eve giderdik. *Cheder*'den sonra Çek ilkokuluna gittik, altı yaşındaydım. Saat 13.00'a kadar ders görür ve öğleden sonra tekrar *cheder*'e giderdik. En az iki üç saat daha.

Bir şehir hahamı, yılda iki kez belirli günlerde gelip köyü kutsardı. Şehir hahamı önemli ve muhterem bir adamdı. Siyah bir ceketi, şapkası ve çelik talaşına benzeyen kalın bir sakalı vardı. Haham sakalını iki parmağıyla tarar, sadece mendiline tükürmek için dururdu. Haham Yahudileri Dinyeper'e attıklarını söylemezdi. Haham Yahudileri Dinyester'e attıklarını söylemezdi. Haham Yahudileri ormanlarda vurduklarını söylemezdi. Köydeki insanlar ona, yıllardır hep aynı soruları sorardı, haham, ne yapmalıyız. Ne yapmalıyız haham, radyoda Yahudilerin aleyhinde konuşuyorlar, söylentiler var haham. Aileleri uzağa gönderiyorlarmış, uzak neresi haham, orada bize ne yapıyorlar, acıtıyor mu? Ve fısıltılar haham, yüzlerce, binlerce toplu mezar olduğuna dair, ağızdan ağza yayılan fısıltılar var, tehlike yaklaşıyor haham, bizi ne bekliyor haham, bizi neyin beklediğini söyle, bu son mu yoksa?

Haham düşündü, düşündü, bu arada kocaman göbekli bir kadın, koridorda duran sakallı ve şapkalı iki Yahudi'yi iterek yan taraftan hahama doğru yaklaştı ve sırtının tam ortasına bir yumruk indirirdi, "güm!", haham sıçradı, sakallı ve şapkalı iki Yahudi kadının üzerine atıldı, kadın yere düştü ve dolu bir fıçı gibi yuvarlanmaya başladı, bağırıyordu, serseriler, beni rahat bırakın, ama iki adam kadını rahat bırakmadılar, yuvarlayarak sinagogdan dışarı çıkardılar, başları kapalı üç yaşlı kadın hep bir ağızdan bağırdı, kadın delirdi, Yahudi olmayan bir *goy*[14] aileden ve delirdi, haham şapkasını düzeltti, ceketini çekti, kaşlarını kaldırarak bize doğru eğildi, en yakın adama bakıp, "söyle bana Yahudi, evde mum yakar mısın?" diye sordu.

Evet, mum yakıyoruz, ve şimdi sen bana söyle, *Mezuzalarını*[15] yokladın mı?

Yokladım, ve sen Yahudi, *tefillin*[16] takmayı hatırlıyor musun, hatırlıyoruz haham, tek bir gün bile unutmadık.

Ve sonra haham, öyleyse iyi, dedi. Göklerde bir Tanrı var, *Siddur*'u[17] aç, *Şema İsrail*'i oku, Mesih gelecek.

Köy halkı pekâlâ dedi ve başlarını yere eğdi. Haham bir sandalye istedi. Haham şapkasını çıkardı ve bir mendille alnını sildi. Haham elini cebine soktu ve madeni paralarla oynamaya başladı. Çing. Çing. Çing. İnsanlar birbirlerine göz ucuyla baktılar ama hahamın ilaçlarını yutmayı reddettiler. Birkaç dakika sonra tekrar kafa ütülemeye başladılar, ne yapmalıyız haham. Kaçmalı mıyız, bize cevap ver haham. Seslerinde aç civciv sesi vardı. Sürekli ağlayan bir sürü civciv.

Haham kaşlarını çatıp şöyle derdi: Kesinlikle hayır, Yahudiler. Yasak! Köyden ayrılmak yasaklandı!

İnsanlar pekâlâ dedi, ama hemen sonra İsrail Ülkesi'ni özlediler, haham, bilirsiniz, Yahudiler orada Tora[18] okuyorlar, belki Filistin'e kaçarız?

---

14) (*İbr.*) Çoğulu "goyim" olan "goy" sözcüğü ulus anlamına gelir ama günümüzde "Yahudi olmayan kimse" anlamında kullanılır. Hakaret içeren bir anlam yüklendiğinden bizdeki gâvur kelimesine benzer. (ç.n.)

15) Mezuza: Musevilerin evin giriş kapısının sağ pervazına (ve evde sadece insanların yaşadığı odaların kapı pervazlarına) yerleştirdiği ve içinde "Dinle İsrail" kelimeleri ile başlayan iki Tevrat metni bulunan kutucuk. Mezuza'nın amacı, evden çıkarken veya eve girerken Yahudileri iman ve ahlak yoluna davet etmektir. Eve giriş ve çıkışlarda mezuza'yı öpme geleneği vardır. (ç.n.)

16) Tefilin veya Tefillin: Bayram günleri ve Şabat (cumartesileri) hariç, Musevi erkeklerinin sol kollarına ve başlarına sardıkları, deriden yapılmış ve yassı deri şeritlerle birbirine tutturulmuş siyah renkte iki kare kutucuktan oluşur. İçlerinde Tevrat'tan dört ayrı bölüm içeren dörder rulo bulunur. Tanrı'nın adının geçtiği bu tomarları kalp hizasında koluna ve gözleri arasında alnına bağlayan bir Musevi; kalbini, ellerini ve gözlerini kötü düşünce ve eylemlerden korumuş olur. (ç.n.)

17) Sidur veya Siddur: Musevilerin dua kitabıdır. Bayram günleri hariç her gün okunması gereken günlük duaları içerir. (ç.n.)

18) Eski Ahit'in ilk beş kitabına verilen isim. (ç.n.)

Haham bağırdı: Yasak! Filistin'e giden herkese boykot. Boykot! Boykot! Boykot! Mesih'i beklemeliyiz!

İnsanlar pekâlâ dedi, ama haham, o gelene kadar ne yapmalıyız?

Güçlü bir Tanrımız var, diye bağırdı haham ve elini gürültüyle Ahit Sandığı'na[19] vurdu, O bize yardım edecektir.

İnsanlar pekâlâ dedi. Erkekler ve ağır paltolar ve ellerinde mendilleriyle başları kapalı kadınlar Sinagogdaki Ahit Sandığı'nın önüne toplanmış, hep bir ağızdan ağlıyor ve bağrışıyorlardı: Rabbimiz bize yardım et. Bizi Hitler'den kurtar, onu kahret, Mesih'i getir. Ve sonra herkes evine gitti. Yolda eğer bir rahip veya beyaz bir at ya da siyah giysili bir baca temizleyici ve siyah bir şapka görecek olurlarsa, nazar değmesin diye giysilerindeki bir düğmeyi tutacak ve eve varana dek bırakmayacaklardı, bunun Hitler'den kurtulmalarına yardım edeceğine inanıyorlardı. Bazıları sabah akşam *Tora*'yı öper, bazıları ağlardı. Küçük çocuklar ellerindeki sopalarla sinagog bahçesinde koştururdu. Hitler'i lanetler ve yere sopalarıyla vururlardı.

Haham şehre geri dönmek istedi. Vedalaşmaları ve elini sıkmaları için çocukları sıraya dizdiler.

Hahamdan hoşlanmamıştım ve bana Tora ya da Yahudiler hakkında soru sormasını istemiyordum. Benimle hiçbir şey hakkında konuşmasını istemiyordum. İnsanlar bana güldüğünde çok utandım, çünkü *cheder*'de öğrendiklerimden hiçbir şey anlamamıştım. En çok sıkıntıdan pantolonumun içine osurduğumda utandım, çünkü *cheder*'de okuduğumuz İbranice harfleri üzerinde bir sürü sivrisineğin olduğu sopalara benzetiyordum, haham sivrisinekli sopaları Yidişçeye tercüme etti ve ben Yidişçeyi evden biliyordum, ama İbranice harfleri hatırlayamadım, birini bile. Harflere aklım ermiyordu. Kardeşim İshak'ın aklı hiç ermiyordu. İshak *cheder*'deki hayattan kaçmıştı. Ben daha çok acı çektim. *Cheder*'e giderken her gün yolda osurdum. Kendimi sıkıyordum ama kaçıyorlardı, pırt. Pırt. Pırt. Arkadaşlarım duymasın diye sık sık ıslık çalardım ve helanın deliğine ulaşana kadar kokusunu almamalarını umardım. Zaman geçirmek için tahtadaki deliğin üstüne oturur, ıslıkla usul usul melodiler çalardım. Aklımdan mızıkamı çalar ya da cebimdeki kireçtaşı parçasıyla duvara resimler çizerdim. Büyük kanatlı kelebekler konusunda uzmandım. Uzaklara

---

19) "Ark" yerine: Sinagogda Tevrat rulolarının konulduğu sandığa veya dolaba Ahit Sandığı denmektedir. (ç.n.)

uçmaya karar vermemiz halinde, kendim ve kardeşim İshak için kanatların üstünde yeterince yer açardım.

Bir gün helada oturuyordum ve bizim çocuklardan birinin yaklaştığını gördüm. Sanırım ayakkabıcının oğlu Menahem'di. Çocuk pantolonunu indirdi ve kıçımın yanına oturdu. O ve ben kıçlarımızla itişmeye başlıyoruz. İtişiyor, itişiyor, kahkahayı basıyoruz. Bu arada, *melamed*[20] haham boynunda bir fularla geldi, sigara kokuyordu. *Melamed* hahamın elinde bir kemer vardı. Kemer beş santimetre genişliğindeydi ve hahamın parmaklarının ucunda turuncu renkli ateş vardı. Sonra elini geri doğru kaldırdı ve şak, kayışı bize indirdi. Ve şak. Şak. Şak. Çocuk ve ben, pantolonlarımız inik halde, heladan koşarak uzaklaşıyoruz. Koşarken pantolonlarımıza basıyoruz ve pat, yere düşüyoruz. Haham durmadan bağırıyordu ve her seferinde kıça bir darbe. Sırta. Kafaya. Bir hafta boyunca acıyla kıvrandık, tenimizde kırmızı şeritler, her şerit beş santimetre genişliğinde.

Bizim *melamed* hahamın başka bir planı vardı.

Haftaya bir oyunla başlayacaktı. Önümüzde duruyordu, bir eli kalçasında, diğeri başını kaşıyordu. Çok geçmeden omuzlarına dökülmüş kepekleri fark ettim. Kaşlarını çattı ve sordu, Şabat'ta hangi ağacı kırabileceğimizi kim biliyor, ha? Ve ben ağaçlar konusunda uzmandım. Ağaç profesörüydüm. Köyde ormanı benim gibi tanıyan bir çocuk daha yoktu. Kendi kendime dedim ki, ona bir ağaç bulacağım ve onu etkileyeceğim. Şabat'ta ağaç kırmanın yasak olduğunu unutmuştum. Ne! Kemiklerimi kırdı ve ben *cheder*'den kaçtım ve yol kenarındaki bir hendekte oturdum. İki hafta boyunca hendekte yaşadım. Hendeklere kalaslar getirdim ve kendime çatısız bir oda yaptım. Büyük bir taş, bir battaniye, içmek için su, kurabiye ve bir sapan getirdim, mutluydum. Yol boyunca birlikte yürüyen oğlanlar ve kızlar gördüm, kollarıyla birbirlerinin bellerine sarılmışlardı, birbirlerinin kulaklarına fısıldıyorlar ve gülüyorlardı. Sanki radyodaki Hitler'den haberleri yoktu.

Sık sık tarladan dönen saman arabalarını sayıyordum. Saman tepeleriyle yüklü arabalar. Tepelerin üstünde oturan çiftçiler. Genellikle yorgun ve uykululardı. Bazen sapanımla onlara taş fırlatırdım. Korkuyla sıçrarlar, kamçılarını kaldırır ve arkalarına bakarlardı. Sonra uykuya dalarlardı. Ağır elma sepetlerini yolda sürükleyen kadınlar gördüm. Öğle vakti sepetlerle geri dönüyor, kötü güne ve kara kedilerin getirdiği kötü şansa lanet ediyorlardı.

---

20) Öğretmen.

Bir gün benim *melamed* haham hendekteki odama geldi. Haham elinde bir şapka tutuyordu. Tepemde dikildi ve bana seslendi. Cevap vermedim.

Burada ne yapıyorsun?

Bakıyorum.

Sıkılmadın mı?

Sahiden ilgileniyor musun.

Cheder'deki çocuklar seni soruyor.

Neyi merak ediyorlar?

Nereye kaybolduğunu anlamıyorlar.

Yolun kenarında yaşamayı seviyorum.

Cheder'e dönmeni istiyorum.

Dönmeyeceğim.

Geri dönmeni ailen istiyor.

Hendek duvarından düşen kumları yakaladım.

Cheder'e geri dönersen bu şapkayı hediye olarak alabilirsin, ister misin?

Geri döndüm, başka seçeneğim var mıydı?

Küçük bir siperliği olan yün bir şapka taktım, yeni bir şapka.

Geliyor musun?

Geliyorum.

Odaya giriyorum. Duvara dönmüş duran ve sessizce burunlarını çeken üç çocuk görüyorum. Sanki içleri sümükle dolu. Haham mendilini cebine koyuyor ve başparmağını pantolonunun kemerine sıkıştırıyor. Tepeme dikiliyor ve kitaptan bir ayet oku diyor, heyecandan konuşamıyorum.

Çocukların hepsi bana bakıyor. En az ikisi, kitaplarının arkasından yüzlerini buruşturarak benimle alay ediyor. Önüme bakıyorum. Kitap önümde açık, sayfada bir harf salatası. Odada sessizlik. Bir gözüm hahamda. Yanakları al al olmuş, boynuna doğru, özellikle kulaklarının uçlarında pembemsi mavi bir renk. Eli havaya kalkıyor; her yanım buz kesiyor. Şak. Bana kemeriyle vuruyor. Şak. Şak. Şak. Yoruldu ve sigara içmek için odadan çıktı. Odadaki çocuklar sandalyelerinin üzerinde zıplamaya, bağrışmaya başlıyor. Nay. Nay. Nay. Nay. Nay. Nay. Kimisi kusma sesi çıkarıyor, sadece biri sessizce oturuyor, parmağını burnuna sokuyor, sonra da ağzına, biri yanındakinin kafasına iki tokat atıyor, sanki davul çalıyorlar, çocuğu pantolonundan yakalıyor ve pantolonu sertçe çekiyorlar, bağırıyor, durun, yapmayın, öne doğru eğiliyor, ikisi ona gününü göstermek için atılıyor ve çocuğun sırtında sertçe davul çalmaya başlıyor, çocuk bu ikisinin bacaklarını yakalıyor, güm. Yere yuvarlanan bir yığın çocuk, parmağı burnunda olan en altta.

Köşede oturuyor, utanç gözyaşlarımı saklıyor ve Tanrı'ya *melamed* hahamım kör olması için dua ediyordum: *Melamed* haham topallasa ve hep kekelese. Hayır, hayır, dili karlara düşse ve sonsuza kadar oraya yapışsa, keşke, keşke, odaya girse, ağzını kocaman açsa, Leiber demek istese, kitaptan okumaya çalışsa, ama ağzından sadece hımmm sesi çıksa. Hımmm. Keşke, keşke. Haham kendisine isyan ettiğimi düşünüyordu, biliyorum. Kasten okumak istemediğimi, onu kızdırmak için. İsyan falan etmemiştim. İbranice harfleri hatırlayamıyordum.

Üstelik Şabat nedeniyle dersi *melamed* hahamdan almıştım.

Kardeşim İshak ve ben, birkaç şeker için Şabat'ta Tur'i Remety Nehri'nde yüzmeyi kabul etmiştik. Daha büyük çocuklar, Şabat'ta nehre girerseniz size ceplerimizdeki tüm şekerleri vereceğiz dediler, ister misiniz? Bize ceplerindeki güzel şekerleri gösterdiler. Hemen soyunduk ve nehre doğru hevesle yürümeye başladık. Hiç şekerimiz yoktu. İçlerinden biri hemen hahamımızı çağırmaya gitti. Haham Şabat kıyafetleri ve büyük şapkasıyla geldi. Kardeşim ve ben dalmaya karar verdik. El ele tutuştuk, derin bir nefes aldık ve hop. Dibe battık. Bir, iki, üç, dört, beş, nefesimiz tükendi. Kafalarımızı kaldırdık. Ah, haham bizi nehrin kıyısında bekliyordu. Başını salladı ve havada bana doğru sallanan bir kemer gördüm.

Evde hahamı şikâyet ettim.

Dedim ki, haham bana kemeriyle vuruyor. Baba, acıtıyor.

Babam dedi ki, Leiber, çok çalış, duydun mu, ve çekip gitti.

Anneme gittim, anne, bana yardım et, acıyor. Annem sessizdi.

Kız kardeşim Sara kitabını bir kenara koydu ve dedi ki, Leiber haklı, babanın bir şey yapması gerekiyor, anne, ona söyle.

Annem çekmeceden bir şeker aldı, bana verdi ve dedi ki, haham senin için neyin iyi olduğunu biliyor. Kararı haham verir Leiber ve onu dinlemek zorundasın, anladın mı? Bir şey demedim. Ayakkabılarımı çıkarıp dışarı fırladım ve ormana doğru yalınayak koştum. Annemin bağırdığını duydum, Leiber, Leiber, geri dön. Dönmedim. Ta hava kararınca geri döndüm, açtım.

Birkaç gün sonra Çekler hahamı askere aldı. Atlı askerler bir topu çekiyordu. Haham da bir atın sırtındaydı. Bir hendeğe girip oturdum, yanımdan geçip geçti. Yüzü beyazımsı gri bir renkteydi, bedeni çökmüştü ve ben başımda şapkamla mutlu hissediyordum, bağırdım, bir Tanrı var, var. Çünkü benimle konuşmasını istemiyordum. Onu bir daha hiç görmedim.

Sonra Macarlar geldi ve köydeki yaşam altüst oldu. Macarlar Çek öğretmenlerin görevine son verdi. Macaristan'dan vekil öğretmenler geldi. Yahudi aleyhtarı öğretmenler. İlk yaptıkları, Yahudi ve Hıristiyan çocukları ayırmak oldu. Özellikle spor derslerinde. Orduya alınmadan önce eğitim görmeleri için Hıristiyan çocuklara tahta silahlar verildi. Çocuklar bahçede talim yapıyordu, sağa dön, sola dön. Onlara *Levente*[21] diyorlardı. Biz Yahudileri hizmetçilere dönüştürdüler. Yakacak odun kesmek zorundaydık. Bu arada köy söylentilerle dolmuştu.

Ayakkabıcı sinagogda herkesin kulağına, Yahudileri götürüp yaktıklarını fısıldıyordu. Onları kocaman çukurlarda vurduklarını, üzerlerine kireç döktüklerini, yaktıklarını, sonra bir başka katmana başladıklarını. Bakkal, Almanların Yahudileri vagonlara doldurduğunu, kapıyı sıkıca kapattıktan sonra içeriye zehir döktüklerini söyledi. Sonra onları köpeklere atıyorlar. Evde, bir bardak çayla masanın etrafında oturuyorduk, annem Tanrı'nın yardım edeceğini ve Hitler'in bir mum gibi yanacağını söyledi. Babam, Hitler'in çürük bir ağaç gibi yanacağını söyledi. Kel komşu geldi ve önce dişlerini paslı bir kerpeten ile tek tek çekmeleri gerektiğini söyledi. Sonra çocuksuz komşu geldi ve yakında İngilizlerin geleceğini, Hitler'i bir ipe asacaklarını söyledi, lanet olsun ona dedi. Masada Hitler'i daima öldürüyorlardı. Şehirden hahamlar bile geldi, biri tombul, biri kısa ama çok şişman değil, tanımadığım iki haham dedi ki, Yahudiler, endişelenecek bir şey yok. Tombul olanı dedi ki, bizim kudretli bir Tanrımız var. O bizi gözetecektir. Kısa olanı, ağzının kenarlarındaki beyaz kırıntıları sildi ve çok doğru, dedi, sadece Tanrı'ya güvenin. Ama ben çok endişeliydim ve Şorkodi'ye yapıştım.

Yahudi Zorunlu Çalışma Taburu'ndan, yakışıklı genç bir adamdı. Macarlar, Almanlar için ağaç kesmeleri için onları Budapeşte'den getirmişti. Şorkodi, Şabat günü bizimle akşam yemeği yedi. Dinle Leiber, dedi Şorkodi, büyük bir parfüm dükkânım var. Savaş bittiğinde benimle Budapeşte'ye geleceksin. Sana dükkânda çalışmayı öğreteceğim. Parfümün ne olduğunu bilmiyordum ama o günü bekledim. Her gün bekledim. En iyi arkadaşımı, Şorkodi'yi öldürdüklerinde bile, çünkü izin almadan trenle Budapeşte'ye gitmişti. Anne babasını ziyaret edip geri dönmek istiyordu. Budapeşte'den gelen adamlar ortadan kaybolduktan sonra bile bekledim. Yahudiler için sonun gelmekte olduğunu anladığımda bile bekledim.

Ve bizim bir şansımız vardı.

---

21) Levente: Genellikle Macarca "lesz" (olacak) fiilinden türediğine inanılan ve "Olmak/Varoluş" anlamına gelen erkek ismi. Başka bir teoriye göreyse, ismin kökeni Slav dilindeki "lovac" (avcı) sözcüğüne dayanır. Bu isim, onuncu yüzyıldan beri Árpád kraliyet ailesi tarafından kullanılmaktaydı. (ç.n.)

1943'te köyümüze İsrail'den bir *shaliach*[22], yani haberci geldi. Kadifemsi saçları ve bir metre genişliğindeki omuzlarıyla genç bir Betar[23] adam. Derinden gelen kısık bir sesi vardı ve sanki Hitler kapının arkasında duruyormuş gibi konuşuyordu. Yahudi gençleri Macaristan'dan kurtarmak için geldiğini söyledi. Sinagoga girdi ve hiç olmazsa çocukları İsrail'e götürmek için yalvardı.

Bana çocukları verin, çocukları. Betar *shaliach*'a yaklaştım, neden bilmiyorum ama elini tutmak ve bırakmamak istiyordum. Bana gülümsedi ve büyük, güneş yanığı, çizilmiş bir el uzattı. Elini sıkmak istedim.

Babam aramızda duruyordu. Babam, Leiber dedi, eve git. Eve koştum. İsrail'in ne olduğunu bilmiyordum, ama her şeyden önce buradan kurtulacağımızı düşündüm. Kapıyı güm diye çarptım ve annemin üzerine atladım.

Anne, anne, İsrail'e gitmek istiyorum. *Shaliach* ile gitmek istiyorum.

Annem önlüğünü çekti ve yanağımı sıktı. Sert.

Annem dedi ki, haham sana bunu mu öğretti, ha? İsrail'e sadece Mesih geldiğinde gideceğiz.

Durdum. Şansımızı yitirdiğimizi biliyordum.

Mesih'i bekliyordum. Önce sol bacağımı sağ bacağımın üstüne atarak bekledim, bir saat sonra bacakları değiştirdim, sağ bacağımı sol bacağımın üstüne attım, iki saat de bu halde bekledim ve değiştirdim. Evin arkasındaki basamaklara oturdum. Gömleğimi açtım, ona tüm göğsümü gösterdim, kalbimi ona açmak istiyordum, avucumu üzerine koydum, parmaklarımı gerdim, kalbimin atışını duydum, tuk-tuk. Tuk-tuk. Yumruğumdaki kalp atışlarını yakaladım, elimi göğsümden zorla ayırıp başımın üstüne doğru kaldırdım, sonra ağzımı açtım ve onu çağırdım, gel Mesih, gel, gel bana.

Bu arada radyo dinledim.

Radyoda Hitler'i duydum. Sesi komşu bahçedeki büyük köpeğin havlamasına benziyordu. *Heil*,[24] *heil*, kelimesini duydum. *Juden*'i[25] ve *Juden*'in küfretmeyi

---

22) Shaliach: İbranice "haberci", "elçi", "temsilci", "özel görevli" vb anlamlara gelen Shaliach, Yahudiliği ve Hasidizmi dünyanın dört bir yanında yaymakla görevli dini bir organizasyon olan Chabad Hasidik Hareketi'nin üyelerine verilen isimdir. (ç.n.)

23) Betar Hareketi: Vladimir (Ze'ev) Jabotinsky tarafından 1923 yılında Riga'da (Letonya) kurulan Revizyonist Siyonist bir gençlik hareketidir. O dönemde ortaya çıkan, özel selamları ve üniformaları olan birçok sağcı hareketten ve gençlik grubundan biriydi. (ç.n.)

24) (*Alm.*) "Heil": Yaşa, çok yaşa. (ç.n.)

25) (*Alm.*) "Juden": Yahudiler. (ç.n.)

sevdiğini duydum. Binlerce boğazın birlikte söylediği inanılmaz şarkıyı duydum. Radyodaki coşkulu şarkının beni duvara sabitlemek ve sivrisinek gibi ezmek istediğini hissettim.

Bu hikâyenin Yahudiler için kötü sonuçlanacağından emindim. Olabildiğince kötü. Henüz on beş yaşında olmasam da ve nedenini anlamasam da.

6. Bölüm

İshak: Belki de hak ettik, düzenbaz ve yalancı insanlardık.
Dov: Böyle söyleme.
İshak: Yamyamlar. Diasporadaki Yahudiler dürüst değildi.
Dov: Doğru değil, tüccarların böyle olduğunu söyleme, bir liraya alıp elli kuruşa satmak imkânsız.
İshak: Sıradan bir goy dürüsttü. Yahudiler ise kazanç ve geçim derdine düştü.

İshak

Pazarda dolaşmayı severdim.

Şehirdeki en gürültülü yer. Okumak istemiyordum. Bütün gün öğretmenimin gözü önünde kıçımın üstüne oturmak istemiyordum. Pazarda dolaşmak, babamla bilmediğim yerlere gitmek hoşuma giderdi. Tezgâhının arkasında sebze satan adamla yüz yüze gelmek hoşuma giderdi. Bana, İshak derdi, sen büyüdün, büyüdün, bir elma ister misin? Bir dükkân sahibiyle yüz yüze gelmek hoşuma giderdi. Dükkânında ocaklar, lambalar, bir fındık değirmeni, özel saplı küçük bir testere, bir kuş kafesi ve iş aletleri vardı. Bana göre adamın ilginç bir hikâyesi vardı. Bazen uzağa, merdivenlere oturur, mal alıp satmayı öğrenirdim.

Gördüklerime inanamazdım. Goy askerler Yahudi'den at almaya gelirdi. At topal. Yahudi, atın sağlam bacaklarından birine sopayla vurur, sağlıklı bacağın toynağına bir çivi çakar, at sağlıklı görünür. Askerler at için iyi para öder, Yahudi, askerlerin çevresinde mutlu bir top gibi döner, onlara kurabiye ve çay ikram eder, onlarla arkadaşlarıymış gibi gevezelik eder. Goy askerler hoşça kal, hoşça kal derler, yola çıkarlar ve sonra, boom. At çöker kalır. Goy askerler Yahudi'ye lanet okur. Goy askerler taşı tekmeler, bir sopa bulurlar ve sopayı zavallı hayvanın sırtında kırarlar. Askerler, seni öldüreceğiz pis Yahudi der, seni en yüksek ağaca asacağız, pislik. Ah. Başımı tutarak kaçtım. O akşam babama anlattım, başını salladı ve hiçbir şey söylemedi.

Goy köyümüzdeki bir Yahudi'ye gelir. Biraz tütün almak için on agorot[26] borç ister. Yahudi ona parayı verir. Kaç parça olarak geri öder? Çok parça olarak geri

---

26) Kuruş.

öder. Ya da, Yahudi goy'a der ki, para yerine bana biraz fasulye, patates, lahana ver. Goy getirdikçe getirir ama Yahudi tatmin olmaz. Goy bir dişi keçi satın almak için ara sıra pazara gidiyordu. Parası yoktu. Bir Yahudi'ye gitti ve para istedi. Nasıl geri ödeyecekti? İki dişi keçi olarak ödeyecekti. İşte, Yahudi goy'u bu şekilde sömürdü. Goy ticaretten anlamazdı. Yahudi pazarı yönetirdi. Goy mallara göz kulak olurdu. Günün sonunda Yahudi goy'a ödeme yaptı. Ama goy akşamı bekledi. Evet evet. Yolda, Yahudi'nin eve dönmesini bekledi. Beş arkadaşıyla. Ellerinde sopalar, bıçaklar ve bir demir çubuk, bir tepenin arkasına saklandılar. Yaakov arabasıyla yaklaşır. Küçük kırmızı kulakları ve kızıl saçları var. Arabada iki Yahudi daha var. Biri amca, diğeri komşu. Biri yüksek sesle horluyor, diğeri osuruyor. Yaakov mutludur. Çantası parayla doludur. Çantayı samanın altına saklamıştır. Samanın üstüne bir çuval un koymuş, çuvalın üstüne de bir battaniye örtmüştür. Cebinde az parası vardır. Aniden, yolun ortasında bir ateş. Küçük bir ateş, gerçekten küçük bir ateş. At durur. Üç goy Yaakov'un üzerine çullanır, biri atın dizginini yakalar. Beşincisi amcanın ve komşunun üstüne atlar. Uyanmak için zamanları yoktu. Para gitmişti.

Sonra topal Friedman vardı. Çiftçilerin buğdayını öğütmek için köye bir değirmen getirdi. Makinenin çıkardığı ses köyün her yanından duyulurdu, turrrr turrr turrr. Köyün yarısı Friedman'ın değirmeninde çalışırdı. Çiftçiler buğdaylarını getirip öğütür ve Friedman'a ödeme yaparlardı. Nasıl mı? Buğday pay edilirdi: üçte biri Friedman'a, üçte ikisi çiftçiye. Friedman üçkâğıtçı biri değildi. Friedman makineyi satın almış, mayıs ayı için hazırlamış, onarmış, buğdayı öğütmüş ve haklı olarak komisyonunu almıştı. Ama Yahudilerin de bir değirmeni vardı. Goy değirmene bir ton buğday getirirdi. Goy iki yüz kilo unla eve dönerdi. Bu hırsızlık değil midir? Biraz.

Yahudi akıllıydı. Yahudi goy'un sırtından geçinirdi. Yahudilerin her zaman ceplerinde para olurdu, tam bu kadar, kollarımın açıklığı kadar büyük bir şapka, bot, iyi bir ceket, taze meyve satın alırlardı. Belki de bu yüzden goy'lar Yahudilerden nefret ederdi. Bize daima pis Yahudiler, Filistin'e gidin, ülkemizde size yer yok, derlerdi.

Sıradan bir aileydik. Zengin değildik. Babam tüccar ve kasaptı. Yiyecek kıtlığı yoktu, ama hayat zordu. Her zaman babamın mallarını satın almazlardı. Bazen babam bir inekle pazara gider ve iki gün sonra aynı inekle geri dönerdi. Ve eğer ineği satmayı başarabildiyse, soyguncular yüzünden eve yalnız dönmezdi. Babam şehirde daima ya erkek kardeşiyle, yani amcamla, ya da bir arkadaşıyla birlikte dolaşırdı. Grup halinde gezerlerdi. Bazen beş ya da altı kişi olurlar ve eski bir taksiyle dolaşırlardı. Taksi saatte otuz kilometreyle zar zor gider ve her geçen gün daha fazla çalışır durumda kalırdı; babam ve yanındakiler bazen günün yarısını otomobilde geçirirdi. Bu arada kahve içerler, kâğıt oynarlar ve birbirlerinden ayrılmazlardı. Soyguncular yüzünden. Yahudiler her yerde tedirgindi. Goy'ların isteğine bağlı olarak, bir Yahudi ya vardı ya da yoktu.

7. Bölüm

Dov

Goy'lar her zaman şöyle derdi: Hıristiyan'ı aldatmak Yahudi'nin doğasında vardır.
    Ve ben de diyorum ki: Yahudi'nin başka seçeneği yoktu. Toprağı yoktu. Tüccar olmak zorundaydı. Goy'un arazisi vardı. Goy'un her zaman yiyeceği vardı. Goy bahçede domuz yetiştirirdi, inekler, kazlar, bahçesinde sebzeleri vardı, elma dolu ağaçları, buğday, lahana ve mısır tarlası vardı. Yahudi'nin toprağı yoktu, ondan nasıl yaşaması bekleniyordu? Goy'un şekere, una, yağa, gazyağına ve giysiye ihtiyacı vardı, Yahudi bu yüzden bakkal, fırın ve giysi dükkânı açtı. Bazen goy, dükkândan alışveriş yapabilmek için Yahudi'ye bir inek satardı. Pazarlık yaparlardı, ama ticaret için değil. Goy ineği eve bir şeyler götürmek için satardı.
    Goy'lar, hayatta ilerlemek için Yahudilere ihtiyaç duyuyordu. Yahudilerin parası olmadan bir inek ya da bir at satın alamazlardı, tarlayı sürmek için pulluk ya da ekmek için buğday satın alamazlardı. Yahudilerin parası işi daha da ileriye taşıdı, eee, bunun bize bir faydası oldu mu? Fırına atmaya karar vermeden önce, işleri için Almanlar da Yahudilere ihtiyaç duyuyordu.

İsrail, 2001

14.18, Nahariyya Tren İstasyonu.

Binyamina'ya gidiyorum. Deniz kıyısında. Bir saat yedi dakika sonra banliyö trenine aktarma olacak. Pencereye bakıyorum ve camda yuvarlak bir yüz görüyorum, salakça bir gülümseme. Greyfurt suyundaki Arak[27] yüzünden olabilir. Arak ve greyfurt suyu köfte ile iyi gider dedi İshak ve bardağımı ikinci kez doldurdu. Dov gülümsedi ve çok doğru, iç, iç, dedi, hadi kadeh kaldıralım. İsrail Devleti'nin dirliğine. *L'chaim. L'chaim.*[28] Hayata. Hayata.

Pencerenin arkasından elektrik direkleri geçiyor, kır evleri, flört edilen ağaçlı bir yol, ufacık arsalarda acımasız bir yeşil, çapraz saban izleri ve deniz, deniz, deniz, deniz. Dalgaların üzerindeki köpük çamur rengerinde. Cami ve duvar, yumuşak krem renginde. Ve yine sıra sıra evler, yine deniz. Trenin kliması keyifli.

Karşımda yaşlı bir adam oturuyor, teni yaşlılık lekeleriyle dolu. Lekelerden biri yanağının ortasına kadar iniyor. Ördek şeklinde bir Avustralya şapkası takmış. Yanında kıvırcık saçlı küçük bir kız var, atkuyruğu mavi bir kurdeleyle bağlanmış. Kırmızı diliyle, kırkbeşlik plak büyüklüğünde bir lolipop yalıyor. Yaşlı adam parmağıyla kitaptaki bir resmi gösteriyor ve diyor ki, kanguru, bu bir Avustralya kangurusu ve tam esnerken yutkunuyor. Küçük kız kitabı kenara koyuyor. Yaşlı adam şapkasını burnunun üstüne kadar çekiyor ve uykuya dalıyor.

Tuvalete ihtiyacım var. Kalkmak istemiyorum. Duruyorum. Mesanem beni rahatsız ediyor. Çantamı alıyor ve tuvaleti arıyorum. Kabin vagonunun sonunda, basamakların yanında. İçeri şöyle bir göz atıyorum, uçak tuvaletine benziyor, plastik bir kapağın altında büyük bir kâğıt rulosu, minnacık bir lavabo, bir kutu el mendili, kabin temiz görünüyor.

Kımıldamıyorum.

Pekâlâ, elini çabuk tut, içeri gir. Bekle. Kapıyı kontrol ediyorum. Kilidi zihnimde parçalara ayırıyorum, sola çeviriyorum, sağa çeviriyorum, sıradan bir kilit. Kabine giriyorum ve dışarı çıkarken içeride sıkışıp kalırım diye, kapıyı kapatmaya korkuyorum. Yardım için bağırsam, beni duyarlar mı? Kimse duymaz. İshak trende olsaydı, en kötü senaryo derdi, atlayabilirdin, biraz şansla bir hastaneye giderdin, en önemlisi de, kimse bundan ölmez ve her durumda, daha önce de söyledim ya, taksi, taksi. Dov da derdi ki, sadece bir kez ölürsün, en iyisi kendini tutmak.

Kâbus sona ermiyor: Tuvalet kapısı açılmıyor. Bir sinemada örneğin. Film bitiyor. Seyirci salondan ayrılıyor, ışıklar sönüyor, içerideyim. Bir benzin istasyo-

---

27) Üzüm, hurma veya şeker kamışından damıtılarak üretilen, Levant yöresine özgü anasonlu bir içki. (ç.n.)
28) (İbr.) L'Chaim: Hayata. Bir kişinin sağlığına veya esenliğine kadeh kaldırırken Yahudilerin kullandığı bir ifade. (ç.n.)

nunun arkasında, rengi solmuş, pul pul dökülen bir kapı. Etrafta kimse yok. Bir iş hanı, üst kat, orta kat, en kötüsü bodrum katı, başıma hiç gelmedi mi? Geldi, geldi. Duvarlar sızdırmaz bir oda gibiydi. İki dakika ve gömleğin ıslak.

İshak orada olsaydı derdi ki, en azından silinmek için kâğıdınız var, bizim yoktu. Silinecek hiçbir şey yoktu. Dov da derdi ki, ne kâğıdı, hiçbir şeyimiz yoktu, silmek için pantolon ve gömlek şeritlerinden küçük parçalar keserdik. Gizlice. Bazen o bile olmazdı. Pantolonumuzda leş gibi kokan, yapış yapış bir sızıntıyla sıra olmuş halde yürürdük, düşünmek bile istemezdik. Ayakkabılarınızın içine iğrenç bir şey sızarken yolda yürümenin nasıl bir his olduğu hakkında bir fikriniz var mı, en iyisi hiç olmaması. Ve şimdi, kahve.

8. Bölüm

Dov: Mermelstein'ı hatırlıyor musun? 1939'da Çeklerin askere aldığı, uzun boylu sakallıyı? O bir topçuydu, ata binerdi, altı at bir topu çekmişti.
İshak: O ailenin çocuklarından biri seninle birlikteydi.
Dov: Evet, ama yolda birbirimizi kaybettik.
İshak: Yolda hepimiz kendimizi kaybettik Dov, bak başımıza ne geldi. Her şeyi kaybettik.

Dov

Auschwitz'den Jaworzno Kampı'na kamyonla gittim.

Yazın ortasıydı. Sıcak. Ayakta seyahat ediyorduk. Kalabalıktı ve iğrenç kokuyordu. Tükenmiştim. İki yetişkin aynı anda üzerime düştü. Biri tam gözümün önünde, biri omzumda öldü. İkisini de Jaworzno'ya kadar taşıdım. Kasığımdaki eski ağrı nüksetti. Ağır kütükleri köydeki tren yoluna sürüklerken şişip mavileşen yer. Gece onları babamla ve kardeşlerimle birlikte sürüklerdim.

Trenden indik. Daha da sıcak. Kahverengi ahşaptan sıra sıra kışla binaları gördüm, binaların üzerinde kum gibi kalın, beyaz bir duman. İki metre boyunda kepli bir SS adam, elindeki megafondan bağırdı, soyunun, duş alacaksınız. Ona inanmadım. Bizi gaza götürdüklerinden emindim. Cebimde bir parça ekmek vardı. Ayakkabımın içine sakladım. Duştan canlı çıkarsam bir parça ekmek beni bekliyor olacak diye düşündüm. Çıplak ve zayıf, duşa gittik. Uzun adamlar, kısa adamlar. Tümü çirkin, iğrenç, tıpkı goy'ların bizim hakkımızda hep söyledikleri gibi. Herkesin beyaz teni, yaraları ve bir kokusu vardı. Tenlerine bastırınca bir delik oluşuyordu, sanki tenleri çok yaşlıymış gibi. Kel kafaları çamur gibi kahverengiydi. İnce bir kıl tabakası. Tırnaklarını dibine kadar yemişlerdi. Belki böyle görünen insanları öldürmek daha kolaydır diye düşündüm. Eminim ben de böyle görünüyordum, belki de iğrençtim, öf, leş gibi kokuyordum. Bir ayna aramaya başladım, bulamadım. Tenimi kokladım, bozulmuş peynir gibi kokuyordu.

Muslukların altında dikiliyorduk, pis kokulu bir kalabalık ve bize önce su sonra gaz mı vereceklerini bilmiyordum, belki gaz ile suyu aynı anda vereceklerdi, belki de bu kampta yeterince suları yoktu ve tren vagonunda beklediğimiz gibi beklemek zorunda kalacaktık, belki ölene kadar burada böyle duracaktık.

Hava daha ağır kokmaya başlamıştı. Yakınımdaki biri ayakta dikilirken kakasını yaptı. Önümdeki iki kişi de aynı şeyi yaptı. Belki korkudan. Kendi kendime sessizce şöyle sordum: Acaba buraya Yahudilerin yerine çıplak Hıristiyanları dizmişler miydi, hayır hayır, acaba buraya Almanları, diyelim gazetede gördüğüm ve daha yeni tıraş olmuş gibi bakımlı görünen şu uzun boylu sarışın adamları dizmişler miydi? Auschwitz'deki iki aydan sonra, onlar da bizim kadar çirkin olurlar mıydı? Bir yanıtım vardı. Evet. Yaralar ve koku yüzünden onları da öldürmek kolay olurdu.

Bazıları Şema İsrail, Şema İsrail diye bağırmaya ve ağlamaya başladı. Ağlama, pamuk yününe düşen ateş gibi yayıldı. Ben de ağladım. Hepimiz birbirimize bakarak birileri için ağladık. Sonra sallanmaya başladılar, sanki sakalları varmış ve ayakkabıları, paltoları ve şapkalarıyla bir sinagogdalarmış gibi ileri geri sallanıyorlardı. Ve aniden su.

Başımızdan aşağı kaynar su dökülüyordu. Kokusuz su. Haşlanmaktan kaçış yoktu. Yine de su, su diye çığlık attık ve bir anda musluk kapandı. Kurtulmuştuk. Adamların ağlamaları kahkahalara dönüştü. Geriye gözyaşları kaldı. Evden ayrıldığımdan beri ilk kez Yahudi erkeklerin güldüğünü görüyordum. Ayakkabımın içinde beni bekleyen bir parça ekmek olduğunu biliyordum. Yanımdaki birine sarıldım. Birlikte ağladık. Bu arada kapıyı açtılar. Almanlar fikirlerini değiştirmesin diye hemen sustuk. Bize kokmayan temiz giysiler verdiler. Siyah şeritler daha koyu görünüyordu. Bizi üç katlı ranzaları olan karanlık bir bloğa koydular. Hiç pencere göremiyordum. Duvarlar kahverengiydi. Ampullerin ışığı zayıftı. Üçüncü katta bir yer bulmayı başardım. Uzandım ve ekmeğimi yedim; o gün Jaworzno Kampı'nda Auschwitz'den daha mutluydum.

Ertesi gün sabah ve akşam içtimalarına başladık. Bazen, sadece sayılardaki bir hata yüzünden saatlerce ayakta duruyorduk. İçtima sırasında düşenler düştü ve konu onlar için kapandı. Kalkmadılar. Kampta artarak çoğalan iğrenç koku gitgide aklımızı daha çok kemiriyor ve bizi kabız ediyordu.

Jaworzno'da inşaatta çalıştım. Tehlikeli iş. Çünkü küçüktüm. Elektrik üretecek bir fabrika kurulmasına yardım ettim. Uzmanlar Alman'dı.

Kazıda ve inşaatta çalışıyorduk. Beni altı metre derinliğinde bir çukura bir sepet içinde indiriyorlardı. Karanlığa doğru yavaşça iniyordum. Çukurun dibinde bir kürekle kazıyor, toprağı sepetle yukarı gönderiyordum. Çukur karanlık ve bunaltıcıydı. Toprak soğuktu ve vücudum sırılsıklam oluyordu. Yaklaşık altı saat boyunca durmadan kazdım. Yemek molasından sonra çukura indim ve bir altı saat daha kazdım. Almanlar çukurun kenarlarını güçlendirmiyordu. Gözlerime sürekli toprak kaçıyordu. Parmaklarımla gözlerimi ovaladım, ama fayda etmedi. Çizgili pijamalarımla silmeyi denedim, daha beter oldu. Göz enfeksiyonu yüzünden ölen birini hatırladım, ama nedeni sadece bu değildi, başka hastalıkları da vardı. Göçük olasılığını düşünerek kendime işkence ediyordum. Göçük olasılığının yüksek olduğunu biliyordum. Almanları sadece çukurların derinliğinin ilgilendirdiğini biliyordum, umurumda değildi. Biliyordum ki yerimi hemen başka mahkûmlar alırdı. Bir yığının altında kalarak canlı canlı gömülebilirdim; toprağın üzerimi örteceği, kulaklarıma, burnuma, ağzıma dolacağı ve ölene kadar burnumdan toprak solumak zorunda kalacağım çok belliydi. Elimden geldiğince yavaş kazdım. Aylarca. Benim gibi diğer küçük mahkûmlar da yanımdaki çukurlarda kazıyordu. Birçoğu üzerlerine çöken toprağın altında kalarak öldü. Nasıl hayatta kaldığımı bilmiyorum.

Sonra kış geldi.

Sahip olduğumuz tek şey, aynı şeritli giysilerdi. Palto yok. Çorap, yelek ya da iç çamaşırı yok. Ayaz korkunçtu. Avuçlarımı hissetmiyordum. Aynı şey ayak tabanlarım için de geçerliydi ve parmaklarımın düşmesi sadece bir an meselesiydi. Yarın, ertesi hafta, sonraki ay, her bir elimde ya da ayağımda üçer parmak bulacağımdan ya da sepetin içinde çukurdan başparmağım olmadan çıkacağımdan emindim. Ateşi hayal ettim. Bir gün öğle yemeği arasında birkaç tahta buldum. Cebimde kâğıt ve kibrit vardı. Bir duvarın arkasına geçtim ve ateş yaktım.

Fabrika müdürü yanıma geldi.

Fabrika müdürü yirmi beş yaşında genç bir Polonyalıydı. Kocaman elleri vardı. Boynu bir boğa kadar kalındı. Mahkûmları sıraya soktu, beni önlerine sürükledi ve emretti: Eğil. Eğildim. Kafama bir kurşun sıkacak diye bekliyordum. Fabrika müdürü iki eliyle kaldırdığı büyük bir tahtayı sırtımın tam ortasına vurdu. Küt. Parçalara ayrıldığımı hissettim. Küt. Yahudi küçük bir ateş yakar, ellerini ısıtır ve lanet Polonyalı onu ayağıyla dağıtır. Evet. Küt. Tam beş darbe saydım. Ben de et yoktu ki. Bir deri bir kemiktim. Onların da derimin altında daha fazla dayanamayacağını hissediyordum. Kemiklerim, bir havlunun arasında dövülen fındıklar gibiydi. Küt-küt-küt-küt-küt. Ağzımdan dökülmesinler diye, ağzımı açmadım.

Bir ay boyunca oturamadım. Molalar sırasında ayakta durdum. Önce sağ sonra sol bacağımın üzerine yaslanıyordum. Geceleri uyuyamıyordum. Karnımın üstüne yatıyor, kıçım açık mı sızdırıyor mu bilmiyordum. Sırtımda bir karıncalanma hissediyordum ve kurtçukların yaranın içine girdiğinden ve beni canlı canlı yediklerinden emindim. Birkaç dakikada bir yaranın etrafında ıslak bir yer var gibime geliyordu. Öyleyse yara ıslaktı ve kokuyordu. Sonra sertleşmeye ve kabuk bağlamaya başladı. Sonunda kurudu ama gerçekten acıyordu. İki ay boyunca acıdı.

Jaworzno'nun Ruslar tarafından bombalanmasıyla az kalsın hepimiz ölüyorduk. Öğle vakti. Yemek molasıydı. Bir kâse sıcak çorba için sırada bekliyordum.

Tencerenin dibinden bir şey alma şansımın olmadığını biliyordum çünkü küçüktüm. Bana doğru dirseği hazır halde yaklaşan uzun boylu mahkûmlardan her zaman uzak durmaya çalışırdım. O dirsekleri zaten biliyordum. Yılan gibiydi. Küt. Ve sessiz. Ve gardiyanlar hiçbir şey görmezdi.

Birden yükselip alçalan bir siren sesi. Yanımıza bombalar düşüyordu. Evimin yoldan uzaklığı kadar bir mesafe. Zikzaklar çizerek sığınağa doğru koştum. Yeraltına kazılmış beton bir yapı. Sığınağın girişinde kum torbaları vardı. Girişi çok dardı ve mahkûmlar birbirinin ayağına basıyordu. Önümdeki mahkûmun üstüne düştüm. İkimiz birden yere düştük. Pantolonu ıslaktı. Yanından geçip sığınağa doğru sürünmeyi başardım. Korkutucu bir karanlık. Küçük adımlarla hendek boyunca ilerledim. Biraz arkamdaki mahkûmların bağırışları gittikçe azalıyordu. Ve uçakların inlemesi. Birkaç dakika geçti, sonra kısa bir siren. Bizi dışarıya çağırdıklarını biliyordum.

Bir an önce çıkmak istiyordum.

Hiçbir şey göremiyordum. Duvarlara dokundum, sert ve soğuktu. Ayaklarımı sürükledim, sanki çamurda yürüyormuşum gibi hissediyordum. Sola döndüm, başka bir duvarı geçtim, tuhaf bir sessizlik, mahkûmlar neredeydi, nereye gitmişlerdi, anlamadım. Kalbim çılgınca atmaya başladı, geri döndüm, ellerimi beton duvara bastırıp yön değiştirdim. Yürüdüm, sanırım dümdüz, çıkış yolunu bulamadım. Birkaç adımdan sonra yine durdum. Aynı. Mezarlık kadar sessiz bir karanlık. Bu boktan sığınakta tek başıma kaldığımı anladım. Kaburgalarıma kızgın bir iğne battı, kalbime girdi, karnıma düştü, sırtıma yerleşti. Sırtımın ısındığını, şiştiğini hissettim. Bacaklarım titremeye başladı. Duvarlara tutundum, yardım edin diye bağırdım, dışarı çıkmama yardım edin, kendi başıma çıkamıyorum, neredesiniz, yardım edin.

Kıçı açıkta kör bir adam gibi hendeklerden koşmaya başladım.

Kıçımı sıkıca tuttum, böylece yaram artık açılmayacaktı. Yan yan koştum, boşuna. Duvarlara çarptım, kafama bir darbe aldım, kalktım, koşmaya devam ettim. Giysilerim terden ıslanmıştı. Aklım çığlık atıyordu, kayboldun, kayboldun, burası senin mezarın olacak. Karanlıkta un ufak olacaksın ve kimse bilmeyecek. Durdum. Nefesim koşan bir hayvan sürüsünü andırıyordu, kaybolmuş bir hayvan sürüsünü. Ağzımı kapattım, burnuma bastırdım. Boynumu gerdim. Siren sesleri duydum. İnsan yoktu. Neyin değiştiğini anlayamadım. Yoksa bombalar mahkûmları ve gardiyanları öldürmüştü de geriye bir tek ben mi kalmıştım? Hayır. Duvara yapıştım. Yere oturuncaya kadar aşağı kaydım. Alnım yanıyordu. Yüzümü avuçlarımla örttüm ve ölmeyi bekledim.

Parmaklarımda bir gıdıklanma ve sıcaklık hissettim.

Parmaklarımı araladım. Büyük bir ışık fiskesi beynime çarptı. Tam önümde annem duruyordu. Bir eşarp bağlamıştı ve elbisesinin önünde önlük vardı. Sanki bir resimden çıkmış gibiydi ve bana gülümsedi. Ağladım, anne, anne, ölüyorum. Ağlamam arttı, daha yüksek sesle bağırdım, Anne, dışarı çıkmama yardım et, Anne. Anne gülümsedi ve sonra Almanca sesler bizi huylandırdı. Hiç de uzakta olmayan rahatsız edici sesler.

Işık kayboldu. Sıçrayarak ayağa kalktım. Almanların koştuğunu, bağırdığını duydum. Ve sonra ışığı gördüm. Çıkış yolu tam önümdeydi. Yüzümü kolumun altına gizledim ve sığınaktan çıktım. Mahkûmlar sığınağın girişinin karşısında iki sıra halinde duruyordu. Sıradaki yerim boştu. Dizlerim bükük, onlara doğru yaklaştım.

Katil bir Kapo[29] bana saldırdı.

İriyarı ve şişman bir Kapo yumruklarıyla yüzüme vurdu, sızdıran kıçımı tekmeledi. Yere yuvarlandım. Kanla karışmış toprak yuttum. Kapo durmadı. Karnımı, kaburgalarımı, kafamı ve sırtımı tekmeledi. Kımıldamadan uzanıyordum. Nefesim kesilmişti. Kapo durdu. Karın boşluğuma bir tekme daha savurdu, döndü ve gitti. Kapo'nun tekmeleri vücudumun sağ tarafını felç etmişti. Yavaşça kalktım, dik duramıyordum. Bir kan sisinin ardından bakıyordum. Kıvrılmış, ezik büzük bir halde sıradaki yerime koştum. Nasıl hayatta kaldığımı bilmiyorum. Gençtim, güçlüydüm. Hitler'den daha güçlü.

---

29) Kapo: Nazi toplama kamplarında zorla çalıştırılan mahkûmların denetlenmesi ve idari görevlerin yerine getirilmesi için SS muhafızların seçtiği mahkûm. Bu sistem kampların daha az SS personeli ile çalışmasına izin verdiğinden maliyetleri en aza indirmiştir. (ç.n.)

Dokuzuncu Bölüm

İshak

Buchenwald Kampı'ndan Zeiss Kampı'na geçiş zor oldu.

Kış. Yağmur. Şimşek. Fırtınalar. Buchenwald Kampı'nın 8. Bloğundayken iyi yemek yemiştim. Çarşaflı bir yatakta uyumuş, duş almıştım ve pencereden ışık giriyordu.

Zeiss'ta bir fare hayatı yaşadım. Karanlık ve rutubet vardı. En az üç dört metre derinlikte ve on iki saatlik vardiyalar boyunca, borulara çelik tel sardım. Her gün. Eldivenim yoktu. Ellerim çatlaklarla doluydu. Her çatlak bir hendek kadar geniş. Birkaç hafta sonra tenim ayakkabı tabanı kadar sertleşmişti.

İlk birkaç hafta, kamptan fabrikaya koşarak gittim. Vücudumda hâlâ 8. Bloktan kalma güç vardı. Sonra koşmayı bıraktım. Güçlükle yürüyebiliyordum. Beni korkutan çok çalışmak değildi, korkutucu olan açlıktı. Sabahları bize tadı kahveye benzeyen sıcak su veriyorlardı. Öğlen, içinde ne olduğunu bilmediğim parçalar olan bir çorba, ama yine de içiyordum. Akşamları ise peynirli veya margarinli bir parça ekmek. Hepsi bu. On altı yaşındaydım ve öğle yemeğinde bir buzağıyı kolayca bitirebilirdim, ama üstteki birkaç sert parçanın da içinde olduğu biraz su tüketiyordum. Açlığın beni içeriden yiyip bitirdiğini hissediyordum. Açlığım, ölüm meleği gibi gözlerle doluydu. Bazen vücudum ağrıdığında, onu fabrikanın karanlığında görebiliyordum.

Zeiss'ta hava bombardımanları oluyordu ve bombardımanlar çoğunlukla, içinde sert parçalar olan suyu dağıttıkları zamanlara rastlıyordu.

Yerin altından çıkmıştık ki uçaklar geldi, bom. Bom. Bom-bom. Korkunç bir gürültü çıkarıyorlardı. Karınlarında taşıdıkları her şeyi üzerimize boşaltıyor ve gözden kayboluyorlardı. Almanlar bize gidip girmemiz için üzeri açık kocaman bir çukur gösterdiler. Böylece içinde birkaç parça olan sudan da olduk ve boru ve çelik dolu çukura doğru koştuk. Gardiyanlar bizden sonra girdiler. Bombalar altı parmaklık boruların üstüne düşüyordu. Havada uçuşan çelik parçaları başımızın üstünde fır fır dönüyor ve bom, yere düşüyordu. Mızrak fırlatan kocaman bir top gibi. Çelik parçaları yanımdaki bir mahkûmun kafasını patlattı. Sessizce devrildi. Üzerimize çamur ve kurumla karışık kan püskürüyor ve bizi siyaha boyuyordu. SS adamlar da siyaha boyanmıştı. Bir SS adamın karnında büyük bir delikle çöktüğünü gördüm. Kaçacak bir yer yoktu. Bir iğne büyüklüğüne gelene dek büzüldüm ve başımı olabildiğince eğdim. Yaralı mahkûmların korkunç bir şekilde ağladığını duyuyordum. Onları kurtaracak kimse yoktu. Uçaklar bize gittikçe daha çok bomba atıyordu. Sonumun geldiğini biliyordum. Kafamda bir parça çelikle ölmek istemiyordum. Yanımda genç bir mahkûm vardı, belki yirmi yaşındaydı. Kepçe kulaklıydı ve burnunun ortasında bir şişlik vardı. Kulağına bağırdım, buradan çıkıyorum, gelmek ister misin?

Açık alana doğru koştuk. Tarla beyaza bürünmüştü. Yüzüm soğuktan ve rüzgârdan yanıyordu. Burnum hiç durmadan damlıyordu. Düşmesin diye, giysimin çizgili kolunu burnuma dayadım. Bacaklarımın üstünde tepindim. Dünya asfalt kadar sertti ve hiç ses duyamıyordum, kulaklarımda sadece gelen ve giden dalga sesleri. Açtım. Dizlerimin üstüne çöktüm ve buz tabakasını kazıdım. Dua ettim, belki orada bir şeyler büyüyordu, belki. Elimle kazdım. Biraz derinde lahana kökleri buldum. Benimle gelen çocuk da dizlerinin üstüne çöktü. Deli gibi kazmaya başladık. Daha çok kök bulduk. Büyük bir yığın topladık. Donmuşlardı. Bağırmaya başladım, bizi açlıktan öldürmek istiyorsunuz, ama biz yaşayacağız, yaşayacağız. Yüzümü sildim. Bir teneke bulduk. Çocuğun cebinde kibrit vardı. Birbirimize baktık ve birlikte pantolonlarımızı indirdik. Tenekenin içine işedik. Kökleri içeri koyduk ve altından kibritlerle ısıttık. Sıcak sidiğin içindeki kökleri yedik. Bütün yığını yedik. Tadı annemin yemekleri kadar iyiydi. Tok hissediyordum ve gökyüzüne dönüp, teşekkür ederim diye fısıldadım. Gökyüzü siyahtı, fena. Uçaklar ortadan kaybolmuştu. Göz kapaklarım ağırlaştı. Ayakta uyumak istiyordum. Sanki köyümde, bir yemekten sonra dinleniyordum. Sanki bahçedeki bir şeyi tamir ediyordum ve bir anda içeri girdim. Ailemi görüyorum. İsrail Baba pazar hakkında, oldukça iyi bir anlaşma hakkında konuşuyordu. Annem, düğmelerimi getirdin mi diye soruyordu. Ve ağır bir tencereyi ocağın üstünden alıyordu. Avrum iş hakkında biraz daha fazla şey bilmek istiyordu. Sara kitabını yazıyordu. Dov bulaşıklarda anneme yardım ediyordu, ben mi? Kendimle ilgili hiçbir şey hatırlamıyorum. Sanki dünyada savaş ve krematoryuma giden hiç tren yoktu, sanki dünya Hitler'siz yaşıyordu.

Bir süre sonra, borulara tel sarmak için toprağın altına geri döndük.

Ertesi sabah kötü işaretlerle başladı. Benden iki ranza ötedeki bir mahkûm tel örgüye doğru koştu ve dızzzzt, işi bitti.

Anında yandı. Çamaşır ipinden düşen çizgili bir gömlek gibi görünüyordu, her şey sıraya girmeden önce, hatta şafaktan önce oldu. Ölü adama dikkatlice baktım ve sonra yanımdaki iki mahkûm bizi bırakıp aynı yere doğru koştu. Beraber, ikisi birlikte, bir çift gibi, biri uzun boylu, birinin beli bükülmüş, birlikte hızlıca koştular ve dızzzzt dızzzzt. Sanki çamaşır ipinden düşmüşler gibi. Ölülerin oluşturduğu küçük yığına bakmaktan kendimi alamıyordum. Oysa yeterince bakmıştım, sonra SS adamın bağırdığını duydum, sıraya geçin, çabuk, ileri, marş. Tek sıra halinde yürümeye başladık. Lekeli kâğıtlar gibi ince ve kirli erkekler. Asfalt boyunca sürüklenen ayakkabılara bağlanmış kâğıtlar.

Neredeyse en arkadaydım ve asfaltta ilerleyemiyordum. SS adam tüfeğinin dipçiğiyle sırtıma vurdu. Küt. Ağzımı kapattım ve kulağıma haykırdı, ileri, sırayı bozma, pis Yahudi.

Yürü, çabuk, çabuk. Küt. Bir tane de karın boşluğuma. Aldırmıyordum, bana vurması, beni öldürmesi, fark etmiyordu. Yakında hepimizi krematoryuma götürüp öldüreceklerini zaten biliyordum. Zeiss'taki yöntemi hepimiz biliyorduk. Yöntem: Yiyecek yok, su yok, nefes alacak bir yer yok, duş yok, palto yok, ilaç yok, sadece çalış, ölüm gelene kadar, hızlı çalış. Gelmesi yaklaşık üç ay sürer. Bu arada taze, sağlıklı bir parti mal getirirler ve eski mahkûmlar boşta duran en yakın krematoryuma gitmek üzere bir trene biner. Evet. Almanların sağlıklı genç adamları berbat bir paçavra yığını haline getirmeleri için üç ay yeterliydi. Paçavraları yakmak gerekir, diye düşündüm.

Yarın tel örgünün üzerindeki benim. Evet, yarın. Bir başka aysız gece, yeter. Bir ay var mıydı?

Tel örgü düşüncesi bana biraz güç vermişti. Belki de bana tel örgüyü düşünme gücünü o üç mahkûm vermişti. Sıradaki yerimi almak için ileri doğru hızlı hızlı yürümeye başladım. Ve aman, istemeden önümdeki mahkûmun ayakkabısına bastım. Bir cıvıltı sesi çıkardı ve düştü. SS adam bize doğru yaklaştı. Gömleğinden tutup mahkûmu yerden kaldırdım. Elleriyle iterek kalktı. Sağ elinin bir buçuk parmağının eksik olduğunu gördüm. Sallandı, sallandı, doğruldu. Onu geçtim ve başlangıçta olduğu gibi, yani tıpkı 8. Bloktaki güçlü halimle, uzun adımlarla yürümeye başladım. En az sekiz mahkûmu geçtim ve tekrar sıradaki yerimi aldım.

Sabahın ilk ışıkları tarlalara düşmeye başlamıştı. Bir Alman köyüne yaklaşıyorduk. Bacaları olan düzenli evler. Alçak bir çit ve bir bahçe. Birkaç ağaç, daha çok çiçek ve suyun üstünde ince bir buz, ama en çok da, sizi ayakta gömebilecek bir soğuk. Ağır bulutlar uzaktaki evlerin çatılarına dayanmış. Normal dumanla, beyaz dumanla karışmış, biraz da gri dumanla. Ocaklı ve bacalı evlerinde yün çoraplarıyla oturan Alman çiftçilerin üşümediklerini biliyordum.

Planladığım tel örgü yüzünden onlarla dalgamı geçtim, dıızzzt. Ve konu kapandı. Yolun kenarındaki çimlerin üzerini gümüş damlalar örtmüş. Çürüyen bir kuş, ayakları havada duruyor. Yarın öleceğim. Evet yarın.

Sabah güneşi bir bulutu iterken, yolun kenarında iki kişi duruyordu. Biri uzun boyluydu. Diğeri kısa. Kadınların eşarplarını hatırlıyorum. Uzun olanı bir elbise giymişti. Küçük olan pantolon giyiyordu. Yaklaştıkça, bize bakan bir kadın ve bir kız gördüm. El ele tutuşmuşlardı. Bu ikisi ne istiyor, ne. Acınası insanlar, gözyaşları olmadan ağlayan insanlar hakkında bir gösteri, pekâlâ, işte geldik, buradayız. O sabaha kadar neredeyse hiç insan görmemiştim, dünyada insanlar olduğunu bile zar zor hatırlıyordum. Evlerinde saklandıklarını biliyordum, biliyordum. Sırada yürürken, bir perdenin ardından, bir çarşafın altından baktıklarını hissediyordum. Çocuklar olabildiğince uzaktaydılar, belki de onları bir yatağın altına saklamışlardı, böylece tatlı çocukları geceleri iyi uyuyabilecekti. Kendimi görebileceğim bir aynam olsaydı, utancımdan çığlık atacağımı biliyordum. Aynaya ihtiyacım yoktu, diğer mahkûmlara baktım. Köy halkını anlıyordum. Şans bu ya, Zeiss'a giden yol köyün yanından geçiyordu. Sefil, kokuşmuş, parçalanmış insanların oluşturduğu büyük bir insan kuyruğu, günde iki kez geçiyordu.

Yolun kenarındaki iki kadın sadece bana bakıyordu.

Anne kıza benziyorlardı. Küçük kız gözünü benden ayırmak istemiyordu. Beni işaret etti. Annesinin kulağına fısıldadı. Anne başını salladı, evet, evet. Anne uzun boylu, özellikle yakışıklı bir SS adama döndü. SS adam işaret verdi, dur! Durduk. Herkesin başı önüne eğikti. Anne SS adamın kulağına doğru Almanca bir şeyler fısıldadı ve beni işaret etti. SS adam kabul etti ve kadın ona bir paket verdi.

SS adam bana yaklaştı.

SS adam bana bir paket verdi. Emretti: Aç onu. Sıradakilerin hepsi benim tepemdeydi. Tüm bedenim ürperdi, ellerim titriyordu, herkesin benden ne istediğini anlayamıyordum, neden özellikle ben. Yetişkinlerden birinin bana şimdi ne yapmam gerektiğini, paketi açmanın uygun olup olmadığını söylemesini istiyordum. Üstüme atlamaya hazır yırtıcı bir hayvana benzeyen yüzleriyle, derin derin soluyan yetişkinler. Kâğıdı yavaşça açtım. İçinde pişmiş bir patates vardı. Sıcak. SS adam bana işaret etti: Ye. Patatesi yıldırım hızıyla yedim. Anne ve kızı köye doğru gitti.

SS adam bağırdı, marş. Marş.

Uzun adımlarla yürüdüm, düştüm. Kalktım. Heyecandan. Bacaklarım birbirine dolanıyordu. Kafamda bir tufan vardı. Neydi bu, ne.

Mahkûmlar beni neredeyse gözleriyle öldürdü, ya o? Önümde dikildi ve ye dedi. Delirdiğimi hissediyordum, hepsi bu. Pijamamdaki şeritleri çekip koparıyordum, tren raylarını ve hayatı. Bu arada tırnağımla dilimi kazıdım ve birkaç kırıntı buldum. Karnımdan garip sesler gelmeye başladı, ne yapacağımı bilmiyordum; neden beni iyi şeylerle utandırıyorlar.

O gece kendimi çok iyi ve tok hissettim, uyuyamadım.

Bu durum, bütün bu iyilikler, beni delirtiyordu. Belki de küçük kız Almanların görmeye vakti olmadığı bir şey görmüştü, kalbimin anladığı buydu. Belki benim de bir çocuk olduğumu, tüm erkeklerin yanaklarında siyah kıllar olduğunu ve bende olmadığını gördü. Elimi yüzümde gezdirdim, pürüzsüzdü. Belki onların büyük ve benim küçük olduğumu düşündü.

Anne ve kızı, sessiz bir film gibi aklımdan çıkmıyordu. Onları uzakta beklerken görüyorum, yaklaşıyorum, yaklaşıyorum, yaklaşıyorum, ikisi de bana bakıyor, bakıyor, bakıyor, bakıyor ve hop, ellerimin arasında bir paket. Yiyorum. Ve yeni baştan. Yaklaşıyorum, yaklaşıyorum, yaklaşıyorum, bana bir paket veriyorlar ve hop, yiyorum, yiyorum, yiyorum. Hiç durmadan ağladım. Annemi özlemiştim. Babamı özlemiştim. Kardeşlerimi özlemiştim. Özellikle Dov'u. Ona başıma gelenleri anlatmak istiyordum. Ona patatesimin yarısını vermek istiyordum. O gece güçlükle uyudum.

Sabah. Dışarıdaki ilk kişi benim.

Göz ucuyla bakıyor ve tel örgüye doğru koşan birini görüyorum. Onu tanıyorum. Benim ranzada uyumuştu. Kardeşi iki gün başında bekledi. Kardeşinin de onun peşinden koştuğunu gördüm. Konuşarak. Ben bile duydum, Nathan, dur, dur, Nathan. Bekle. Ne yapıyorsun, dur. Giysisinden yakaladı. Onu tel örgüdeki elektrikten uzaklaştırmak istiyordu. Tellerin üstüne ilk Nathan düştü.

Geri çekilmeye çalışan kardeşi de elektriğe kapıldı ve bitti. Ölmeyi gerçekten istemiyordu.

Bir anda sırtımı tel örgülere döndüm. Görmek istemiyordum, bu sabah olmazdı. Bir an önce çalışmaya gitmek istiyordum. Köyün önündeki yola varmak istiyordum. Belki, belki, yine, belki de değil.

Karnım ağrımaya başlamıştı. Bugün gibi hatırlıyorum, sanki şu an oluyordu. Karın boşluğuma ve başıma bir ağrı girdi. Koşmak istedim. Sıra yavaş ilerliyordu, çok yavaş. Eti kesen soğuk bir rüzgâr. Ayağı şişmiş bir mahkûm durdu. Vücudu rüzgârda sallandı. Bükülmüş dizlerini hafifçe açtı, topuklarını yola yapıştırdı. Arkasındaki mahkûmlar da durdu, kımıldamadan onu beklediler. SS adam yerden bir taş aldı ve fırlattı. Onu bacağından vurdu. Mahkûm içini çekti ve yürümeye devam etti. Geriye boşluk kaldı. Yolda bir viraj geçtik, bir tane daha, köy önümüzdeydi, aaah. Aynı ikili orada duruyordu. Uzun olan ve küçük olan. Küçük olan ateş kırmızısı paltolu. Dün olduğu gibi orada, üzerinden bir ip merdivenin sarktığı su kulesi ile aynı hizada duruyorlardı.

Sıradan çıkmamak, herhangi bir işaret yapmamak için tüm gücümü harcıyordum. Diğer herkes gibi yavaş yürümek için çaba gösteriyordum ama içimde zıp zıp zıplayan bir gövde vardı. Onlara yaklaşırken kalbim bir balyoz gibi atıyor. Öksürüyorum. Kendimi kaşımak istiyorum ve elimi hareket ettirmek istemiyorum. Bir küçük adım daha ve küçük kız beni gösteriyor. Aaah. Duruyoruz. Kendimi bir bebek gibi ağlarken duyuyorum, Anne, Anne. Aaah. Anne aynı dün olduğu gibi SS adama yaklaşıyor, ona gülümsüyor. Adam gülümseyerek karşılık veriyor. Kadın onunla Almanca konuşuyor. Kız vermek istiyor diyor, *ja*.[30] Yorucu ve hızlı konuşuyor. Biraz anlıyorum. Anlıyorum ki o bir dul, Subay Michael Schroder'in karısı, evet. Yalnızdı, şehre giden treni bekliyordu, *ja*. SS adam küçük kızın yanağını sıkıyor; küçük kız daha sonra yanağını siliyor. Anne ve SS adam gülüyor, *ja. Ja. Ja.* Anne SS adama bir paket veriyor. SS adam bana yaklaşıyor. Tanrım, Tanrım, Tanrım. SS adam beni işaret ediyor, aç onu. Göz ucuyla mahkûmlara bakıyorum. Kocaman gözleri ve kulakları var ve tek bir ağızları, siyah ağızları var. Dört mahkûm bana yaklaşıyor. Donup kalıyorum. SS adam tüfeğini kaldırıyor. SS adam mahkûmlara geri çekilin, diyor, hemen. Mahkûmlar bir adım geri atıyor. Hızlı hızlı nefes aldıklarını duyuyorum. Ellerim yanıyormuş gibi hissediyorum. Paketi açıyorum ve gözlerime inanamıyorum. Sosisli bir sandviç tutuyorum.

---

30) (*Alm.*) "Ja": Evet. (ç.n.)

Benim için sosisli bir sandviç. İki kalın ekmek parçası ve şişman bir sosis. İki mahkûm üzerime atlıyor. Çenelerinde sarı salya var. SS adam havaya bir el ateş ediyor. Duruyorlar. Sandviçi bir lokmada yutuyorum ve boğazıma bir kemik saplanmış gibi hissediyorum, tükürüğümü yutuyorum, daha fazlasını, daha fazlasını yutuyorum ve sandviç yemek borumu acıtarak yavaşça aşağı iniyor, yavaşça. Çok sevinçliyim. SS adam bağırıyor, marş, marş.

Uzun bir adım atıyorum, başım geriye doğru dönüyor.

Bana bakan mavi gözleri var. İki ince saç örgüsü var. Biri daha kısa. Yüzü kahverengi çillerle dolu ve bana gülümsüyor ve yüzü kızarıyor. Çığlık atmamak için kendimi zor tutuyorum. Kraliçe, kraliçem, güzel kraliçem. Bacağımı çimdikliyorum, kulağımı da. Kulağımda bariz bir karıncalanma var. İmkânsız, rüya görüyorum. Koğuşta uyuyorum ve aklımda bir film var. Dilimi ısırıyorum, sertçe ve acıtıyor. Bir ısırık daha ve SS adamın başını eğerek ikisini selamladığını görüyorum. Başlarını sallayıp teşekkür ediyorlar. Anne SS adama göz kırpıyor. Başında eşarp olmayan kızın yanına geliyor. Uzun saçları altın bir top gibi kabarıyor. SS adam gülüyor, yanakları kızarıyor. Gözlerindeki mavi parlıyor.

Sıra ilerliyor. Rüzgâr şiddetleniyor, soğuk daha da artıyor. Ağaçlar bir tarafa doğru eğiliyor, mahkûmlar gömleklerini kulaklarının üzerine çekiyor, işe yaramıyor. Geriye bakıyorum. Benimle kırmızı palto arasındaki mesafe artıyor. Arkamdaki mahkûm bana dirseğiyle sertçe vuruyor. O uzun. Ben küçüğüm. Umurumda değil. Kıza seslenmek, ona el sallamak, şapkamı fırlatmak, direkler arasına hayali, insanı çileden çıkaran bir gol atmak istiyorum, hangi direkler olduğu önemli değil, kampın kapısının direkleri bile olabilir, rüzgârı ve bulutları kovması ve eve giden kızın yolunu ısıtması için güneşe haykırmak istiyorum, bir çiçek tarlası bulmak, ona büyük bir çiçek demeti hazırlamak istiyorum, tarlalarda onunla el ele koşmak istiyorum, saç örgüleri havada uçuşuyor, biri kısa, biri uzun, çayırlıkta beyaz bir at bulmak, onu tutup atın sırtına çekmek, arkasına oturmak, kalçalarını sıkmak, ormana ulaşmak, çığlık atmak, dörtnala gitmek, atı kamçılamak, dörtnala, çılgınca gülmek istiyorum, yaşıyorum, yaşıyorum Anne, ben neredeyim, Anneee.

Kapo'nun bağırışları beni yerimden sıçrattı. İki gün geçmişti ve sabah olmuştu. Kapo bağırıyor, kalk, kalk, dışarı, sıraya gir. Kalkamıyorum. Rüyadaki resimle kalıyorum. Ayaklarımı tekmeliyor. Ve so-so-so-soğuk, çok soğuk.

Yolda, köyün yakınında, yine oradaydı. Saçları örgülü kız, yanında annesi. Boğazım düğümlendi. Küçük kız beni işaret etti. Anne sorumlu SS adama yaklaştı. Gülümsüyor ve Almanca eğleniyorlar. SS adam anneyi daha net duyabilmek için eğiliyor. Anne onu kolundan yakalıyor, köye doğru döndürüyor ve bir ev gösteriyor. Adam iyi göremiyor. Anne adama bir paket veriyor, adam, bir dakika lütfen diyor, paketi bana uzatıyor ve daha iyi görebilmek için anneyle uzaklaşıyor. Kız anneye ve SS adama bakıyor. Sekiz mahkûm üzerime atlıyor. Pakete sıkı sıkı sarılıyorum ve kulaklarıma, burnuma, boynuma, karnıma yapışan parmaklar hissediyorum, bir şey göremiyorum ve sonra peş peşe silah sesleri, Ra-ta-ta-ta-ta. Öldüm mü? Hayır, capcanlıydım. SS adam elinde tüfeğiyle önümde duruyordu ve yanımda, asfaltta oluşan kan havuzu içinde yatan üç mahkûm vardı. Kendime baktım ve hayatta olduğumu gördüm. Onlara baktım, onlar ölmüştü.

Elimde paket ayağa kalktım. Uzun boylu SS adam koşarak yaklaştı, anne peşinden geliyordu. Avcı SS adam sinirli bir şekilde bizi gösterdi. Yani beni ve az önce ölenleri. Avcı SS adam bağırarak, hiçbir şeyi tekmelemeden uzaklaştı. Sorumlu SS adam gözlerini dikti ve bana düşmanca baktı. Kız çıkageldi ama SS adam ona hemen durması için bir işaret yaptı. Adam annenin önünde utanmıştı. Sanki ona, ne yapabilirim, onlar hayvan der gibiydi. Sonra bana, ye artık, dedi. Ye. Kısık ve nefret dolu bir sesi vardı. Annenin onunla evlenmeyi kabul etmesini istemiyordum. Aslında saçları örgülü kız için endişeliydim.

Nemli kâğıdın içinde pişmiş bir havuç vardı. Yutuverdim, marş diyen sesi duydum. Marş.

İlk karlar düşene kadar, her gün ya da iki güne bir, ellerinde yemekle beni beklediler. Sandviç, pişmiş sebze, meyve ve kek yedim, bazen de pişmemiş patates veriyorlardı. Patatesi cebimde saklıyor ve fabrika müdürü için bir şeyleri tamir etmem için beni gönderecekleri anı kolluyordum. Orada bir teneke kutum vardı. Havagazı üstüne buhar döküp kendime patates pişirirdim. Uzun haftalar boyunca beni beklediler, anne ile kız, ayrıca anneyle birlikte gülüp eğlenen her zamanki SS adam da vardı. Kampta geçirdiğimiz akşamlarda beni öldürmedi. Beni başka bir gruba yollamadı. Sorumlu SS adam beni tüfeğiyle diğer mahkûmlardan korudu ve sonunda anladım ki, hayatımı kurtaran o Alman kızdı.

Yıllar boyunca hep onu düşündüm. Savaştan sonra onunla görüşmek istedim. Onun için gökteki yıldızları aşağı indirmek istedim. Onu kraliçe yapmak. İstedim, istedim. Ama adını sormamıştım. Bir gün, karda yürüdüğüm başka bir gün, orada duran kimse olmayacağını bilmiyordum.

Üç ay geçmişti. Gazda, bedende ve ruhta ölmeye can atıyorduk.

İsrail, 2001

07.35, Beit Yehoshua Tren İstasyonu.

Tüfeğin namlusu bana dönüktü. Evet, tam karın boşluğuma. Omuz kayışının rengine ve tasarımına bakılırsa, zırhlı birliklerden bir çavuşun tüfeği. Yüzü güneşten yanmış çavuş, sırtını benden yaklaşık dört beş metre uzaktaki bir direğe yaslamış uyuyor. Ocağın üstündeki kahveye benziyor. Sıcak çikolatayı özledim. Güneş yanığı dudaklarını dolgunlaştırmış, geniş bir çene, etkileyici, çene çukuru olmayan Kirk Douglas'ı andırıyor. Saçları kısacık kesilmiş ve tüfek tam üzerime doğrultulmuş, içerideki şu dergi, of. Sabahın bu erken saatinde tüfek için enerjim yok. Sabah haberlerindeki tüfekler yüzünden gazetemi değiştirmek istiyorum. Daha ilk kahvede okumaktan yoruldum.

Yağmur yok, sadece koku ve bir saattir zayıflamayan şişman bulutlar. Okaliptüs ağaçları, sanki içtimadalar gibi, dimdik duruyorlar.

Geriye doğru küçük bir adım atıyorum.

Kıçım donuyor ve ben Nahariyya'ya gidiyorum. Ne için endişe ediyorsunuz, derdi İshak, bugün insanlar tüfekle dolaşmak zorunda, İsrail'de zor zamanlar, ve gülerdi, üzgün olduğunu söyler ve iş hakkında bir telefon görüşmesi yapmak için kalkardı. Dov da, askere güven, derdi, tüfeğin ne olduğunu bilir, eğitim almış, endişelenme, elinde bir otomatikle uyuyabilir, ve bu arada senin neden bir içki alışkanlığın yok. Küçük bir espresso?

Eğer sormuş olsaydı ona derdim ki, bir büfe bile yok ve ben endişelenmeden edemiyorum, her gün ve her günün kendi trajedisi, ve Dov hemen atılırdı, küçük bir büfe bile mi? Hayır, Dov. Beit Yehoshua önemli değil, derdi İshak, gel de Nahariyya'da bizimkileri gör. Orada bizim çok düzenli bir büfemiz var, her sabah bir kadın mayasız kurabiye, taze sıkılmış meyve suyu ve sandviçler hazırlıyor, evet. Ama İshak, bir tren büfesinde ne olduğunu sen nereden bileceksin, trenle seyahat etmezsin ki.

İshak Dov'u duymuş olsaydı, boynunu kaşır ve haklısın derdi. Rampalara dayanamam, onlara dayanamam.

Rampalar Yahudiler için kötü yerler.

Hızlı tren rüzgârı ters yönde kesiyor. Kısacık bir ıslık sesi, geçip gitti bile. Karşı peronda, iyi bir takım elbise giymiş ve dizlerinin üstünde bir dizüstü bilgisayar olan genç bir adam var. Adamın gözleri; ceketinden, küçük beden mini eteğinden, naylon çorapları ve yüksek topuklu ayakkabılarından başarılı olduğu belli olan genç bir kadına takılır. Sevimli bir kadın. Kadın da adamı fark eder, doğrulur, kendine çeki düzen verir. Adam gözlerini dikip kadına bakar ve hemen bilgisayarına geri döner. Aptal. Mini etekli sevimli kadın çantasını düşürür, bekler. Dizüstü bilgisayar kapanır. Genç adam kalkar, çantayı yerden almak için eğilir ve bankı işaret eder. Birlikte otururlar. Adam sessiz. Kadın düşünür. Adam dizüstü bilgisayarı açar ve kadına bir şeyler açıklar. Kadın sabırsızdır. Çantasından bir cep telefonunu çıkarır ve bir numarayı tuşlar. Adam kızarır. Bir kadın asker tüfeğiyle gelir ve kenarda durur. Göz ucuyla bilgisayara bakar. Bir soru sorar. Adam memnun olur. Asker bilgisayara dikkatle bakar ve adam açıklar. Mini etekli sevimli kadın telefonunu kapatır, göz ucuyla askere şöyle bir bakar, ateşli bir tavırla bacak bacak üstüne atar ve sonra dizüstü bilgisayar yere düşer. Önce genç adam davranır, sonra da asker. Bilgisayarı yerden birlikte alırlarken, sevimli kadının gülümsemediği zaman ne denli güzel olduğunu fark etmezler.

Tren ters yönden istasyona giriyor ve güneş yanığı askerin tüfeğinin namlusu hâlâ istasyondaki insanları gösteriyor. Çabucak kalkıyor, siyah gözlüklerimi düzeltiyor ve saati kontrol ediyorum. Sekiz. Nahariyya'ya giden tren nerede, çavuşun bana doğru gelmesini niye beklemek zorundayım. Umarım sabah gazetesindeki haber gibi yanlışlıkla ateş etmez. Yok yere. Birisi yürüyordu ve istemeden başka birini vurdu.

Tren ağır ağır istasyona girdi. Herkes birbirini itmeye başladı, ileri doğru sürüklendim ve ter ile karışık keskin bir tıraş losyonu kokusu aldım. Adamın silahı koluma bastırıyor, paltomda baskısını hissediyorum. Kolumu hareket ettiriyor ve silahı iterek uzaklaştırmaya çalışıyorum, ama insanlar arkadan itiyorlar. Adam bana cırt-cırt gibi yapışıyor. Vagonun kapısı kapanıyor. İşte bu kadar, artık baskısına dayanamıyorum. Zorla geri çekiliyorum ve çavuş, yanımda duran ve koyun yününden bir palto giymiş genç bir kıza bastırmaya başlıyor ve tüfek yünde kayboluyor.

Vagonun kapısı iç çekerek açılıyor ve ben önümdeki insanların girmesini bekliyorum. En son ben giriyorum. Koltuklar kapıldı. Hızlıca ikinci vagona geçiyorum, üçüncü, dördüncü, beşinci, duruyorum. Yaşlı bir adam horluyor, yanında boş bir koltuk var. Tam oturmak üzereyken, gri üniformasının altında, kemerine sıkıştırdığı bir tabanca fark ediyorum.

Oturun bayan.

Bayan, lütfen oturun. Ne, oturun. Biletler lütfen.

Oturmak istemiyorum. Silah deposu gibi bir devlet. Böylesi daha iyi, derdi İshak, savaş sırasında bir tüfeğim olsaydı, birkaç Alman öldürürdüm, belki kendimi de öldürürdüm. Dov da, bir yetişkin kampında küçük bir çocuk olmanın nasıl bir şey olduğunu bilemezsin, derdi. Keşke bir silahım olsaydı keşke.

10. Bölüm

İshak

Zeiss Kampı'nda bizi gazla ölüme hazırladılar.
    Üç aylık yoğun bir çalışma. Arada kar yağdı ve her şey beyaza büründü. Kız ve anne artık yoktu, hiçbir yerde. Dipsiz bir çamurun içine batıyormuş hissiyle fabrikaya kadar yürüdüm. Cildim kaşındı, kanadı ve bacaklarımda yaralar vardı. Ayakkabıya yapışan yaralar acımıyordu. Aklım bomboştu. Bir otomat gibiydim. Yürü dediler, yürüdüm. Dur dediler. Durdum. İhtiyaçlarınız için on dakika dediler, deliğin üzerine oturdum ama hiçbir şey çıkmadı. Bedenimin kirli bir kadeh kadar ince olduğunu hissettim. Diğer mahkûmlara baktım ve nasıl göründüğümü anladım. Bir hastalık gibi sarı ve ince, avurtlar çökmüş, etsiz bir çene. Herkesin pijamaları aynı renkti, bebek kakası gibi hardal kahverengisi. Rampadaydık, geri gönderilmeyi bekleyen, yeni yağmış karda ayakta dikilen bir kalabalık. Auschwitz trenini bekliyorduk.
    Aktarma söylentisi vardı. SS adamların köpekleri isteksizce havlıyordu. SS adamlar çizmelerini kara sinirli bir şekilde vuruyordu. Saatlerce ayakta dikildik; merhamet yoktu, meleklerin arabaları da.
    Büyük ışıkları ve sırtlana benzeyen bir yüzü olan bir sığır treni yavaşça, yavaşça bize doğru yaklaştı, hırıldadığını duydum, acı çeker gibi uğulduyordu. Çu. Çu. Çuu. Çuuu. Trenin de hiç gücü yokmuş diye düşündüğümü hatırlıyorum. Mahkûmlar treni gördüler ve yavaşça geriye çekilmeye başladılar, yavaşça, yayılmayan koyu, yağlı bir leke gibi. Yakınımdaki bir mahkûm durduğu yerde titremeye başladı ve dedi ki, Almanlar çıldırmış, ateş için olan malzemeyle ne yapacaklarını bilmiyorlar. Bir gözü kapalı başka bir mahkûm da dedi ki, trenin

tüm bir rampayı Auschwitz'e götürüp götüremeyeceğini kim bilebilir. Bense bu yeni ulaşım aracının çoktan koğuşlarımızın yerine geçtiğini biliyordum ve dedim ki, merak etmeyin, her şeyleri var, trenleri de, lanet olsun hepsine.

Mahkûmlar Tanrı'ya, Anneye, Babaya seslenmeye başladılar, üçü aynı anda bayıldı, hop, hop, hop, domino taşları gibi devrildiler. Onların ardından, iki mahkûm da bilerek yere düştü. İniltiler duydum, ölmek istemiyorum, sığır vagonuna binmek istemiyorum Anneee, Anneee. Tüfek darbeleri bizi susturdu. Bazıları kaçmaya çalıştı, rayların üzerinden atlayıp zikzaklar çizerek koştular, bağırışlar duydum ve bir dizi silah sesi, sonra sessizlik ve hemen Tanrı. Ah sevgili Tanrı. Tanrı bizi korusun, korusun, *Şema İsrail* ve fırtınalı bir deniz gibi ağlayışlar, hüüüüü hüüüüü. Ve küfürler, Almanca bir sürü küfür.

Vagonun kapısı büyük bir gürültüyle açıldı. Tırmanamadım. Mahkûmlar beni arkamdan ittiler. Almanların darbeleri ilerlememize yardımcı oluyordu, çabuk, çabuk. Mahkûmlar birbirlerinin giysilerini tutuyor, kapıya yapışıyor, tüfek dipçikleri parmaklarını eziyordu, korkunç bir ağlama sesi duyuyordum, istemiyorum, beni rahat bırakın, istemiyorum, vagonun zeminine düştüm. Duvara doğru güçlükle sürünüp ayağa kalkmayı başardım. Yakındaki bir mahkûmun göz kapakları titriyordu, başı öne düştü, omuzları düştü ve tarih oldu. Kapıda insanları zorla içeri tıkmaya devam ediyorlardı. Aşağıda bir titreme hissettim. Vagonun kapısını çarparak kapattılar. Tren kımıldamıyordu.

Nefes alamıyordum. İriyarı bir mahkûm sırtını bana dayamış duruyordu. Elinin başka bir mahkûmun cebine girdiğini gördüm. Bir an bekledi, elini çekti ve ağzına götürdü. Patates kabuklarını yuttu. Sonra mahkûmun pantolonunu indirdi, kıçını avuçladı ve ovuşturdu, ovuşturdu, ovuşturdu. Önündeki mahkûm hiç kımıldamadı. Ölmek istedim.

Vagonda iki saat kadar kapalı kaldık. Tren hareket etmedi. İçerisi boğucuydu. İnsanlar çığlık atıyordu. Kusuyordu. Pantolonlarına sıçıyordu. Tepemizde uçakların vızıldadığını duydum. Uçaklar bomba attı ve gitti. Bir bombanın da benim olduğum vagonun tepesine düşmesi için dua ettim, böylece hikâye sona ererdi. Bir makineli tüfek mermisinin yüzümün tam ortasına isabet etmesi için dua ettim. Bu çöp hayatından bir anda kurtulmak için, ama olmadı.

Vagonun kapısı açıldı. Hoparlör bağırdı, aşağı inin. Çabuk. İnin. Çabuk. Bombardımanda Auschwitz'e giden demiryolunun tahrip olduğunu gördük ve Auschwitz'e gitmediğimizi anladım. Bir iki saat rampada bekledik. Birbirimize yapışık şekilde ve titreyerek ayakta durduk. Ağızlarımızın pis kokusunu soluduk. Donuyorduk. Kar, sanki yeri hiç bombalamamışlar gibi düşüyordu. Dişlerimin ağzımın içinde kırıldığından emindim, dilimle yokladım, hiç boşluk bulamadım. Bu arada Almanlar etrafta koşup bağırıyorlardı ve ben korkuyordum, belki bizi Auschwitz'e motorlu araçlarda götürürlerdi, belki de yürüterek bir ormana götürür ve rampaya uygun derin bir çukur kazdırırlardı.

Sonunda bizi, açık vagonları olan yandaki trene bindirdiler. Almanların alternatif bir krematoryum aradığını anladım. Gaz ve yakılmak dışında hiçbir işe yaramazdık.

Buz, açık vagonda bizi tüketip yere sermişti. Islak paçavralar gibi yan yana yatıyorduk. Giydiğim elbiseler dikiş yerlerinden sökülüp dağılmıştı. Ayakkabılar da. Yaralarımın kabuklarına yapıştığı için düşmeyeceğini bilsem de, cebimden bir ip çıkardım ve ayakkabımın tabanını ayağıma bağladım. Kar yağdı, yağdı, sümükle, kusmukla ve kanla karıştı, renkli ve parlaktı, çocukları onları yalnız ve sersefil bırakıp Amerika'ya gittiği için komşumuzun her yıl yalnızca kendisi ve kocası için yaptığı Sukot[31] süslemeleri gibi. Çiftlikten bu komşular da uzun zamandır rampada ve vagonların zemininindeydi, evet, evet.

Zeiss'tan beri sanki temiz, beyaz bir çarşaf içinde seyahat ediyorduk, sadece çarşafın içi iğrençti ve bok gibi kokuyordu.

Tren yavaşça, yavaşça Schwandorf'a girdi.

Yine uçakların vızıltısı duyuldu ve bom, bir bombardıman daha. Almanlar bir sığınak bulmak için aşağı atladı. Bazı mahkûmlar da Almanların peşinden, ben de onlar arasındaydım. Yanan bir evdeki aç fareler gibi koşuşturduk. Yiyecek aradık. Kapı kapı dolaştık. Ev ev. Hiçbir şey bulamadık. Büyükçe bir oda genişliğindeki oldukça karanlık bir kilerin penceresine geldik. Kiler kapalı bavullarla doluydu. Pencere dardı ve demir parmaklıklarla kapatılmıştı. Benim gibi tükenmiş bir grupla birlikte pencerenin yanında durdum, ama ben hepsinden küçük ve zayıftım. Yanımda duran mahkûmlar bana bakıyordu. Bavullara. Bana. Bavullara. Anladım. En çok gazla ölmekten korkuyordum, en az mermilerle ya da bombalarla ölmekten korkuyordum. Demirlerden tuttum ve bacağımı içeri sarkıttım. Vücudumu içeri kaydırdım. Diğer bacağımı da geçirdim, şimdi havada asılıydım. Bir, iki, bom, atladım. Dolu, kahverengi bir bavulun üzerine düştüm. Hemen

---

31) Sukot (Çardaklar) Bayramı: Yahudilerin üç büyük bayramından (Pesah, Şavuot, Sukot) biri. (ç.n.)

açtım. Giysileri silktim, gümüş tabakları, kitapları, resimleri, oyuncak bebekleri, kazakları, gözlükleri, terlikleri, ayakkabı bağcıklarını, banyo malzemelerini bir kenara attım, yiyecek bulamadım. Bir bavul daha açtım. Ceket ceplerine baktım, yanlarını deldim, hiçbir şey bulamadım. Üçüncü bavuldaki her şeyi etrafa saçtım. Dördüncü. Beşinci. Mahkûmlar yukarıdan beni gözlüyordu. Ses çıkarmadan. Onlarca bavulu boşalttım, hiçbir şey yoktu.

Çıkmak istiyordum.

Kilerin zemininden pencereye olan mesafe korkutucu görünüyordu. Yukarıdaki bir mahkûm bana seslendi, valizleri üst üste koy ve tırman. Mahkûmun sesi babamın sesine benziyordu. Her şeyi bilen birinin sesi. Giysileri birkaç valize doldurdum, hızlıca kapattım ve bir kule gibi üst üste dizdim. Yığına tırmandım. Ayaklarımı basınca valizler içine göçtü. Düştüm. Mahkûm bana bağırdı, bombardıman bitti, acele et, acele et. Boğazımda bir kuruluk hissettim. Bacaklarımın güneşin altındaki tereyağı gibi eridiğini hissettim. Eşyalar arasında sağlam nesneler aradım. Elbiselerin üstüne kitapları ve gümüşleri koydum. Daha yüksek bir yığın yaptım. Dikkatlice tırmandım. Vücudum sallandı, bacaklarım titredi, çok yavaşça doğruldum, başımı kaldırdım. Babamın sesini duydum, İshak, zıpla, zıpla. Zayıf güçsüz eller demir çubukların arasından uzandı. Sıska parmaklar gelmemi, zıplamamı işaret etti. Yavaşça, yavaşça ellerimi kaldırdım. O ellerden uzaktım. Mahkûm telaşla bağırdı, zıpla, zıpla. Zıpladım. Zemine düştüm.

Trenin tiz siren sesi tüm vücudumu felç etti. Kalkmak istedim. Gövdem bir çuval un kadar ağırdı. Kalkamamış olsaydım, sefil bir fare gibi o mahzende öleceğimi biliyordum. Kafamı kaldırdım ve yukarıdaki mahkûmlara bağırdım, burada bu şekilde ölemem, hayııır! Çıkmama yardım edin, buradan çıkmam gerek. Yukarıdaki mahkûmlar parmaklıklara vurdu. Beyaz parmakların demir çubukları eğmeye çalıştığını gördüm. Bir bavula abanıp kendimi yukarı çektim. Kilerin kapısı önümde, merdivenlerin tepesindeydi. Kapıya koştum ve kapı koluna bastırdım. Kilitliydi. Onu yukarıdayken açmaya çalıştığımızı unutmuştum. Deli gibi kafama vurdum, bağırdım, İshak, düşün, düşün, yoksa burada, ölülerin bavulları arasında çürüyeceksin. Babam bana seslendi: Bavulların oraya git. Tekrar dene, çabuk, SS adam geliyor. Seni bekliyorum.

Kendimi daha güçlü hissettim.

Derin bir nefes aldım. Nemli ellerimi gömleğime sildim. Yığındaki en büyük bavulları aradım. Onları düz bir çizgi halinde üst üste koydum. Dikkatlice tırmandım, yavaşça doğruldum, yavaşça. Güçlükle hareket ediyordum. Yukarıdan gelen sesi duydum, İshak, zıpla, zıpla. Dizlerimi hafifçe büktüm. Gücümü bacaklarımda topladım ve çubuklara doğru sıçradım. İki el beni sıkıca tuttu, Tanrım, bu gücü nereden bulmuştu, yukarıda babamın ağır ağır nefes alan sesini duydum, sıkı tut, tut, seni dışarı çekeceğim, tut, birkaç el daha beni kavradı ve çekti, çekti, ayaklarımla duvarı ittim, kollarımın gövdemden ayrıldığını hissediyordum, kafam geriye düştü, hiç şansım yoktu.

Mahkûmlar vazgeçmeme izin vermedi. Parmaklıklara ulaştım, dışarı çıktım ve tren motorunun olduğu taraftan gelen ağır bir hırıltı ve bir siren sesi daha duydum. Tüfekli SS adam pencereye yaklaştı ve hiçbir şey bulamadı. Mahkûmlar rüzgârdaki saman gibi dağılmıştı.

En yakın vagona koştum.

Tırmanmayı başardım. Kar yağışı tam durduğunda açık tren istasyondan ayrıldı. Soğuk rüzgâr kulaklarımda uğulduyordu, ateşim vardı. Zeminden bir avuç kar topladım ve yüzüme sürdüm. Buchenwald'a kadar midemdeki suyu kustum. Buchenwald'a kadar dizlerim titredi ve babamın sesini duydum, İshak, zıpla. Kamplarda geçirdiğim tüm günler boyunca duyacaktım, İshak, zıpla. Bugün bile, kulaklarımda hâlâ bu ses var, İshak, zıpla, zıpla.

11. Bölüm

Dov: Bir sürü insan neler olduğunu anlatmamı istiyor, ama ben istemiyorum. Sadece güzel şeyler anlatmak istiyorum. Hiç kimse başıma gelen kötü şeylere inanmayacak; kimse bana inanmayacak, çünkü bu normal değil.
İshak: Hatırlamak bile istemiyorum:

Dov

Jaworzno Kampı'nda açlık beni içten içe tüketti. Sonun geldiğini hissediyordum.

Bize verdikleri yiyecek açlığı dindirmiyordu. Sabahları yalnızca kahve veriyorlardı. Öğlen, kurtlu çorba. Akşam, azıcık margarin ya da peynirle birlikte bir parça ekmek. Hepsi bu. Havası kaçmış buruşuk bir çuval gibi hissediyordum. Puufffff. Duvarlardan kazıdıkları pisliği yiyen mahkûmlar gördüm. İnsanların toprak yediğini gördüm. Ağızlarını bir şeyler çiğniyormuş gibi açıp kapıyorlardı. Ben de aynı şeyi yaptım ve sümüğe benzer yoğun bir tükürük sızmaya başladı. Bir mahkûm bloğun sonuna koştu, kapıya yapıştı ve tahtayı iştahla yemeye başladı. Kafasına inen bir darbe kapıyı kurtardı.

Sabah içtimasına kalkmayan mahkûmlar vardı. Akşam olmadan gitmişlerdi. Tel örgülere atlayan mahkûmlar vardı. Bazılarının cesedi sanki bir yatakmış gibi, yüzleri yıldızlara dönük, tel örgünün üstüne serilmişti. Boyunlarına ip bağlayan ve kendilerini bir kirişten temiz bir çamaşır gibi sallandıranlar vardı. Bloktaki hiçbir mahkûm onları durdurmaya çalışmadı. İntihar edecek gücü nereden bulduklarını bilmiyordum. İçtimalarda dikilmeye devam ettim çünkü başka bir plan düşünemiyordum. Bir çocuktum. Mahkûmların çoğundan bir kafa daha kısaydım. Ellerimde, dizimde ve boynumda yaralar vardı. Kıçımın kemikleri acıyordu, çiziklerle dolu kırmızı bir yara izine yerleşen bitler acımasızdı ve ben konvoylarda yürümeye devam ettim.

Bir gün karanlık çökmeden sıraya girdik. Kampa dönmek için sıraya giren son kişi bendim. Beyaz bir güneş, pamuk yünündeki sivri taşlara benzeyen kabarık tümsekli bulutların arkasında kayboldu. Hava soğuk ve berbat kokuyordu. Hendeklerden konvoya doğru, herkes ayağını sürüyordu. Ayaklarının altında bulanık, çarpık izler kalıyordu. Öne doğru düşmüş omuzlarda, neredeyse dayanacak güç kalmamıştı. Herkes sessizdi, yüzler yere bakıyordu. Kampa dönmek üzere güçbela yola koyulmuştuk ki üç kişi yolda kaldı. Kaçıp arkadan öne gelenler ilk tükenenler olmuştu.

Sırtım ağrıyor, çoğunlukla kalçamın üst kısmı ve uyluğun arkası. Uylukta kalın bir şişlik ve ayak bileğine kadar çeken bir kas hissettim. Ayak tabanımı yere vurdum. Acı geçmedi. Midemin kuruyup kaybolduğunu hissettim. Eninde sonunda midemin kıçımdan çıkacağından emindim. Bana neyin arkadaşım Vassily'yi hatırlattığını bilmiyorum. Yüksek sesle, Vassily, Vassily diye bağırmak istedim. Ağzımı kocaman açtım, havanın dışarı çıkmasını bekledim, ama hiç ses çıkmadı. Ve sonra bir gülme hissine kapıldım. Dudaklarımı yanlara doğru gerdirdim, aklımdan güldüm, ağzımdan ekşi bir koku geldi. Eminim işte böyle, insanlar böyle deliriyor.

Önümdeki mahkûm ile aramdaki mesafe açılıyordu. Mesafeyi kapatmak istedim, öne eğildim, kendimi sürükledim, toprağa uzatılmış bir kütük gibiydim. Zar zor bir adım atabildim, bir adım daha ve bir tane daha. Bacaklarımın benden ayrıldığını hissettim, sanki kendi başlarına yürüyorlardı.

Başımı kaldırırken, beli bükülmüş yaşlı bir kadın gördüm.

Konvoy yönünde ormandan çıktı. Siyah bir elbise giymişti, kafasında mor bir başörtüsü ve elinde küçük bir sepet vardı. Nereden geldiğini anlamadım. Ona yaklaştım. Geldiğim yöne doğru baktı ve sanki fırsatını kolluyormuş gibi boynunu uzattı. Burun deliklerinden birinin çok büyük, diğerinin çok küçük olduğunu gördüm. Burun deliklerinden birini ve üst dudağının bir kısmını kaldırınca, burnunun kenarından aşağıya doğru uzanan çirkin yarayı fark ettim. Üzgün olduğunda bile çarpık çurpuk gülümsüyormuş gibi görünüyordu.

Önümdeki mahkûmla aramdaki mesafe en az on adıma çıkmıştı ki kadının yanına vardım. Bana çok sert baktı, sanki benimle kal, kal, der gibiydi. Sepetinden bir paket aldı, kolunu kaldırdı ve hop, paketi bana fırlattı. Bana taş attığından emindim. Eğildim ve paketi yakalamayı başardım. Yememi işaret etti, arkasını döndü ve ormanın içine doğru gözden kayboldu.

Kalbim mideme düşüyormuş gibi hissettim.

En yakın SS adam benden yaklaşık yirmi metre uzaktaydı ve arkasını dönüp bana öfkelenmemesi için dua ettim. Paketi gömleğimin içine sakladım ve aklımda koşmaya başladım. Her nasılsa yetişmeyi başardım.

Elimi gömleğimin içine bir sokup kâğıdı hissettim. Yağlı ve sertti. Dikkatle açtım. Keskin bir sosis kokusu burnumu gıdıkladı. Titreyen parmaklarımı kâğıdın içine sokuyorum, ekmek. Tanrım, gömleğimin altında iki kalın dilim ekmek ve iri bir sosis var. Tüm vücudum titredi. Dizlerim büküldü, içimden bağırdım, düşme, dikkatle yürü ve gökyüzündeki kuşlara bak. Dudaklarımı büzdüm, ıslık çalmaya çalıştım ama sadece zayıf bir fff sesi çıktı. Fff. Fff. Ffff. Bu arada hava karardı. Elimi gömleğimin içine soktum ve bir parça sandviç kopardım. Çiğnemeden yuttum. Bir parça daha ve sonra bir daha. Sadece son lokmayı yavaşça çiğnedim, yavaşça. Sandviçin bitmesine çok üzüldüm. Parmaklarımı yaladım, kâğıtta kırıntılar aradım, kokusu yüzünden kâğıttan bir ısırık almak istedim. Kâğıdı yukarıdan aşağıya yaladım, hop, sonra da yuttum.

Kendimi iyi hissediyordum.

Midem hemen uyarı verdi. Ağzım kapalıyken hıçkırık sesleri gibi sesler geliyordu. Bu sesler yüzünden neredeyse gülmeye başladım ama komşumla sorun yaşamak istemiyordum, bu yüzden adımlarımı sıklaştırdım ve karnımı okşadım. Kıçıma bir el dokundu ve sertçe bastırdı. Bok gibi hissettim.

O günden sonra sıranın en sonunda durmaya çalıştım. Sepetli kadını aradım. Onu bir daha görmedim. O sandviç bana güç vermişti. Birazcık. Sık sık yaşlı kadını düşünüyorum. Bir kadın bir kez bir sandviç fırlatır ve onu hayatın boyunca unutmazsın.

İsrail, 2001

14.26, Akka'da duruyoruz. Nahariyya'dan Binyamina'ya giden trendeyim.

Çantamı didik didik edince, buruşuk bir ambalaj kâğıdına sarılmış bir çikolata buluyorum. Üç kare çikolata beni hayata döndürüyor. Dört kare. Başımı trenin penceresine yaslıyorum ve gazetenin ilk sayfasındaki başlıklara uygun olarak, bir parça sessizlik umudunun da tehlikede olduğunu görüyorum.

Dov'un oturma odasında oturuyor olsaydık, "bizden ne olur ki, hep mi korkacağız?" derdi. Sonra İshak burnunu çeker ve Yahudilerle olacağı bu, derdi, gerçekten bir devletimiz ve çocuklarımızın bir babası ve bir annesi ve torunlarımızın bir büyükannesi ve bir büyükbabası olsa bile, normal bir durumda değiliz.

Ve sonra Dov şöyle derdi, böyle bir duruma düşeceğimize asla inanmazdım, şimdi ne olacak? İshak, ne olacağını bilmeden hafifçe elini kaldırır ve çenesini tavana doğru iterdi. Kahve, sandviç ve kakaolu kurabiye olmadan sessizce oturmamızın nedeni buydu. Orada öylece otururduk ve Dov televizyonun kumandasını alıp İkinci Kanal'ı açar, konuşurken esner, Kanal 1'i açar, tartışırlar, sadece *National Geographic*'te sakinleşir ve hayvanlarla ne kadar basit olduğunu gör, derdi. Sadece öldürmezler, yaşamak için öldürürler.

Dov ve İshak'ın karşısındaki koltuktan kalkmaz, gözlerimi ayırmadan onlara bakardım ve Dov, keyfinin yerinde olmadığını görüyorum, böyle olmaz, derdi ve sonra birkaç dakikada bir kadeh kaldırabilmek için büfesinden bir şişe Slivovitz[32] çekerdi. Üçüncü veya dördüncü kadehten sonra ayaklarımda hoş bir sıcaklık hissederdim ve bekle, derdim, yavaşla, başım dönüyor.

Ama İshak beşinci ve altıncı kadehi istemekte acele ederdi, bu yüzden asla susamazdık ve Dov, İsrail Devleti'ne derdi.

Tatlı yerine kurabiyenin yanında sert kahve içerdik ve ben defterimi ya da teybi açmazdım çünkü bazı durumlarda insanların dertlerine derman olamazsınız. Belki şöyle derdim, bazen her şeyi bırakıp sadece birbirimize bakmamız ve sıkı bir kucaklaşma gibi gözlerimizle gülümsememiz gerekir ve bu yeterlidir.

---

32) Orta ve Doğu Avrupa'da üretilen, erik rakısı da denen bir brendi markası. (ç.n.)

12. Bölüm

Dov

Üç ay boyunca bizi yaya olarak sürüklediler.

Sanırım 1944'ün sonuydu, ya da yolun kenarındaki karın yüksekliğine bakacak olursak, 1945'in başı. Beni bir sepetin içinde toprağı ellerimle kazmak ve sepete doldurmak için indirdikleri yeraltında altı ay çalıştıktan sonra, Jaworzno'dan ayrıldım. Almanlar bizi Jaworzno'dan çıkardı çünkü iyi bir sevkiyat gelmişti ve artık işe yaramıyorduk. Yürüdük, sadece yürüdük. Yürüyen ve ortasından kırılan kibrit çöplerine benziyorduk. Bizi neden yürüyerek götürdüklerini bilmiyorum. Belki kullanılır durumda bir krematoryum bulamamışlardı. Auschwitz'deki krematoryum çoktan sökülmüştü. Temizledikleri çukurları Yahudilerin külleriyle doldurdular ve gözlerini yeşil renkle doyurmak için çimlendirdiler. Diğer krematoryumlar çalışıyordu ve daha fazla mahkûm için yer yoktu. Uzun kuyruklar olduğunu ve sadece içeri girebilmek için insanların uzun süre, hatta günlerce bir kenarda beklediklerini söylüyorlardı. Birkaç bin kişiydik ve bu arada bizi karda dolaştırıyorlardı, böylece kendi kendimize ölecektik çünkü savaşın sonunda kaos vardı ve biz sanki koymaya yer bulamadıkları ihtiyaç fazlalarıydık.

Sabah erkenden Jaworzno Kampı'ndan ayrıldık. Kışlanın üzerine kara bulutlar çökmüştü. Ustura gibi yakıcı bir rüzgâr, kesmek için belirgin bir şey arıyormuş gibi yüzümüzde dolanıyordu. Birkaç bin sessiz sedasız insan yola koyulduk. İlk çıkanlar ormana ulaştığında, en arkadakiler kampın kapısından daha yeni çıkıyordu. Yanımızda SS adamlar ve köpekler de vardı. Sayılarını hatırlamıyorum, sanırım epeyce vardı. Hepimizin üstünde çizgili *häftling*[33] kıyafetleri, çizgili bir şapka ve sırtlarımızda da katlanmış bir battaniye vardı. Palto yok. Ayakkabılar yırtılmıştı, yıpranmış ahşap bir taban ve üstünde plastik parçaları. Yahudi erkeklerin göğsünde bir işaret vardı. Üzerinde *Jude*[34] yazan küçük bir Davud'un Yıldızı. Yaklaşık Tel Aviv'den Eylat'a gidip geri dönmek kadar bir mesafeyi yürüdük, ama nerede olduğumuzu bilmiyorduk. Bazen bizi bir trene bindiriyorlardı. Kapalı bir sığır treni ya da açık bir tren. Koltuksuz. Aramızda Polonyalı mahkûmlar vardı. Polonya'ya vardığımızda bazıları kaçmaya çalıştı. Almanlar tüfeklerle peşlerinden koştu, sanki ava çıkmışlar gibi ıslık çalıyorlardı. Yürürken silah sesleri duydum, küfredip ateş ettiklerini duydum.

İlk günlerde durmadan yürüdük.

İnsanlar sinek gibi düşüyordu. Ve sonra, güm. Mermileri vardı. Güm-güm. Bir deri bir kemik yola seriliyorlardı. Mermiler öldürmüyordu. Sadece bazen, eğer şanslıysalar. Gece gündüz yaralıların çığlıklarını duyuyordum. Her dakika. Hıçkırık sesleri ve feryatlar kulaklarıma yerleşmişti, gitmiyordu. Bugün bile kulaklarımda sesler var. Uyuyorduk, kalkıyorduk, ama ses aynı kalıyordu. Kelimeler de aynıydı, oy, Annecik, oy, Baba, Büyükbaba, Büyükanne. Bazen isim söylüyorlardı, oy benim Elizabeta'm, oy küçük Ilona, oy Yuda'cığım, Yudah'cığım. Yolun kenarında, tarlaya en yakın yerden yürümeye çalışıyordum. Uzun boylu mahkûmların yanında yürümek istemezdim, dirsekleriyle beni dürtecek olurlarsa cam gibi paramparça olurdum. Özellikle, her iki ya da üç günde bir ekmek dağıttıklarında. Hep kenarda oturdum. Hiç su görmedik.

Kar yağdığında susamıyorduk. Kar emiyorduk. Yağmur yağdığında ağzımız yağmura açık yürürdük, boynumuz ağrırdı. Salgıları hatırlamıyorum. Geceleri yol üstündeki hapishane kamplarında uyuduk, isimlerini bilmiyorduk. Sabah mahkûmlar kampı bizimle, SS adamlarla ve köpeklerle birlikte terk ederdi. Bazen karda, ormanda uyuduk ya da yolun kenarında veya sırtımızda taşıdığımız battaniyelerin içinde. Battaniye ıslak ve kirliydi. İçimi kurtlandıracak bir beyin hastalığına yakalanmaktan korkuyordum. Her zaman değil ama bazen bizi ziyarete gelirler ve sonra kaybolurlardı.

Uzun boylular da kurtçuklar tarafından ziyaret edilmiş gibi davranıyordu. Mahkûmlar ağaçların kabuklarını soyup ağızlarına attı, donmuş bir tahtayı

---

33) Mahkûm.
34) (*Alm.*) "Jude": Yahudi. (ç.n.)

tırnaklarıyla kazıyıp yaladılar, pantolonlarının bir parçasını, gömlek kollarını yediler. Bir mahkûm kendini yemeye başladı. Kolunu ısırdı, derisini koparıp çiğnedi, çiğnedi. Çenesinde kan vardı. İkinci ısırıkta kurşunu yedi. Konvoydaki köpeklere emir verildi ve hop, hepsi onun üstündeydi. Köpekler itiştiler, inlediler, birbirlerini kaptılar, çünkü mahkûm küçük ve zayıftı, hepsine yetmezdi. SS adamlar parmaklarıyla bazı işaretler yaparak köpeklere yaklaştı. İşaretleri anladım, köpekler üzerine bahis oynuyorlardı. Köyümdeki goy'lar gibi, onlar da yarış atları üzerine bahis oynardı. Köpeklerin gürültüsü bugün bile kulaklarımda.

SS adamlarımız iyi besleniyordu. Oturdukları süreye, açtıkları konserve kutularına ve etrafa fırlattıkları kâğıt paketlere bakılırsa, iyi yiyorlardı. Bize ekmek dışında hiçbir şey vermediler. Yanımda genç ve oldukça yakışıklı iki mahkûm yürüyordu. Gece onların SS adamlara gittiğini gördüm. Sabah döndüler, yanaklar kırmızıydı ve çorapları vardı. Cepleri şişkindi. Uzun boylu mahkûmlar onların yanına gitmiyordu. Uzun boylu mahkûmlar dirsekleriyle sadece benim gibi küçük ve solgun yanaklı olanları dürtüyordu.

Bom. Bom. Bom-bom. Dışkıları yola bulaşan ama aralarında hiç boşluk olmayan ince şerit yığınları. Yüz trenin, bin trenin, bir milyon trenin tıkış tıkış vagonları gibi uzun bir konvoyduk ve ölmek üzere olan yüz milyon mahkûmun çığlığı. Kulaklarımdaki ses geri gelmişti, booooom. Booooom. Rosy'ciğim, Meide'ciğim, booooom. Bu arada kurtçuklar ve karıncalar da geldiler. Bir kulağımdan diğerine ilerlediler ve sonunda alnımda bir ev yaptılar. Anladım ki deliriyordum, ama en çok SS adamın bana bakmasından korkuyordum.

Gözlerinin yerinde ince birer çizgi vardı. Önümdeki SS adam bana gözlerini kısarak baktı ve ben kendimi ezilmesi gereken bir sinek, bir sivrisinek gibi hissettim, çizmesinin tabanında bir leke. Bize *du Arschloch*[35] diyorlardı. Sen, göt deliği, sıraya gir.

Mann, beiße den Hund[36] dedi SS adam köpeğine, birini işaret ederek. Köpek her kelimeyi anladı ve ısırdı. Donmuş ve etsiz olsak da. Bitlenmiş olsak da, ısırdı.

Trenle Weimar'a vardık, Buchenwald'dan önceki istasyon. Açık bir vagonun

---

35) Sen, göt deliği.
36) Adam, köpeği ısır.

içinde uzanmış ölüm meleğini bekliyorum. Parmaklarımla yüze kadar saydım ve sonra sıfıra kadar geriye doğru saydım. Evi gittikçe daha az hatırlıyordum. Hangi köyden olduğumu unutmuştum. Orada kim vardı ve kaç kardeşim vardı. Kardeşimin nerede olduğunu, en iyi arkadaşımın adını unutmuştum. Beynimi canlandırmak için kafamı sertçe ve ani bir hareketle geriye attım. Birkaç kez salladım. Dudaklarımı hareket ettirdim, Annemin adı Lea'ydı, Babamın adı İsrail'di, bir tane kardeşim var, İshak, hepsi bu. Aklım sıkışmıştı. Başımı iki elimle salladım ve içeri Sara düştü, işte şimdi tamamdı.

Uçaklar trene yaklaştı. Belki altı uçak, ama altmış da olabilirdi. Bir, iki, üç diye saydım, beni öldürmediler. Başka saymadım.

Uçaklar bomba attı. Üstümde karanlık ve parlak bir ışık ve duman patlaması gördüm. Bir alarm gibi, ah, siren gibi sızlanmalar duydum. Oturdum ve göz ucuyla perona baktım. Almanlar sığınak bulmak için trenden atlıyorlardı. Bunun yiyecek aramak için bir şans olduğunu fark ettim. Almanların peşinden atladım.

Sanki kıçımda bir batarya varmış gibi demiryolu boyunca koştum. Kalbimde korku yoktu. Yiyecek bulmak istiyordum. Ölmem gerekseydi, en azından tok ölürdüm.

Dört bir yandan gelen uğultular kulaklarımı acıtıyordu. Tren rayları havaya uçuyordu. Demir parçaları vagonlara, karşımdaki duvara, yere saplanıyordu. Her yeri yoğun, pis kokan bir duman sarmıştı. Karşımdaki bir evin çatısının bir meşale gibi yandığını zar zor görüyordum. Diğer tarafa su fışkırıyordu. Pencerelerin kırıldığını, cam parçalarının yağmur gibi etrafa saçıldığını duydum. Bir kurtarıcıyı ya da Mesih'i arzulayan yaralıların çığlıklarını duydum. Bir köpeğin uluduğunu duydum, ama kulaklarım yarı kapalı, koşmaya devam ettim.

Yan hatta kapalı vagonlar duruyordu. Korkunç bir ıslık sesi duydum ve bom! Vagonlardan birine bomba düştü. Vagonun üzerinde bir lahana yağmuru. Sığınacak bir yer aradım ama çok geçti. Bir lahana tam kafama isabet etti. Sert bir darbe almıştım ve kopkoyu bir karanlığın içine yuvarlandım.

Uyandım, ne kadar sürdüğünü bilmiyorum.

Rayın üstünden kalktım. Başım dönüyordu, kusmak istedim. Doğruldum ve boğucu dumanda koşmaya devam ettim, ah. Avrum. Avrum adında iyi bir ağabeyim vardı ve köyde yediğimiz gibi yemek yemek istiyorum. Bir ev aradım. Önümdeki peronda, pencereleri siyah kumaşla kaplı, iki katlı bir ev vardı. Eve yaklaştım, arkamı kontrol ettim, yalnız olduğumu fark ettim. Kapı kolunu tuttum, açıldı. Evde kimse olup olmadığını bilmiyordum, içeri girdim.

Bir kanepe, koltuklar ve bir dolap gördüm. Dolabı açtım, elbiseler. Yan tarafta tırabzanlı bir merdiven vardı. Üst kata çıktım. Keskin bir yemek kokusu aldım, az kalsın merdivenlerden düşecektim. Buhar içinde kalmış sıcak bir mutfak buldum, ocağın üstünde büyük bir tencere vardı. Burnum çeşme gibi akmaya başladı. Koluma sildim. Tencerenin kapağını kaldırdım. Kaynar çorba. Donmuş ellerimi çorbaya daldırdım. Ateş. Alabileceğim kadarını aldım ve ağzıma attım. Hiçbir tat alamadım. Sadece dilimde korkunç bir yanma. Ellerimi tekrar çorbaya daldırdım. Kaynar sebzeleri çiğnemeden yuttum. Sanki kocaman bir makas, boğazımdan karnıma doğru beni yırtıyordu. Acı kasığıma indi ama ben ellerimi tekrar çorbaya soktum. Tencerenin dibinde iri bir havuç buldum. Havucu koltukaltıma koydum ve mutfağa bakındım. Ekmek bulamadım. Birden, masada küçük bir mızıka gördüm. Buna benzer bir mızıkam olduğunu hatırladım. Mızıkayı cebime attım ve merdivenlere yöneldim.

SS adam bana, merdivenlere doğru geliyordu.

Gözlerinde nefret gördüm. Burun deliklerinin titrediğini gördüm. Her iki yanağında da mor izler gördüm. Silahına davrandı. Durmadım. Onu geçtim ve inmeye devam etti. Bana aldırmadı ve ben de ona aldırmadım. Arkamdan aşağıya indiğini duydum. Silahın namlusunu sırtıma dayadı. Ellerimi kaldırdım. Havuç yere düştü. Sonumun geldiğini düşündüm. Dua ettim. Ağzım yandı, derim pul pul soyuldu ve ben en çok havuca üzüldüm. En azından tok öleceğim diye düşünüyordum. Sanırım gülümsedim.

İlerlemeye devam ettim. SS adamın silahı sertçe kaburgalarıma bastırdı. Bacaklarım titremeye başladı. Ense kökümden omurgam boyunca, soğuk bir iğne gibi şiddetli bir karıncalanma hissettim. SS adamın sıcak nefesini boynumda hissedebiliyordum. Keskin sigara kokusu vardı. SS adamın neden beni vurmadığını anlayamadım. Merdivenler bitti, alt kattaydım, oturma odasından geçtim, arkamdan o, kapıdan dışarı çıktım. İkinci bir SS adamın peronda beklediğini gördüm, tüfeğini elinde çeviriyordu. Avını yutmak için bekleyen bir kurt gibi, kocaman bir ağzı vardı. Yürümeye devam ettim. İkinci SS adamın yanına vardım, silahını kaldırdı ve küt. Darbe sırtımda patladı. Yere düştüm. Tüfeğin dipçiğinin bir parçasının yanıma düştüğünü gördüm ve her şey karardı. Karanlıkta ayağa kalktım ve koşmaya başladım, gözümün önünde şimşekler çakıyordu. Düştüm. Kalktım. Çığlıklara doğru koşmaya devam ettim. Bombalanmış bir vagonun kapısına tutundum ve tırmandım. Yirmi ile otuz arasında ölü mahkûm vardı. Ölülerinin bazılarını yatak gibi yan yana dizdim ve dinlenmek için uzandım. Lağım kokan bir tatil beldesindeymişim gibi hissettim.

Tren yola koyuldu ve ancak o zaman her şeyi anladım.

SS adam ortalığı pisletmemek için beni vurmamıştı. O evde yaşayan Almanlara acıdı. Pis bir Yahudi'nin kanını merdivenlere dökmek istemedi. Kardeşim İshak'a Yahudi kanının insanı bazen ölümden koruyabileceğini söylemek istedim. Uyuyakaldım. Bir iki saat uyumuşum. İyi, tok bir mideyle. Hatta sıçmak zorunda kaldım. Ölülerden ikisini kenara itip aralarında boşluk oluşturdum. Uzayda bir delik oluştu. Kendi özel deliğime sıçtım. Sonra kıçımı ölülerin giysileriyle sildim. En son başka bir ölüyü kenardan bir kapak gibi yuvarladım ve kendimi iyi hissettim.

İsrail, 2001

08.25, Binyamina'da duruyoruz.

Nahariyya'ya gidiyorum.

Hayfa'ya mı? Burası Nahariyya peronu mu?

Burası. Burası. Şehirlerarası bir yerde kuzey yönünde yolculuk. Peronlar hep kafamı karıştırır.

İnsanlar bir paketten dökülen ay çekirdekleri gibi vagonlardan dökülüyor. Bir yeraltı geçidine doğru akıyorlar, peron yenileniyor ve kalabalık. Etrafıma bakıyorum. Kalabalıkları sevmem. Hatta şimdi geçen yıldan daha az seviyorum. Bombalardan çok korkuyorum. Paltolarının kabarık olup olmadığını görmek için sıradan insanlara bakıyorum, yanımdaki insanların yüzlerini kontrol ediyorum, nefret mi ediyorlar, yoksa onlar katil mi? Nefret ediyorlar. Onlar katil. İnsanları psikolojik olarak korkutmaya çalışırlar, öldürür ya da nefret ederler, sonunda bu da öldürmedir ve kâbus başlar.

Endişelenme, derdi Dov, istasyonun girişinde güvenlik kontrolleri, kameralar ve askerler var, sakin ol. Peronda sakin olamıyorum. Binyamina'da tren değiştiremem ve sakin kalamam. Trenleri seviyorum, sadece Binyamina'daki kalabalık beni geriyor, pui-pui-pui diye şarkı söyleyen kuşların olduğu bu peronda, okaliptüs yapraklarının güzel kokusu arasında parçalanmaktan korkuyorum, hoparlör dikkat, dikkat çağrısı yaparken, booooom! Terör saldırısı.

Büyük bir siyah plastik torbaya konmak istemiyorum, hayatın ya da ölümün şansa bağlı olmasını istemiyorum, hayır.

"Şans eseri geldi. Şans eseri orada durdu. Şans eseri kafeteryadaki yan masaya oturdu, şans eseri oyalandı, telefonda birisiyle konuştu, sonra çantası sandalyeye takıldı ve bu onun hayatını kurtardı."

Dov yanımda olsaydı, tıpkı Auschwitz'deki rampa gibi, derdi. Şans eseri, inşası sürmekte olan bir fabrika için o gün işçilere ihtiyaçları vardı. Şans eseri o gün koğuşlarda yer yoktu. Şans eseri, beyaz eldivenli SS adam yandaki biriyle konuşuyordu, parmağıyla sol tarafı işaret etmeyi unuttu, sıra kendi kendine ilerledi.

Ama Dov'a ya da İshak'a Binyamina'daki perondan söz etmezdim, sessiz kalmak daha iyiydi. Derdim ki, bilirsiniz, aslında tren gerçekten eğlenceli, vagonda yalnız kalabilmek için dua ediyorum, yalnız olmayı seviyorum. Ve sonra İshak, öyleyse sorun ne, derdi. Yıldızlar gökte kaybolmadan kalkarım, kahvemi yalnız içerim, hiç ses çıkarmam, sonra kamyonun direksiyonunu tutan oğlumun yanına tek başıma otururum. Oğlumun cep telefonu ve günlük işleri var ve ben sessizce otururum ve yol kendi kendine uzar gider. Sonra Dov derdi ki, ben de revirdeki bankta tek başıma oturur, doktorun kardeşim İshak için yazdığı reçeteyi almak için yarım saat beklerim, umarım çabucak iyileşir.

Ve ben de derdim ki, ama trende yalnız kalamıyorsun, her zaman dolu ve ben konuşmaya dayanamıyorum. Ve İshak, ben de derdi, insanları uzun süre dinleyemem, sanki kıçıma doğrultulmuş bir tüfek varmış gibi çabuk sinirlenirim ve Dov da, yakınım olsalar bile, başka insanların sıkıntılarını dinleyecek enerjim yok, derdi, diyelim bir bankta oturuyorum, biri ağlayarak yanıma geliyor ve konuşmaya başlıyor, kulaklarım anında patlıyor. Kulaklarımdan sıcak kan sızıyormuş gibi hissediyorum, bu kulaklar artık ağlama sesi duymaya dayanamıyor. Revirde bana hap verdiler, damlalar verdiler ve sonra da buna alışmalısın dediler. Ve İshak, benim de enerjim yok derdi, insanların konuşmalarıyla beni incitmelerine, bunu da dinle, şunu da dinle demelerine tahammülüm kalmadı. Kamplarda gördüklerimiz ve duyduklarımız bize bir ömür boyu yeter.

Bence de.

Ya sen?

Aynen, ben bir yetişkinim ve yeterince şey duydum.

09.35, Nahariyya tren istasyonu.

Güvenli bir şekilde ulaştım. Tanrı'ya şükür.

Dov, nasılsın?

Yahudileri öldürüyorlar.

Ne?

Yahudileri öldürüyorlar. Televizyon dinlemiyor musun? İsrail Devleti'ndeki bir caddenin ortasında Yahudileri havaya uçuruyorlar. Duymadın mı?

13. Bölüm

Dov

Polonya'daki Jaworzno'dan Almanya'daki Buchenwald'a üç ayda gittik.

Bizi kim bilir kaç kilometre yaya olarak sürüklediler, açık trenlere yüklediler, böylece neredeyse herkesi yollarda öldürmeyi başardılar. Jaworzno'dan yola çıktığımızda yaklaşık iki bin kişiydik ve sadece yüz seksen mahkûmla Buchenwald'a ulaştık. Buchenwald Kampı'nın kapısında numaramı duydum. SS adam beni gösterdi ve yüz yetmiş dedi. Arkama döndüğümü hatırlıyorum. Arkamda on mahkûm vardı, daha fazla değil. Mucizeler yüzünden hayatta kalan birkaç kişiden biriydim.

Yürüyüşün başında bir mucize oldu. Üç gün su içmeden yürüdük. Susuzluktan öleceğimi sandım. Aniden tanıdık bir ses duydum, köyümden hatırladığım bir ses, yüz yıl önce olduğu gibi, mutlu, güçlü bir ses, bir koro gibi: Kurbağaların vıraklandığını duydum. Vrak-vrak. Vrak-vrak. Vrak. Ve birden ağzımdan tiz bir ıslık sesi çıktı. Almanlarla birlikte olduğumu unutmuştum. Elimi ağzıma bastırdım, yana sıçradım ve yolun kenarında küçük bir su birikintisi gördüm. Kendimi su birikintisine attım ve yüzümü suya soktum. Bir yudum içmeyi başardım ve sonra boom! Kulağımın yanında yakıcı bir sıcaklık. Bir tüfek mermisi kulağımı sıyırmıştı. Kafamı kaldırdığımda, bana doğrultulmuş bir tüfeğin siyah namlusunu gördüm. Tüfek, boynu yağdan kat kat olmuş şişman bir SS adamın elindeydi. Benden beş metre uzakta duruyordu. Belki daha az. Almanca küfretti ve ben konvoya doğru koştum.

O günün sonunda beş yüzden az mahkûm kalmıştık. Bazıları kurşunsuz düşmüştü. Bazıları düştükten sonra kurşunlandı. Çoğu ilk ekmekten hemen önce kurşunlandı. Almanların şarjörleri konvoyumuzun üzerine boşalttığını gördüm, işte böyle. Belki de, üç gün boyunca aç susuz yürüyen tüm konvoya yetecek ekmekleri yoktu.

Açık vagonda bir mucize daha gerçekleşti.

Uçaklar makineli tüfeklerle üzerimize doğru alçaldılar. Tren durdu. SS adamlar siper almak için aşağıya atladı, arkalarından ben de atladım ve vagonun altına saklandım. Makineli tüfeklerin sesi kulaklarımda patlıyordu. Atlamaya zamanı olmayan mahkûmların çığlıkları canımı bu sesten, hatta açlıktan bile daha çok yakıyordu. Ellerimi kulaklarıma bastırdım ve çığlık attım, aaaah. Aaaah. Yiyecek aramak istiyordum ama ateş altında olduğumuzdan vagonun altından çıkamadım. Çömelip rayların üstüne oturdum ve bir mucize olmasını istedim. Bir metre ötemde yeşil bir topak vardı. Ne olduğunu anlamadım. Kirli topağı ellerimle kaldırdım, püü, üfledim, püü, püüü. Yeşil bir duman bulutu yükseldi. Nefes alamadım. Hasta gibi öksürmeye başladım. Geri çekildim, bu arada toz dağıldı. Aha! Elimde tüm bir somun ekmek vardı. Dış kabuğu küflenmiş koca bir somun. Etrafı kolaçan ettim ve hazinemle yalnız olduğumu gördüm. Sanki bana iki haftalık ekmek verilmişti. Ekmeğin tümünü yedim ve zavallı karnımda yeni bir hayat başladı.

Bombardıman sona erdi. Vagona geri döndüm ve tren yola koyuldu. Sayıma göre, bombardımandan sonra geride üç yüzden az mahkûm kalmıştı. Ölülerin arasına oturdum, neredeyse yüzleri olmayan eski mahkûmlar ve etleri parçalanmış, kan revan içinde kalmış yeni mahkûmlar. Yaşlılarla gençler birbirine karışmıştı. Koku yüzünden kansız iki genç ölü aradım, Almanların mutfağında bulduğum mızıkayı çıkardım ve Yom Kippur'daki sinagogda duyduğum ezgiye benzeyen hüzünlü bir melodi çalmaya başladım. Şey, aslında ezgiyi doğru çalamadım. Benden uzakta olmayan bir mahkûm titremeye başladı. Yaşlı görünüyordu. Yüzü kırış kırıştı ve kafası balık gibi pullarla doluydu. Başını çok yavaşça kaldırdı ve şarkı söylemeye başladı. Ağzı büyük ve dişsizdi ve melodiye başıyla eşlik etti, ileri geri, ileri geri ve sonra melodiyi hızlandırmaya başladı, daha hızlı, daha hızlı, yetişemedim. Çalmayı bıraktım. Başı düştü ve yanındaki samanın üzerine kırmızı bir leke yayıldı. Ancak o zaman bacaklarının tuhaf bir şekilde çarpık olduğunu gördüm. Sanki kemikleri yokmuş gibi dışa doğru kıvrılmışlardı. Ona doğru eğildim ve çalmaya başladım. Yavaşça. Bulunduğum yönde yumuşak, çocuksu, kahverengi gözlerini açtı. Yanaklarında pembe gözyaşları vardı. Biraz sonra yumruklarını samanın üstünde kımıldattı, ağzını kocaman açtı, yanlara doğru gerdi. Boğaz kasları gerildi, hiç ses çıkmadı. Sonra bana gülümsedi ve öldü.

Buchenwald'dan önce Blechhammer toplama kampına ulaştık.

Şimdiye kadar yedi yüz mahkûm eksilmiştik. O gün Almanlar yaklaşık beş yüz mermi tükettiler, sıkılıp da duruncaya kadar, hedef talimi için mahkûmları kullandıklarını gördüm. Eğer doğru saydıysam, iki yüz mahkûm Almanların kurşunu olmadan öldü. O akşam beraberinde başka bir mucize getirdi. Karanlık bir battaniye kadar kalındı ve soğuk bir rüzgâr esiyordu. Güçsüzdüm. Bir adım attım, sallandım, bir adım daha, kuru bir çöp gibi sallanıyordum. Önümdeki üç mahkûm düştü. Küt. Gözden kayboldular. Boom. Boom. Boom. Büyük lambalar kapının yanındaki meydanı aydınlattı. Karanlık direkler, dikenli teller, bir bekçi kulesi gördüm. Kasklı bir Alman, elinde bir tüfekle yukarıda nöbet tutuyordu. Uzaktan büyük kapların seslerini ve suyun fışkırdığını duydum. Girişten çok uzak olmayan bir mesafede, bir kutu taşıyan dört mahkûm gördüm. Boynumu kaldırdım. Kutu ekmek somunları ile doluydu. Bir an kalbim durdu ve sonra deli gibi koşmaya başladım. Ekmeği unutamıyordum. Ağzımda hamur gibi kalın bir tükürük toplanmaya başladı. Aklım çığlık attı, Dov, ekmek olmadan ölüsün, ölüsün. SS adamlar benden otuz metre ötede, sırtları bana dönük şekilde duruyordu. Yeni bir kampa girerken hep yaptıkları gibi, gardiyanlarla konuşuyorlardı. SS adamlar konuşmaya dalmıştı ve bize daha az dikkat ediyorlardı. Hareketlerinden kampta insan fazlalığı, hatta büyük bir insan fazlalığı olduğunu anladım. Gardiyanlardan biri, kocaman sinir bozucu bir adam, havayı eliyle bir bıçak gibi kesti. Bizim SS adam şapkasını çıkardı ve başını kaşıdı, düşünüyordu, ah. Gözlerimi kuledeki nöbetçiye diktim. Yüzünü kampa dönmesini bekledim. Döndü. Sıradan çıkıp ekmeğe doğru yürüdüm. SS adamlar fazlalık sorunu konusunda ne yapacaklarına karar vermek üzereydiler. Eğildim, bir nefes aldım ve hop, kutudaki ekmeğin üzerine atladım. Mahkûmlar telaşlandı, kutuyu yere düşürdüler. Bir somun ekmek kaptım ve koşmaya başladım. Zikzak çizerek koştum, kuledeki Almanın bana açtığı ateş altında eğilerek koştum. Bloklara doğru koştum. Geriye baktım. Yaklaşık yirmi mahkûm peşime düşmüştü. Beni yakalarlarsa kokuşmuş zeminde parçalara ayıracaklarını biliyordum. Her saniye yön değiştirerek bloklar arasında koştum. Yanlara bakınca, büyük kovalamacaya giderek daha fazla mahkûmun katıldığını gördüm. Düşen, peşime takılıp koşmayı sürdürenlerce ezilen mahkûmlar vardı. Bloklardan uzaklaştım. Böğrüme korkunç bir sancı girdi. Bu gücü nereden bulduğumu bilmiyorum. Belki elimdeki ekmekten.

Ve bir anda kendi başıma kaldım. Kendimi güvende hissettiğim ilk yerde durdum.

Mucize büyük bir çöp bidonunun arkasında gerçekleşti. Durdum, kalbim güm güm atıyordu, ama ekmeği bir kerede yutabildim. Tıkandım, çiğnemeden yutmaya devam ettim. Cebimde küçük bir parça bile bırakırsam tehlikede olacağımı biliyordum. Mahkûmlar kırıntılar için ya da patates kabukları için bile öldürürdü. Bir keresinde uzun boylu bir mahkûmun kısa bir mahkûma saldırdığını görmüştüm, parmağını gözüne sokup boğazını sıkmıştı. Mahkûm ancak elindeki ekmek parçasını bıraktıktan sonra, uzun boylu olanı da onu bıraktı. Kısa boylu mahkûm, soğuk yola serilmiş bir halde arkamızda kalakaldı.

Taze ekmeği kusmak istedim. Ağzıma sertçe bastırdım, kusmadan önce ölecektim. Yaklaşık bir saat sonra çöp bidonunun arkasından çıkmak istedim, ama o anda ishal oldum. Bidonun yanına oturdum ve midemi boşalttım. Kendimi iyi hissediyordum. Auschwitz'deki şişman Yahudi'nin bana yapmamı söylediklerini yapmıştım. Çal, öldür, senin bir şansın var.

Mahkûmların beni neden kovalamayı bıraktığını ancak ertesi gün anladım. Ekmekle Almanların binalarına doğru koşmuştum. Çöp bidonu Almanlara aitti. Bunu anladım çünkü Alman bölgesindeki ishalimi temizleyen tüm temizlik personelini ertesi gün astılar. Mahkûmlar fısıldıyordu, o zavallı çocukları astılar. Çöp bidonlarının yanında taze dışkı buldukları için astılar.

Hastalık kapmamış olmam bir mucizeydi.

Jaworzno'dan benimle birlikte ayrılan en az üç yüz mahkûm dizanteri, difteri, tifüs, humma, ishal, kusma ya da tırnaklarının veya dizlerinin çürümesi yüzünden öldü. Çünkü mahkûmun hastalığı ölüm cezası demekti. Jaworzno'dan Buchenwald'a yapılan yürüyüşte doktor yoktu, ilaç yoktu. Yanımdan geçip gidenlerden ya da yanımda uyuyanlardan mikrop kapmamıştım ve bu mucizenin nasıl gerçekleştiğini anlamıyorum.

Buchenwald Kampı'na çizgili giysileri, battaniyeleri ve eğer şanslılarsa ayakkabılarıyla yola çıkan iki bin mahkûmdan yüz seksenimiz ulaştı. Ayakkabılarım vardı ve bu benim için büyük şanstı. 56. Bloğa yerleştirildim. Karanlık. Ranzalar, ranzalar, ranzalar, hepsi çizgili pijamalara ve pisliğe sarılmış iskeletlerle doluydu. En çok çizgili pijamalardan nefret ediyorum, köpeklerden bile daha fazla. Bazı iskeletler yarı ölü kuşlar gibi sesler çıkarıyordu, çoğu kımıldayamıyordu. Üst ranzalardan, ince bir akıntı halinde, idrar ve dışkı damladığını gördüm. Mahkûmların çiş yapmak için ranzalarından inecek zamanları yoktu. Pislik, iğrenç kokan bir sakız gibi damlıyordu.

Birkaç dakika sonra, ranzaların yanında sıraya geçmek zorunda kaldık. Bloğun şefi içeri girdi ve hemen avaz avaz bağırmaya başladı, sopasını koğuşta sinekler varmış gibi sallıyordu ve bir ayağı havada olduğu için yanımda duran mahkûmun alnında bir delik açtı. Dizi şiş ve mordu, ayakta duramıyordu. Ağladığını duydum ve tırnağını dizine geçirdiğini gördüm, hem ağlıyor hem bastırıyordu ve ayağını yere basamıyordu. Zavallı adam, zavallı adam, yaşamak istiyordu ama alnındaki delik yüzünden öldü.

Ranzanın en üst katında, yanımda üç genç daha yatıyordu. Biri kısa boyluydu ve kirpikleri ya da kaşları yoktu. Gözü ve burnu, incecik sarı bir çizgiyle birbirine birleşmişti. Diğer ikisi kardeşti. Birinin büyük bir kafası ve küçük bir vücudu vardı. Diğeri ise tam tersiydi. Hepsi de on sekiz yaşın altında görünüyordu. Buchenwald'daki ilk gün ekmek sırasında birbirimize destek olmamızın nedeni belki de buydu. Yaşça bizden büyük iki mahkûm iterek araya girdiğinde, sırada benim önümdeydiler. Bir tanesi küçük kafalı kardeşin ayağına bastı. Büyük mahkûm zavallı çocuğun ayağını topuğuyla ezdi, bir yandan da ıslık çalıyordu, bir ezgi. Küçük kafa cik cik öttü ve sıranın sonuna kaçtı. Kardeşi peşinden koştu. Ve sonra yetişkinler bana yöneldi. Her yanım titredi. Ben de sıranın sonuna, bana benzer üç küçük mahkûmu bulduğum yere koştum. Birbirimize baktık ve birlikte uyumayı kararlaştırdık.

O gece, ranzada yanımda fısıldaşıp durdular. Hitler düşmüş, dediler. Rus toplarının Almanya'yı yaktığını söylediler. Amerikalıların güçlü olduğunu, dünyanın en büyük uçaklarına, en ürkütücü tanklarına sahip olduklarını, Amerika'nın Almanlara günlerini göstereceğini, onları teker teker keseceklerini, bunun birkaç günde, belki birkaç haftada gerçekleşeceğini söylediler, bu Almanların sonu, bizim de özgürlüğümüz demekti ve şimdi en iyisi Amerika'ya güvenmekti.

Açlıktan bayıldım ve onlar tüm Yahudiler için büyük özgürlüğü hayal ederken ben ölümü bekledim. Kendim için mutlak ölümle ilgili bir oyun uydurdum. Karanlık. Alt kata iniyorum. Bir kapı açılıyor. Kaygan bir zemin. Bir salondayım. Bir kapı kapanıyor. Bir emir duyuyorum, soyun. Elbiseleri bir kutuya koy. Ayakkabıları bağcıklarla bağla. İlerle. Başka bir ağır kapı açılıyor. Felaket kapısı. Çıplağım ve yalınayak ilerliyorum. Üşüyorum. Kapı kapanıyor. Karanlıkta ağlıyorum. Açık bir musluk sesi duyuyorum ve sonra tıssss, tıssss. Toz ve asit kokusu alıyorum. Kapıya koşuyorum. Sertçe vuruyorum, aç, aç, ölüyorum. Tıssss, tıssss. Devam ediyorum. Beyaz bir kılıfın içine uzanıyorum, kapatıyorum. Kauçuk bir kılıf. Kollarımı yanlara doğru bastırıyorum, sonra bacaklarımla deniyorum, kauçuk biraz geriliyor ve sakız gibi burnuma yapışıyor. Hava alamıyorum ve ölüyorum. Benden sonra soğuk su püskürterek her yeri temizliyorlar. Beni dolu bir vagona doğru fırlatıyorlar, yere düşüyorum. Ayağımı bir kapı koluna bağlıyorlar. Islak bir çukura iniyorum. Yine üstümde toz ve altımda ölüler ve üstümde ölüler ve ağzımda ve burnumda toprak ve bir traktör sesi. Traktör yukarıdan bastırıyor. Üstümdeki alana çim ekiyorlar ve adımı taşımayan bir ağaç dikiyorlar.

Gözlerimi sadece ölülerin sahip olduğu güçle açtım. Gri izler önümdeki duvara atlıyordu, alnımdaki karıncalanma geri gelmiş ve kulaklarım zonklamaya başlamıştı. Dişlerimi ranzanın tahtasına batırmak istedim. Öğle yemeğinde bir tahta yemek istedim. Kafam anlamıştı, oldu işte, deliriyorum. Elimi havaya kaldırdım. Fısıldadım, bu bir el. Elde parmaklar var. Saymaya başladım, beş buldum. Başlangıçta kaç parmağım olduğunu hatırlamıyorum, beş ya da altı, belki dört? Yanımda yatan mahkûma baktım. Elin üstünde yatıyordu. Elini dikkatle çektim. Bir şey mırıldandı ve yumruğunu kapattı. Elini açtım ve saymaya başladım. Beş olmalıydı, evet, beş. Kendi elimde kaç parmak saydığımı hatırlayamadım. Elimi onun elinin yanına koydum, aynı. İyi. Diğer elimi kaldırdım. Elim aşağıdan gelen bir çığlık yüzünden düştü. Orada tırnakları olmayan bir mahkûm vardı, yerde yatıyor ve duvarı tekmeliyordu. Anladım, işte o da deliriyor. Yalnız değilim, yakında bir grup olacağız. Yerdeki deli adam yavaşça oturdu, kolu dümdüz. Şişman, siyah bir sıçanın kuyruğundan tuttuğunu gördüm. Sıçan mücadele ediyordu ve aniden sıçrayıp adamın parmağını ısırdı. Adam çığlık attı ama parmağı kanadığı halde sıçanı bırakmadı. Sıçan, sanki o da deliriyormuş gibi, sıçrayıp duruyordu ve mahkûm gülmeye başladı, ağzı kocaman açıldı, dişleri çürümüştü. Sıçanı ağzına doğru kaldırdı ve dişleriyle boğdu. Başımı çevirdim ve kusmaya başladım. Sadece çok gürültü yapıyordum, hiçbir şey çıkmadı.

Sonra bir mucize daha oldu. Tatlı, beyaz bir mucize.

Bloğa sıradan bir adam geldi. Uzun bir palto, şapka ve deri ayakkabılar giyiyordu, tatillerde evden hatırladığım bir insana benziyordu. Ranzamın yanında durdum. Ne yapmam gerektiğini bilemedim, dışarı mı çıksaydım, yoksa hemen yerime mi tırmansaydım. Şapkalı adam herkesin önünden bir kez, iki kez geçti ve sonunda bana doğru yaklaştı. Bu arada birazcık pantolonuma kaçırdım. Bana doğru eğildiğinde, başkalarına gitsin diye yan tarafa baktım, ama bloğun arkasında beni bekle diye fısıldadı. Sıradan adamın gözleri güzeldi. Elbiseleri temiz, ipten yeni alınmış çamaşırlar gibi kokuyordu. Kendimi cansız bir şekilde dışarı sürükledim. Karanlık çökmüştü. Bloğun arkasında tek başıma bekledim, ellerim titriyordu. Burnum akıyordu. Birkaç dakika sonra, ranzamdan üç kişi daha yanımdaydı. Yabancı bize yaklaştı ve dedi ki, Kızıl Haç'tanım. Size bir şey getirdim. Paltosundan büyük bir kutu çıkardı ve kapağını kaldırdı. İnanamadım. Kutuda beyaz kesmeşekerler vardı. Katmanlar halinde dizilmiş sıra sıra kesmeşekerler, bloktaki ranzalar gibi. Bir ya da iki kiloluk bir kutu, hatırlamıyorum. Ellerimin titremesi arttı. Yumruklarımı pantolonuma bastırdım ve etimi hissettim. Bayılmaktan ve şeker hakkımı kaybetmekten korktum. Adam, birazdan, birazdan diye fısıldadı ve şekeri dört parçaya böldü. Her birimize iki üç avuç dolusu şeker verdi, cebinize koyun, böylece daha sonrası için de biraz şekeriniz olur dedi ve gitti. Ağzıma bir avuç şeker attım. Küpleri dişlerimle ezdim ve azar azar yuttum. Zorlamaktan diş etlerim acıdı. Aldırmadım. Hepsini bitirdim. Diğerleri de aynısını yaptı. Tatlı bir kokuyla bloğa geri döndüm. Kendimi iyi hissettim. Şeker bana yaşayacak birkaç gün daha vermişti.

Buchenwald'da geçen bir aydan sonra, o kampta bir Tanrı olduğuna inanmaya başlıyorum, evet var.

Hayatımdaki en önemli mucize 56. Bloğun yanında gerçekleşti. Dışarıda durmuş kuru bir kemik emiyordum. Kemiği bloğun arkasında bulmuştum. Dilimdeki sıyrıklar dışında hiçbir şey gelmiyordu. Ama yalamaya devam ettim. Açlıktan ölüyordum. Bedenimi örten deriyi, içi boş bir ağaç gövdesinin kabuğuymuş gibi hissediyordum. Biliyordum ki, bir iki gün daha ekmeksiz kalırsam, ranzamda ya da çamurda ufalanacaktım.

Yüzleri kirli iki mahkûm benden az uzakta duruyordu, rüzgârda sallanan dallara benziyorlardı. Onları tanımıyordum. Biri uzun boyluydu. Biri benim kadardı. Uzun boylu mahkûmun burnunun yarısı yoktu. Salak, diye düşündüm, o sıçanı yiyeceğine sıçan onu yemiş. Benimle aynı boyda olan sert bakışlı mahkûmun kepçe kulakları vardı.

Uzun mahkûm beni işaret etti. Kısa mahkûm bana doğru bir adım attı, elini uzattı ve bir şeyler fısıldadı.

Dediği kelimeyi anlamadım, sesi tanıdıktı, ama bana ne söylüyordu? Bu kelimeyi nerede duyduğumu hatırlayamıyordum, yanılıyor olabilir miydi? Rüya mı görüyordum? Kemiği fırlatıp attım. Benimle aynı boyda olan mahkûm tekrarladı, sen misin?

Kardeşim İshak önümde duruyordu.

Bar Mitzvah[37] töreninin yapıldığı sinagogdaki halinden daha zayıftı. Kafasında kıllar vardı ve gözlerinde kahkahalar olan uzun bir yüzü. Üzerime atladı, iki

---

37) Bar Mitzvah: Yahudi toplumunda, on üç yaşını dolduran erkek çocuk için yapılan reşit olma ayinidir. (ç.n.)

eliyle kavrayıp sıkı sıkı sarıldı, tamam, diye düşündüm, şimdi kesin paramparça olacağım, ağzımdan, ah, ah, sesleri çıktı. İshak, omuzlarımdan tutarak geri çekildi, beni delici bir bakışla inceleyerek, sana ne yaptılar diye sordu?

Ağladık. Güldük. Uzun süre ağladık.

Birbirimizin pis pijamalarını ıslattık. Yüzümü gömleğimin koluyla sildim, alnımda koca bir musluk açılmış gibi hissediyordum. Kardeşim İshak'ın gözyaşları yüzünde narin ve temiz bir iz bırakıyordu. Yanağını okşadım, gerçekten sensin, diye fısıldadım ve ben seni tanımadım.

Göğsümü iki eliyle okşadı, birlikteyiz, endişelenme, bundan böyle ikimiz varız. Ve sonra burnunu çekti ve dedi ki, baba, anne, Sara, Avrum, bir şey duydun mu?

Hiçbir şey, sen?

Sadece Avrum, ilk ay birlikteydik, sonra onu götürdüler, hasta mısın?

Bilmiyorum dedim, birkaç ay yürüdüm ve o günden beri tükenmiş durumdayım. Bana dokundu ve iç geçirdi, yüzünde koyu bir gölge vardı, sonra elimi tuttu ve birlikte koğuşuma gittik.

14. Bölüm

İshak

Bombardıman yüzünden Buchenwald'a geldik.

Auschwitz'e giden yol Zeiss'ta paramparça oldu. Uçaklar bomba üstüne bomba atıyordu ama benim vagon isabet almadı. Bombardımanda ölmek istedim ama benim olduğum vagona hiçbir şey çarpmadı. Buchenwald treni Schwandorf'dan geçiyordu. Schwandorf'dan sonra tüm yol boyunca babamın sesini andıran bir ses duydum, İshak, zıpla. İshak, zıpla.

Buchenwald'da doğrudan 8. Bloğa gittim.

Bağırmayan, tokatlamayan ya da bir köpekle bir tüfeği olmayan cana yakın doktoru hatırladım. Gülümseyen bir doktor, bir çocuğun elinden tutan, onu bloktan alan ve geri getirmeyen bir doktor. Ama önce bloğu gözetim altında tutan Baba Volodya'dan bir şeker ve yanaktan bir makas. Baba Volodya, enjeksiyondan önce çocukları mutlu etmek istiyordu. Baba Volodya, Camp Zeiss için bloktan ayrılmama yardım etmişti.

8. Bloğa girdim ama Baba Volodya'yı göremedim. Tek bir çocuğu bile tanımıyordum, hiç gardiyan yoktu. Koşarak dışarı çıktım.

Hiç tanımadığım bir mahkûm yanıma geldi. Sarı bir yüzü ve çarpık bir eli vardı. Hasta gibi görünüyordu, biliyorsun burada bir erkek kardeşin var, evet, evet, bir erkek kardeş. Kalbimin üstünde bir yumruk darbesi hissettim. Temkinli bir şekilde ona yaklaştım, belli ki deliydi.

Hafifçe kekeledim, dediğini tekrar etsene.

Çarpık elini sallamaya başladı, ileri geri, ileri geri. Dedi ki, Buchenwald Kampın'da bir erkek kardeşin var. Onu gördüm.

Başımı çenesinin altına dayadım, fısıldadım, tanışıyor muyuz?

İç geçirdi, benimle gel evlat. İkinizi birlikte Auschwitz'e giderken gördüm. Ona inanmadım ama takip ettim. 56. Bloğa yaklaştık. Çok kısa bir mahkûmu işaret etti, mahkûmun ağzı açıktı ve dili dışarıdaydı. Canlıdan çok ölüye benziyordu. Otuz kilo var yoktu, bir okul çocuğu gibi görünüyordu. Elinde bir kemik tutuyordu, kemiğin deliğine bir çivi çaktı, deşti, deşti, çiviyi çıkardı ve kemiği emdi.

Beni getiren mahkûm ortadan kayboldu ve onu bir daha görmedim.

Yaklaştım. Fısıldadım, sen misin? Kemik yere düştü. Bir gözünde kanama vardı.

Bana baktı ve aniden bir tel gibi gerildi, sen misin?

Kucaklaştık. Ağladık. Yüksek sesle ağladık. Dedi ki, ay, ay, ay.

Dov bir deri ve kemik kalmıştı, pijamalarının içinde solgundu. Ona, birlikteyiz dedim. Birbirimizden ayrılamadık.

SS adam yaklaştı.

Çizmeli SS adamın elinde bir tabanca vardı. Tabancayı bize doğrulttu, duvardaki bir çatlak gibi gözlerini kıstı. Ağlamamak istedim. Yapamadım. SS adam bağırdı: Siz ikiniz burada ne yapıyorsunuz?

Dedim ki, bu benim kardeşim, Buchenwald'da kardeşimi buldum. SS adam alt dudağını ısırdı, tabancasıyla çizmesinin kenarına hafifçe vurdu ve sonra arkasını dönüp gitti. SS adam Hans Schultz yürüyüp gitti.

15. Bölüm

Dov

Kardeşim ve ben *organisieren*'den[38] konuştuk.

Yemek ayarlamak için bir yol aradık. Çözüm bulamadık. Almanlar bize her gün ya da iki günde bir, bir parça ekmek veriyordu. Çorba yok. Dinle, dedim kardeşime, blok bölgesini terk etmemelisin, terk etmemelisin. Almanlar ambarlara yaklaşan herkesi vuruyor, anlıyor musun? Savaşı kaybetmeye başladıklarından beri Almanların daha tehlikeli hale geldiklerini fark etmiştim. Kampta koşturup duruyor, birbirlerine bağırıyorlardı, Amerikan askerlerinin ve Rus askerlerinin Buchenwald'a son sürat ilerlediklerine dair söylentiler vardı. Almanların ayrılmayı planladıklarına dair söylentiler vardı. Araçlar geliyor, araçlar gidiyordu, bize hiç dikkat etmediklerini fark ettim. Artık içtima yapmıyor, çalışmaya gitmiyor ve etrafta gardiyanlar varken çok tedbirli davranıyorduk. Her köşede onlar vardı ve avcı gibi bizi takip ediyorlardı. Tüfekleri, şarjörleri ve hafif tetik parmakları vardı, en çok kardeşimi kaybetmekten korkuyordum. Yalvardım, Icho, yemek çalmaya çalışma, bana söz ver. Bana şöyle bir baktı ve kabul etti, pekâlâ, ama sen de dikkatli olmalısın.

Bloklara aç döndük. Herkes kendi bloğuna. Bize ne olacağını bilmiyorduk. Sonraki günlerde çoğunlukla saklandık. Bazen ranzanın en üst katında, bazen bloğun arkasında. Gardiyanlar mahkûmları yakalayıp kamp dışına çıkarıyordu, nereye götürdüklerini bilmiyorduk.

---

38) Ayarlamak.

Bir sabah hoparlör bağırdı, sıraya girin. Çabuk. Çabuk. Bunun kötüye işaret olduğunu düşündüm. Bloktan çıktım ve sıralarında yarı büklüm duran mahkûmları gördüm. Bazıları karınlarını tutuyor, bazıları zayıf ellerini göğüslerine bastırıyordu. Kardeşim yanımda durmak için koşup geldi. Elimi sıktı ve fısıldadı, bizden kurtulmak istiyorlar, bizi kamptan atmak istiyorlar.

Ağladım, nereden biliyorsun? Başını salladı, usul usul ağladım, cevap ver, kim söyledi.

Kardeşim fısıldadı, koğuşların yanında buluştuğumuzda kucaklaştığımızı gören SS adamı hatırlıyor musun? Adı Hans Schultz. Buraya gelirken tesadüfen karşılaştık, birbirimize baktık, bir saniye sürdü ve sonra yürüyüp gitti ve manyak gibi bağırmaya başladı, yürüyüş için dışarı, aptallar, aptallar ve bloğun yanında yere düşmüş bir mahkûma vurdu.

Ayaklarımı hızlı hızlı yere vurmaya başladım.

Kardeşim bana ne olduğunu anlamadı. Ayaklarımı yere vurmaktan kendimi alamıyordum. Hoparlör bağırdı, düz sıralar oluşturun, hemen sıraya girin, hepiniz. Ayaklarımı daha hızlı yere vurmaya başladım, ense kökümde müthiş bir sıcaklık hissettim, alnımda minik karıncalar, sırtımda kurtçuklar koşmaya başladı. Kardeşim beni durdurmaya çalışıyordu, senin derdin ne, konuş benimle.

Dişlerimi gıcırdattım, usul usul ve anlaşılır bir şekilde dedim ki, yürüyüşe gitmiyorum, şansım yok, bir kere yürümüştüm, bir daha yürüyemem, hayır.

Kardeşim fısıldadı, şşşşşş, şşşşşş. Sakin ol.

Fısıltıyla bağırdım, sakinleşmek istemiyorum, yola serilmiş insan görmeye daha fazla dayanamam, yarı ölülerin ağlamasını ve bağırmasını kaldıramam, hayır, hayır.

Beraberiz, endişelenme, deyince beni anlamadığını hissettim, çünkü yüzlerce kilometreyi yiyecek, su ya da yatacak bir yer olmadan yürümemişti. Yaylım ateşlerini, yollardaki ölüleri duymamıştı, insan fazlalığını ve onları öldüren sekiz yüz mermiyi duymamıştı ve anlamıyordu.

Ağladım, hayır, hayır, hayır. Beni rahat bırak, çünkü buradan kımıldamıyorum, kapıya gitmeyeceğim.

Boynuma bastırdı ve ona destek olmam gerektiğini söyledi, evet, evet. Dinle beni, yollardaydın, ne olup bittiğini biliyorsun, tecrüben var, bana yardım edeceksin, duydun mu?

Fısıltıyla bağırdım, etmeyeceğim! Artık ne Almanca ne de mermilerin ıslığını duymak istiyorum, reddediyorum, anladın mı?

Kardeşim kaşlarını çattı, dudaklarını ısırdı, kanayan bir çizik. Sonra elini sırtıma koydu, şiiişş, şiiişş. Pekâlâ, saklanacağız.

SS adam hoparlörden seslendi: Dikkat, dikkat, yürüyüş için kamptan ayrılan her mahkûm yarım somun ekmek alacak. Kamptan ayrılan her mahkûma yarım somun ekmek. Dikkat, dikkat, çıkış kapısı yönünde ilerleyin ve yarım somun alın. Kimse kapıya gitmedi. Hava gerilmişti. Kardeşime fısıldadım, yerimden kımıldamıyorum.

Hoparlör sinirli bir şekilde bağırdı: Kamptan ayrılan herkese tüm bir somun, anlaşıldı mı?

Sıralarımızdan ayrılmadık. Almanlar bağırmaya ve küfretmeye başladı. Mahkûmları zorla kapıya doğru ittiler, tüfeklerle vurdular, tekmelediler, mahkûmlar kapıya değil kampa doğru koştu ve kuyrukları ezilmiş fareler gibi dağıldılar. Kardeşim elimi tuttu, ağladı, Alman bölgesine, çabuk, en güvenli yer orası. Eğilerek koştuk, birkaç blok geçtik, bilmediğimiz bir alana geldik, önümüze aniden bir hendek çıktı. Hendeğin içine atladık. Peşimizden diğer mahkûmlar da atladı. Almanların geldiğini gördük. Hendekten en yakın bloğa doğru koştuk ve bir duvarın arkasına saklandık. Köpeklerin yaklaştığını duyduk. Bloğun etrafından dolaştık, bir kapıya vardık. Blok boştu, karanlıktı. İçeri girdik. Yine ranzalar vardı. Bloğun sonuna kadar koştuk ve en yüksek ranzaya tırmandık. Peşimizden mahkûmların girdiğini duyduk. Yine çığlıklar, iniltiler, köpek sesleri duyduk ve sonra silah sesleri, piuv. Piuv. Piuv. Piuv-piuv ve sessizlik. SS adam bağırdı, bloktan çıkın yoksa hepiniz ölürsünüz. Gizlendiğim yerden baktım. Kapıda iki SS adam duruyordu. Silahlarını bize doğrultmuşlardı. Şansımız olmadığını biliyordum.

Ranzadan indik.

Ayaklarımızı kapıya doğru sürükledik. Bizden önce en az yirmi mahkûm çıkmıştı ve sonra biri devrildi. Onu dışarıda tekmelemek için SS adam da çıktı. Başka bir SS adam yardım etmek için eğildi. Kardeşim ve ben birbirimize baktık ve en yakın ranzaya zıpladık. Duvara yakın uzandık. Terden sırılsıklam olmuştuk. Kardeşim yanıma sokuldu. Bir kaynak gibi sıcak ve gergindi. Nefes almadım. Seslerin uzaklaştığını duyduk ve sessizlik.

Sonra başım öne düştü.

SS adam Hans Schultz önümüzde duruyordu. Ürkütücü gözlerle bize bakıyordu. Silahının namlusunu ikimizin tam ortasına doğrultmuştu. Namlu ile yana doğru küçük bir hareket yaptı. Yüzündeki hiçbir kas hareket etmedi, göz kırpmadı. Aşağı indik. Karşısında durduk. Kardeşim İshak gözlerini dikmiş ona bakıyordu. Bense uzaklara baktım. Tüm kanımın yere aktığını hissettim. Silahıyla kapı yönünü işaret etti, bekledi. İlk ben çıktım. Benden sonra kardeşim İshak. SS adam Hans Schultz, şarjörü üstümüze boşaltmadan bizi izledi. Başka bir mucize diye düşündüm ve daha fazla mucizeye gücüm yok diye de düşündüm, hayır, hayır, tellere koşmak, sırtüstü uzanmak ve hiç kalkmadan uyumak istiyorum.

Kampın dışındaki yolda binlerce, binlerce kişiydik, rüzgârda hop diye eğilen ince siyah dallarla kaplı devasa bir alan gibi, binlerce mahkûm. Biri çöküp kaldı. Hop. İki. Dört. On. Piuv. Piuv. Piuv. Almanlar şarjörleri yenileriyle değiştirdi. Bir sürü şarjörleri vardı. Kafamı kaldırdım. Sis dağılmıştı, soğuk bir güneş tepemizde duruyordu. SS adamların güldüğünü duydum. Köpeklerin ileri geri koştuğunu, mutlu bir şekilde havladıklarını duydum. Sanki yolculuğa çıkmaya karar vermişlerdi, tüm şehri, hatta tüm ülkeyi gezip dolaşacaklardı. Binlerce, binlerce köpek vardı ve ben bu mutlu köpeklerle güneşin altında bir yolculuğa çıkmak istemiyordum.

Kafama bir kurşun sıkacak bir Alman aradım. Geriye baktım. En yakın SS adam çok uzaktaydı. Her yüz mahkûm, belki daha fazlası için bir SS adam. Piuv, piuv, piuv. Düşen herkese ateş ettiler. Birkaç dakikada bir piuv. Piuv. Piuv. Bazen hiç ara vermeden. Bazen şöyle. Piuv. Piuv. Bir ya da iki saat sonra, piuv. Birçoğu yola serildi. Savaştan sonra fotoğraflarda ve belgesellerde gösterdiler. Buna ölüm yürüyüşü dediler, evet. Fotoğrafların ve belgesellerin olduğu her yerde bizi aradım, hiçbir şey bulamadım. Sanırım birkaç kitapta ve belgeselde görünüyoruz, neredeyse eminim, ama resimlerde kim olduğumuzu bile bilmiyoruz, nasıl bilelim ki?

İsrail, 2001

15.15, Hof Hacarmel'den Binyamina'ya giden şehirlerarası tren.

Vagonun sonundaki bir grup adam gülmekten kırılıyor. Uğursuz kahkahalar. Saçında çiçekler olan bir kadın, sessiz olun diyor. Rus aksanlı bir kadın, rica ediyor, lütfen biraz sessiz olun.

Adamlar sevinçten havalara uçuyor. Kadın, sigaradan kalınlaşmış sesini yükseltiyor, oradakiler, kesin sesinizi. Adamlar bir anda tıkanıyor, konuşamaz oluyor, boğazlarındaki gözyaşları duyulabiliyor. Tanrı aşkına, orada neler oluyor?

Kadın bağırıyor, siz, kesin şunu, yetti artık, beni delirttiniz.

Adamlar kadının sözlerini aynı şekilde tekrarlıyorlar, siz, kesin şunu, yetti artık, beni delirttiniz, yetti artık, yetti artık. Hayvansı kahkahaları, sanki kolay bir av sezmişler gibi, gırtlaktan geliyordu.

Kadın koltuğundan sıçrayarak kalkıyor ve benim olduğum tarafa doğru dinamik bir şekilde yürüyor. Ellerini sanki hiçbir şey doğru düzgün değilmiş gibi uzatıyor. Saçında dışa doğru sallanan çiçekler var. Derin bir göğüs dekoltesi olan mor bir elbise ile bir mini etek giyiyor. Ayağında parlak, yüksek topuklu ayakkabılar var. Omzunda siyah, parlak bir çanta asılı. Kırık sözcüklerle homurdanıyor. Kendini kaybetmesine neden olacak ne söylemişlerdi. Yanımdaki boş koltuğu işaret ediyorum, ama aceleyle uzaklaşıp gözden kayboluyor.

Yarım dakika sonra, acı bir çığlık vagonu delip geçiyor. İnsanlar vagonun sonuna koşuyor, ben de onlara katılıyorum, ne oldu, ne oldu, saçları dağınık bir kadın asker pencereyi işaret ediyor, trenden atladı, kim, kim, kim.

Burada duran kadın, atladı, Tanrım, onu gördüm, az önce, bir saniye önce, aşağı atladı, onu gördüm, saçında çiçekler vardı, treni durdurun, çabuk, bir kadın atladı, anlamıyor musunuz, alarma basın, hadi, atladı, mor elbiseli kadın, anneciğim, delirmiş, oradan doğru geldi, ben burada duruyordum, burada, ve birden, hop, gitti, neden?

Beyaz saçlı bir adam askere yaklaşıyor ve "emin misiniz?" diye soruyor. Belki bir an için başka tarafa döndünüz ve o da diğer vagona geçti?

Bekle, soracağız, mor elbiseli bir kadın gördünüz mü, onu gören var mı? Saçında çiçekler olup olmadığını sor, sor, çiçekli bir kadın gördünüz mü?

Adam sordu ve kimse böyle bir kadın görmemişti.

Asker zeminde bir yere bakıyor, başını elleriyle tutuyor, kendi kendine konuşuyor: Atladı. Tuvalete koşuyormuş gibi görünüyordu. Çantasıyla atladı, küçük siyah bir çanta, çantayı gördüğüme inanamıyorum, bunu neden yaptı?

Kadının tek istediği biraz sessizlikti.

Dov o vagonda olsaydı, gömleğini çekiştirir, yakasını düzeltir ve şöyle derdi, onu anlayabiliyorum, aileniz olmadan, tek bir kişiyi bile tanımadan siz ne kadar dayanabilirsiniz, böyle piçlerle ne yapabilirdi, ha? Ve sonra İshak dizlerini döverken derdi ki, saçmalık, dert etmeye gerek yok, gülmüşlerse ne olmuş, bırakın kendi kahkahalarında boğulsunlar, kimin umurunda, ben olsam hemen başka bir vagona giderdim, hepsi bu. Bunun dışında, trene binmeyi reddediyorum, çu'ya dayanamıyorum. Bir trenin çu, çu ve düdük sesine, oy, oy, oy, en zoru da o düdük, bir siren sesi duymak benim için ne demek biliyor musun, tıpkı savaş gibi, hemen Auschwitz trenini görüyorum, birkaç düdük sesi ve hoparlör, dünyada yabancılarla birliktesin, etrafını uzun boylu SS adamlar ve köpekler sarmış ve bir saniye bile durup dinlenmeyen krematoryum, ah, hiç konuşmamak daha iyi.

O zamanlar, alarm vererek savaş açmak, vermeden açmaktan daha iyidir diye düşünürdüm, böylece belaya hazırlanabilirsiniz, ve sonra, aklımı okuyan Dov da derdi ki, alkollü bir şey? Slivovitz mi yoksa konyak mı?

Evet, evet.

İsrail Devleti'ne. Hayata.

16. Bölüm

İshak

Buchenwald'dan yürüyerek ayrıldık.
    Almanlar herkesi öldürmeyi başaramamıştı. Krematoryum, çukurlar ve şarjörlerle icat ettikleri yöntemler için bile çok fazlaydık. Rusların kampa girmelerini ve bizi ölülerin arasında saymalarını istemiyorlardı. Rusların kampın her köşesinde on binlerce ölü bulmasını istemiyorlardı. Eski yöntemler etkin bir şekilde işletildi, çukurlar kazıldı, şarjörler değiştirildi, ama Almanlar Ruslar kampa girmeden önce herkesi öldüremedi, bu mümkün değildi, bu yüzden bizi uzun bir yürüyüşe çıkardılar, böylece yürürken ölecektik, yollarda, köylerin yakınında ve beyaz kar bizi ve korkunç kokuyu bahara kadar örtüp gizleyecekti.
    Sanırım kışın sonuydu. Gökyüzünde bulutlar vardı ve soğuk bir güneş. Yolun kenarlarında kar görünüyordu, toprak yer yer temizdi. Yanımda Dov vardı, yıpranmıştı. Yürüyor ve sallanıyordu. Yürüyor ve sallanıyordu. Öne doğru eğilerek yürüyordu ve dili dışarıdaydı. Kafası her saniye düşüyordu. İleriye bakmaya çalışıyor, çoğu zaman başaramıyordu. Dov zaten uzun zamandır yürüyordu. Benim içinse ilkti. Almanların yollarında birlikte yürüdük, bazen trenle gittik. Sabah erkenden hava kararana kadar yürüdük. Üzerimizde her zamanki kirli elbiseler vardı, çizgili pantolonlarımız ve çizgili gömleklerimiz. Çoğu zaman yağmur yüzünden ıslaktık. Ayaklarımız ayakkabılarımızdan geriye kalan şeylerin içinde kayıyordu. Kopmuş plastik kayışlarıyla incecik tabanlar. Onları bir şeylerle bağlamamız gerekiyordu, bir parça dikenli tel bulursak çok şanslıydık. Hava karardığı anda uyuyorduk, ormanlarda, yolun kenarında, tarlalarda, sırtımızda taşıdığımız battaniyeye sarınıp, açlığa rağmen hemen uykuya dalıyorduk.

Bize iki üç günde bir ekmek veriyorlardı. Suyu herkes kendi buluyordu. Yürürken kar yiyor ve yağmur damlaları yutuyorduk. Sıçmayı hatırlamıyorum. Sıkışmamıza bağlı olarak, pantolonlarımıza ve molalarda yolun kenarına işiyorduk. Almanya yollarında sabahtan akşama kadar yürüdük. Yaklaşık bir ay yürüdük, belki iki ay. Güneye doğru. Almanlar Ruslardan kaçıyordu, Rusların eline düşmek istemiyorlardı, Amerikalıları istiyorlardı. Esir alınacaklarını biliyorlardı. İstedikleri şey, o ana kadar çok sayıda Yahudi'nin yolda ölmesiydi ve başardılar. Mahkûmlar konvoy halinde yürüyor ve düşüyordu. Yürüdüler. Düştüler. Bir uçağın ilaçladığı sinekler gibi düştüler. Almanlar düşen herkesi vurdu. Öldürmek için vurdular. Her zaman başaramıyorlardı. Kurşunu yiyen mahkûmlar kanlar içinde yola serilip ağlıyor, bir kurşun daha sıkmaları için SS adamlara yalvarıyorlardı, buraya. Buraya, kafama. Buraya, kalbime. Ölümcül yerler için yalvardılar. Almanlar reddetti. Mahkûm başına bir kurşun, hepsi bu. Ölenler öldü. Yaralananlar köpeklere, kurtlara, çakallara, kargalara, sineklere, kurtçuklara ve karıncalara terk edildi.

Yavaş ilerliyor, hemen hiç konuşmuyorduk.

Bir gün ayak parmaklarımı hissetmez oldum. Sanki felç olmuşlardı. Uyluklarım sürtünmeden acıyordu. Yaralardan sızan kan pantolonuma yapışmıştı. Pantolonumu indiremiyordum. İndirmek istediğimde kabuklar kalkıyor ve kan sızıyordu. Kan ve kir yüzünden elbiseler tahta gibi sertleşmişti. Yağmur yağdığında pantolonumu indirmek daha kolaydı, daha az acıtıyordu.

Yanımda ayaklarını sürükleyen Dov vardı. Ritmik olarak fısıldıyordu, şansımız yok, şansımız yok, bazen eğiliyor, dizlerinin üzerine yaslanıyor, düşüyorum, işte böyle, diyordu. Bu işi şimdi bitiriyorum.

Elimi beline koydum. Pantolonundan sıkıca tuttum, kulağına fısıldadım, düşmüyorsun, birlikteyiz ve devam ediyorsun.

İleri doğru bir adım atar ve benden sonra ritmik olarak tekrarlardı, düşmüyorum. Devam ediyorum ve sonra durup geriye bakardı. Kafasına kurşun sıkacak bir Alman arardı. Onu pantolonundan tutup çekerdim ve o da derdi ki, şansımız yok, şansımız yok, sonra sakinleşir ve yürürdü.

Beynim ağır bir çekiçle dövülüyor gibiydi.

Sadece düşme. Ayaklarının üstünde kal. Aklına sahip çık. Ölmek umurumda değildi. Yola serilip kalmaktan korkuyordum. Acı çekmekten korkuyordum. Diğer mahkûmlarla birlikte yola serilip köpekleri beklemekten ya da donarak ölmekten korkuyordum. Ölmeyi bekleyenlerin hıçkırıklarını duymaktan korkuyordum, anneciğim, bana su ver, biraz su, Anneee. Yavaşça ölmekten korkuyordum, saatler, günler, beni en çok korkutan buydu. Dudaklarımı ısırdım, fısıldadım, hata yok. Dikkatli ol. Sadece on altı yaşındaydım ve kardeşimi kurtarmak zorunda olduğumu biliyordum. O daha önce çok yol yürümüştü, vücudumda dokunduğum her yer ağrıyordu. Tenim bitler yüzünden kaşınıyordu. Çiğnemek için yaprak aradım, böylece açlıktan ölmeyecektim. Aklım bomboştu. Sadece bir kanal çalışıyordu, dönen bir plağa bastıran bir iğne gibi, hata yok. Düşme. Bir tüfeğin görüş alanına girme. Bayılma. Ayağını incitme. Durma. Eğilme. Yürü. Milim. Milim. Yürü. Milim. Milim.

Ayrıca Dov vardı, o da acı çekiyordu. Ölmek istiyordu, ölmesine izin vermiyordum, çünkü yaşamak için bir nedenim vardı. Ölüm yürüyüşüne katlanmayı Dov yüzünden kabul ettim. Dov ölürse, biliyordum ki, ben de ölürdüm.

17. Bölüm

Dov

Kardeşime dedim ki, tepelerin önünde ayrılalım.

Kardeşim için endişeliydim. Bir tepede düşeceğimden ve SS adamın beni kurşunlayacağından emindim ve kardeşim İshak SS adama saldıracak ve o da ölecekti. Hiç değilse ailemizden birinin hayatta kalmasını istiyordum. Ölürsem kardeşim İshak'ın delireceğini biliyordum. Ayrıca bendeki karıncalardan ve kurtçuklardan İshak'ta da olsaydı, onun dayanamayacağını biliyordum. Onu tanıyorum, kafasında bu tür karıncalara tahammül edemez, hemen ölürdü. Bu yüzden ona "tepelerin önünde ayrılalım" dedim, yukarıda görüşürüz. Ayrılalım, böylece SS adamın ikimizden birini vurduğunu görmek zorunda kalmayız.

Kardeşim İshak kabul etti.

Sarıldık. Birbirimize baktık. Yukarıda buluşmaya söz verdik. Kardeşim İshak bana sessizce, "seni yukarıda bekleyeceğim" dedi. Tepeye ulaşacaksın. Aşağıya birlikte ineceğiz, anladın mı? Emri kafan verecek, yürü, durma, yürü, yola devam et, sadece önüne bak ve durma, tepeye kadar, bana söz ver, böylece benim de kalbime inancım olacak.

Söz veriyorum, tepede buluşacağız ama sen de dikkatli ol, rahatladığımı hissettim. Tepeyi tırmanamayacağımdan emindim, ama kardeşim İshak tırmanacak ve en azından birimiz hayatta kalacaktı.

Ayrıldık.

İshak yolun bir tarafına gitti. Ben diğerine. Aramızda belki otuz kırk mahkûm vardı. Tepeye tırmanmaya başladım. Yavaş yavaş. Başımı düz bir şekilde tuttum, sağa ya da sola bakmaya cesaret edemiyordum. Bacaklarım, betonla dolu çuvallar gibi ağırdı. Bacaklarımı birbiri ardına sürükleyerek ilerledim. Boşluğu kapattım. Bir adım daha. Boşluk. Bir adım daha, mola. Aklım çekiçle dövüyordu, düşme. Dizlerime yaslandım. Nefes aldım, ağzım açık. Burnumda bir ıslık sesi duydum. SS adam bana yaklaştı. Devam et. Düşme. Bir adım daha, boşluğu kapat. Sırtımı kafamla birlikte sürüklerken kafam öne düşüyordu. Akciğerlerimde yer yoktu. Doğada büyük ağaçların yanındaydık ve benim nefes alacak gücüm yoktu. Hıııııh. Nefes al. Hıııııh. Adım at. Kapat. Adım at. Kapat. Benden az uzakta bir el silah sesi duydum. Bir el daha, iki, beş el.

Kalın bir iğne boynuma battı ve sırtımdan aşağı inmeye başladı. Başımı hareket ettiremedim. Kendime bir emir verdim, bakma, göz atma. Yapma! Sadece ileriye. Adım at, kapat. Sol. Sağ. Sol. Boom. Bir el daha. Boom. Boom. Ve bir çığlık. Tam yanımda. Fısıldadım, benimle ilgisi yok, hayır, hayır. Devam ediyorum. Kimseyi görmüyorum. Durmamaya söz verdim. Adım at, nefes al, kapat. Adım at, nefes al, nefes al, nefes al, kapat.

Yakınımda bir ağlama sesi duydum. Duyduğum öksürük ve boğulma sesiydi, sanki biri suda boğuluyordu.

Tanrım, onun işi bitti, aaaah, yürü. Bakma. Adım at, kapat. Siyah asfaltta. Asfalt eğriliyor, ben eğriliyorum. Benden önce başka bir eğri. Tepenin en üstünü görüyorum, fazla bir şey kalmadı. Şarkı söyleyesim var. Sabahtan beri bir ezgi arıyorum, ama karıncalar kafamın içini ısırıyor, alnımdan geçerek bir gözden diğerine gidiyorlar, onları öldürmeye çalışıyorum, bin tane daha karınca ortaya çıkıyor, alnımda delikler açıyor.

Tırmanışın sonuna geldim.

Yorgun ve eski bir lokomotif gibi nefes alıyordum. Kalbim göğsümde atıyor, kaburgalarımı sıkıştırıyordu, sanki içime tutkal dökülmüş gibi hissediyordum. Kuruyup sertleşene kadar dökülüyor, dökülüyor, dökülüyordu. Böğrümde bir sancı vardı. Bu yüzden eğilemedim. Bacaklarımı hissedemedim. Ağır ağaç gövdeleri gibiydiler. Kardeşimi bulmam gerektiğini biliyordum. Onu aradım. Güçlükle nefes alan mahkûmların arasından yolun karşısına geçtim. Etrafımızda ağaçlar ve su vardı, ağzım kurumuştu. Geriye baktım. Yolda yavaşça tepeye tırmanan paçavra yığınları vardı. Beynim bana bir emir verdi, hiçbir mahkûma çarpma. Dikkatli ol. Kimseye dokunma, dokunursan düşersin. Sanki başkasının kafasında oturuyormuş gibi, beynime uzaktan vurulduğunu duydum.

İshak gülümseyerek önümde duruyordu. Başını salladı. Çok iyi dedi. Başardık, çok iyi. Ona gülümsedim. Yanımda biri sigara içiyordu. Sigara dedim, bana bir sigara ver, duymadı. Kardeşim beni sertçe geri çekti, dediğini duydum, deli misin? O bir SS adam, SS adamdan sigara istiyorsun, derdin ne? Cevap vermedim, sanki içimde biri kalkıyor, doğrulmaya çalışıyor ve bedenimi terk etmek istiyormuş gibi hissettim. Yine sigara, sigara demek istedim. İshak beni başka bir yere sürükledi. Yan yana yürümeye devam ettik.

Düzenli bir yürüyüş. Kardeşim ölme tehlikesi varmış gibi yüksek sesle nefes alıyordu. Ağzımı kapattım. Ona baktım, İshak kafamda neler olup bittiğini görmedi ya da duymadı. Sessiz olmamız iyi. Bir gün ve bir gece, başka bir tepe.

Tepenin eteğinde ayrıldık.

Kardeşim ellerimi yakaladı. Yüzüme yaklaştı ve dedi ki, Dov, gözlerini aç, kapat. Ağzını kocaman aç, kapat.

"Karıncaları görebiliyor musun?" diye sordum. Alnımın içinde oradan oraya yürüyen karıncalar var, görebiliyor musunuz? Alnımı işaret ettim, dün burnumdaydılar, şimdi kulağımdalar, ne yapmalıyım?

İshak ayağını yere vurdu, çenemi sıktı ve karınca falan yok dedi, yok, kimseye karıncalardan bahsetme, beni duydun mu? Hiçbir şey söyleme, söz ver bana.

Tamam, dedim, ama kurtçuklar da var, bir yerden bir yere gidiyorlar, bil diye söylüyorum.

Sonra İshak bana sarıldı ve bu savaştan sağ çıkmamız gerektiğini söyledi, birlikte, ve iki gün önce olduğu gibi, beni tepenin üstünde bekliyor olacak. Başımı iki elinin arasına aldı ve yüzümü dağın zirvesine doğru çevirdi.

Burnumdan kan damlıyordu.

Burnumu kolumla temizledim ve kardeşime, tepede buluşacağımıza sen de söz vermelisin, dedim, söz ver bana. Seni bir kurşunla vurmalarına asla izin verme ve bekle, ayrılmadan önce bir ezgiye ihtiyacım var, tempomu koruyabilmek için bir ezgiye ihtiyacım var, söylediğimiz şu şarkı neydi, ne, Vassily'nin ata binerken ıslıkla çaldığı şarkı.

İshak yukarı baktı, kollarını iki yana indirdi ve dedi ki, şimdi şarkı aramayı bırak, zaman yok.

Ama mızıka çalmak istiyorum, dedim, cebimde bir mızıka var.

İshak küfretti, kafasına vurdu ve oy, dedi, unutmuşum, sonra elini cebime soktu ve mızıkayı aldı. Mızıkayı senin için saklayacağım, sen de burnundaki kanı sakla, dedi. Ayrıldık.

Bir tarafa doğru eğildim ve bir saman arabasına bağlıymışım gibi kendimi çektim. Kan damlamaya devam ediyordu. Durdum. Başımı kaldırdım ve kanı yuttum. Başımı indirdim ve kanama devam etti. Tepeye ulaştığımda hiç kanım kalmayacak diye düşündüm. Burnumu iki parmağımla sıktım ve yola devam ettim. Kuru bir çubuk gördüm. Çubuğu ikiye böldüm ve burun deliklerime soktum. Kanama durdu. Bacaklarımda bir zayıflık hissettim. Kendime yürüme emri verdim. Yürü. Adım at, kapat. Adım at, kapat.

Kardeşim İshak'ın benden daha güçlü olduğunu biliyordum. Biliyordum ki, ailemizden sadece ben ve kardeşim hayatta kalmış olabilirdik. Beynim çekiçle dövülüyordu, küçük kardeşimi yalnız bırakmamalıyım. İkimiz için de başarmalıyım. Annem ve babam için. Sara ve Avrum için. Babam için. Babam nerede, Babacık, Babacığım, adım at. Boşluk. Kapat. Adım at, mola ver, nefes al, nefes al. Boom. Boom. Boom. Kafanı çevirme, kafanı çevirme ve yine karıncalar alnımdan burnuma, ağzıma ilerliyor. Çabucak yutuyorum ve diyorum ki: nefes al, nefes al.

Yanımdaki mahkûmlar yüzüstü yola düştüler, şimdi mermi bekliyorlar. Aralarında ayağa kalkmaya çalışanlar vardı ve bazıları başardı. Benden yarım metre öteye biri düştü. Yerden bana elini uzattı. Ağzında köpük vardı. Baktı ve ağladı, dişleri yoktu. Ona elimi uzatmadım. Eğer uzatsaydım, biliyordum ki ben de düşecek ve kalkmayacaktım. Ona dedim ki, dinle, kardeşim beni tepede bekliyor, anladın mı? Bir kardeşim var ve bana ihtiyacı var, tamam mı? Sonra görüşürüz. Hoşça kal.

Tırmanmaya devam ettim. Karıncalar boğazıma indi.

Sadece tepenin üstünde yanlara baktım. Kardeşimi gördüm. Bana gülümsedi, çubukları burnumdan çıkardı ve cebine koydu. Ve sonra bana elma kabuğu uzattı. "Bunu nereden buldun?" diye sordum.

SS adam attı, dedi. İshak bana kabuğu emmemi söyledi. Biraz emdim ve geri verdim. O da emdi, yarısını çiğnedi, ağzından çıkardı ve bana verdi, ye, ye.

Bize sıraya girmemiz söylendi. Ekmek dağıtıyorlar. Ekmeğimizi aldık ve kenarda bir yere oturduk. Yanımıza da ekmeğini hızlıca yutan uzun boylu bir mahkûm oturdu. Sıraya baktı ve baba, diye seslendi, gel ve yanıma otur. Kulağının altında kırmızı bir kabarıklık olan biri yaklaştı. Ekmeğini elinde tutuyordu. Oğlu birdenbire babasının üzerine atladı, ekmeği kaptı ve bir seferde yuttu. Baba sessizdi. Sonra yüzünü iki eliyle kapattı ve ağladı. Ayrıldık.

Birlikte tepeden aşağı indik.

Kardeşime dedim ki, Vassily'nin atın üstünde söylediği şarkının adı neydi, söylesene.

Kardeşim kaşlarını çattı, sonunda fısıldadı, *Kossuth Lajos* hakkındaki şarkıyı mı kastediyorsun.

Ağladım, evet, evet. Bana o şarkıyı söyle, melodiyi unuttum.

İshak gömleğini çekiştirdi ve hayır, hayır dedi. Söylemek istemiyorum, kes artık. Yüzünün kızardığını gördüm. Gözünün altı seğirmeye başladı.

Onunla konuşmayı bırakmak istedim ama yapamadım, daha sonra ona, bana bir hikâye anlat dedim, bir hikâye anlat.

İshak bana baktı, yutkundu ve tamam, dedi, sana şarkının sözlerini vereceğim ama şarkılar hakkında kimseye soru sormamalı, karıncalardan ve kurtçuklardan söz etmemeli ve kimseden sigara istememelisin. Şarkının sözleri şöyleydi: *Macar Kossuth Lajos cephede savaştı ve eğer çok askeri olmadığını tekrar söylerse, tüm ulus birleşip cepheye gitmeli.* Bu kadar hatırlıyorum.

Evet, evet, bu şarkı, diye çığlığı bastım ve kahraman *Kossuth Lajos*, gel ve bizi kurtar diye bağırmaya başladım, neden olmasın, bizi kurtaracak birine ihtiyacımız var, Mesih gelmiyor ve Rab uzun zaman önce bizi terk etti, belki *Kossuth Lajos* bizi duyar? İshak beni dirseğiyle dürttü, kulağıma yaklaştı, ağzını açtı, bir dakika dedim, bir dakika, parmağımı kulağıma bastırıp tüm karıncaları ezdim, şimdi söyle.

Dedi ki, Dov, şimdi sessiz olmalıyız. Şşşşş.

Bugün biliyorum. Her tepenin önünde kardeşimle aldığımız ayrılma kararı bana güç verdi. Durumu analiz etmek zorundaydık. Plan yapmalı, nasıl hayatta kalacağımızı düşünmeliydik. Bir hedefim vardı. Tepeye çıkmak için çaba harcamaya değer bir nedenim vardı, kardeşimin beni tepede beklediğini biliyordum ve bu da bana bu zor yolculukta umut verdi. Konuştuk. Dokunduk. Birbirimize baktık ve benim için endişelendiğini gördüm. Binlerce kişinin işi yollarda bitti ve bir, sadece bir kişi benimle ilgilendi ve ben de onunla ilgilendim. Birbirimiz için oradaydık, büyük karanlığın içindeki küçük bir meşale gibi.

İsrail, 2001

14.58, Nahariyya'dan Binyamina'ya.
Hayfa'daki Bat Galim durağında.

Başımı koltuğa yaslıyor ve tatlı bir şey istiyorum. Bu hikâyeyle nasıl yalnız kalınır bilmiyorum.

Hikâyeleri giderek zorlaşıyor, dehşet verici hale geliyordu. İshak hâlâ SS adamı bir yumruk darbesi ile darmadağın edebilirdi, ama uzaktan takip ediyor, fırsatını kolluyordu. Dov neredeyse tükenmişti, daha şimdiden Almanya'nın yarısını ve Polonya'nın bir kısmını yürüyerek geçmişti.

Dov benimle birlikte olsaydı, ama neden ağlıyorsun derdi, ben olsam mutlu olurdum, savaşın sonuna yaklaşıyoruz, öyle değil mi? İshak kalkar, kazlarını susturmak için bahçeye çıkar ve tek kelime etmeden geri dönerdi.

Bir saat birbirlerine baktıktan sonra, nihayet İshak derdi ki, şimdilik bu kadar yeter, ben inek ahırıma gidiyorum. Dov ise bana, "devam etmek ister misin?" diye sorardı. Ve ben de, şimdi değil Dov, derdim, beni istasyona götür.

18. Bölüm

Dov

Yürüyüşte artık kendime göz kulak olamıyordum.

Ve kardeşim İshak hırsız oldu. Uzman bir hırsız. Elini birinin cebine nasıl sokacağını ve hissetmeden bir şeyi nasıl alacağını biliyordu. Ekmek, patates kabuğu, bunun gibi şeyler. Onda kamplarda görmediğim bir şey görüyordum. Yemek çalıyordu ve benimle paylaşmaya razı oluyordu.

Yarı boş bir kampa girdik, İshak ortadan kayboldu ve ben yere düştüm. Kampın adını hatırlamıyorum. Hareket edemiyordum. Başım ağrıyordu. Elimi alnıma koydum, yanıyordu. Vücudumun bir kibrite dönüştüğünü hissediyordum, mahvolmuştum. Parmaklarımı büktüm, dizimi hareket ettirdim, dilimi çıkardım, aah, derin derin nefes aldım ve bir gözümü kapattım. İkinci gözüm yanıyordu, hiçbir şey göremiyordum. Doğruldum ve göğsümü yumrukladım. Göğsüm acıdı. Karanlıkta olmanın benim için tehlikeli olduğunu hissettim. Bu arada İshak geri döndü. Elinde bir parça ekmek vardı. İshak ekmeğini ikiye böldü ve bir parçasını ağzıma soktu. Oturmayı başardım. "Burnuma soktuğum çubuklar nerede?" diye sordum.

Bana baktı, ne için?

Yanıyorum, dedim, gözlerimi açamıyorum. İshak alnıma dokundu ve ateşten olduğunu söyledi, bir parça daha ekmek ye, sonra bir musluk arayacağız. Onunla gittim. Su bulduk. Başımı musluğun altına uzattım. İyi geldi. Kardeşim ne zaman biraz yiyecek bulsa, tam yarısını bana veriyordu. Kardeşim İshak'ın onu bana verecek gücü vardı. Diğerlerinin verecek gücü yoktu, İshak'ın vardı. Görüyordum. Kardeşler birbirlerine yardım etmiyordu. Kulağının altında kabarıklık olan baba ile pantolonunun paçalarını dizine kadar kıvıran oğul örneğinde olduğu gibi, baba oğul birbiriyle paylaşmıyordu. Onları birkaç kez gördüm. Buchenwald'dan başlayan ölüm yürüyüşünde bizden çok uzakta yürümüyorlardı. Baba belki kırk beş yaşındaydı. Uzun boylu oğlu yirmisinde gibi görünüyordu. Bize oldukça yakın bir yerde uyudular ve birbirleriyle hiç konuşmadılar.

Çalışma kampına girmeden önce, uyumak için ormanda bir yer hazırladık. Hava soğuktu. Aniden bağırışlar. Kulağının altında kırmızı kabarıklık olan baba ile uzun boylu oğlu çamurda kavga ediyordu. Oğul elinde bir şey tutuyor ve onu ağzına sokmak için çabalıyordu. Baba oğlunun elini yakaladı. Oğul parmaklarını sıkıca yumdu. Baba oğlunun parmaklarını tek tek açmaya çalıştı, çığlık attı, nasıl yapabildin, Yaakov, o benim ekmeğim, benim. Oğul babasının karnına bir tekme attı, dişlerini sıka sıka konuştu, sen bittin, onu bana ver, onu bana ver.

Baba büzüldü, iki parmağını oğlunun gözlerine batırdı, ağlıyordu, o benim Yaakov, geri ver onu, ben bir babayım, baban ve sana onu bana vermeni söylüyorum. Oğul bir hayvan gibi iniltiler çıkarıyordu, babasının parmaklarını ısırdı ve yüzüne bastırdı.

Altüst olmuştum. Babanın ağladığını duydum, Anneciğim, oy Anneciğim, *oy gevalt*.[39]

SS adam Hans Schultz yanımızda duruyordu. Çizmeleri ve şapkasıyla, karanlıkta dev gibi görünüyordu.

Tabancasını doğrulttu ve bir kurşun sıktı, iki. Biri babanın kafasına. Biri oğlunun kafasına. Son. Kardeşim İshak ağacın yanında duruyordu. Kımıldamadan. Ben titriyordum. Yüzüme soğuk yapraklar koydum. Battaniyeyi üzerime çektim. Babamı istedim. Babacık. Babam nerede. Baba, baba. Omzumda bir dokunuş hissettim. Başımı kaldırdım. Kardeşim İshak üzerime eğilmişti. Elinde bir parça ekmek tutuyordu. Ekmeği böldü ve yarısını bana verdi. Ekmeği yanağımın yanına koydum. Ekmek ıslandı. Kardeşim ekmeği ağzıma sokmamı işaret etti. Yavaşça yedim.

---

39) (İbr.) "Oy gevalt": Vah başıma gelenler. (ç.n.)

19. Bölüm

İshak

SS adam Hans Schultz ölü baba ve oğula baktı ve bana yaklaşmamı işaret etti.

Yanımdaki mahkûmlar uzaklaştı ve ben ölülere yaklaştım. Onlardan sızıp hâlâ çamura karışmakta olan kana basa basa yürüdüm. Babanın ağzı açıktı. Oğlun üzerine eğildim. Elinde ekmek vardı. Ekmeği aldım.

SS adam Hans Schultz'a baktım. Ayaklara doğru başını salladı. Gencin ayaklarına doğru eğildim. Ayakkabıları haraptı ve tabanları kâğıt gibiydi. Ayağını kaldırdım. Keçe. Çorap. Ayakkabılarını hızlıca çıkardım ve çoraplarını aldım.

Ertesi gün SS adam Hans Schultz'u görmedim. Sonsuza dek kayboldu. Savaştan sonra gazetelere baktım. Adını aradım. Adını gazetede bulamadım. Onu suçlu bulup bulmadıklarını görmek istiyordum. Onun için iyi bir şeyler söylemeyi düşündüm ama sonra söylememeye karar verdim. Yollarda ölen tüm o insanlar için, Naziler hakkında iyi şeyler söylememeliyiz, bunu yapmamalıyız.

20. Bölüm

Dov

Kardeşim İshak benim için tehlikeyi göze aldı.

Bir Alman uçak fabrikasına varmıştık. Terk edilmiş bir fabrika. Hava karanlıktı, gökyüzünde yıldızlar ve bir greyfurt dilimine benzeyen döküntü bir ay vardı. Birkaç yüz mahkûmduk, belki bin kişi, tam sayıyı bilmiyorum. Kir ve çamurun çizgilerini neredeyse sildiği pijamalar giyen bir mahkûm konvoyu. Almanlar hoparlörden geceyi burada geçireceğimizi ve her mahkûma çeyrek somun ekmek dağıtacaklarını duyurdular. Ekmeği veren SS adamın yanında iki kurt köpeği bekliyordu. Keskin sivri dişleri olan iri köpekler. Köpekler, ikinci kez sıraya giren bir mahkûmun kokusunu almak için eğitilmişlerdi.

Uzun bir sırada ayakta duruyorduk.

Kardeşim pantolonumun arkasından tutuyordu. Ekmeğimizi aldık ve oturacak bir yer bulmak için uzaklaştık. Yere çöktük ve ekmeği bir lokmada yuttuk. Birbirimize baktık. Kardeşim kaşlarını çattı, kuytu yerleri araştırdı ve fısıldadı, şimdi gece için bir yer bulmalıyız, kalk, kalk. Oturmaya devam ettim. Ayağa kalkamadım. Kardeşim, burada bekle, deyip ayağa kalktı, etrafta dolaştı ve ekmek için tekrar sıraya girdi. Köpeklere baktım. Kalbim tabanlarıma aktı. Onu çağırmak istedim. Elimi kaldırdım ama hemen geri indirdim. Ağzımı açtım, kapattım. Karar verdim. İzlemeye dayanamazdım. Dipsiz bir çukura düştüm. Ayağa kalktım.

İshak'ın sırası yaklaşıyordu. Önünde üç kişi. İki. İshak durdu. SS adamdan ekmeği aldı, köpekler havladı. Köpekler onu kokladı ve sanki emir almışlar gibi üzerine atlayıp dişleriyle kavradılar, aaah. SS adam tüfeğini kaldırdı ve İshak'ın boynuna indirdi. Kardeşim İshak yere düştü. İki köpek onun üzerindeydi. İshak'ı parçalayan köpeklerin acı acı havladıklarını duydum, aaah. Tanrı'ya seslendim, neredesin, onu kurtar, onu kurtar. Tanrı gelmedi. Ellerimi betona bastırdım, dizlerimi karnıma doğru çektim, her iki yana savruldum. Boynumu kaldırdım ve ileriye baktım, hiçbir mahkûm kardeşimle ilgilenmiyordu. Bir grup SS adam, sırtları bize dönük, kapının yanında oturuyordu. Teneke kutulardan konserve yiyorlardı. Babacık, Babacığım, diye ağladım, köpekler onu yiyor. Babam gelmedi. Sadece bir SS adam ilgi gösterdi. Bacaklarını genişçe açmış, ellerini kalçalarına koymuş, kardeşimin üzerinde duruyor ve köpeklerine gülümsüyordu. Ölmesini istedim.

Ama kardeşim İshak köpeklerle savaştı.

Bacağının havalandığını gördüm. Köpeklerden birinin karnına sert bir tekme attı. Ayakkabısının tabanı tahtadandı. Köpek uludu ve havaya uçtu. İkinci köpek ağabeyimin boynuna saldırdı. İshak onu kafasından yakaladı ve yana çevirdi. Köpek yerde yatıyordu. Sonra İshak ayağa fırladı, fabrika girişine doğru koştu ve gözden kayboldu. SS adamlar yemek yemeye devam ediyordu. Köpekler inliyor ve ekmek dağıtan SS adamın çizmelerine doğru sürünüyordu. SS adam onlara parmak salladı, cık, cık, cık ve orayı terk etti. Nefesim kesildi. Öksürmeye başladım. Durduramıyordum. Aklımdan çığlık atarken, elimle ağzıma bastırdım, iyisin, evet. Kardeşin de iyi, evet.

Birkaç dakika sonra kardeşim İshak yanımda oturuyordu. Gömleği yırtılmıştı ve dirseğinde ve bacağında delikler vardı. Yüzü haşlanmış bir domates kadar kırmızıydı. Alnı ıslaktı. Ellerini ve gömleğindeki kanı sildi, alnını gömleğinin koluna sildi, elini koltukaltına soktu ve bir parça ekmek çıkardı. Ekmek gördüğüme inanamadım. Ekmeği ikiye böldü ve yarısını bana verdi. İyiydim, ha? İshak yarım ağzıyla sırıttı, ağzının diğer tarafı maviydi. Başka bir mucize.

Güçlü olduğumda, benim de bir şeyler yapmak için cesaretim vardı.

Gece. Bir Alman köyü. Ekmek ve su olmadan yürüyen iki gün. SS adamlar köy sakinlerini hoparlörle bilgilendirdi: Mahkûmlar için yiyecek hazırlayın. Birkaç yüz mahkûmduk, belki daha az, belki daha fazla ve dinlenmek için oturduk. Bir at arabasının yaklaştığını gördüm. At arabasında kocaman bir varil vardı. Bize çorba getirdiklerini anladık. Uzun boylu bir SS adam arabanın arkasına sıçradı. Elinde demir bir kepçe tutuyordu ve bağırdı: Sıraya girin, hepiniz. Uzun bir kuyruk oluştuğunu gördüm ve çorba alma şansımın olmadığını anladım.

Çaktırmadan SS adamın arkasından süzüldüm ve arabanın üzerine sıçradım.

Bir konserve kutusu tutuyordum. Tenekeyi varile daldırıp çorbayla doldurmayı başardım. Kepçeli Alman beni gördü. Kepçeyi alnımın ortasına yapıştırdı. Bom diye bir sesi duydum, bomba gibi ve kan. Çok kan ve sis. Elimde tenekeyle arabadan uçtum. Çorba dökülmedi. Sadece rengi değişti. Kanlı çorbayı içtim. Bana birkaç saat daha güç verdi.

21. Bölüm

İshak

Almanlar yollarda ölmemizden hoşnut değildi.
    Kimi zaman bizi açık trenlere yüklediler. Amerikan uçakları geldiğinde inmemize izin vermiyorlardı. Onlara sormuyorduk, yaşamak istiyorduk. Gökyüzünde dolanan ve üzerimize bomba yağdıran uçaklara bakılırsa, savaşın sona ermekte olduğunu biliyorduk. Bombardıman başladığı anda yiyecek aramak için aşağı atladık. Sığınak değil, yiyecek. Her zaman yiyecek aradık. Her şey kana batmış olsa bile, bir parça ekmek, kabuk, ya da kök yemeye can atardık. Tarlalarda biraz yürüdükleri takdirde gerçek yiyecek bulacaklarını düşünenler vardı, diğerleri ise mucizelerin olmadığını biliyordu ve onlar çiğneyecek bir şeyler aramak için trenden atlamadılar. Hayal kurmaya mecalleri bile yoktu. Vagonda yatıp yukarıdan düşecek bombaları beklediler.
    Bir gün yağmur altında, açık bir vagonda gidiyorduk.
    Vagon kalabalıktı, başları olmayan ıslak kibritler gibi ayakta duruyorduk. Vagonlar arasında esen soğuk rüzgâr gömleklerimizin içine doluyor, derimizi soyuyordu. Rüzgârdan ve soğuktan kaçmak için yere oturmak istedim. Aşağıdan gelen pis koku beni rahatsız etmiyordu. Dirseğimle önümde dikilen mahkûmu sırtından iteledim, Dov'a oturuyorum işareti yaptım ve sonra yağmur durdu. Başımı kaldırdım, bağırmak istedim, Dov, güneş ışığımız var, güneş ışığımız var, ama bağırmadım. Uzakta, siyah noktalardan oluşan bir konvoy trene doğru yaklaşıyordu. Kanatları vardı. Birkaç saniye geçti, sonra şiddetli bir patlama ve bir vızıltı, ishal olmuş bir kuş sürüsü gibi, yoğun bir makineli tüfek ateşi başladı.

Tren hemen durdu. Ayağa kalktım ve otururken baktığım manzaranın değiştiğini gördüm. Bir inşaat alanındaydık. Alman muhafızlar bağıra bağıra bir şeyler söyleyip aşağı atladılar. Dov ve ben de peşlerinden atladık. Yanında bir boru bulunan bir tuğla duvarın arkasına saklandık.

Köpeği olmayan bir SS adam bizden az uzakta siper aldı. Şişman bir SS adam. Gözlerimi ondan ayıramıyordum. SS adam hareket ettiğimizi duydu ama hiçbir şey göremedi. Duvara yapışıp kaldık, yanımızdaki borudan bile daha ince. SS adam baktı, baktı ama hiçbir şey bulamadı. Birkaç tahtayı duvarın yanına koltuk gibi yerleştirdi, uzun tahtanın üstüne bir mendil koydu ve kendine rahat bir yer hazırladı. Bir süre sonra bir matara çıkardı ve kana kana içti, ardından ağzını sildi. Sonra sırt çantasını çıkardı. Açtı, çantanın içinde bir şeyler tıngırdadı. Konserve yiyecekler çıkardığını gördüm. Konserveye bakıp geri koydu. Başka bir konserve çıkardı. Nefesimi tuttum. Eğildim, kaşınmaması için tırnaklarımı bacağıma geçirdim ve bekledim.

Bu sırada bir bomba düştü, trene ve mahkûmlara isabet etti. Dov'u çektim. Yere uzanıp başımızı örttük. Trenin yan tarafı paramparça oldu. Üzerimize bir mahkûm denizi yağıyordu, mahkûmların pijamalara sarılmış parçaları uçarak geliyor, başımıza, sırtımıza ve her yere kanlı tokatlar gibi düşüyordu. Kanlı tahta parçaları ve pijamalar içinde kanlı et topakları. Kusmak istedim ama aklımda şişman SS adam vardı. Sırt çantasını karıştırıyordu, sanki yağmurun altında, güzel bir bahçenin çiçekleri arasında oturuyormuş gibiydi. Tenekeyi tuttu ve kapağını temizledi. Kalbim, büyük bir çiviyi döven çekiç gibi atıyordu. Dört ayak üstünde doğruldum, yüzüm SS adama dönüktü ve Dov'un da ayakta olduğunu gördüm. Gömleğini düzeltmesini istedim ama Dov benden birkaç adım uzaktaydı, ellerini kaldırdı ve tuhaf hareketler yapmaya başladı. Uçaklara trenin yerini tarif ediyor gibiydi. Sağ tarafı işaret ederek uçaklara bağırdı, yaklaş, yaklaş, yaklaş. Uçakların gürültüsü korkunçtu, ama onlara hâlâ bağırdığını duyuyordum, sağa, ne, sağa, anlamıyor musun?

Öleceğimi düşündüm. Parmağımı kafama dayayıp bir işaret yaptım, deli misin diye bağırdım, bana gülümsedi ve gökyüzündeki trafiği yönlendirmeye devam etti. Bu arada SS adam konserve yiyecekleri açtı. Dov'a baktım. Ona bağırmak istedim, kes şunu, kes, ama sonra, yaklaşık on metre ötede, ellerini yukarı kaldırmış iki mahkûm daha gördüm. Onlar da Dov gibi uçakları yönlendirmeye başladılar. Biri Dov'un elleriyle yaptığı şeyleri yaptı, diğeri şapkasını çıkardı ve her bomba için toprakta bir yer işaretledi. Yeri işaretlemeyi bitirince boğuk bir sesle güldü. Başka bir işaret yaptı ve daha çok güldü, en sonunda pantolonunu indirdi ve bombalara olmayan kıçındaki işareti gösterdi. Birkaç dakika içinde uçağın hepimizi öldüreceğinden emindim. İki mahkûmun her biri taş çatlasa otuz kilo gelirdi. Sıçrayıp duruyorlardı, elleri gücünü ve neşesini sanki dizlerinden alıyordu. Dov'un onları, kişiliği ve gücü olan büyük ve kudretli bir kral gibi cesaretlendirdiğini gördüm. Bu neşeli grubun içinde sağlıklı ve başarılıydı. Dedi ki, iyi, iyi, iyisiniz, iyi, en iyisi. Ve kocaman gülümsedi.

Bu sırada şişman SS adam mendiliyle bıçağını ve çatalını siliyordu.

Üç mahkûm daha geldi ve onlar da Dov'un yanında uçakları yönlendirmeye başladı. Biri büyük bir taşa tırmandı, kollarıyla büyük dairesel hareketler yapıyor, siyah ağzıyla gülüyordu. Ateşin azalmasıyla birlikte, birkaçı daha birbirlerine bakıp güldü, yüzlerini tuhaf şekillere soktular. Yeni arkadaşları Dov'a güç vermişti. Hemen geri dönmeleri için uçaklara bağırdı, trenin işini daha bitirmediniz, ne, hadi, hadi ama, ve uçaklar gerçekten de geri döndü, artık Dov Mesih olmuştu. Ona Mesih dediler. Mesih. Sen bizim Mesih'imizsin.

Onlarla ilgilenmeyi bıraktım.

Şişman SS adama yoğunlaştım. Büyük kutu bacağının üstünde açık duruyordu. Kutuyu kaldırdı ve yemeye başladı. Pantolonumun kemerini sıktım. Boş karnımdan güç alıp SS adamın üzerine atladım. Kutuyu kaptım. Yiyeceği gömleğimin içine boşalttım. Kutuyu fırlatıp attım ve trenin son vagonuna doğru deli gibi koşmaya başladım. Makineli tüfekler umurumda değildi. Tüfekli SS adamlar umurumda değildi. Aklımda tek bir şey vardı. Göğsüme bulaşan yiyeceği korumak.

Son vagonda durdum. Elimi göbeğimin üstüne koydum. Gömleğimin altındaki ıslak parçaları hissedebiliyordum. Geriye baktım. Şişman Alman tahtalarının üstünde oturuyordu. Dizinde başka bir kutu vardı. Dov'un arkadaşları uçakları yönlendirmeye devam ediyordu. Gömleğimi çıkardım. Burnuma keskin bir et kokusu geldi. Burnumu yana çevirdim. Çok heyecanlanmıştım, tüylerimin diken diken olduğunu hissettim. Evden ayrıldığımdan beri ilk kez et kokusu alıyordum. Dov'un olduğu yere doğru geri koştum. Ona seslendim, ama duymadı. Gökyüzüne yoğunlaşmış, uçaklara bağırıyordu, geri dön, geri dön, işimiz bitmedi. Sonra ellerini çırptı.

Ona, beni iyi dinle, dedim, trene binmeliyiz, ama Dov kımıldamadı. Yanındaki arkadaşlarına kilitlenmişti, biraz bekle, dedi güvenle, birazdan son uçak gelecek. Ona baktılar ve sabırla beklediler. Küçük bir et parçası çıkardım, Dov'a yaklaştım ve et parçasını burun deliğine soktum. Ağzını kocaman açtı, kollarını göğsünde kavuşturdu ve bana yoğunlaştı. Bizim için et buldum, diye fısıldadım, ama önce buradan uzaklaşmalıyız. Dov elini cebime daldırdı ve mmmmm, mmmmm sesleri çıkarmaya başladı. Dikkatli ol, diye fısıldadım. Trenin yanında en az yirmi SS adam toplanmıştı. En hasarlı vagonu işaret ediyor ve öfkeyle bağırıyorlardı. Eğilmesini işaret ettim ve onu uzak bir vagona sürükledim.

Önce Dov bindi, onu takip ettim. Vagon boştu. Yan yana oturduk. Elimi gömleğimin içine soktum ve kardeşime bir parça et verdim. Çiğnemeden yuttu ve bana baktı. Yanakları ıslaktı. Kendime bir avuç aldım ve mahkûmların vagonumuza tırmandıklarını gördüm. En az üçünün yüzünde kan vardı. SS adamların bağırdığını ve tüfekleriyle ateş ettiklerini duydum, dikkatli olmam gerektiğini biliyordum. Vagonda en az beş tehlikeli mahkûm vardı. Ağzımdaki parmakla Dov'a işaret ettim ve oradan ayrıldık.

Elimi karnıma koydum ve kaşınmaya başladım. Bekledim. Gömleğimin içine iki parmağımı soktum. Bir parça et kopardım. Onu avucumun içinde bir top gibi yavaşça yuvarladım ve yumruğumu sıktım. Elimi gömleğimden çıkardım ve arkama doğru götürdüm. Bekledim. Dikkatlice uzatıp Dov'un elini buldum. Sıcak, titreyen bir el. Eti ona verdim ve avucunu sıktım. Fısıldadı, bekle.

Uzun boylu bir mahkûm çelik gibi gözlerle tepemde dikildi. Dov kıpırdamadı. Mahkûm bir saniyeliğine başını eğince Dov elini kaldırıp eti yuttu. Kendime de bir parça aldım. Elimi ağzıma götürdüm ve bom. Kafama bir darbe. Kokuyu nasıl da unutmuştum? Etin keskin bir kokusu vardı. Hemen durdum. Pantolonumun içine doğru sızdığını hissettim ve et kokusunu almaları halinde mahkûmların beni paramparça edeceklerini biliyordum. Ayağımla zemindeki samanı kazmaya başladım. Bok kokusu bulmak istiyordum. Yeterince güçlü bir koku yoktu. Kendi kendime, sakin ol, dedim, vagon açık ve bol miktarda hava var. Çoğu bitene kadar, dikkatlice yemeye devam ettik.

Kendimi iyi hissettim.

Dov'un yanaklarına kan gelmişti, bense kakamın geldiğini hissediyordum. Kendimi tuttum ve uykuya dalmayı başardım.

22. Bölüm

Dov

Kardeşim İshak beni bir kuş gibi besledi.

Etin tadı Cennet Bahçesi gibiydi ve ellerimle birkaç tur daha atmak istedim. Karşımdaki uzun boylu mahkûmun gözleri bana temkinli olmam gerektiğini söylüyordu. Yaklaşık çeyrek saat sonra yemeyi bitirdik. Bedenim ısındı. Uyumak istedim ve sarı bir resim gördüm. Resimde, ormandaki bir ağacın dalında bulduğum bir kuş yuvası vardı. Ne zaman olduğunu hatırlayamıyorum. Yuvada üç yavru kuş vardı. Gagalarının yanındaki sarı lekeleriyle üç küçük kahverengi yün topu. Kendimi dallardan birinde yatarken gördüm, anneyi bekliyordum.

Orta boy bir kuş yuvaya geldi. Gagasında şişman bir solucan vardı. Üç yavru deli gibi cıvıldayarak annenin üzerine atladı. Anne kuş solucanı parçalara ayırdı ve yavruların ağızlarına soktu. Yavrular anneye en yakın olmak için birbirlerini itiyordu. Şişman yavrunun kazandığını gördüm. Diğer ikisinin üstüne bastı ve neredeyse tüm parçaları kaptı. Kafasını koparmak istedim. Karışmadım. O akşam anneme neler olduğunu anlattım. Annem en güçlünün daima kazandığını söyledi. Tüm kalbimle güçlü olmaya karar verdim.

Ormana gittim, bir ağacın dalından sarktım ve jimnastik hareketleri yaptım. Dala en az yirmi kez çenemle dokundum. Şınav da çektim. Üst kollarımın kasları şişti ve buna memnun oldum. Benimle kafa bulan goy çocukları dövmeye başladım. Bağırırlardı, Yahudi, Filistin'e git, defol buradan Yahudi. Okul yolundaydı. Onlardan korkmuyordum. Onları bir güzel döverdim. Bazen ben dayak yedim, hatta yaralandım ve okuldaki öğretmene hiçbir şey söylemedim. Daha çok çalıştım, saatlerce. Goy çocuklarla oldukça iyi anlaştım. Bunun kamplarda bana bir faydası olmadı.

Makineli tüfeklerin korkunç sesi bizi uyandırdı.

Gürültü kulaklarımı tırmalıyordu. Bir bombardıman daha.

Kardeşim İshak ellerini kulaklarıma koydu, sürekli bana bakıyordu, sonra elimi tuttu ve atlıyoruz dedi. Tren durdu. Almanlar avaz avaz bağırıyordu, inmeniz yasak, trenden atlamak yasak, onlardan sonra biz atladık. Başka birkaç kişi daha atladı. Mahkûmların çoğu trende kaldı. Kardeşim ve ben vagonlardan birinin altına saklandık. Etrafımız cehennem gibiydi. Yoğun ateşin delik deşik ettiği bir tren. Toz haline gelen ağaçlar, çim biçme makinesinin işi sanki. Tahtalar havaya uçuyor ve birer bomba gibi vagonun üstüne düşüyordu. Mahkûmların ağladığını duydum, oy anneciğim, oy babacığım, oy büyükanne, zavallı ahbaplar ve böyle sürdürdüler.

Ve sonra kardeşim İshak'ın karnını tuttuğunu, iki büklüm olduğunu ve diğerleri gibi bağırdığını gördüm, oy, oy, oy, ağrıdan ölüyorum. Hiç kan göremedim. Ama telaşlandım, Tanrım, karnından vurulmuştu.

Ne oldu, ne oldu, diye bağırdım.

Ağladı, karnım, sıçmalıyım.

Kulağına bağırdım, sıç o zaman, yap da kurtul.

Yapamam, dedi, patlıyorum ve pantolonunu indirip raya oturdu, bütün gücüyle ıkındı ama hiçbir şey çıkmadı. Ağladı, ben öldüm, öldüm, yüzünü buruşturdu ve yine ıkındı, ay. Ay. Boynu patlamak üzereydi, gözleri pörtledi, kıçı kupkuruydu. Zavallı çocuk, diye düşündüm, kıçı tıkanmış, ne yapacağız, ne yapacağız. İçeriden patlayacak ve bağırsakları etrafa saçılacak diye korktum.

Bağırdım, hayır. Hayır. Hayır. Burada benim yanımda ölmeyeceksin, söyle bana, ne yapacağız. Söylemedi. Başımı yumruklamaya başladım, kendi kendime, onu kurtarmalısın diye bağırıyordum. Sonra aklıma bir fikir geldi. Bir sopa, evet, bir sopa bulacağım ve onu kıçından itmeye çalışacağım. Belki tıkanıklığı sopayla açabiliriz. Kardeşimin kulağına bağırdım, bekle, bekle, bir sopa bulacağım ve tıkanıklığı açacağız.

Kardeşim beni pantolonumdan yakaladı, ağlıyordu, beni bırakma, yanımda kal. Sonra ayağa kalktı ve birkaç kez karnına sertçe vurdu. Ellerini yakaladım, onu tuttum ve birlikte karnına bastırdık, ayyy.

Sonunda bir şey çıktı. Aşağı baktım. Koyun dışkısı gibi küçük bir bok parçasıydı. İshak iç geçirdi ve et yüzünden dedi. Vücudum ete alışkın değil. Tamam, acımıyor.

Gömleğimin koluyla yüzünü sildim, vay be, dedim, beni korkuttun. Omzumu tuttu ve güldü.

O günlerde vücutlarımız fıstık kabuğu gibi kupkuruydu. Birkaç günde bir verilen ekmek, basit bir bağırsak hareketi için bile yeterli değildi. Sadece gardiyanlarımız iyi besleniyor ve yedikleri şeylerin ambalajlarını çalılarda bırakıyorlardı. Gereğinden fazla yediklerini görüyorduk. Yığınlarca kutu ve şişe açtılar ve biz ormanda bunların üzerine basarak yürüdük.

23. Bölüm

İshak

Öğleye doğru tren durdu. Emir verildi, herkes insin, çabuk, çabuk.

Almanlar aşağı inmeyi kabul etmemiz için güç kullanmak zorunda kaldı. İsimsiz bir yerde, bir ormanın kenarında trenden indik. Zaten çoğumuz aramızdan ayrılmıştı, Buchenwald'ın kapısından yola çıkan sayının yarısından daha azdık. Hâlâ hayatta olanlar bile gerçekten hayatta değildi, ama yine de, isimsiz bir yerde, bir ormanın kenarında trenden inmeye direnecek güçleri vardı. Cop ve tüfek darbeleri, köpekler ve küfürler bile, gövdelerinin dörtte üçü çoktan tükenmiş mahkûmları etkilemedi. Bir mahkûmun yüzünün sadece yarısı vardı. Başka bir mahkûmun bir omzu eksikti. Zayıf bir SS adam ona tükürene kadar acıyla bağırdı ve SS adam çizmesini mahkûmun yüzüne dayadı, bastırdı ve çevirdi ve böylece konu kapandı. Diğer bir mahkûm vagonun zeminine oturmuş ağlıyordu, beni rahat bırakın, beni rahat bırakın, inmek istemiyorum. Vagonda kaldı, ağzı ve burnu parçalandı, dili dışarı sarktı. Üzerimize yağan dipçikler yüzünden ben de iki tırnağımı kaybettim.

Sonunda hepimiz sıraya girdik.

İlk başta ateşim vardı. Pantolonumdaki idrar yüzünden. İhtiyaçlarımız için vagonda kova yoktu. Sonra hummaya benzer bir titreme hissettim. Belki ormandan gelen nemli hava yüzünden. Belki de kıyıma uğramış gibi görünen mahkûmlar yüzünden. Kusmak istedim. Derin derin nefes aldım, tırnakları olmayan ete sıcak hava üfledim.

SS adam bağırdı, dik durun, kambur durmayın.

Köy evleri ile karanlık bir orman arasında yoğun bir sis gördüm. Devasa ağaçların tepeleri gökyüzüne dokunuyordu. Yanımda duran ve gırtlak çıkıntısı tenis topu büyüklüğünde olan mahkûm zıplayıp duruyordu. Terden sırılsıklamdı ve ondan bizim için dua etmesini istedim, dua et, dedim, çünkü bu hepimizin mezarı olacak.

Yağmur yağmaya başladı. Yağmur mahkûmun gözyaşları kadar karanlık değildi. Bacaklarım titremeye başladı. Dov'un elini aradım ve el ele tutuştuk.

Ve sonra ormana girme emri verildi.

SS adamların bizim için bir kurşuna dizme partisi hazırladıklarından emindim. Aptallar gibi yeterince gezinip durmuşlardı. Trenlerde ne kadar süre dolaşabilir insan ve hiç sebepsiz ne kadar süre yollarda yürüyebilir. Ormana girdik, belki yüz ya da daha fazla mahkûm, tam sayıyı hatırlamıyorum. Orman oldukça karanlık ve ıslaktı, pişmiş sebze kokusu gibi keskin bir koku vardı. Yaklaşık yüz metre sonra, SS adam bağırdı, durun. Durduk. SS adam, dağılmayın, oturmayın dedi ve gitti. Işığı engelleyen devasa ağaçların arasında durduk. Yine de yağmuru hissediyorduk. Sırtımda bir battaniye vardı. Açtım ve tutması için bir köşesini kardeşime uzattım. Etrafa bakıyorum.

Dov dedi ki, battaniyeyi tutmakta bize yardım etmeleri için kardeşleri de çağıralım mı?

"Hangi kardeşler?" diye sordum.

Buchenwald'daki ranzada benimle birlikte yatan iki kardeş dedi.

Neden bahsediyorsun, dedim, Buchenwald çok uzakta.

Ee, ne olmuş yani, onlar burada, işte oradalar, bize bakan şu ikisini görüyor musun, şu kırık dalın yanında, ne, bak, onları tanıyorum. Dov'un rüya gördüğünden emindim. Kafamı yakaladı ve bizim kadar küçük ve zayıf iki mahkûmun olduğu tarafa doğru çevirdi. İkisi bize bakıyor ve fısıldaşıyordu. Dov zayıf elini uzattı ve çağırdı, gelin, gelin, bu benim kardeşim, unuttunuz mu? İkisi yaklaştı.

Birinin büyük bir kafası, tek gözü ve alnında bir göçük vardı. Diğeri topallıyordu ve gömleğinin kenarını kıvırıp duruyordu. Ağzı kapalı gülümsedi ve Dov'un üzerine atladı, onu bir baba gibi kucakladı. Dov telaşlandı, oy, bu nedir böyle, dedi, iyi misin?

Alnında göçük olan kardeş, kardeşini geri çekti, üzgünüm, dedi, nasıl konuşacağını unuttu. Bana sor.

Soracak hiçbir şey yoktu. İki kardeşe de battaniyenin birer köşesini verdim, battaniyeyi bir çadır gibi gerdik ve ortasına doğru doluştuk. Yağmur battaniyenin üstüne damlıyor, yanlara sıçrıyordu. Ağzımda lak lak diye dans eden dişlerim dışında her şey ağırdı. Serbest elimle ağzımı ovuşturdum. Avuç içimin derisi, annemin çamaşırları yıkadıktan sonraki elleri gibi buruşmuştu. Bacağımı çarptım.

Dizimden aşağıya sıcak bir karıncalanma hissettim. Sonra bir uyuşma, yükseldi ve kıçıma yerleşti. Vücudumun sadece belden yukarısı varmış gibi hissediyordum. Birkaç dakikada bir Dov'a bakıyordum, fısıldadım, yakında uyuyacağız, idare ediyoruz, değil mi?

Evet, dedi. Kardeşlere baktım. Biri sessizdi, yüzü yere eğikti, diğeri gülümsüyordu. Diğer mahkûmların da başlarının üzerinde bir battaniye ile bizim gibi durduğunu gördüm. Bazılarının dudakları kımıldıyor, dua ediyorlardı. Vücutlarının hareketlerinden anladım. Bir ağaç gövdesine yaslanmış ayakta uyuyanlar vardı. Su zayıf bir musluk gibi gövdelerinden akıyordu. Oturan kimse yoktu. Muazzam bir gerginlik vardı.

Yaklaşık yarım saat sonra göğsümü ya da battaniyeyi tutan elimi hissetmiyordum. Osurmaya çalıştım, olmadı. Bingo, felç olmuştum. Dov'a baktım. Biraz çarpık bir şekilde duruyor ve sürekli alnını ovuşturuyordu. Derisinin olmadığını gördüm. Konuşmayı unutan kardeş, yüzünde bir gülümsemeyle ağlıyordu. Alnında göçük olan kardeş, birazdan, birazdan uyuyacağım, dedi.

Az ötemizde üç SS adam duruyordu. Memnun görünüyorlardı. Onlara bakmak istemedim. Yönümü değiştirdim ve sonra bir gümbürtü koptu. Tak. Korkuyla atladım ve yakındaki bir ağacın dibinde, çayırların üstünde yatan bir mahkûm gördüm. Karnında kocaman bir delik vardı. Gömleğini kaldırdı ve karnına baktı. Kanlı siyah bağırsakları çayırların üstüne döküldü. Çığlık attı, kurtarın beni. Kurtarın beni. Bayılmak üzere olduğumu hissettim. Elimi ısırdım, Dov'a baktım. İşaretlerle, bizimle ilgisi yok, dedim.

SS adam elinde tüfekle yaralı mahkûma yaklaştı.

Ağzında ıslak bir sigara vardı. Mahkûmun tepesinde dikildi ve kımıldamadan baktı. Dov alnını kaşımaya devam ediyordu. Dönüp geriye baktım. Topallayan kardeş artık ağlamıyordu. Ağzını kocaman açmış, gözlerini yukarı doğru döndürmüştü, gözlerinin sadece beyazı görünüyordu. Kardeşinin, topallayan kardeşin yüzünü eliyle kapattığını gördüm. Yaralı mahkûm SS adama beyaz bir el uzattı ve ağladı, öldür beni. Lütfen efendim, ölüyorum, ölüyorum.

SS yerinden kımıldamadı.

Yaralı mahkûm tırnaklarını çamura sapladı, çayırları yoluyor, bir hayvan gibi inliyordu, dayanamıyorum, tetiğe basın, lütfen, bir kurşun efendim.

SS adamın ağzındaki sigara yağmurda dağıldı ve yere düştü. SS adam mermer bir sütun gibi duruyordu. Yüzünde tek bir kas bile hareket etmedi. Tüfeğini mahkûma doğrultmuştu ve ona bakıyordu.

Şakaklarımın patladığını hissettim.

Çığlık atmak, ona yardım etmek istedim, ya, bas şu tetiğe, ama karışmayacağız diye mırıldandım, anlıyor musunuz? Dov anlamıştı. Yaralı mahkûmdan beş adım ötedeki iki SS adama baktım. Bir ağaç gövdesine yaslanmış sigara içiyor, birbirleriyle konuşuyor, bakmaya bile tenezzül etmiyorlardı. Mahkûm sessizce ağlıyordu. Göğsünü vahşice çizdi, bacaklarını tekmeledi, durdu. Ve sonra dirseklerine yaslandı, gerindi, yavaşça oturdu, vücudunu öne doğru sürükledi. Kafasını SS adamın çizmelerine uzattı. Çizmeleri öptü ve yalvardı, öldür beni, lütfen öldür, yanıyorum. SS adam kımıldamadı. Metal bir kutudan bir sigara daha aldı, sigarayı yaktı ve emdi. Mahkûm başını kaldırdı. Yüzünde ve boynunda çamur vardı, çenesi titriyordu, dişlerinin birbirine vurduğunu duyabiliyordum. Yaralı mahkûm yere baktı, gövdesini dirsekleri üzerinde sürükledi. Çayırların üzerine sarkan bağırsaklar, geride bir kan havuzu bırakıyordu. Boğulan bir hayvan gibi hırıltıyla soluyordu. Ve sonra boynunu uzattı, SS adama Almanca bağırdı, öldürsene beni piç herif, bas şu tetiğe, pis Alman, senin annen bir orospu, pislik, çöp, orospu çocuğu, ailenle birlikte cehenneme gidesin, öldürsene.

Aaah. Neredeyse bayılıyordum. Yahudi bir mahkûmun yanında duran bir SS adama küfredebileceğine inanmazdım. Bağırsakları sarkan Yahudi bir mahkûmun bir hoparlör kadar güçlü bir sese sahip olacağına inanmazdım.

SS adamın sigarası düştü.

Belki ayakları üstünde ölecekti? Hayır, hayır, göz kapakları hareket ediyordu ve nefes alıyordu. Evet nefes alıyordu, gördüm, göğsü yükselip iniyordu. Ancak o zaman anladım. SS adam bu ölümün ne kadar yavaş gerçekleşeceğini görmek istiyordu. Evet. SS adam manzaranın tadını çıkarmak istiyordu. Ağzımdan çıkan çığlığı engellemek için parmaklarımı ısırdım, bas şu tetiğe, pis Alman, bas. Dov'a baktım. Parmağımla sus işareti yaptım, şşşşşşş, fısıldadım, durum tehlikeli, sakın kımıldama. Dov cevap vermedi. SS adam kendine gelecek ve bizi yaylım ateşine tutacak diye çok korktum, yaklaşan ölümün görüntülerine şahit olacağım için de çok korkuyordum. Şöyle bir geriye baktım. Gülümseyen mahkûm ayakta dururken ölü gibi görünüyordu. Kardeşi bana işaret etti, merak etme, biz karışmayacağız. Küfreden mahkûm kafasını çamurun içine bıraktı. Sheindele'ye[40] ağladı. Neredesin Sheindele, ah, Sheindele, benim Sheindele'm.

---

40) "Güzel" anlamına gelen Yafet isminin Yidişçe karşılıklarından biri. Yafet, Nuh'un oğullarından biridir. "Nuh 500 yıl yaşadıktan sonra Sam, Ham, Yafet adlı oğulları doğdu. (Tekvin 5:32)" (ç.n.)

Ölmek istedim.

Karnımda başladı. Karından yükselen, göğsü yakan, boğazı tıkayan ve yanakları patlatan bir ateş topu gibi. Ağzıma sertçe bastırdım, yine de acı veren bir ağlamayı durduramadım. Bedenim titriyor, omuzlarım sarsılıyordu, hemen kardeşime sırtımı döndüm, bir ağacın dalına tutundum, yüzümü ağaca bastırdım. Yaralı mahkûm için ağladım, kendim ve Dov için, babam ve annem için, kardeşlerim için ağladım. Evim için ağladım, yatak çarşafında tırnaklarını törpülemeyi seven iri kedim için ağladım. Kışın daima ocağın üstünde duran kaynar su dolu çaydanlık için ağladım. Çekmecemdeki kuru çoraplar için ağladım, sıcak bir kazak için.

Yaralı mahkûm Sheindele'si için ağlamaya devam etti ve ben hayatımı bu içler acısı mahkûmla birlikte bitirmek, ama daha önce o pis Alman'ı, o orospu çocuğunu öldürmek istedim, bizi de öldür, evet ya, iğrenç ukala, seni aşağılık herif, *du Arschloch*.[41] Öldürsene. Öldürsene.

Dov'un elini omzumda hissettim. Omzumu tuttu ve bastırdı, gitmeme izin vermedi. Arkamı dönüp ona, Dov bize ne olacak, ne olacak, demek istedim, ona baktım, ağzımdan tek kelime çıkmadı, sadece ağladım, çok ağladım. Bana sarıldı ve fısıldadı, biz birlikteyiz, birlikteyiz.

Beni o anda vursalardı mutlu olurdum. Kafamda, kalbimde bir kurşun istiyordum. Beni ormanda öldürselerdi, çok teşekkür ederim efendim, derdim, çok teşekkür ederim. Bugün bile, rüzgârda ya da yağmurda, o zavallı adamın çığlıklarını duyarım. Çayırlara karışan bağırsakları bugün bile gözlerimin önünde ve tepesinde dimdik duran SS adam. Aheste aheste sigarasını içiyor, aah.

---

41) Seni götlek.

24. Bölüm

Dov

Mahkûmun ölümü ruhumu paramparça etti.

Saatlerce bardaktan boşanırcasına yağan yağmur altında durduk, kardeşim ve ben ve Buchenwald 56. Bloktan tanıdığım kardeşler. Onlarla, biri gözlerini kaybetmeden ve diğeri konuşmayı unutmadan önce tanışmıştık. Bizimle birlikte yaklaşık iki yüz mahkûmduk. Bir mahkûmun, sudan çıkmış balık gibi titrediğini gördük, bağırsakları sarkıyordu. İlk başta çok, sonunda daha az, derken karıncalar geldi ve alnını yemeğe başladılar. SS adamın yanına gitmek, sorun nedir diye sormak istedim, siz sigaranızı için, tüfeği ben tutarım ve onunla bu işe bir son veririm! Ama sonra kardeşim İshak'ın ağlayıp durduğunu gördüm, yağmur altında ağlamak onu bitirebilirdi, bu yüzden ona dedim ki, bak. Bak, işte bir tavşan, orada, orada ağaçların arasında, ve işte bu da bir kurt, kurdu görüyor musun, görmüyordu. Başka bir şey aradım, Almanların paketlerini gördüm, bir sürü yemek, kardeşim İshak'a, şuraya bak, diye fısıldadım, ne görüyorsun? Cevap vermedi. Orada et kutuları var, sen ve ben birlikte çalabiliriz, ister misin? Ve ağlamayı kes, yoksa delireceğim, dayanamıyorum, derken SS adamların köy yönünden bağırdıklarını duyduk: *Wer Brot will, wird kommen. Wer Brot will, wird kommen.*[42] Bizi köpekler gibi ormandan ekmekle çağırıyorlardı.

Çeyrek somun ekmek alıp ormandan çıktık. Ekmeğimi yine bir lokmada yuttum. Aç ve zayıf kalmıştım. Dizlerimi doğrultamıyordum. Bu sırada yağmur durdu. Yukarı baktım.

---

42) Ekmek isteyen gelsin.

Kuş cıvıltıları duydum, bir sürü kuş. Büyük bir ağaçta saklanıyorlardı ve ben ağaca tırmanmak istedim, nedenini hatırlamıyorum. Asla tırmanamayacaksın, kayboldun, diye düşündüm.

SS adamlar bağırdı, herkes koştu, köye doğru koştular. Biz koşamadık, zemin çamurlu ve kaygandı. Ayakkabılarımın tabanları çamura battı, kaydığımı hissettim ve hoop, yere düştüm. Kardeşim pantolonumdan yakaladı, sertçe çekti, beni çamurlu bir oyuncak bebek gibi ayağa dikti ve bırakmadı. Bazıları çamura yüzüstü düştü ve öylece kaldı. Az ötemde biri dört ayak üzerinde duruyordu. Kalkacak gücü yoktu. Yanından geçen bir mahkûmun bacaklarına sarıldı, o da düştü, kendisiyle birlikte birkaç kişiyi daha sürükledi. Çığlıklar ve kuş cıvıltısına benzeyen hıçkırıklar duydum ve yine tüfek darbeleri, tak. Tak. Tak. Diğer mahkûmlar düşenleri çiğneyip geçti.

Köye girdik.

Bizimki gibi bir Alman köyü. Çamurlu bir yolu ve ahşap bir çitle çevrili bahçesi olan, saman balyaları üzerine örtülmüş brandalarıyla, bacalı küçük evler. Köylüler pencerelerden bize bakıyordu. Almanlar onların bize baktığını görünce dur emri verdi. Kocaman bir ahırın yanında durduk. SS adamlar hoparlörden seslendi, sıraya girin. Sıraya girdik. Sonra bir emir daha verdiler, şimdi ahıra girin. Bu bir Alman ahırı. Onu temiz tutmalısınız. Ahıra girdik, Almanlar dışarıda kaldı.

Samanın üstüne bir çuval gibi devrildim.

Kendime ve kardeşime baktım. Islak pijamalar dikiş yerlerinden sökülüyordu. Delikler vardı, çamur vardı ve bitlerin korkunç kaşıntısı vardı. En beteri açlıktı. Sanki keskin dişleri olan şişman bir solucan, vücudumdaki etleri yiyordu. Ahırdaki mahkûmlar öksürüyor, samanların üstüne kan tükürüyordu. Bazıları vardı ki, zorlukla hareket ediyor ve bulundukları yere kötü kokan kahverengi bir leke bırakıyordu. İshak'a dedim ki, işte bu kadar, işimiz bitti. Buradan bir yere kımıldamayacağım. Kardeşim sessizdi. Buchenwald'dan iki kardeşi gördüm, bizden az uzakta oturuyorlardı. Konuşmayı unutmuş olan kardeş göğsünü tuttu ve gülümsedi, burnu akıyordu. Diğeri, elindeki büyük bir yaranın kabuğunu koparttı ve deriyi yaladı. Artık mahkûmlara bakamıyordum. Üç kişinin sessizce tartıştıklarını duydum. Biri, savaş bitti, dedi, size söylüyorum, iki üç gün daha, hepsi bu. Biri, bence de, dedi, bir yandan da saçını çekiştirdi. Biri karnını kaşıdı ve dedi ki, bu boktan ahırda ne yiyeceğiz. İlk konuşan, gerekirse saman yiyeceğiz, dedi, ama Ruslar gelecek, size söylüyorum. Rusların bir yılda ya da iki günde gelmeleri umurumda bile değildi, geldikleri zaman gelmiş olacaklardı, bu ahırdan çıkmamaya karar vermiştim.

Ahır kuruydu.

Giysilerimizle birlikte kuruduk ve sonra ahırda bir tavan arası olduğunu gördük. Kardeşim İshak dedi ki, hadi oraya tırmanalım. Bizimle gelmeleri için Buchenwald kardeşlere seslendim. Önce ben tırmandım, kardeşim beni aşağıdan itti. Bizden sonra kardeşler geldi. Tavan arasında büyük bir saman yığını vardı. Samanı deşeledik. En altında buğday tohumları bulduk. Tohumları kabuklarıyla birlikte yedik ve gece olduğunda hâlâ açtım, üstümüzü samanla örttük. Samanın ev gibi temiz bir kokusu vardı, hemen uyuduk.

Sabah çiş yapmak için aşağı indik.

Ahırdaki mahkûmlara baktım ve şok oldum. O gece birçoğu ölmüştü. Yığınlar halinde yatıyorlardı ve bunun nasıl olduğunu anlayamadım. Hiç silah sesi duymamıştım, kimse bağırmamış, ağlamamış ya da inlememişti, sessiz sedasız ölmüşler, belki de soğuktan ve İshak dedi ki, artık yaşamak istemiyorlardı.

Almanlar dışarıdaydı. Köylüler uzaktan izliyordu. Yaklaşmaya cesaret edemediler. Almanlar ahırın yakınındaki bir ağacın altında oturmuş, coşkuyla Almanca bir marş söylüyordu. Sözlerini dinledim. Şöyle bir şeydi, *ormandaki kuşlar çok güzel şarkı söylüyor, anavatanda, anavatanda, birbirimizi tekrar göreceğiz,* ayaklarını yere vuruyor, melodiye alkışlarla eşlik ediyor ve sanki insanlarla dolu bir stadyumda bir bayram yürüyüşüne hazırlanıyorlardı. Almanların geçit töreni yapacaklarını düşündüm. Ne yaparlarsa yapsınlar, umurumda değil, ben ahırda kalıyorum. Koşup tekrar tavan arasına gitmek istedim ama ölülerle birlikte kaldık. Bacak kaslarımızı rahatlatmak için bir uçtan diğerine yürüdük. Almanların dışarıda yüksek sesle güldüğünü duydum ve sonra özlenen bir kadınla ilgili kederli aşk şarkıları söylemeye başladılar. Onların kederli şarkılar söylediklerini duyunca şaşırdım. Alman askerlerin dokunaklı şarkı söylemeyi bildiklerini bilmezdim. Kardeşime dedim ki, cebimde bir mızıka vardı, nerede o.

İshak bana sorgulayan gözlerle baktı ve mızıka bende, dedi, merak etme, senin için saklıyorum.

Daha sonra tavan arasına çıktık ve neredeyse akşama kadar orada kaldık. Aşağı inecek gücümüz yoktu. Samanların üzerine uzanıp tohum çiğnedim. Suyumuz yoktu. Aşağıya bir göz attım. Yığınlara bakılırsa, daha fazla mahkûm ölmüştü. Birden, aşağıdan bağırışlar. SS adam ahırın dışından elindeki hoparlöre bağırdı: Ekmek isteyen dışarı gelsin.

Yukarıdan bakıyorduk. Ayağa kalkmaya gücü olan mahkûmlar dışarıya çıktı. Zayıflar samanın üstünde kaldı. Ölüler yerlerinden kımıldamadı.

Almanlar mahkûmları traktöre bağlı bir platforma yerleştirdiler. Traktörün ormana gittiğini duyduk. Birkaç dakika sonra, ra-ta-ta-ta-tat. Ve sessizlik. Ve yine, ra-ta-ta-tat. Ve sessizlik. Almanlar güçlü olanları makineli tüfeklerle öldürmüştü.

Biz tavan arasında kaldık, iki çift kardeş ile sadece bana gelen karıncalar ve kurtçuklar. Kardeşime baktım. Onun göremediğini anladım. Karnını tutarak sırtüstü yatıyordu. Ona söylemek istedim, karıncalarım var, karıncalar beynimi yiyor. Sessiz kaldım. Konuşacak gücüm yoktu. Kardeşlere baktım. Yan yana uyuyorlardı. İki kafalı tek bir iğrenç gövde gibi görünüyorlardı.

Birkaç saat geçti ve yine bağrışmalar oldu. Ekmek isteyen dışarı çıksın. Ekmek için beni çağırdıklarını anladım. Sonunda benim sıram gelmişti. Ayağa kalktım. Güçlükle kalktım. Doğrulmak için duvara tutunmak zorunda kaldım. Merdivenden eğildim ve bacağımın birini sarkıttım.

Kardeşim İshak samanın üstünden zıplayarak geldi ve ne yapıyorsun, dedi?

Ekmek için bizi çağırıyorlar, dedim.

Kardeşim elimi yakaladı ve sertçe bastırdı. Sessizce bağırdığını duydum, buradan bir yere kımıldamıyoruz.

Hayır, dedim. Hayır. Hayır. Bizi çağırıyorlar, ben aşağıya iniyorum.

Kardeşim beni kendisine doğru çekti, oraya gitmene izin vermiyorum, bu bir tuzak, anlamıyor musun? Ekmek dağıtmıyorlar, ormanda öldürüyorlar, kendi kulaklarınla duydun.

Bağırdım, vazgeçmek istemiyorum, aşağı iniyorum, işte o kadar.

Büyük açlıktan aldığım güçle kardeşimi ittim ve merdivene atladım. Bu arada hoparlör çağırmaya devam ediyordu, ekmek isteyen dışarı çıksın. Ellerimi kaldırdım, bağırdım, bekle, bekle, aşağı geliyorum. Kardeşim üzerime atladı ve beni samanın üstüne yuvarladı. Kalktım. Karşısında durdum. Bağırdım, bırak gideyim! Sonra elini kaldırdı ve şak, yüzüme bir tokat attı. Aaah. Tokadı büyük bir tahta parçası gibiydi. Samanın üzerine uçtum. Yanağımı tutarak ona baktım. Yanağım yanıyordu, sanki ateşe düşmüştüm. Savaşta aldığım en acıtıcı darbeydi. Kardeşim İshak'ın yüzüme tokat attığına inanamadım. Ona baktım. Gömleğim ıslaktı. Gözyaşları düştü, düştü, yanlarına alnımdaki, burnumdaki ve ağzımdaki karıncalarla kurtçukları da alarak düştüler. Köşede yan yana oturan kardeşler el ele tutuşmuşlar ve titriyorlardı. Kardeşim bana baktı, tek kelime etmedi. Sadece dudaklarını ısırdı.

Bir köşeye kıvrıldım. Aniden ahıra tuhaf bir sessizlik çöktü. Sonra bağırışlar ve ağlamalar, kardeşim aşağıyı gözetlemeye başladı ve bağırdı, mahkûmları zorla ahırdan çıkarıyorlar. Bitti bu iş, herkesi öldürüyorlar. Almanların tavan arasına çıkan merdivenin altında konuştuklarını duyduk. Kardeşim bağırdı, kaz, çabuk, saklanıyoruz. Samanları deli gibi kazdık. Çukura uzandık. Yığını üzerimize yaydık ve kımıldamadan bekledik. Kardeşim kolumu samanın altına çekti ve sıkıca tuttu, bırakmadı. Acıyordu ve tek kelime söylemedim.

Almanlar tavan arasına tırmandılar.

Tepemizde konuştuklarını duydum. Nefesimi tuttum, güçlü bir darbe ve bir ıslık sesi duydum. Samanın üstüne bir darbe daha, ıslıklar, sanki bir vagona saman yüklüyorlardı. Anladım ki samana dirgen saplıyorlar. Bizi fareler gibi şişlemek istiyorlar. Bir uçtan diğerine ilerlediklerini duydum. Büzüldüm, bir nokta kadar oldum. Bedenim titriyordu. Her saman sapı bir iğne gibiydi. Bin iğnenin tenime battığını hissettim. Kalbim hızla atıyor ve nefes alamıyordum. Üzerimdeki samanın hareket etmediğinden emin oldum. Darbeleri saydım. Tak. Geri çek. Tak. Geri çek. Tak. Kıçıma, sırtıma, kafama bir dirgen saplanmasın diye Tanrı'ya dua ettim ve sonra gerçekten de samana dirgen saplamayı bıraktılar. Belki aşağıdaki bağırışlar yüzünden. Almanların tepemizde tartıştığını duyduk, sonra merdivenden inen telaşlı adımlar ve sessizlik. Ne olduğunu anlamadım. Bir ölü çukurunda olmak gibiydi.

Dışarı çıkmaya cesaret edemedik.

Saatlerce orada aç, susuz ve kımıldamadan durduk. Almanların gelip ekmek alın diye çağırdığını duymadık. Silah sesi ya da mahkûmların ağladığını duymadık. Dikkatli bir şekilde üzerimde minik bir delik açtım. Gecenin karanlığını gördüm. Pantolonuma işemiştim ve kardeşler öldüler mi acaba diye kontrol ettim. Kardeşim İshak'ın iyi olduğunu biliyordum. Eli bana dokundu. Uyuyamadım. Tokatlanan yanağım yanıyordu ve sonra kardeşim İshak'la ilgili bir hikâye hatırladım.

Bir gece babam kardeşimi bahçedeki ambara çağırdı. Bir buzağı kesecekti ve yardım istiyordu. Macarlar buzağı kesmemizi yasaklamıştı. Gizlice keserdik. Kardeşim İshak mumu tutardı, haham keserdi, babam deriyi soyardı. Ambara gitmeyi reddettim. Bir hayvanın acı çekmesine dayanamam. O gece, kesimden birkaç dakika önce Macar polisi ambarı bastı. Biri bizi ihbar etmişti. Babama bağırdılar, seni katil, ha? Ah? Babam sessizdi. Hahamı ve kardeşimi sorguya çektiler. İshak on iki yaşındaydı. Askerler kardeşime, ambarda buzağıya ne yaptın, diye sordu. Kardeşim cevap vermedi. Askerler hahama bağırdı, ambarda buzağıya ne yaptın, haham konuşmayı reddetti. Askerler kardeşimi hahamın karşısına diktiler ve ona hahamın yüzüne bir tokat atmasını söylediler. Kardeşim yapmak istemedi. Bir Macar askeri İshak'a bir tokat attı. Hahamı tokatla. Tokatlamadı. Asker kardeşimin kafasına vurdu.

Başka bir asker hahamın önünde durdu.

Ona emretti, çocuğa bir tokat at. Haham reddetti, tak, asker hahamı tokatladı. Çocuğun yüzüne bir tokat at. Haham reddetti, tak, diğer taraf. Ve sonra haham dedi ki, Icho, dediklerini yapacağız, beni duyuyor musun? Haham İshak'ın yüzüne bir tokat attı. İshak da onu tokatladı. Haham tokatladı, İshak tokatladı. Bir topu birbirlerine atar gibi. Askerler ikisine bakıyordu ve kahkahalarla gülmeye başladılar. Birkaç dakika sonra emrettiler, şimdilik bu kadar yeter. "Ambarda buzağı kestiniz mi? diye sordular. Haham ve İshak cevap vermedi. Askerler sıkılmıştı. Hahamı gönderdiler ve İshak'ı da bıraktılar.

Kıştı. Odada demir bir soba yanıyordu.

Fırını kıpkırmızı olmuştu. Fırının karşısında, oturma yüksekliğinde döküm bir beton vardı. Boyu bir elektrik direği kadar uzun olan Macar subay, kardeşime kızgın betona oturtmasını emretti. İshak oturdu. Poposu yandı. Betonda bir cambaz gibi dans etmeye başladı. Askerler güldü. Tek kelime etmeden dans etti, dans etti.

Sonunda gitmesine izin verdiler. Yanmış kalçası ve kızarmış yanaklarıyla eve döndü. Onu en çok inciten askerlerin kahkahasıydı. Ona, Macar polisi böyledir işte, dedim. En ufak bir şey için Yahudileri birbirlerine tokatlatırlar.

İshak'ın tokat atmayı onlardan öğrendiğini biliyordum ve bu beni kurtardı. Samanın altında uyuyakaldım.

Sabah erkenden ahırın dışından gelen bir gürültü duyduk. Traktör sesi gibi.

Samandan çıktık. Tavan arasından dışarı baktık. Ahırın karşısında kocaman bir tank duruyordu. Tankın üstünde yıldız resmi vardı. Tankın Almanlara mı, Ruslara mı yoksa Amerikalılara mı ait olduğunu bilmiyorduk. Sevinç çığlıkları duyduk. Mahkûmlar bağırıyordu, Amerikan askerleri, Amerikan askerleri, bizi kurtardılar, Almanlar kaçtı. Kardeşim ve ben ve diğer iki kardeş, samanın üzerinde taylar gibi hoplayıp zıplamaya başladık. Savaş bitti, savaş bitti, diye bağırdık. Sarıldık, ağladık. İki kardeşten biri göğsünü tuttu. Konuşmayı unutmuş olan kardeşti, düştü ve hareketsiz kaldı. Onu uyandırmaya çalıştık, başaramadık. Kalp krizi geçirmişti ve hemen öldü. Heyecandan öldü. Yüzünde kocaman bir gülümseme vardı.

İshak ve ben ve zavallı öksüz kardeş aşağıya indik. Mahkûmlar traktöre bağlı bir vagonun yanında neşeyle zıplıyorlardı. Kardeşim İshak onları işaret etti ve bak, dedi, mahkûmları ahırda kurtardık. Almanlar bir vagonu doldurmak istiyordu ve biz onları geciktirdik, bizi aramak için tavan arasına geldiler ve böylece vagonda bekleyenleri vurmaya zamanları kalmadı. Ona cevap vermedim. Boğazımda bir yumru hissettim.

Savaş bitti. Yürüdük. İshak biraz önümde yürüyordu, çünkü ben etrafa bakınıyordum. Güneş vardı. Beyaz bir bulut. İlkbahardı. Bir çiçek tarhı gördüm.

25. Bölüm

İshak

Ahırın yakındaki bahçede yalnız kaldık. Bir Alman çiftçiye ait büyük bir bahçe. Dov ve ben, öksüz kardeş olmadan. Vagondan atlayıp gözden kaybolan mahkûmlar olmadan. Hava çok sıcaktı ve yer çamurluydu. Havada ağır bir inek gübresi kokusu vardı, samanın ekşi kokusuna karışmış bir koku. Tıpkı Karpat Dağları'nda yer alan Tur'i Remety köyündeki evimizi terk ettiğimiz günkü gibi. Tankın köyün içinden geçtiğini duydum. Demiryolundan geçen bir tren sesi duydum. Bir anda askerlerin gelip bizi bir sinagoga sürükleyeceklerini düşündüm, oy, oradan da trenle bir rampaya. Mutlaka Yahudileri saklayacakları bir rampa bulacaklardır. Kafama bir tane şaplattım. Hayır, hayır, savaş bitti.

Önümde bir inek ahır vardı. Evimizdeki ahırdan daha büyüktü.

Ahırın yanında, küçük bir arabaya koşulmuş kahverengi iri bir at ve onun yanında da teneke bir kutu vardı. Kutuyu yerden aldım ve ahıra yaklaştım. Kendim ve kardeşim için inek sağmak istiyordum. Birden, ağır tahta kapıda bir ses duydum. Dışarıya bıyıklı ve çizmeli bir çiftçi çıktı. Bana ve Dov'a baktı ve Almanca sordu: Ne istiyorsunuz?

Essen und Trinken[43] dedim ve açlığımı belli eden işaretler yaptım. Beni tepeden tırnağa süzdü, pijamalardaki çizgilere baktı. Bir şey çiğniyordu, yere tükürdü ve bana beklememi söyledi. Bekledim. Çiftçi evin içine girdi. Arkama bakınca Dov'un ahıra doğru koştuğunu gördüm. Arkasından seslendim ama o çoktan ahıra girmişti ve bana bakıyordu. Gelmesini işaret ettim, ama kapıda durup

43) Yiyecek ve içecek.

beklemeye devam etti. Alman çiftçi bir teneke bardakla geri döndü ve bardağı bana uzattı. Bardak sıcaktı. Bir yudum aldım. Evden ayrıldığından beri ilk kez sıcak, tatlı sütlü bir kahve.

Hepsini bir kerede içtim ve az kalsın boğuluyordum.

Hava alabilmek için öksürmeye başladım, ama nefes alamıyordum. Al işte, savaş bitmişti ve ben bir fincan lanet kahve yüzünden ölüyorum. Nazileri yendim, onların köpeklerini yendim, kamplardaki açlığı yendim ve şimdi hayatta kalmama yardım etmek isteyen bir Alman çiftçinin bahçesinde öleceğim. Tüfeğim olsaydı kendimi vururdum, kendime o denli öfkelenmiştim. Zorlukla nefes aldığımı Alman da görmüştü, birkaç kez sırtıma vurdu, önce bana, sonra Dov'a baktı, beni kollarından kaldırdığı gibi arabaya fırlattı, öne oturdu ve atı acımasızca kırbaçladı. Dov arabaya doğru ahırdan çıktığı anda, at da koşmaya başladı. Boğazıma bastırdım. Öksürüğüm geçmek bilmiyordu. Ambarda kestiğimiz buzağı gibi, ağzımdan hırıltılar çıkıyordu. Ölüyorum, ölüyorum, diye bağırdım.

Birkaç dakika sonra bir Alman hastanesine vardık, tabelayı gördüm. Girişte bilmediğim bir dili duyabiliyordum ve Dov'un o koca bahçede yalnız olduğunu anladım. Alman çiftçi beni arabadan kaldırıp sırtına aldı. Bağırdı, kahve, kahve, ona kahve verdim. Üç doktor beni hemen yatağa yatırdı, zorla bana ağzımı açtırdılar ve soluk boruma bir hortum soktular. Kahve fışkırdı. Nefes alabiliyordum. Soğuk bir duş almış gibi ıslaktım. Tıkalı her yeri iyice açılmış bir pompa gibi nefes aldım ve üç doktorun en gencine baktım. Elini göğsüne koydu ve Amerika, dedi, Amerika. Hoş bir gülümsemesi ve parmağında büyük bir yüzük vardı. Yanında duran doktoru gösterdi. Uzun, tıraşsız bir yüzü vardı ve keldi. Polonya, dedi. Polonya. Polonyalı doktor gülümsemiyordu. Sonra üçüncü doktoru gösterdi. Düz sarı saçları olduğunu gördüm ve endişelendim. Almanya dedi. Almanyalı doktor, başını göğsüne doğru hızlıca salladı. Midem bir an için tersyüz oldu, bana bir Alman doktor mu baktı? Amerikalı ve Polonyalı doktorlara bağırmak, iyi dinleyin, Alman doktorlar Yahudi çocukları öldürdü, demek istedim. Ben Yahudi bir çocuğum ve buradan gidiyorum, hoşça kalın. Yatağın üstüne oturdum ve üç doktorun, sanki iyi arkadaşlarmış gibi, aralarında fısıldaştığını gördüm. Şok olmuştum. Amerikalı ve Polonyalı iki doktorun neden Alman bir doktorla candan bir şekilde konuştuğunu anlayamıyordum. Alman doktor bana baktı ve Almanca şöyle dedi: Bir Alman hastanesindesin. Savaş bitti. Biz artık birlikte çalışıyoruz. Sonra Polonyalı doktor Almanca şöyle dedi: Miden büzülmüş ve sakız gibi yapışmış. Avuç içleri ile bir hareket yaptı ve ellerini çenesine götürdü. Sonra tırnağını çenesine batırdı ve karnımda bir fincan kahve için bile yer olmadığını ve boğulduğumu söyledi. Şimdi iyisin. Bacaklarımı işaret etti ve endişelenme, dedi, yaralarınla ilgileneceğiz. Alman doktorun bana dokunmasını istemiyordum ve yataktan yere atladım. Başım döndü ve kusmak istedim. Polonyalı doktor, hayır, hayır, dedi, genç adam uzan, burada bizimle kalıyorsun. Beni hastaneye getiren Alman çiftçiyi hatırladım ve kendi kendime, endişelenme, hayatını bir Alman çiftçi kurtardı, dedim, sonra yatağa geri döndüm. Benimle ilgileneceğini biliyordum, çünkü savaş bitmişti ve kendini kurtarmak istiyordu. Arkadaşları olmadan benimle ilgilenen genç doktora seslenmek istedim, ama Amerikanca bilmiyordum.

Polonyalı doktor hemşireleri çağırdı. İri memeleri olan iki kadın bana yaklaştı ve kalbim göğsümde atmaya başladı. Hemşireler iyi sabun kokuyordu, belki de parfüm. Yumuşak elleri ve rahatlatıcı sesleri vardı. Beni tamamen soymak istiyorlardı, ayakkabılarımı tuttular ve çıkarmaya çalıştılar, acıyla bağırdım. Yaralarımın kabukları ayakkabıların tabanlarıyla birleşmişti. Kabuklar üstteki plastiğin de bir bölümünü kaplamıştı. Polonyalı doktor, pantolonunu çıkarmaya çalışın, dedi. İki iyi hemşire, pantolonun uçlarından dikkatlice tutup çekti, ama boşuna. Pantolon da tenime yapışmıştı. Doktor makas getirdi, pantolon paçasının bir kısmını kesti ve parmağıyla gösterdi. Baldırlarımda eski yaralar vardı. Yaraların etleri pantolonun kumaşıyla birleşmişti. Doktorun yüzünü sımsıkı buruşturduğunu gördüm. Bir mendil çıkardı, alnını ve boynunu sildi. Bir hemşire özür dileyip gitti. Birkaç dakika sonra ıslak bir yüzle döndü.

Doktor ona baktı ve "iyi misin?" dedi.

Evet, evet dedi, utanmıştı. Doktor gömleğimi açtı. Gömlek de koltuk altıma yakın bir yerde vücuduma yapışmıştı. Hayatımın geri kalanında Almanların bu pis çizgileriyle birlikte yaşayacağımı hemen anladım.

Doktorun elini yakaladım ve fısıldadım, doktor, derimi soy, umurumda değil, kopar at, Alman doktoru çağır, o derinin ve etin nasıl soyulacağını bilir, çağır onu, sana yalvarıyorum.

Hemşireler küveti ılık su ile doldurdular. İçine yarım şişe yağ döktüler ve beni elbiselerim ve ayakkabılarımla birlikte küvete koydular. Etim yavaş yavaş yumuşadı. Pijama ve ayakkabılar da. Hemşireler, yaklaşık bir saat sonra, zavallı bir balığın pullarını canlıyken temizler gibi, elbiselerimi üzerimden çıkardılar. Su kırmızı-kahverengiye döndü. İğrenç kokuyordu. Tenimde kızgın bıçak yaraları hissettim, ama asıl kıçım çok acıyordu. Tek kelime etmedim. Hemşireler beni soymayı bitirdi, kirli suyu boşalttı ve küveti temiz suyla doldurdu. Küçük bedenime baktım ve ilk olarak, ısınmaya başlayan ama hemşireler sabun ve acıtan bir süngerle vücudumu ovmaya başlayınca soğuyan penisimi örttüm. En çok da oramdaki bitlerden utandım. Sonra, aman be, ne olacaksa olsun, diye düşündüm. Süngeri bedenimde istedikleri yere sürtmelerine izin verdim ve zorluk çıkarmadım. Sıkıntılı nefes alıyordum, füüü. Füüü. Füüü. Islık çalmadan üflemek gibi. Sahip olduğum acınası otuz kilonun iki üç kilosunu da onların aldığını hissettim. Bu arada, etin sıyrılıp kalkmadığı yerler pembeye dönmeye başlamıştı. Hoş görünüyordu ve içimde güçlü bir ağlama arzusu vardı. Kendimi tuttum. Birbirlerine bakışlarını gördüm, görünüşümden utanmışlardı.

Uzun süre uyumak istiyordum.

Hemşireler beni bir yatağa yatırdı. Vücuduma merhem sürdüler ve yaralarımı sardılar. Son olarak da, patatesli gerçek bir çorba ile taze ekmek getirdiler. Çabucak yedim ve çok geçmeden uyudum. Üç gün sersem gibi uyudum, başım ağrıyor ve alnım yanıyordu. Kâbuslar gördüm, özellikle ellerle ilgili. Bana her fırsatta yaklaşan bir el vardı. Sağlıklı el, beni krematoryuma götürmek için başucumda bekleyen bir Alman subayın omzuna demir çubuklarıyla bağlanmıştı. Bir borunun arkasına saklanmaya çalıştım ama Nazi'nin eli beni zorla tutuyordu. Bıçak gibi keskin bir şekilde katlanmış demirden bir giysi kolu gördüm. Annemi çağırınca el kayboldu ve parlak siyah bir çizme geldi. Çizme göğsüme bastırdı. Almanın beni boğmak istediğinden emindim. Ağzımı kocaman açtım, bağırdım, Almanlar, Almanlar, çıkan ses tanımadığım kalın bir sesti. Çizme sertçe bastırdı ve nefesim kesildi. Çizmeyi itmeye çalıştım ama başaramadım. Birden bir tüfek dipçiği ve üstümde sallanan bir ip gördüm. Yataktan sıçradım ama iki güçlü el beni tuttu. Geri yatağa yatırdı. Eller yüzü olmayan bir kafaya tutturulmuştu. Ellerin o Alman'a ait olup olmadığını bilmiyordum. Babacan bir ses duydum.

Ses şşşş, şşşş, diyerek kulağımın yanından geçti. Benim, Polonya'dan Doktor Spielman. Beni tanıyorsun. Dinlemek istemedim. Eller bana bir bardak su verdi, ama zehirli olabilir diye içmedim. Hatta suyu dökmeyi denedim. Ses sakince ısrar etti, iç, şekerli su. İçmelisin. Ağzımı sıkıca kapattım. Vazgeçmedi, iki gün önce kahve vesilesiyle tanıştık, dedi. Doğruldu, elini göğsüme koydu, işte, dedi, bir el. İşte, bir bardak su. Temiz su. İç. İçtim, tadı güzeldi. Yastığa yaslanıp ona baktım. Gülümsedi ve dedi ki, tifüs olmuşsun. Birkaç gün içinde iyi olacaksın.

Hayır, hayır, diye fısıldadım, sanrılar ve hayaller görüyorum, deliriyorum.

Dedi ki, delirmiyorsun, sanrılar ve hayaller ateşle geliyor. Ateşin düştüğünde ayağa kalkacaksın.

"Nereden biliyorsun?" diye mırıldandım.

Savaştan önce, dedi Doktor Spielman, Budapeşte'de bir psikiyatrdım. Bu durumları biliyorum. Psikiyatrın ne olduğunu bilmiyordum, ama geceye kadar kendimi daha iyi hissettim ve beyaz bir ceket gördüm. İki ceket. Ceketlerin içinde eksiksiz iki gövde. Baş, göğüs, kollar, bacaklar, bir araya geldi, iki kadın bedeni. Amerikanca konuşuyorlardı. Hemşireler alnıma, göğsüme ıslak havlular koydular. Daha fazla şekerli su istedim. Benim için getirdiler. Daha fazlasını istedim. Getirip verdiler. Uyuyakaldım. Birkaç saat sonra sırılsıklam uyandım, terlemiştim. Karanlıktı, karanlıkta üzerimde sürünen vücut parçaları vardı. Vitrinde çanta ve ayakkabılar da vardı. Ayakkabı almak istedim. Pencere kapalıydı, ama sonra bir bavul yığını gördüm. Bir kule gibi. Tepesine tırmandım. Zıplamamı işaret eden bir el gördüm. Kımıldamadan durdum. Yanında sola gitmemi işaret eden beyaz bir eldiven vardı. En iyisi neydi, sola mı yoksa sağa mı gitmek, bilmiyordum. Uyandım.

Kendimi bağırırken duydum, sol. Sağ. Sol. Sağ. Bir hemşire, elinde bir fenerle bana doğru geldi. Bağırdım, kurtar beni, kurtar beni.

Gömleğimi ve pantolonumu değiştirdi, çarşafı değiştirdi, bana ilaç verdi, fısıldadı, uyu, uyu, sordum, ne zaman yemek yeriz, ah?

Şimdi gece, dedi ve gitti.

Uyuyamadım.

Sabahları bana ekmek getireceklerine inanamıyordum ve Almanların buraya gelmekte olduklarından endişelenmeye başlamıştım. Bir iki saat içinde bizi açık bir trene bindirirlerdi ve biz de birkaç gün seyahat ederdik ve bu yolculuğun sonu ölüm yürüyüşüyle biterdi. Yavaşça yataktan kalktım. Yatakların arasından geçerek uyuyan hastalara yaklaştım. Yastığın, battaniyenin, döşeğin altında ekmek aradım. Bir sığır treninde seyahat etme ihtimaline karşı birkaç parça topladım ve tuvalete gittim. Penceredeki bir tuğlanın altında, ekmek için gizli bir yer buldum. Duş odasına göz attım. Kalbim çarpıyordu. Duşlardan hoşlanmıyordum. Duşa baktım ve duştan bir Almanın elinin çıktığını gördüm. Eli giysinin kolundaki şeritten tanıdım. Ürperdim. Almanın elimi kesmek istediğinden emindim. Hemen yatağıma kaçtım. Yolda diğer hırsızlarla karşılaştım. Birbirlerini rahatsız etmeden, ayak parmaklarının ucuna basarak yürüyorlardı. Bulduğum ekmeği pantolonumun içine sakladım. Nihayet uykuya daldım, derken ağlamalar ve çığlıklar.

Yatağımdan sıçradım. İki yatak uzakta bir hasta yatağında oturuyor, kafasını duvara vuruyordu, hırsızlar, hırsızlar, ekmeğim nerede. Yakınındaki birkaç hasta ağlamaya başladı. Ertesi gün için sakladıkları ekmeği bulamıyorlardı. Hemşireler koşarak geldi. Işıkları yaktılar. Kafası sargılı bir hasta yatağının yanında duruyor, boğuk bir sesle ağlıyordu, hayır. Hayır. Hayır. Vagondan inmiyorum, hayır. Hemşireler mutfaktan getirdikleri taze ekmekle herkesi sakinleştirmeyi başardılar. Uyumak istiyordum. Amerikalı bir hemşirenin Almanca konuştuğunu duydum, yiyecek çalmaya gerek yok, herkes için yeteri kadar var. İyi geceler. Yararı yoktu. Yiyecek çalmaya devam ettim. Diğerlerinin yaptığı gibi. Ekmeği tuvalete yakın bir yerde, yastığımın altında, pijamamda, hatta kulağımın arkasında saklamak zorunda kaldım.

Birkaç gün daha geçti ve ateşim düştü.

Birkaç gün daha yatakta dinlendim ve bir sabah dehşet içinde hatırladım. Bir erkek kardeşim vardı. O nerede. Kardeşim nerede. Kardeşimin beni ahırdan gözetlediğini nasıl unutabildiğimi anlayamadım.

Yataktan sıçradım ve benimle ilgilenen hemşirelere koştum. Bağırmaya başladım, bir kardeşim vardı, ona ne oldu, o nerede, Alman çiftçinin bahçesinde beraberdik. Hemşireler bana kafamın yarısı uçmuş gibi bakıyordu. Doktor Spielman geldi.

Beni iki koluyla sıkıca kucakladı ve geriye, yatağa doğru itti, şşşş, şşşş, her şey yolunda, şşşş, yatağına geri dönüyoruz, biraz şekerli su ister misin?

Ağladım, doktor ben deli değilim, inan bana, bir erkek kardeşim vardı, beraberdik, sana söylüyorum, beni dinle.

Doktor Spielman dinlemek istemedi, bana şekerli su getirmek istedi, senin için en iyisi dinlenmek, oldu mu? Beni yatağa yatırdı, üstüme battaniyeyi örttü ve elini alnıma koydu. Ona baktım. Kaşlarının arasında derin bir çizgi oluştu. Ateşimin yükseldiğini düşündüğünü anladım.

Elini çekmesini bekledim, lütfen gitme, dedim. Yardıma ihtiyacım var.

Doktor Spielman başımı okşadı, bir iğne yapacağım dedi.

Hayır hayır. İğne istemiyorum, ilaç istemiyorum, beni dinlemeni istiyorum, iki dakika, fazla değil, anlaştık mı?

Doktor Spielman bir sandalye çekti ve yanıma oturdu. Sabit bir şekilde ona baktım.

Yumruklarımı çarşafın altına soktum ve usul usul konuştum: Doktor Spielman, dinleyin, kardeşim ve ben şans eseri Buchenwald'da karşılaştık. Bekleyin. Ondan önce bize ne olduğunu anlatacağım. Benim bir ailem var. Babam, annem ve diğer üç kardeşim. Karpat Dağları'ndaki bir köyde yaşıyorduk. Macaristan'da. Sessizleştim, boğazım düğümlendi.

Doktor Spielman elini elimin üstüne koydu ve dedi ki, ailene ne oldu Icho? Burnumu çarşafa sildim, Auschwitz'deydik. Babam, annem, Sara ve ağabeyim dağıldılar. Sadece ben ve Avrum birlikte kaldık. Sonra, daha sonra, Avrum ortadan kayboldu. Ben kamplardaydım. Kışın Buchenwald'a geri döndüm. Benden bir yaş büyük erkek kardeşimi 56. Blokta buldum. Onu tanıyamadım. Ufacık, hasta bir çocuğa benziyordu. Almanya'nın yollarında ölmek üzere, Buchenwald'dan yaya olarak yola çıktık ve bazen de açık tren vagonlarında seyahat ettik. Yüzlerce kilometreyi birlikte yürüdük.

Çarşafı yüzüme çektim ve sustum.

Doktor Spielman elimi sıktı ve sordu, sonra ne oldu?

O ve ben Amerikan tankı gelene kadar hayatta kaldık. Almanlar kaçtığında, bir ahırın tavan arasındaydık. Aşağı indik. Öksüz kardeşle birlikte indik. Yanımda durduğundan eminim. Sonra kahve içtim ve başka bir şey hatırlamıyorum. Doktor Spielman, kardeşim nerede?

Doktor Spielman sandalyesine yaslandı. Elini kel kafasının üzerinden geçirdi, sana inanıyorum, dedi, sana inanıyorum. Çarşafı kaldırdım, ağlamamı durduramıyordum. Doktor Spielman bana biraz şekerli suyu getirmeye gitti. Suyu içtim ve o dedi ki, kardeşinin nerede olduğunu bilmiyorum, listelere bakmalısın. Ama bilmelisin ki, burada bizimle birlikte birçok hasta var ve tüm isimlere sahip değiliz. Onu kendin aramalısın. Yataktan atladım. Doktor Spielman ayağa kalktı. Omzumu tuttu ve alçak sesle şöyle dedi: Savaşın sonunda birçok insan öldü, anlıyor musun?

Kulaklarımı kapattım, bağırdım, dinlemeyeceğim. Kardeşim Almanya'nın tüm yollarından sağ kurtuldu ve yaşıyor ve ben onu bulacağım, merak etme. Doktor Spielman gülümsedi, pekâlâ, iyi şanslar.

Koşmaya başladım.

Doktorların odasına vardım. Siyah bukleli bir hemşire listelere bakmama yardımcı oldu. Kardeşimi bulamadık. Tüm yataklara bakmayı önerdi, ama önce doktorlara ve hemşirelere sormalıydım. Doktorlarla hemşireler arasında koşturmaya başladım. Tedavilerin ortasında olmaları umurumda değildi. Yanlarında durdum ve sakince açıkladım, kardeşimi arıyorum. Benim boyumda. Kahverengi gözler. Açık renkli saçlar, hayır, kamplarda karardı ve zayıf, belki otuz, ya da otuz beş kilo, hastanede böyle birini gördünüz mü? Doktorlar ve hemşireler böyle birini görmemişlerdi.

Aklımı kaçırdığımı hissettim.

Konuşabilen hastaları aradım, seslendim, ormanın yakınındaki köyde, önünde tank olan ahırı bilen var mı?

Kapının yanındaki yatakta yatan hasta başını yastıktan kaldırdı. Boynunda kirli bir bandaj vardı. Orman mı, dedi? Orman mı? Ona yaklaştım. Yanık parmaklarıyla gömleğimden tuttu ve ağladı, beni ormana götür, lütfen efendim, tek başıma yapamam.

Dedim ki, ormanda, önünde tank olan ahırın orada mıydın değil miydin?

Ağlayarak konuştu, orman, orman, oraya gitmek zorundayım, çocukları ormanda bıraktım, Moşe ve Yossel.

Bir hemşire yanımıza geldi ve fısıldadı, anlamı yok.

Alçılı bir hasta eliyle bana gel gel yaptı. Yaklaştım. Kel kafasında siyah bir yara izi vardı. İnce uzun parmaklarıyla bacaklarındaki alçı üzerinde davul çalıyordu, benimle konuşmak istiyor ama sesi çıkmıyordu. Yüzünde tuhaf bir şey gördüm. Anlamam bir dakikamı aldı. Kaşları ya da kirpikleri yoktu. Eğildim. Fısıldadı, köydeki ahırı biliyorum. Ben de oradaydım, Buchenwald'dan gelen mahkûmlarla birlikte.

Sesim titredi, önünde tank olan ahır mı?

Doğru, diye fısıldadı.

Ahırdaki mahkûmlar nereye gitti, diye sordum, nereye? Adam kaşlarını çattı. Bekle, diye bağırdım, ahırdan sen nereye gittin?

Hastane, diye fısıldadı.

Yalnız mı gittin, diye sordum?

Gülümsedi, yalnız nasıl gidebilirim, bacağımdaki alçıyı görmüyor musun? Beni bir arabaya aldılar.

Terlemeye başladım, dedim ki, beni de bir arabaya aldılar, seni kim aldı? Boğazını tuttu ve su istedi. Bekle, sana su getireceğim, dedim, ama önce hatırlamaya çalış, arabada başka mahkûmlar var mıydı?

Hatırlamıyorum, dedi, bir çiftçi beni aldı, şişman bir çiftçi, ağzında bir pipo vardı, bana su getir. Ona bir bardak su getirdim. İçti ve ben kendimi önemli biri gibi hissettim. Düşün, belki kardeşim de açlıktan bayıldı ve adını unuttu.

Hastanenin girişine koştum ve teker teker her yatağa bakmaya başladım.

Uyuyan hastaların yüzlerine baktım. Battaniyeleri, yastıkları kaldırdım. Amerikalı bir hemşire, kardeşin burada değil, dedi, herkesi tanıyorum. Bu arada salonun sonuna varmıştım. İkinci yatak sırasını kontrol etmeye başladım. Bazı hastaların sargıları kana bulanmıştı, çoğunun sargısı yoktu. Solgun, zayıf ve bitkin bir halde uzanıyorlar, çarşafı kaldırdığımda gözlerini açmıyorlardı. Bazıları yatağın ortasındaki sarı lekeler üzerinde yatıyordu, koku yüzünden her saniye kusasım geliyordu. Bazıları boş gözlerle tavana bakıyordu. Bazıları sessizce ağlıyordu. Biri Mesih olduğumu düşündü, elini uzattı ve fısıldadı, kurtar beni, kurtar beni. Dov orada değildi.

O gece uyuyamadım.

Zayıf bir ışık duvarda daire çiziyordu ve ben kardeşimin bir hendeğe atıldığını gördüm, yüzü çamura batmıştı. Gövdesi ıslak bir çuvala benziyordu. Derin bir nefes aldım ve tavandaki resmi aklımdan savdım. Acınası durumdaki hastaların seslerini duydum, ailelerini çağırıyorlar, gözyaşlarıyla anlatıyorlardı, bu benim hatam değil, benim hatam değil. Yatakların ve hızlı hızlı nefes alıp verişlerin arasında hırsızların ayak seslerini duydum. Hırsızlara aldırmadım. Ve tekrar Dov. Islak bir yolda sırtüstü yatıyor, az ötede yanmış bir tank var, karıncalar ve kurtçuklar Dov'u yiyip bitiriyor. Doğrulup yatakta oturdum ve parmağımı kafama bastırdım, aptal, aptal, kardeşini en kritik anda bıraktın. Madem sonunda onu yalnız bırakacaktın, ne diye savaştın?

Gömlek cebinden bir saat sarkan bir hemşire bana doğru yaklaştı, bir şeye ihtiyacın var mı?

Sadece kardeşime, dedim, gitti. Ne yapacağımı bilmiyordum. Kalktım. En yakın pencereye gittim ve başımı cama yasladım. Sivrisinek mezarlığı gibi bir sürü karanlık nokta vardı. Düşünceler aptal beynime bir çığ gibi aniden düştü. Belki de kardeşim bir şeyler yerken boğuldu. Belki tankın peşinden koşarken zincirlerin altında kaldı ve SS adamların köpekleri onu yedi? Bir dakika, beni kahve içerken ve boğulurken gördü, panikledi ve ahırdan dışarıyı gözetledi, çiftçinin beni arabaya taşıdığını gördü, belki korktu ve yalnız kaldığı için öldü?

Tırnaklarımla kireci kazıdım, kalbim çığlık atıyordu, doğru değil, hayır, hayır. Dov yaşıyor ve onu sağlıklı olanları topladıkları yere götürdüler. Sağlıklı mahkûmların nerede olduğunu bilmiyordum. Yatağa geri döndüm ve bir rüya gördüm. Dov'u bir battaniyenin üzerinde otururken gördüm. Ormanda yağmur yağarken tuttuğumuz battaniye. Battaniye nehirdeki bir tekne gibi hareket etmeye başladı. Tekne birden suyun üstünde yükseldi. Dov'a bağırdım, atla, atla, düşeceksin. Dov bana bir yabancıymışım gibi baktı. Battaniye çoktan boyum kadar yükselmişti. Peşinden koştum, battaniyeyi tutmaya çalıştım, başaramadım. Daha yüksek sesle bağırdım, zıpladım, zıpladım ve kendimi bavullarla dolu kilerde gördüm. Yukarıdaki mahkûm bağırıyordu, zıpla, zıpla. Zıpladım ve zemine düştüm.

Sabah erkenden yerde uyandım. Pijamam ıslaktı ve boğazım yırtılmış gibi hissediyordum. Buraya kadar, aptal beynimin tehlikeli bir hastalığına tutulmak üzereyim.

Yüzümün yarısını parmaklarımla kontrol ettim. Ve sonra diğer yarısını. Burnum yerindeydi. Gözler. Sağ kulağımı buldum, ağzımı açtım. Dişlerimin tek tek üzerinden geçtim. Parmaklarımı saydım. Bir elimde beş parmak vardı, ikisi birlikte on. Hım, ben iyiyim ve yerden kalkabilirim.

Giyindim, yüzümü yıkadım ve gece gelen yeni bir hasta var mı diye yatakları kontrol ettim. Uzaktan, salonun tam karşı tarafında, aşağı inen merdivenler gördüm. Bir hemşireye sordum, o merdivenler nereye iniyor?

Bodruma, dedi.

Bodrumda ne var, diye sordum?

Bir an düşündü, çok zor vakalar, dedi.

Ne kadar zor? Söylemedi.

Yanımdaki yatağın parmaklıklarını tuttum, fısıldadım, nefes aldım, ah, nefes aldım ve merdivenlere doğru yürümeye başladım. Merdivende durdum. Duvara yaslandım ve yukarıdan aşağıya basamakları saydım, bir daha saydım. Elimi cebime sokup ekmek aradım. Hiç ekmeğim yoktu. Tuvaletin yanındaki gizli yerime koştum ve iki gün önceki ekmeği buldum. Ekmeği ağzıma tıktım ve merdivenlerden indim. İşte. Büyük bir bodrum, karanlık ve kötü kokuyor, belki yüz metre ya da daha fazla uzunlukta, yatak ve hastalarla dolu. Penceresiz, sadece boyasız beton duvarlar var ve bir ipin ucunda sallanan küçük ışıklar. Kendime sarılarak yürümeye başladım.

Üst kattaki salonda yaptığım gibi, yataktan yatağa, yataktan yatağa geçtim ve çok geçmeden yukarıdaki hemşirenin neden onlara zor vakalar dediğini anladım. Yatan insanların şiş karınları ve tekerlek gibi başları vardı, bazılarının yüzü yoktu, sadece kel bir kafa. Onlara yaklaştım. Yüzü olmayan gövdenin Dov'a ait olup olmadığını anlamaya çalıştım. Parmaklarından o olmadığını anladım. Bir hasta yatağında oturmuş burnundaki sargıyı tırmalıyordu. Sargı düştü, sadece bir delik vardı. Bandajı yere attı ve parmaklarını deliğe soktu. Kusmak istedim ama kendimi tuttum. Yatağında oturmuş başka bir hasta kendi kendine Yidişçe bir fıkra anlatıyordu. Güldü, hahaha. Hahaha. Ve kendini tokatladı. Ağlamaya başladı. Sonra bir fıkra daha anlattı. Hahaha. Hahaha. Hahaha. Bir tokat daha ve daha çok ağladı. Yanında durdum, neden kendine vuruyorsun dedim, dur. Durmadı.

Devam ettim. Keskin bir ilaç kokusu ile dışkı ve idrar kokusu birbirine karışmıştı ve için için kardeşimi burada bulmamayı umuyordum. Sağlıklı ve mutlu olması ve başka bir kasabada buluşmamız için dua ettim.

Hastalardan biri bana baktı. Dudakları ağzının içine düşmüş, burnu neredeyse çenesine değiyordu. Yatağa bağlı olduğunu gördüm ve yakınına gelip durdum. Gülümsedi, hiç dişi yoktu ve zayıf elini bana doğru uzattı, "serbest olmak istiyorsun, ha?" dedim. Eline bastırdım. Kalın bir sesle uludu, elimi yakaladı ve sertçe ısırdı. Acıyı kıçıma kadar hissettim. Elimi çekmeye çalıştım, çekemedim. Diş etleri çelik bir pense gibiydi. Diğer elimle burun deliklerini kapattım, sertçe bastırdım. Ağzını araladı ve elimi çektim, diş etleri dört parmağımda derin izler bırakmıştı. Kemiğin kırıldığından emindim. Deli misin, diye bağırdım, derdin ne? Gülümsedi ve tavanı işaret etti. Yukarı baktım, tavana koca bir sinek yapışmıştı, sinek bir anda uçtu ve ağzı açık bir hastanın yüzüne kondu. Sinek adamın ağzının içinde kayboldu.

Diğer sıra boyunca yürüdüm. Yüzleri yerde, yatağın altında yatan hastalar vardı. Yatakların altına eğilmek ve sırtlarına dokunmak zorunda kaldım. Bazıları tepki vermedi. Başlarını çevirdim ve yüzlerine baktım. Dokunduğum bazı hastaların bedenleri soğuktu. Ölüleri de yokluyordum. Bir saniye çeviriyor ve tekrar eski hallerine getiriyordum.

Neredeyse salonun sonuna gelmiştim ki Dov'u gördüm.

Oradaydı, sondan üç yatak önce. Sırtüstü yatıyor ve tavana bakıyordu. Üzerine atıldım ve ona sıkıca sarıldım. Ağladım, işte buradasın, seni buldum, oy, ne çok endişelendim, ne zaman hastaneye geldin?

Dov kıpırdamıyordu. Bana şöyle bir baktı ve hemen tavana döndü. Seslendim, hey, nen var, benim, kardeşin, unuttun mu? Beraberdik, sorun ne, ha, bir şey söyle. Konuşmadı. Battaniyeyi kaldırdım. Bedeni tüm ve sağlıklı görünüyordu. Bacaklarında ve elinde birkaç kuru yara vardı, ama hepsi buydu. Parmaklarımla yokladım, kemikleri yerindeydi. Gözleri açık uyuyan birine benziyordu. Kolunu yatağın üstüne kaldırdım ve geri bıraktım. Kol düştü. Bir bacak kaldırdım, o da düştü. Gözünü kapattım, kapalı kaldı. Çenesini tutup aşağı çektim. Ağzı açıldı ve öyle kaldı. Hastanede kazandığım tüm gücü kaybettiğimi hissettim.

En üst servise koştum. Bir doktor aradım. Alman doktor bana doğru geliyordu, bağırdım, Doktor, dinle, kardeşimi alt katta buldum, bodrumda, Doktor Spielman nerede, çabuk. Alman doktor ofisi işaret etti. Oraya koştum. Doktor Spielman bir hemşireyle konuşuyordu. Gömleğinden tuttum ve onu dışarı çektim.

Doktor Spielman, "sorun ne?" diye sordu. Kardeşimi buldum, diye bağırdım, onu bodrumda buldum, aşağıda, alt katta. Merdivenleri gösterdim ve koşmaya başladım. Doktor Spielman aceleyle peşimden geldi.

Dov aynı pozisyonda yatıyordu. Elimi omzuna koydum ve usulca, bu benim kardeşim ve beni tanımıyor, dedim. Onun nesi var?

Doktor Spielman kollarını kavuşturdu ve şimdi aranızdaki benzerliği görüyorum, dedi.

Doktor Spielman, dedim, bana onun hastalığını söyle ve neden bodrum katında yatıyor? Doktor Spielman yatağın kenarına oturdu, kardeşini tanıyorum ve sana verecek bir cevabım yok dedi. Gerçeği söylemek gerekirse, kardeşinin nesi olduğunu gerçekten biz de bilmiyoruz.

Çökmek üzere olduğumu hissettim. Duvara yaslandım ve ne demek bilmiyoruz, dedim, sen doktor değil misin? Hadi Alman doktoru çağır, o kampları biliyor, hayır, hayır, Amerikalı doktoru çağır, belki Amerika'da zor vakalardan anlıyorlardır.

Doktor Spielman içini çekti, işe yaramaz, bunu hepimiz biliyoruz.

Telaştan kıpır kıpırdım, ileri geri sallanmaya başladım. Bilmiyorsun, diye bağırdım, iyi o zaman, ben de kardeşimi alıp buradan gidiyorum. Belki bize başka bir yerde yardım ederler ve bize bu hastalığın ne olduğunu söylerler.

Doktor Spielman sesini yükseltti, kesinlikle olmaz, hastanede kalması gerekiyor, üzgünüm.

Kardeşimin üzerine atladım. Bağırdım, savaş bitti, anlıyor musun, yoksa anlamıyor musun, uyan, ha, uyan. Kardeşim bana baktı ve tekrar tavana döndü.

Doktor Spielman elimi okşadı ve beni koridora çekti. Sessizce dedi ki, kardeşine zaman tanıyacağız, ona bağırmak işe yaramayacaktır. Seni anlamıyor ve senin de sabırlı olman gerekiyor, sabredecek misin?

Kardeşimin yatağına kapandım ve bacaklarına sarıldım. Gözyaşlarıma engel olamıyordum. Saatlerce kendim ve Dov için ağladım. Hemşireler ve doktorlar gelip gitti. Doktor Spielman katlar arasında mekik dokuyordu. Etrafımda dolanıp durdu. Onu, hemşirelere yaklaşmamalarını işaret ederken gördüm. Birkaç saat sonra kardeşim yatakta doğruldu ve elimi tuttu. Avucumu inceledi, çevirip çevirip elime baktı. Damarlara odaklandığını gördüm. Temkinli bir şekilde yanında oturdum. Ne istiyorsun, diye fısıldadım, bana bir şey mi anlatmaya çalışıyorsun? Cevap vermedi. Sadece elimi çevirdi. Onu durdurmaya çalıştım ama başarılı olamadım.

Kusasım geldi. Ağzımı sıkıca kapattım ve yataktan kalktım. Başım döndü, yere düştüm. Önlüklü bir hemşire hemen yanıma geldi. Kalkmama yardım etti ve beni üst kata götürdü.

Doktor Spielman üst katta, merdivenlerin başında bekliyordu. Yatakta dinlenmelisin, dedi, anladın mı? Kardeşini bırak ve git dinlen, tamam?

Dedim ki, ilacın kokusu yüzünden, eğer kokuyu değiştirirlerse onunla kalabilirim, sağlıklı görünüyor, onun nesi var?

Doktor Spielman kafasını geri attı, hiçbir açıklamam yok, keşke yapabilsem.

Yanımdaki yatakta yatan hasta uyandı. Daha önce görmediğim bir hasta. Hiç eti kalmamış küçük bir adamdı. Kolunun etrafında genişçe bir atkı vardı, boynuna bağlıydı. Üzerime doğru eğildi, benim adım Izak, tanıştığıma memnun oldum. Sana ne oldu ve neden ağlıyordun?

Ona kardeşimden bahsettim.

Sorunu biliyorum, dedi Izak, kamplarda annelerinin ve babalarının kendilerine verdikleri isimleri bilmeyen mahkûmlarla tanıştım. *Gevalt Am Israel, gevalt, gevalt.*[44] Ve sonra elini yastığın altına soktu, bir parça çikolata çıkardı, al, al, sadece zor vakalara çikolata veriyorlar, onu benden al. Çikolatayı aldım.

Dudakları boyalı bir hemşire yemek tepsileriyle geçti. Onu izledim. Bodrum katına indiğini gördüm. Yataktan sıçradım ve peşinden koştum. Tepsileri köşedeki bir masaya bıraktı, sonra bir tepsi aldı ve Dov'a yaklaştı. Dov oturur pozisyondaydı. Hemşire tepsiyi yatağa koydu, bir eliyle tepsiyi tuttu, diğer eliyle pijama üstüne bir havlu sıkıştırdı ve Almanca, *afiyet olsun* dedi. Dov incecik elini kaldırdı ve çarşafın üstündeki yemek tepsisini ters çevirdi. Sıcak çorba sarı idrar gibi çarşaftan yere döküldü. Kardeşimin yemeği ziyan ettiğine inanamadım. Hemşire sinirlenmişti, üçüncü kez oluyor, kardeşinizi beslemek için başka bir yol düşünmeliyiz.

Kardeşime doğru eğildim. Yastığının altında kuru bir ekmek parçası gördüm. İnanamadım. Dov kuru ekmeği yastığının altına gizlemiş ve sıcak yemeği yatağa dökmüştü.

Onunla konuşmaya başladım, belki duyabiliyordu.

Dedim ki, daha iyi olacaksın ve ikimiz buradan ayrılıp köyümüze gideceğiz, bunu ister misin?

Hayır, hayır, ben köye geri dönmüyorum, goyim dolu bir köyde bize göre ne var, başka bir yere gideceğiz. Filistin'e gideceğiz, evet, Filistin'e. Yahudilere uygun

---

44) Ah İsrail halkı, vay başına gelenler.

bir yere, Filistin'e gitmeyi sen de istiyordun. Bizim için en iyisi Yahudiler arasında olmak, evet. Filistin'de yeni hayatımıza başlayacağız, ne dersin? Kendimize biraz toprak bulacağız, bir inek ahırı inşa edeceğiz, baba gibi çiftçi olacağız. Babanın nerede olduğunu bilmiyorum, hayatta olup olmadığını bilmiyorum, ama biz birlikte Filistin'e gideceğiz.

Kardeşim elimi tuttu ve bir aşağı bir yukarı çevirmeye başladı. Yine elim, ne, ne istiyorsun, ha, konuş benimle, ama konuşmadı.

Sinirlendim ve ona bağırmaya başladım, bunun için gücüm yok ve sen şimdi yanımda ölmeyeceksin, beni duydun mu?

Yatağı tekmeledim, az kalsın ayağımı kırıyordum. Kardeşimin yüzünü ellerimin arasına aldım, bağırdım, içimden onu tokatlamak geliyordu, uyan.

Bodrum katındaki kokuya artık dayanamıyordum. Ayrıldım. Yaşama şansı olan hastaların katına çıktım. Odada ölüm sessizliği vardı. Kendimi dünyada yalnızmış gibi hissettim ve başımı tuttum. Zihnimde bir makineli tüfek ateş etmeye başladı. Ra-ta-ta-ta-ta-tat-tat. Ve yine tehlikeli bir sessizlik. Komşum Izak uzaktan seslendi, bana gel evlat, gel, senin için biraz çikolatam var. Koşup gittim.

İsrail, 2001

14.00, Nahariyya peronu.

Peron boş, tozlu sarı, ve okaliptüsten düşen yapraklar. Birbirine bağlı boş vagonlar gergin elektrik hatlarının altında duruyor. Karga yukarıdan tehdit ediyor, gaag, gaag, gaag. Büyük ve edepsiz bir karga. İsrail Demiryolu zaman çizelgesini açıyorum ve 14.18'de Nahariyya'dan Beit Yehoshua'ya satırını buluyorum, kırmızıyla yazılmış. Hata yok. Yine de ben, tepemdeki karganın gaag, gaag sesinin duyulduğu sarı peronda tek başımayım.

İshak yanımda olsaydı, bu sessizlik çok sinir bozucu derdi, belki görmedin ama az önce bir sığır treni geçti, herkesi alıp uzaklara götürmek için mi? Saçmalık, saçmalık. Yanımda Dov olsaydı, o da derdi ki, aslında peronda yalnız olmak bana uyar, rahatsız edilmekten hoşlanmıyorum ve perona ilk gelen kişinin siz olmanıza sevindim, belki boş bir vagon bulursunuz, bunda yanlış olan ne. Ben de, keşke, keşke derdim.

Gökyüzünde kara bulutlar toplanıyor, bu arada karga uçup gitmiş. Gözlerim kuru ve kaşınıyor. Onları nemlendirmek için gözlerimi kırpıyorum. Dua et de yağmur yağsın.

Sakalı göğsüne kadar uzanan bir adam, kucağında ağlayan bir bebekle istasyona giriyor, üzerinde siyah bir palto ile naylon kaplı bir şapka var. Kadife şapkasında büyük kumaş bir çiçek olan bir kadını ardından sürüklüyor. Kadının kocaman bir karnı var, muhtemelen hamileliğinin dokuzuncu ayında ve dizlerine kadar sarkan mor bir kazak giydiği halde göbek deliği görünüyor. Kadın bir bebek arabası itiyor, arabaya iple bir ördek bağlanmış ve biri üç, diğeri muhtemelen bir yaşında iki küçük çocuk, kadının kazağını tutmaya çalışıyor. Küçükler boğazdan bele kadar düğmeli bol elbiseler ve uzun ceketler giyiyor. Biri kurumuş sümüğünü yalıyor, diğeri başparmağını emiyor.

Tekmeler savuran bebek annesine gitmek istiyor ama baba izin vermiyor. Menahem, diyor anne, ne, *bring me de kind*[45] ama baba onu tutmakta ısrar ediyor. Bilet tezgâhının önünde bebek çığlık atmaya ve çırpınmaya başlıyor ve anne, genizden bir sesle, az kaldı Şloime'ciğim, az kaldı, diyor. Ağır ağır yaklaşıyor ve kollarını bebeğine doğru uzatıyor, baba parayı ödüyor. Anne bebeği kucaklayıp göğsüne bastırıyor, oy, oy, oy, Şloime'ciğim, şşşş şşşş. Küçükler annelerine yapışıyor, onlar da biraz anne şefkati istiyor, anne bir eliyle bebeği sallıyor, diğer eliyle küçüklerin başlarını okşuyor.

Ben de yüzümü gömecek, Dov ve İshak'ın ıslak kil gibi tenime yapışan hikâyelerine ağlayacak bir göğüs isterdim. Çamurun üzerinde siyah bir kabuk büyümeden önce yarayı soymak, çamurdan kurtulmak isterdim. Dov yanımda olsaydı, bir annenin çocuğunu kucaklamak istemesinin ne kadar güzel olduğunu söylerdi, hastanede işime yarardı, İshak ise uzun bir üfff çektikten sonra derdi ki, Dov, bize geri dönmek istemeyen sendin, anladın mı?

---

45) Bebeği bana getir.

26. Bölüm

Dov

Yatağımda uzanıyordum, sanki cam bir şişenin içindeydim, damarlar dışında hiçbir şey hatırlamıyordum.

Bana doğru yaklaşan insanlar vardı ve ben onların ellerini incelemek istiyordum. Aklımda, damarları aşağı bakan bir avucun Yahudi avucu, damarları yukarı bakan bir avucun ise Hıristiyan avucu olduğu vardı.

Ve sonra benimle en çok zaman geçiren adam geldi. Kafasında saçları olduğunu gördüm. Kafama dokundum, benim de saçlarım vardı, anıza benziyordu. Bu arada yatağım odada yuvarlanmaya başladı. Bana elini ver, demek istedim, elimi tut, suya düşüyorum; ama ağzımdan tek kelime çıkmadı, kelimeler olduğu gibi aklımda kaldı. Yorgundum, uyumak istedim. Uyuyabileceğimden ya da yataktan kalkmam gerektiğinden emin değildim. Sonra adamın beni bırakıp gittiğini gördüm, yani yatakta istediğim kadar uzanabilecektim ve bu da savaşın bittiğinin işaretiydi.

Yalnızken tavandan sarkan damarlar gördüm, bazen damarlar kurtlanmış oluyordu, bazen de kurtlanmamış. Kurtçuklar varsa, bir avuç kurtçuğu yakalamak için elimi tavana kaldırıyordum, böylece bana ilişemeyecekler ve tekrar kafama giremeyeceklerdi, zaten onlardan zar zor kurtulmuştum.

Bir avuç kurtçuk yakalayıp tavana fırlatmayı başardım ve sonra başka kurtçuklar geldi. Bağırmak istedim, piçler, kafamda yer yok. Bacak parçaları ya da ayak parmakları olmayan bir ayak gördüğüm oluyordu. Bazen de sadece ayak parmakları görüyordum. Ayak parmaklarının benim olup olmadığını bilmiyordum. Onları hareket ettirmek istedim, çok denedim, parmaklar yerinden kımıldamadı, bu yüzden ayak parmaklarının benim olmadığını anladım.

Bir gün çarşafın üstünde bir diz gördüm, dizimin bir buçuk parmak altında. Tam yerini yoklamak için elimi çıkarmak istedim. Elime aşağı inmesini emrettim, el aşağı inip dizi tuttu ve sonra bacak kendi kendine büyümeye başladı. Uzadı, şişmanladı ve yatağın her yerini kapladı, ta parmaklıklara kadar yükseldi. Tam o anda dize karıncalar geldi, etin içine girip çıkmaya başladılar, bacağı döşeğin üstüne vurdum ve karıncalar, bacağı da yanlarına alarak gözden kayboldular.

Bir akşam elimin göbeğimi kaşıdığını gördüm ve göbeğimin acıdığını hissettim. Gömleğimi yukarı kaldırdım ve bir sargı aradım. Sargı yoktu, sadece çizikler ve yaralı bir göbek deliği vardı. Yaralı bir göbek deliğinin karnıma nasıl geldiğini anlamadım. Daha sonra, zihnimde ince bir tıss, tıss, tıss sesi duydum ve uyuyakaldım.

27. Bölüm

İshak: Beni damarlarınla deli ettin. Saatlerce elimi bir aşağı bir yukarı çeviriyordun.
Dov: Seni tanımıyordum İshak. Benim için tehlikeli olup olmadığını bilmiyordum. Yahudilerle Hıristiyanlar arasında bir fark olduğundan emindim.
İshak: Elbette bir fark var. Auschwitz'deki rampayı kim için yaptılar, kim için krematoryum inşa ettiler, Yahudiler için değil mi?

İshak

Kardeşimin yanına otururken çok korktum, savaşta bile böyle korkmamıştım.

Hastane Almanya'nın Neuberg von Wald kasabasındaydı. Birkaç dakika Dov'un yanında oturdum ve dışarı çıktım. Yanında kısa bir süre otururdum, zaten ilaç kokusu ve hastalardan gelen koku yüzünden, epeydir onun delirişini izliyordum. Orada hiç durmadan öksürüyormuş gibi ağlayan hastalar vardı. Birkaç dakikada bir kusuyormuş gibi ağlayan hastalar vardı. Bazıları da günde bir kez kaka yapmaya çalışıyormuş gibi ağlıyordu, ama günün yarısında sanki ishal olmuşlar gibi ağlıyorlardı. Sadece dört beş hasta normal insanlar gibi ağlıyordu.

Sinirlerimin laçka olduğu anlar vardı, böyle anlarda yakınımızda ağlayan bir hastanın yatağına yaklaşır, onu yatağıyla birlikte kaldırır ve küt, geri bırakırdım, bir süre huzur bulabilmemin tek yolu buydu. Bütün o gözü yaşlı insanlara rağmen bir parça huzur bulabilirsem, Dov'la konuşurdum, hatta ona aptalca şeyler anlatırdım. Evden bahsederdim. Kemeriyle bizi helaya kadar kovalayan ve pantolonlarımızı indirdiğimizde bile pes etmeyen hahamdan bahsederdim. Komşunun kızından söz ederdim. Dov bu goy kızla yakalamaca oynamayı severdi. Bahçede ve evin etrafında saatlerce kahkahalarla koşarlardı. Doğru mu değil mi?

Dov, sanki hiç konuşmamışım gibi elimle oyalanırdı.

Bir kez Doktor Spielman'a, bu konuşmaların ona yardımı olur mu, diye sordum? Bilmiyorum, dedi Doktor Spielman, ama herhangi bir zararı yok, bu yüzden konuşmaya devam et.

Bazen Dov'un kafasını bazen de kendi kafamı duvara vurmak isterdim. Onun kafasını hiç vurmadım, sadece kendiminkini. Yanına, yere oturur, başımı dizlerimin arasına koyardım ve bir anda orada bir çiş göleti oluşurdu. Ailemi tekrar kaybetmişim gibi hissederdim. Hemşireler beni hiç yalnız bırakmadı. Bir kâse çorba getirir ve İshak, derlerdi, kardeşin henüz genç, üstesinden gelecek, biraz sıcak çorba iç ve sonra ofise gel, sana kahve yapalım. Ofiste kahve istemiyordum. Bu koku orada da vardı. Temiz hava almak istiyordum, elektrik tellerindeki kuşları saymak istiyordum. Çocukları top oynarken ve şeker için dövüşürken izlemek istiyordum.

Sadece üst kattaki komşum normaldi ve belki de çikolatalar yüzünden kötü kokmuyordu. Bana her zaman elini uzatır ve ye, ye, derdi, kokuya iyi gelir.

Çikolata emer ve doktorların çevresinde dolanırdım. Bütün gün onları takip ederdim. Sanki mümkün olduğunca fazla hastayı kurtarmak zorundalarmış gibi, yatakların arasında koşuşturup dururlardı. Kimsenin kendilerine dokunmasına izin vermeyen bazı hastalar vardı, ancak doktorlar ve hemşireler pes etmez, ellerini hastaların bedenlerine uzatır, sızıntıları temizler, yaraları sarar, kel kafaları okşar ve böyle böyle devam ederlerdi. Hemşireler hastalar uyurken de onlarla ilgilenirdi. İşe yaramazdı. Hastalar uyandığında sargılar ve alçılar yerlere saçılırdı. Dov'un yanında solunum problemi olan bir hasta, ne zaman yanından bir Amerikalı hemşire geçse pantolonunu indirir ve yatağa çişini yapardı. Sefil ve ıslak bir bebek gibi ulurdu. Kendisine dokunmalarına izin vermedi. Çarşaflarını sadece geceleri değiştirdiler. İdrar kokusu beni delirtiyordu. Adam birkaç gün sonra ortadan kayboldu ama kokusu kaldı.

Beni en çok korkutan ölülerdi.

Her iki saatte bir yeni bir ölüm gerçekleşiyordu. Gözyaşlarına gömülüp ölen hastalar vardı, ağlıyor, ağlıyor, ağlıyor, ansızın ölüyor ve bir süre sonra da osuruyorlardı. Bazen birkaç dakika içinde iki üç osuruk ve bozulmuş et ya da ishal kokusu. Bugün bile, ne zaman bir osuruk sesi duysam, biri mi öldü yoksa bu sadece iyi bir yemekten, diyelim Şabat *yahnisi*'nden[46] ya da ağaçtan yeni kopartılmış taze portakaldan sonraki sağlıklı bir osuruk mu diye kontrol ederim. Ölüler bir tren istasyonundaki yolcular gibi değişirdi. Hemşireler ölüleri bir çarşafa sarar ve soğutma odasına taşırdı. Oradan ölüleri kamyona alırlar ve bilmediğim bir yere götürürlerdi. Ölülerin odasına asla yaklaşmadım, daha önce insanın başına bela olan ölü insanlar görmüştüm.

Bu arada hemşireler döşeği ters çevirir, üzerine temiz, bazen yırtık ya da lekeli bir çarşaf serer ve ölmekte olan, zar zor nefes alan bir hasta getirirlerdi. Ve sonra bu

---

46) "Cholent" yerine: Yahni, güveç. (ç.n.)

hasta bir iki gün dayanır, nefes almayı bırakır ve ölürdü. Gerçekten hayatta kalan kimseyi hatırlamıyorum. Hastalar tifüs, dizanteri, zatürreden öldü. Zihinlerinden fışkıran görüntüler yüzünden öldü. Öldüler çünkü bileklerini bıçakla, bazen de çatalla kestiler. Bazıları ise artık nefes almaya güçleri kalmadığı için öldü. Buna benzeyen ölü bir insan gördüm. Nefes almayı bıraktı ve hareket etmedi. Bir dakika sonra gözlerini hafifçe araladı, yumdu, tekrar araladı, yarı açık gözlerle biraz bekledi, konu kapandı. Çabucak çıkarıldı ve bir başkası getirildi.

Dov için korkuyordum. Hayatının geri kalanında eller aşağı eller yukarı oyununu oynamaya karar vermiş olmasından korkuyordum.

Dov yataktan kalkmadı. Hemşireler onu karnının, sırtının, karnının, sırtının üstüne döndürürlerdi. Onu yatakta yıkarlardı ve o da her hemşirenin ellerini kontrol ederdi. Ona suyu çay kaşığıyla verdiler. Bazen içerdi. Yemek yemek istemiyordu. Yemek tepsisinde getirdikleri ekmeği alıp yastığının altına saklardı. Sanırım ekmeğini geceleri yiyordu, tek başına. Çişini yatakta yapıyordu. Çok azdı. Bacaklarının arasında kalın bir tomar kumaş vardı ve yetiyordu. Dov'un bedeni, üstü şeffaf deriyle kaplı bir dizi etsiz kemiğe benziyordu. Derinin altındaki çapraz çizgileri sayabiliyordum. Çizgiler maviydi, pembeydi, buruş buruştu. Kardeşimin yiyecek dolu bir hastanede açlıktan ölmesinden korkuyordum.

Tüm o günler boyunca hastanede uyudum.

Ayakta olduğum zamanlar da bile hemşireler benim için bir yatak ayırdılar. Hastanede yedim, rahibelerin getirdiği günlük giysileri giydim, duş almak istemedim. Bilmediğim bir duştan ne akacağı belli olmazdı. Lavabonun önünde durur ve kendime su sıçratırdım, iç çamaşırlarıma da, bu yeterliydi.

Diğer hastalarla konuşmazdım.

Birazcık, bana çikolata veren komşuyla konuşurdum. Daha çok Dov hakkında konuşurduk. Bir gün ortadan kayboldu. Onu bir çarşafın içinde soğutma odasına götürdüklerinden emindim. Hemşireler kendi aralarında konuşuyordu, hayır, hayır, dediler, başka bir hastaneye gönderildi. Onlara inanmadım ve çikolatayı özledim. Çoğunlukla kardeşimin yanında oturdum ya da Doktor Spielman'ın peşinden koştum. Onu yalnız bırakmadım.

Ona sürekli kardeşime ne olacağını sordum, bana cevap ver Doktor Spielman, şansı var mı? Cevabım yok.

Geceleri ayakları üzerinde durabilen ve yiyecek çalmak için yataktan çıkabilen hastalar gördüm. Diğer hastalardan çalıyorlardı. Mutfaktan, ofisten çaldılar, osurmaya başlayan ölülerden çaldılar. Yataklar yiyecek depoları haline geldi ama bu onlar için yeterli değildi. Yataklarında hastaneye gelen her şeyi sakladılar. Kahve, şeker, ilaç, havlu, sabun, pijama, sargı bezi, şişe, alçı, pamuk, çatal, tuz, pudra. Malzeme yığınları. Ve sonra, çalan bu insanlar, hop, öldüler. Bazen geceleri, ellerinde bir torba kahve ile yataklarına giderken ölürlerdi. Hemşireler gizli yerleri keşfeder ve onlardan bu işi bırakmalarını isterdi. İşe yaramazdı. Yarı ölü komşularının yataklarını depo olarak kullanan ve mallarını merak etmekten uyuyamayan hastalar vardı. Hırsızlar her gece aynı değildi. Bazen çalıyor, bazen esip gürlüyorlardı. Bir patates kabuğu için kavga ettikleri kamplar gibi. Savaşın dünyada sona erdiğini ama insanların kalplerinde devam ettiğini fark etmiştim. Biliyordum, savaş bizi asla terk etmeyecekti. Tıpkı bir buzağının gövdesine üzerinde bir rakam olan kızgın bir demir basmak gibi. Buzağı yaşlanır, rakam değişmeden kalır. Dibi olmayan bir kara deliğe düştüğümü hissediyordum. O karalıktan çıkmak ve dışarı koşmak istedim.

 Neuberg von Wald kasabasında dolaştım. Dışarısı bahardı. Sonradan, keyifli güneşiyle ve mavi, biraz da beyaz şekilsiz bulutlarıyla, yaz geldi. Yine de, önümde şeffaf bir cam varmış gibi hissediyordum. Evlerin yanındaki bazı bahçelerde çiçekler vardı. Kırmızı. Mor. Sarı. Koyu bir turuncu leke. İnsanlar evlerin duvarlarına yakın ya da çitlerin yanından yürüyordu. Birbirleriyle pek konuşmuyorlardı. Görünen o ki, evlerine dönüp kapıyı pencereyi kilitlemeden önce, bir işi bitirmek için acele ediyorlardı ve sonra ertesi sabaha kadar içeride kalacaklardı. Belki bir genç Hitler daha istemiyorlardı. Mağazalarda çok az müşteri vardı. Kapıda durup cebindeki bozukluklarla oynayan satıcılar gördüm.

 Cadde boyunca yavaşça yürüdüm, acelem yoktu, yetişecek bir yerim de. Hep yolun kenarından yürüdüm. Kaldırımları Almanlara bıraktım. Almanlar da yolu bana bıraktı. Kardeşim olmayınca kendimi dünyadaki son Yahudi gibi hissettim ve bu çok zordu. Temiz hava soludum, pantolonuma ve gömleğime dokundum. Üzerimde hastane kokusu vardı.

 Bir gün bir mağaza vitrininin önünden geçiyordum.

 İçinde pantolon, gömlek, çorap, kravat ve oldukça büyük bir el feneri vardı. Cama yaklaştım ve sonra bom. Pencerede tanıdık ama tuhaf bir şahıs görüyorum. Etrafa baktım, yalnızdım. Ürperdim. Kaçmak istedim. Kımıldamadım. Camda, belki kırk kilo ağırlığında, incecik genç bir adam gördüm. Yırtık pırtık, renksiz bir kemerin altında beli dönmüş gri pantolonuyla, hatırladığımdan daha uzundu. Kemerin tokası en uzak deliğe takılmıştı. Omuzlar, soluk gömleğin altında daha büyük görünüyordu, boyun aynı kalmıştı. Yavaşça, yavaşça başımı kaldırdım, baktım ve nefesim kesildi. Uzun, ince, hastalıklı bir yüzüm vardı. Saçlarım kısaydı. Dikkatle dokundum, diken dikendi. Alnımda çizgiler ve küçük yaralar vardı. Burnum bir yetişkininki gibi uzun ve genişti. Burnun yukarısında kalın ve asi kaşlar fırlamıştı, oy, bana ne yapmışlar, diye fısıldadım, annem ve babam bile beni tanıyamayacak. Kafama bir şaplak attım, bir annem ve bir babam olmadığını unutmuştum. Belki de değiştiğim için kardeşim beni tanımadı, diye düşündüm, öyleyse ne yapmalıyım, ne yapmalıyım. Elimi göğsüme koydum, kalbim biraz sakinleşmişti, sonra alnımdaki kırışıklıkları düzeltmeye başladım. Alnım kırmızılaştı, çizgiler olduğu gibi kaldı, yaralar da, pürüzsüz bir yüzüm olduğunu görebiliyordum, hiç sakal belirtisi yoktu. Neden sakalım olmadığını anlayamıyordum, benim yaşımdayken Avrum'un sakalı vardı, belki de açık trenlerdeki buz gibi hava yüzünden, yüzüm kız yüzü gibi kalacaktı. Gömleğimin en üst düğmesini açtım. Tüylere rastladım. Kendi kendime dedim ki, sakalım çıkacak, eninde sonunda çıkacak.

Dişlerim yerindeydi, sadece rengi değişmişti. Gözümün altındaki deriyi aşağı doğru çektim. Solgundu, lekeler vardı, diğer göz de aynıydı ve sonra mağazanın içindeki adamı önümde dururken gördüm. Dev gibi bir yüzü vardı. Uzun kolunu uzattı ve *Raus*[47] diye bağırdı. *Raus*. Onu anladım. Ben bile kendimden korkmuştum.

Dov'u bulduğumdan bu yana üç ay geçmişti, ne olacağını bilmiyordum. Bir gün Doktor Spielman yanıma geldi ve beni bodrumun bir köşesine götürdü.

Sırtım duvara dönük durdum. Bir eliyle duvara tutunurken, diğer eliyle kel kafasını ovuşturdu. İleri geri, ileri geri ve sonra sorgulayan gözlerini gözlerime dikti, düşündü, düşündü, düşündü ve sonunda dedi ki: İshak, dinle, kamplarda neler yaşadığını biliyorum, ben de oradaydım. Tanımadığım kalın bir sesi vardı.

Birden gerildim, ellerimi ceplerimden çıkardım, neredeydin doktor?

Sessizleşti, birkaç dakika sonra, kardeşininki ağır bir vaka, dedi. Çok ağır. Bir şey denemeye karar verdim. Alnındaki ter damlaları fark edilebiliyordu. Bir mendil çıkardı, alnını sildi ve dedi ki, eğer güçlü bir içki bulabilirsen belki kardeşini kurtarabilirsin.

Ayağımı yere vurdum, nasıl güçlü bir içki doktor, diye sordum.

Konyak, votka, viski, fark etmez, önemli olan alkollü olması.

Alkol mü, diye sordum, sarhoş olmak gibi mi? Evet. Evet. Git ve kasabada içki ara, mağazalarda bulamazsın, insanların evlerinde ara. Bir şişe bulursan,

---

47) (*Alm.*) "Raus": Defol. Çık dışarı. (ç.n.)

hastaneye getir. Kardeşin için bir çare icat edeceğiz, belki işe yarar, ama önce biraz içki bul.

Hiçbir şey anlamamıştım. Koşarak hastaneden ayrıldım.

Dışarıda sıcak ve boğucu bir hava vardı. Yol boyunca koştum. Arabaları geçtim, neredeyse köpeğini gezdiren yaşlı bir kadına çarpıyordum, durmadım. Küfrettiğini, sonra tükürdüğünü duydum, köpek havladı, hav-hav, çoktan uzaklaşmış, kurumuş bahçeleri olan bir dizi evin yakınına gelmiştim. İlk evde durdum, sakince nefes almaya çalıştım. Kapıyı çaldım ve yanıt beklemedim. Kolu aşağı bastırdım. Kapı açıldı. İçeri girdim.

Oturma odasında, elinde bir kitap tutan yelekli şişman bir adam oturuyordu. Beni görünce ayağa fırladı. Tek gözünün ve alnının yarısının olmadığını gördüm. Ağzını açtı. Ona sertçe baktım, kapattı. Yumruklarını ceplerine sokarken beni izledi. Oturma odasındaki büfeyi inceledim. Bardakla doluydu. Kapakları açtım, çekmeceleri açtım. Tabaklar, yemek takımları, masa örtüleri vardı, bir şişe bulamadım. Mutfağa gittim. Adam beni takip etti, iki adım geriden. Mutfakta ağır bir kızartma kokusu vardı. Küçük bir masa, dört sandalye ve alçak dolaplar. Dolapları açtım, tenekeleri, paketleri, kap kacağı, patatesleri kenara itip baktım. Şişe görmedim. Duvarın yanında büyük bir kutu vardı. Onu açtım. Hiçbir şey yoktu. Mutfaktan çıktım. Küçük bir kız, belki altı ya da yedi yaşında, adama yaklaştı. Adam kıza gitmesini işaret etti ve kız odadan ayrıldı. Onu takip ettim. Odanın birine göz attım. Kız, yün bir oyuncak ayıya sarılmış, yatağın yanında duruyordu. Bir dolap gördüm, kapaklarını açtım, sadece elbiseler. Başka bir odaya geçtim. Çift kişilik bir yatak ve bir yüklük vardı. Giysileri, havluları kaldırdım, yatağın üstüne çıktım ve yüklüğü kontrol ettim, hiçbir şey.

Kız kapıda duruyordu, Almanca olarak, ayakkabıyla yatağa çıkmak yasak efendim, dedi, ne arıyorsunuz? Sinir bozucu bir alkış sesi duydum. Adam kızın yanında durdu. Tırnaklarıyla bastırarak onu kolundan yakaladı. Yataktan indim. Adamın eline baktım. Kızı bıraktı ve kız odasına koştu. Bahçeye çıktım. Orada bir kiler vardı. Yaklaşık on yaşında bir çocuk kapıda duruyordu. Küfretmeye başladı. Adam tzzzt, tzzzt sesi çıkardı, çocuk küfretmeyi sürdürdü. Gözleri Çinlilerin gözlerine benziyordu ve dili çenesine sarkıyordu. Kilere yaklaştım. Oğlan kımıldamadı, küfretmeye devam etti. Onu geçip kilere girdim. Kutuları devirdim, bir fıçının içine baktım, orada boş şişeler vardı. Oturma odasına geri döndüm. Aşağıya inen merdivenler gördüm. İki çocuk adamın yanında duruyordu, adam onların ellerini tuttu. Yüzü duvar kadar beyazdı. Mahzene indim, karanlıktı. Tavana yakın küçük bir pencereden biraz ışık geliyordu. Işığa alışana kadar birkaç saniye bekledim. Adamın üst katta hızlı hızlı konuştuğunu duydum. Sesi makineli tüfek sesine benziyordu. Aldırmadım. Kutuları açtım. Raftaki battaniyeyi kaldırdım. Yere bakındım. Alkollü içecek bulamadım. Evden çıktım ve kapı sertçe kapandı. Bir anahtar sesi duydum. Perdenin hareket ettiğini gördüm.

İkinci, üçüncü, dördüncü eve gittim.

İzin almadan, soru sormadan, doğrudan oturma odasına giderdim. Ev boşmuş gibi içeri girer, kendi başıma arama yapardım. Evin sahipleri beni rahatsız etmezdi. Belki benden korkuyorlardı, bilmiyorum. Eğer evin kapısı kilitliyse, bir pencere kırardım. Bazen çatıya tırmanır ve hop, içeri atlardım. Kapı kırdığım da oldu. Hiçbir şey beni durduramadı. Evde yürür ve çıkıp giderdim.

Evlerin birinde, önlüklü ve terlikli bir büyükanne beni takip etti, ağlıyordu. Sanki ben efendiydim ve o da bir köpekti. Tek kelime söylemedim. Onun evine de baktım. Ama bahçeye bakmaktan vazgeçtim. Ben evden ayrılana dek ağladı. Başka bir evde, kapıyı kucağında bebek olan bir kadın açtı. Eski bir elbise giyiyordu. Küçük bir yüzü ve saçında bigudiler vardı. Endişelenmeyin hanımefendi, size zarar vermeyeceğim, demek istedim, ama ağzımdan hiçbir şey çıkmadı. Kadın sallanan bir koltuğa oturdu, gözleriyle beni takip etti. Ona yaklaştım. *Trinken, Trinken*,[48] dedim ve başparmağımla ağzımı gösterdim. *Nein, nein*,[49] dedi. Ve yavaşça başını salladı. Onu bıraktım ve kapıya gittim.

Kadın koltuğundan fırladı ve gömleğimi yakaladı. Almanca olarak, beni de götür, lütfen efendim, dedi, beni de yanında götür. Yola doğru koştum.

Kasabanın farklı bir semtine gittim.

Savaştan sonra alkollü içecek bulmanın zor olduğunu biliyordum. İnsanların doğru düzgün yiyeceği yoktu. Ama bir karar vermiştim, ben, İshak, bir şişe alkollü içki bulmadan hastaneye geri dönmeyecektim. Bütün kasabayı aramak zorunda kalsam bile. Trenle başka bir şehre gitmem gerekse bile. Evlere zorla girmeye devam ettim. Sokak sokak dolaştım. Girdiğim evlerden birine, peşimden bir grup kedi girdi. Beni odadan odaya takip ettiler. Sanki birlikteydik. Kamburu çıkmış yaşlı ve gözlüklü bir kadın tuvaletten çıktı. Gözlüğü yere düştü. Eline bir bez parçası aldı, elbisesine vurmaya başladı ve *meow kishta, meow kishta*[50] diye bağırdı. Gözlüklerini yerden aldım ve avucuna koydum.

---

48) (*Alm.*) "Trinken": İçmek, içki içmek, şerefine içmek. (ç.n.)
49) (*Alm.*) "Nein": Hayır. (ç.n.)
50) Pisi, git buradan, pist pist.

Peşimde kediler, dolapları açmaya başladım. Yaşlı kadın masadan bir bardak su aldı ve üzerimize serpti. Kenara sıçradım ve ona gülümsedim. Çığlık attı, kedilerini al ve dışarıda yürü.

Bir dakika büyükanne, gidiyorum. Hemen köşedeki küçük dolabı açtım. Dolap berbat kokan paçavralarla doluydu. Kapattım. Bahçeye çıktım. Peşimde kediler. Zincirle bağlı orta boy bir köpek havlamaya başladı. Çitin üzerinden komşu eve atladım.

Araştırmamda hiçbir şeye el sürmedim. Eğer Doktor Spielman bana altın getirmemi, mücevher getirmemi, gümüş bir tabak getirmemi söyleseydi, getirirdim. Kimse bana zorluk çıkarmadı. Altınla ilgilenmiyordum. Takılarla ilgilenmiyordum. Kardeşimi kurtarmak istiyordum.

Sonunda buldum. Henüz akşam olmamıştı ve ev boştu. Kilidi kırdım ve içeri girdim. Birkaç adım beni büyük ve karanlık bir oturma odasına getirdi. Ağır perdeleri, kırmızı halısı ve cam bir abajuru vardı. Süslemeleri olan ağır ve ahşap bir konsolun üstünde muhteşem bir büfe duruyordu. Bir bacağı havada beyaz bir dansçı pilili bir etek giyiyordu. İlk başta elbise yüzünden hiçbir şey göremedim. Küçük bir anahtarı çevirdim ve büfeyi açtım. Alkolün keskin ve güzel kokusu burnumu gıdıkladı. Kalbim yerinden fırladı. İşte oradaydılar. Cam bir rafın üstünde, üç güzel şişman şişe. Şişeleri gömleğimin içine koydum ve sıkıca tuttum. Kendime engel olamadım ve sevinçle bağırmaya başladım. Doktor Spielman, diye bağırdım, kardeşim için alkolümüz var ve o iyi olacak, aah. Birden çığlıklar duydum. Oh. Oh. Oh. Neredeyse yere kapaklanacaktım. Arkamı döndüm. Köşedeki bir sandalyenin üstünde büyük bir kuş kafesi duruyordu. İçinde rengârenk büyük bir papağan vardı. Ona yaklaştım ve daha yüksek sesle bağırdım, oho. Oho. Onu öpmek istedim. Ben evden gidene dek çığlık atmayı sürdürdü.

Şişeleri birbirine yakın tutuyor, hastaneye varmak için acele ediyordum. Akşam olmaktaydı. Sokak neredeyse boştu. Sokak lambalarının ışıkları kaldırımın üzerinde delikli daireler çiziyordu. Ana yoldan Doktor Spielman'a bağırmamak için kendimi zor tutuyordum. Hastanenin içinde koştum. Hemşirelere bağırdım, doktorum nerede, nerede? Doktor Spielman bana yaklaştı. Şişeleri gömleğimden çıkardım ve masanın üstünde yan yana dizdim.

Doktor Spielman güldü, güldü ve dedi ki: Konyak, viski, votka. Yanağımı sıktı, ay, ay, ay, sen bir tanesin Icho, dedi, bir tane. En az on santimetre uzadığımı hissettim. Hatta sakalım çıkmış gibi hissettim. Doktor Spielman iki şişeyi anahtarlı bir dolaba sakladı, konyak şişesiyle birlikte iki bardak aldı ve hadi gel, kardeşinin yanına ineceğiz, dedi. İndik. Alman doktor da bizimle geldi.

Dov'un yanına vardık.

Her zamanki gibi yatıyordu. Doktor Spielman onun yanında durdu. Tutmam için şişeyi ve bardakları bana verdi, Dov'u yatakta oturur konuma getirdi, parmaklarını şıklattı ve bana, şişeyi aç ve bardakları doldur, dedi. Yarım bardak yeter. Şişeyi açtım ve konyağı doldurdum. Ellerim titriyordu ve konyak yere döküldü. Doktor Spielman, bir bardak senin için Icho, dedi, bir bardak kardeşin için. Hadi, hadi, yaklaş. Yaklaştım. Bir elini omzuma koydu ve beni Dov'la yüz yüze gelecek şekilde çevirdi. Ve sonra, bekle dedi, biraz daha yaklaş. Yaklaştım. Dov ellerime baktı. Sonra Doktor Spielman, önce sen iç, dedi, sonra diğer bardağı kardeşine ver ve ona içmesini söyle, anladın mı?

Evet, dedim, ama o kendi başına içemez.

Doktor Spielman, deneyeceğiz, dedi. Yaklaş. Ayağım yatağa değdi. Dov elimi yakalamaya çalıştı. İzin vermedim. Doktor Spielman'ın cebinden mendilini çıkardığını ve başını sildiğini gördüm. Alman doktor bana gülümsedi ve başını salladı, beni cesaretlendirmek istiyordu. Dov'un yanındaki hastalar ilgi göstermiyorlardı. Sessizce saydım, bir-iki-üç, bardağı kaldırdım ve bir yudumda içtim. Vaaah, yaktı. Kocaman bir öksürük geliyormuş gibi hissettim ama yutmayı başardım. Dov'a biraz verdim. Bardağı benden aldı ve bekledi. Aha.

Dedim ki, iç, iç. Bardağı kaldırdı, tüm konyağı içti ve öksürmeye başladı.

Doktor Spielman ellerini çırptı. Alman doktor ağladı, bravo, bravo ve bana bir gülme krizi geldi. Duramıyordum.

Kardeşimin üzerine kapandım, ona sarıldım ve ağladım, iyi olacaksın ve birlikte hastaneden ayrılacağız. Beynime, yüzüme, omurgama yağmur yağıyormuş gibi hissettim, kendimi tutmak istiyordum, ama benden yağan yağmur kardeşimi ıslatıyordu. Üzgün değildi ve elimi inceledi. Elimi istediğin kadar çevir, dedim, umurumda değil. Bu arada konyak karnımda dans etmeye başladı, boğazıma çıktı ve dörtnala koşturdu, dişlerimi sıktım ve tuvalete koşmak istedim. Koridora çıkmayı başardım ve sonra vaaah. Kopkoyu püskürdüm. Yataklar arasındaki koridor kirlendi. Başım dönüyor, gözüm kararıyordu, en yakın yatağın demirini yakaladım, yaslandım ve öyle kaldım.

Alman doktor başımı kaldırdı ve alnımı tuttu, içmeye alışkın değilsin, benimle gel, duşa gideceğiz. Kımıldamadım. Nedenini bilmiyorum, ama aklıma Buchenwald Kampı ve 8. Bloktaki Alman doktor geldi. Sağlıklı çocukları alıp götüren ve geri getirmeyen doktor. Başım aşağıda kımıldamadan durdum, kulaklarımda duyduğum şey tehlikeydi! Doktor Spielman'a baktım. Elleri Dov'un ellerindeydi. Düz duramadığımı gördü ve duşa git Icho, yıkanmalısın, dedi.

Ne kadar sürecek, diye sordum, ve sakın bana birkaç dakika deme, aptal değilim, kaldığım blokta Alman bir doktorla deney yapmak için giden çocuklar vardı, bu yüzden bana doğruyu söyle Doktor Spielman, Alman doktor beni duşta ne kadar tutacak.

Doktor Spielman'ın üzerine bir kasvet çöktü. Alnında kalın bir çizgi belirdi. Endişelenme, Icho, dedi, bu iyi bir doktor, onu ilk günden hatırlarsın, onunla git. Bir süre kardeşinle kalmak istiyorum.

Yürümeye başladım. Dilimde acı bir tat ve keskin bir koku vardı. Doktora karşı gelmedim. Baba ve oğulmuşuz gibi beni kolumdan tuttu. Ona baktım. Göz altında küçük bir tiki ve donmuş bir gülümsemesi vardı. Bir stadyumdaymışız gibi uzun adımlarla yürüdük. 8. Bloktan kaçmayı başarmıştım, şanslıydım, diye düşündüm, belki şimdi o kadar şanslı olmayacağım, duşta başıma bir şey gelirse ne olacak, kimin umurunda. Doktor Spielman bile bana aldırmıyor. Yatakların birinde, Amerikalı bir hemşire bir hastaya yemek yediriyordu. Ona yaklaştık. Seslendim, hemşire, hemşire, bak ve gör, ben Alman doktorla duşa gidiyorum. Tamam mı?

Bir kaşını kaldırdı ve "ne?" dedi. Ve doktora gülümsedi. Emin olmak için başka iki hemşireye daha söyledim.

Duşa geldik, bu duşu uzaktan biliyordum. Başım dönüyordu, sanki yolda dönen bir tekerlek gibi. Duvara yaslandım. Alman doktor bana bir havlu ve temiz pijama getirdi. Ona bakıp, yalnız yapabilirim, dedim.

Doktor, tamam, sadece kapıyı açık bırak, dedi. Duşa girdim. Yavaşça soyundum. Giysiler ekşi ekşi kokuyordu. Duşun altında ayakta durdum. Musluğu açamadım. Arkamda Alman doktoru duydum, "yardıma ihtiyacın var mı?" diye sordu.

Hayır, hayır, dedim, suyu açacağım, bu doktorların duşu, değil mi?

Evet, endişelenme, dedi. Ama musluğu açana kadar endişeliydim. Bol suyla yıkandım, tüm vücudumu en az beş kez sabunladım. Sonra pijamaları giydim. Alman doktor beni ofise çağırdı. Bana bir bardak çay doldurdu, çaya ne koyduğunu kontrol etmek istedim. Doktor üç küp şeker koydu, iyice karıştırdı ve iç dedi, iyi hissedeceksin. Çayı içtim ve karnım uyuyakaldı. Tekrar konuşmadık.

28. Bölüm

Dov

İçtiğim konyak yüzünden sürekli gülmek istiyordum.

Kahkaha falan atamadım. Boğazım yanıyor, parmaklarım karıncalanıyordu ve duvarda gördüğüm damarlar kalınlaşmıştı. Bodrumdaki yataklar hareket etmeye başladı. Bazen bükülüyorlardı. İnsanlar düz yürüyemiyor, ilerleyebilmek için duvara dayanmak zorunda kalıyordu. Kulağımda arılar vızıldamaya başladı. Bazen yüksek bazen zayıf sesle, ama genellikle yüksek sesle vızıldıyorlardı. Kendime baktım, yatağımda da hareket edip edemediğimi görmek istiyordum. Daha hızlı hareket ediyordum, lunaparktaki bir atlıkarınca gibi, her şeyi duvarda gördüğüm küçük bir delik sayesinde biliyordum. Bir tur bitirdim ve başka bir tura başladım.

İçtiğim konyak yüzünden bir melodiyi unutmuştum.

Melodiyi hatırlamayı çok istiyordum. Adı aklıma gelmiyordu, ama aklımda hatırlamak zorunda olduğum bir melodi vardı. Bir ses yakalıyordum ve melodi kaçıyordu. Kendimi zorluyordum, başka bir ses ve o da kaçıyordu. Yanımda oturan misafire bir mızıka getirmesini söylemek istedim. Pantolonumun cebine bak, orada bir mızıka var demek istedim. Pantolonumun nerede olduğunu bilmiyordum. Ona, hayata içeceğimizi ve onun için mızıka çalacağımı söylemek istedim. Eline bastırdım ve onunla tane tane konuşmak istedim, ama içimden söylediğim şey dolandı, dolandı ve içime geri döndü. Sanki kelimeler etrafımızda dolanıp aynı yere geri dönüyordu. Kendi kendime, mızıka dedim. Bana bir mızıka getir, ama kelimeler içimde kaldı. Sonunda yoruldum ve anında uykuya daldım.

29. Bölüm

İshak

Günde üç kez viski ile devam ettik.

Ben içtim, Dov içti. Ben konuştum, Dov sustu. Üçüncü şişeyi bitirmek üzere olduğumuzu görüyordum, peki ya sonra ne olacaktı? Daha fazla konyak, daha fazla votka, daha fazla likör çalacaktım ve hayata içecektik ve bir iki yıl hastanede çakılıp kalacaktık, hayır! Doktor Spielman'ın planına katılmıyorum, hastaneden nefret ediyorum. Kardeşimin hastalığına yakalanmaya başladığımı hissediyordum. Sabah, öğle, akşam, özellikle de bir şeyler içtikten sonra, avuç içlerimde şiddetli bir yanma hissediyordum. Tenimdeki karıncalanma yüzünden ellerimi ters çevirmeye ve işaretler aramaya başladım. Belki de bana bilmediğim bir tür bit dadanmıştır diye düşündüm. Hastane bitleri. Gömleğimin altına baktım. Bit bulamadım. Sadece kırmızı lekeler ve çizikler. Belki vücudum özel bitler üretmeye başlamıştı? Belki kamplardan bit yumurtası getirmiştim ve onlar da bir iki haftadır yediğim yiyecekler ve günde üç kez içtiğim viski yüzünden iyice gelişmişlerdi ve şimdi de tekrar bitlerle doluydum. Her yemekten sonra ellerimi, karnımı ve göğsümü kontrol etmeye başladım. Gün boyunca güneşe çıktım. Geceleri doktorların odasından bir büyüteç alıp kendime bakıyordum.

Bir gece, atkuyruklu ve kurdeleli bir hemşire omzuma dokundu, sen ne yapıyorsun?

Bit mi arıyorsun, bir şey görebiliyor musun? Büyüteci aldı ve beni bir güzel inceledi. Sırtımı da kontrol et, dedim ve gömleğimi çıkardım. Gerek yok, temizsin.

Öyleyse neden kaşınıyorum?

Doktor Spielman'a sor.

Ertesi sabah Doktor Spielman'a gittim, birkaç doktorla birlikte ayakta duruyordu. Bana gülümsedi, nasılsın Icho, viskin kaldı mı?

Dedim ki, viski neredeyse bitti ve ben kaşıntıdan deliriyorum, benim sorunum ne doktor? Gömleğimi kaldırdım ve ona çizikleri gösterdim. Kaşlarını çattı, düşündü, düşündü, endişelenmiştim, belki de ciddi bir hastalığa yakalanmıştım ve bana bir kez daha sabırlı ol Icho derse kendimi tokatlayacaktım, iki tokat, o kadar. Belki bir tokat gömleğinin kolalı yakasında katlanmış beyaz bir mendil taşıyan kel kafalı Doktor Spielman için, bir tokat Alman doktor için, hatta benimle hiç konuşmayan Amerikalı doktor için de bir tane ve kardeşim için de bir tokat, ah. Kardeşime on tokat, her iki yanağına on, yani yirmi tokat, çünkü ben ondan ve saçmalıklarından bıktım usandım. Günde üç kez viskisini içiyor, bir köfte yiyor, iyi çorba içiyor ve konuşmak istemiyor. Ne âlâ. Ne düşünüyorsa artık, icat ettiği bu hastalık sinirime dokunmaya başladı, yok böyle olmaz, bu hastaneden defolup gidiyorum, işte o kadar. Üç dört yıl yatağında dinlenmek istiyorsa, bırakalım dinlensin. Artık onunla işim olmaz.

Doktor Spielman'a yaklaştım ve kulağına bağırdım, artık bu kaşıntıya ve ölülerinizin kokusuna dayanamıyorum, anlıyor musun? Gruptaki doktorlar konuşmayı bıraktı. Kafası sarılı bir hasta yataktan doğruldu ve ağlamaya başladı. Doktor Spielman, şşş, şşş, dedi ve beni oradan uzaklaştırdı.

Doktorların odasında bir sandalyeyi gösterdi ve otur, otur, dedi. Oturmak istemedim. Ayakkabımla yeri kaşımak istedim, kalçamın kemerin altına gelen kısmını ve karnımı. Doktor Spielman parmaklarını hafifçe masaya vurmaya başladı, tarrarram. Tarrarram. Ve dedi ki, senin için zor bir durum, hepimiz için zor. Sonra gözünü pencereye dikti, düşünceliydi, parmakları sustu. Birden, kafasını hızla bana doğru çevirdi ve bir oltaya ihtiyacım var dedi.

Ne?

Bana bir olta bul.

Ellerimi havaya kaldırdım, Doktor Spielman, bayım, hastanede oltaya ne için ihtiyacınız var?

Büyük ve özel bir sırrı varmış gibi bana doğru eğildi ve dedi ki, kardeşinle balık avlamaya gideceğim. Balık mı? Benimle dalga mı geçiyor? Ama yüzü çok ciddiydi. Aşağıdaki hastaları yüzünden bu doktorun da akıl hastalığına yakalandığını düşündüm.

Doğruca ona baktım ve sakınarak dedim ki, belki sizin de karıncalarınız vardır? Çünkü bu karıncaları kardeşimden biliyorum, sizde de var mı?

Derin bir nefes aldı ve sağlıklı bir uzmanın sesiyle, soru sorma, dedi, önce bana bir olta getir.

Nedenini bilmiyorum ama içim mutlulukla doldu.

Kalbin aniden ısınması gibi. Sanki babam beni bir kenara çekmiş ve kulağıma, her şey yoluna girecek İshak, endişelenme, her şey yoluna girecek, diye fısıldıyordu. Sanki İsrail baba özellikle benim için hastaneye gelmiş ve beni, çocukken yaptığı gibi, güçlü kollarıyla dokunmadan tutuyordu. Küçük bir çocuktum, öyle değil mi? Hastaneden ayrıldım ve kaşınmadan koşmaya başladım.

İlk sokaktaki evlerin yakınında durdum, evler tanıdık ve mutlu görünüyordu. Oltaları olmadığını biliyordum ve nerede bulacağımı bilmiyordum. Neuberg von Wald'da balığa çıkmak isteyen biri olduğunu sanmıyordum. Sonra kalbime bir ürperme geldi, belki bu şehirde ufak da olsa bir nehir ya da olta kullanılabilen küçük bir göl vardır. En iyisi bir su birikintisi aramak ve birinin oltasını kapıvermek. İnsanlara sordum. Bir cevap alamadım. Belki de kendimi nasıl ifade edeceğimi bilmiyordum. Konyakta yaptığım gibi insanların evlerine girmeye karar verdim. Bilmediğim evleri aradım.

Ev ev dolaşmaya ve kapıları çalmaya başladım. Açarlarsa çabucak içeri girdim ve kendi araştırmamı kendim yaptım. Dolaplara el sürmedim, odaları kurcaladım, çatı katlarına ve bahçelere bakındım. Kimse beni durdurmaya çalışmadı. Ev sakinleri beni, sanki tüfeği ve omuzlarında çubukları olan bir askermişim gibi takip ettiler. Kafamın çekiçlendiğini hatırlıyorum, salak, salak, neden savaş sırasında direnmeyi denemedin. Birini öldürmek istiyordum.

İki gün sonra bir olta buldum.

Oltayla hastaneye koştum. Onu Doktor Spielman'a verdim. Heyecanlandığını gördüm, oltayı titreyen elleriyle tuttu ve çok iyi dedi, şimdi başarılı olup olamayacağımızı göreceğiz, hadi kardeşinin yanına gidelim.

Bodrum kata indik. Dov'u gözlerini dikmiş tavana bakarken bulduk. Doktor Spielman, yan tarafta dur ve sakın karışma, dedi.

Koridorda durdu ve Dov'la yüz yüze geldi.

Dov doktorun ellerini inceledi. Ağır ağır nefes alan Doktor Spielman birkaç saniye bekledi, sonra oltayı gösterdi, oltayı geriye doğru fırlattı, sonra öne doğru fırlattı.

Doktor Spielman yüksek sesle, Bernard, dedi, balık tutmaya gitmek ister misin?

Dov bir anda doğrulup oturdu ve dedi ki, ama burada su yok, nasıl balık tutacağız?

Savaştan üç buçuk ay sonra, tam olarak böyle oldu.

30. Bölüm

Dov

Kel adam yatağımın yanında duruyor ve elinde bir olta tutuyordu.
   Neden anlamadım.
   Odada su olmadığını biliyordum. Uzun süredir yatağım odada bir tekne gibi hareket ediyordu, bu yüzden kontrol etmiştim. Bir gece ayağımı yataktan indirdim, kuru zemine bastım. Pijamalarıma dokundum. Pijamalar da kuruydu. Suda seyahat edip de nasıl kuru kaldığımı anlayamıyordum. Kel adam bana yaklaştı. Elini tutmak istedim ama nedenini hatırlayamıyordum. Bana elini vermedi, sadece çubuğu aşağı fırlattı ve beni kendisiyle birlikte balığa gitmeye davet etti.
   Ama burada su yok, nasıl balık tutacağız, dedim?
   Su olmadan nasıl balık tutabilirsiniz, nasıl? Köyümde bir nehir vardı. Balıkçıları tanırdım. Ucunda solucan takılı oltaları nehre atarlar ve kovaları doldururlardı; o bir aptal olmalı, ayrıca bir deli gibi gülüyordu, çünkü onu yüksek sesle gülerken gördüm ve ellerini göğsüne vurdu ve az ötemizde duran insanları bağırarak çağırdı, gelin, gelin, burada bir mucize yarattık. Bahsettiği mucize hakkında hiçbir şey bilmiyorum, ama beyaz önlüklü en az beş kadın geldi, beyaz önlüklü en az üç adam ve hepsi bana sarıldı, kel adamla el sıkıştı, kel adam oltayı tekrar tavana fırlattı ve mucize, mucize, diye söylendi, ah, işe yaradığı için ne kadar şanslıyım ve gülerken gözleri yaşarıyor, gözyaşları yanağından akıyordu ve bir adam yatağa oturup ellerini çırpmaya, bir başkası sinagogdaki bir kantor gibi şarkı söylemeye başladı, bu ne böyle, benim Bar Mitzvah törenimi mi yapıyorlar ve ben pijamalarımlayım, bekleyin, püsküller nerede? Ve neden her yerde yatak var, ben neredeyim? Sonra kardeşim İshak'ı gördüm.

Bir kenarda, elini yüzüne koymuş duruyordu. Temiz kıyafetler giymişti ve bedeni karda yürüdüğümüz zaman titrediği gibi titriyordu. İshak kafasındaki saçlarıyla temiz ve sağlıklı görünüyordu. Ben kendimi gittikçe daha ısınmış hissediyordum ama İshak durmadan titriyordu. Onun nesi var, yoksa hasta mı?

Ona seslenmek, anlaşılır bir biçimde, birlikteyiz, yaklaş demek istedim. Beni duyamayacağını fark ettim, çünkü herkes heyecanla, sevinçle konuşuyor ve kantor da sesini titreterek şarkı söylemeye devam ediyordu. Bacağımı kaldırmaya çalıştım, bacağım hareket etmedi. Diğer bacağını denedim, aynı. Ve sonra gördüm ki, oda yataklarla, yataklar da hasta ve zavallı insanlarla doluydu, yoksa hasta mıydım? Pijamamın üstünü kaldırdım, hastalık belirtisi göremedim ve yatağım hareket etmeden yerinde duruyordu. Tavanı araştırdım, damar falan bulamadım ve yataklarda da damar yoktu. Neredeydim?

Kel adam kardeşime yaklaştı ve ona bir baba gibi sarıldı. Herkes bir anda sessizleşti. Kel adam, kardeşin iyileşti ha, dedi, ne söyleyeceksin? Konyak ve olta ile başardık, öyle değil mi?

Ve şimdi, her şey geride kaldığına göre, rahatça söyleyebilirim: Onu uyandırmayı başaracağımıza inanmadığım günler oldu, evet, şimdi çok sevinçliyim.

İshak yutkundu, bir şey söylemedi.

Kel adam bana yaklaştı, elini uzattı ve dedi ki, ben Doktor Spielman, sizinle tanıştığıma memnun oldum. Elini sıktım.

Adınız nedir?

Bernard.

Kardeşinizin adı nedir?

Icho.

Bana gülümsedi ve çok iyi Bernard, dedi, çok iyi. Almanya'da bir hastanedesiniz. Savaş bitti. Burada üç buçuk aydır bilinciniz kapalı yatıyorsunuz, şimdi iyisiniz. Kardeşiniz her gün yanınızda oturdu ve bunlar da sizinle ilgilenen doktorlar ve hemşireler.

Beyaz önlüklü insanlar bana başlarıyla merhaba dediler. Sonra kel adam dedi ki, önümüzdeki günlerde yataktan kalkmanıza yardım edeceğiz. Yürümeye alışmak zorundasınız, bir bebek gibi. Biraz zaman alacak, telaşa kapılmayın. Bir iki hafta içinde ikiniz de hastaneden ayrılabilirsiniz. Tebrikler, iyileştiniz ve kardeşiniz de sağlıklı.

Boğulma sesleri duyduk. Doktor Spielman arkasına döndü. Kardeşimin boğazını tuttuğunu gördüm, yanakları koyu kırmızı. Öksürük, köyümüzün yakınındaki ormanda yaşayan bir kurdun ya da bir tilkinin uluması gibi bir ulumaya dönüştü, tam hatırlayamıyorum. Kardeşim geriye doğru yürüyüp duvara yaslandı, yumruğunu boğazına bastırdı ve ayakkabısıyla duvarı sertçe tekmeledi.

Doktor Spielman bir kardeşime bir bana bakıyordu. Kardeşimin neden bana gelmediğini anlayamadım. Herkesin neden mutlu olduğunu ve neden sadece onun üzgün olduğunu anlamadım. Ona gitmek istedim. Eskiden olduğu gibi ellerini tutmak istedim. Doktor Spielman'a elimi uzattım ve inmeme yardım edin, dedim. Beni tuttu ve ben de yatakta doğrulmaya çalıştım. Beyaz önlüklülerin tümü etrafımda fır fır dönmeye başladı. Yastığa geri düştüm. Yorulmuştum. Bu arada kardeşimin ortadan kaybolduğunu fark ettim.

O günden sonra İshak hastanenin kapısından girmedi, ne kendisi ne de başkaları için. Bugün bile, evet, o savaştan neredeyse altmış yıl sonra, hastaneye gitmez ve zorlukla görebiliyor, katarakt ameliyatı olmalı, yaşlılar için basit bir ameliyat. Onun için bir randevu ayarladım, bir kez değil, iki kez değil, ama hastaneye gitmeyi reddediyor.

Onunla ben, karısı Hanna ve çocuklar uzun uzun konuştuktan sonra, tam göz ameliyatı olmayı kabul ettiği sırada, bir olay oldu. Yani, anestezi uzmanının ofisine gitti ve sanki ameliyat olmaya kesin karar vermiş gibi sessizce oturdu. Doktor zaten onu bekliyordu, bunun bize bir faydası oldu mu? Olmadı, çünkü İshak kaçtı. Evet, onu hastane koridorlarında aradılar, tuvaletlerde, bahçede, peki nerede buldular? Evde, koltuğunda otururken.

Görme yetisine ne olacak bilmiyorum. Yıllardır gazete okumadı. Televizyonda sadece resimleri görebiliyor, altyazılar yok. Araç kullanamıyor. Ki araç kullanmayı çok severdi, kullanmak zorunda, inekler, buzağılar, saman, sonuçta bahçede bir kamyonu var. Neyse ki inek ahırında oğluyla birlikte çalışıyor. Birlikte seyahat ediyorlar, yoksa ne olurdu? Ona hastaneye git diyorum, ben de seninle gelirim, birkaç saatte hallederler, bana yardımcı oluyor mu? Boş yere konuşuyorum.

Revire de gitmez, oraya da katlanamaz. Ben ilgilenirim. Ona ilaçlarını, vitaminlerini getiririm. İlaçları gün gün kutulara ayırırım. Özel bitki çayları isterse, gider alırım. Yeter ki sağlıklı olsun kardeşim.

31. Bölüm

İshak: Doktor Spielman, kardeşin iyileşti, artık mantıklı konuşuyor dediğinde, önümde yeni bir dünya doğdu. Kardeşim iyileşmiş ve ben yaşamaya başlamıştım. Karanlıktan ışığa doğru yürümüş gibi hissediyordum.

İshak

Eylül ayında hastaneden ayrıldık ve bir dinlenme yurduna taşındık.

Amerikalılar bizi, Münih'ten otuz kilometre uzakta bulunan Indersdorf köyündeki bir manastıra gönderdiler. Güzel bir gündü, havanın bayramlık bir kokusu vardı. Bugün gibi hatırlıyorum: Muazzam, mavi bir gökyüzü, parlak bulutlar beyaz koyunlar gibi. Bulutlarda babamın yüzünü aradım. Tatillerde, evin duvarlarını temiz, keskin kokulu badana boyası ile boyamayı severdi.

Yeni elbiseler giydik. Kareli gömlek, koyu renk pantolon ve gri renkte, cepli ve fermuarlı bir asker montu[51]. Pantolon belimizden düşmesin diye bir çivi ile kemerde delik açmak zorunda kaldık. Elbiselerde uzun süre dolabın içinde duran kumaş kokusu vardı. Kokuyu sevdim. Amerikalılar bize, yan tarafında dikişleri olan, sağlam tabanlı, kalın deriden yeni ayakkabılar da verdi ve ben böyle iyi ayakkabılar olduğunu bilmezdim, ne de yumuşak yünlü kalın çoraplar. Yatağa ayağımı koydum ve bağcıkları titreyen ellerle bağladım, ayakkabının derisindeki kırışıkları battaniye ile düzelttim, hışş-hışş. Sanki ruhumu yumuşatıyordum, hışş-hışş, ve sonra ceplere geçtim. En az sekiz dokuz tane cebim vardı. Ellerimi ceplere soktum ve bir süre bekledim. Cepler boştu, ama yine de, sadece bana ait özel bir yerim varmış gibi hissettim. Ceplerden montun fermuarına geçtim, cırt-cırt ve tekrar cırt-cırt, aah, duramıyordum. Dov fermuarı bozacağımı söyledi, senin sorunun ne ve ben de dedim ki, bize kaç çift iç çamaşırı verdiklerini gördün mü,

---

51) "Battledress" yerine: İngiliz askerlerin İkinci Dünya Savaşı'nda giydiği muhabere üniforması. (ç.n.)

gördün mü? Yatağımın üstünde harika bir yığın yaptım, en azından yedi çift iç çamaşırı ve yedi çift çorap daha vardı, sadece benim için, aah. Almanların Zeiss Kampı'nda verdiği yün iç çamaşırını hatırladım, kamplarda sahip olduğum tek iç çamaşırıydı. Bitler yün iç çamaşırını severdi. Kanımı emip şişmanladılar, çoğaldılar ve daha çok emdiler, kaşınmaktan deli olmuştum ama soğuk yüzünden çıkarıp atamadım. Sadece kaynar suyun buharını püskürtmek bitleri öldürürdü ve bu yüzden ara sıra çatıdaki kazan dairesine çıkardım. Sıcak su onları sadece küstürürdü ve bir süre sonra daha saldırgan olurlardı. Su buharı ise bir iki gün benden uzak durmalarını sağlardı ve sonra daha çok ve inatçı bitler gelirdi.

Dov ile hastaneden ayrıldık, ellerimizde bir çanta yola koyulduk. Bir gazeteden kesilmiş iki yabancıya benziyorduk. Birbirimizin kafalarını yumrukluyor, gülüyorduk. Sonra yol boyunca, yürüyüş yapan askerler gibi, ayaklarımızı asfalta vura vura yürüdük. Fabrika yapımı ayakkabıların tabanlarından çıkan sesi duymak istiyorduk. Güçlü, kendinden emin bir sesti.

Hastaneden bizi manastıra götürdüler, çok pencereli gri bir binaydı. Dov ve kamplardan ayrılmış diğer birkaç mülteciyle birlikte kalacağımız bir odada temiz bir yatak verdiler. Bazıları Yahudi, bazıları Hıristiyan'dı. Amerikalılar bizi kemiklerimiz etle kaplansın diye manastıra göndermişti. Herkes sanki ölümden dönmüş gibi görünüyordu. Gözleri tedirgin bakıyor, ani hareket ediyorlardı. Yatağın kenarında otururlardı, tırnaklarını yer ya da sigara içer ve aniden sıçrayıp dışarı çıkarlardı. Dışarıda, bahçenin çevresi boyunca yürürler, yolu inceler ve sineklere bakarlardı. En ufak bir gürültü olsa, diyelim rüzgârda bir pencere çarpsa ya da bir kova devrilse, elleri başlarının üstünde yere uzanır ya da saklanırlardı.

Geceleri uyuyamıyordum. Elbiselerim ve ayakkabılarımla yatağa girerdim. Bir elimde ekmek, diğer elimde hastaneden verdikleri çantanın sapını tutardım. Çantada diğer giysiler, iç çamaşırı, çorap, iki havlu ve tuvalet malzemeleri için plastik küçük bir torba vardı. Birkaç uykusuz geceden sonra çantayı yastığımın altına koydum ve nihayet uyuyabildim, ama sabah kaskatı bir boyunla kalktım. Kardeşim ve ben ilk günlerde çantalarımızı nöbetleşe koruduk. Bazıları her yere çantalarıyla gidiyordu. Onları tuvalete girerken görüyordum, çantalarını dizlerinin üstüne ya da yere koyup oturuyorlardı. Yemek salonunda çantalarının üstüne oturanlar vardı. Bahçede, trensiz bir tren istasyonundaki yolculara benziyorlardı. İçlerinden birisi çantasındaki tüm elbiseleri giymişti, şişkindi, yine de hâlâ zayıftı.

Manastırda *UNRWA*, yani Birleşmiş Milletler Yardım ve Bayındırlık Ajansı adına görev yapan rahibeler ve İngiliz ve Amerikalı kadın askerler vardı. Kadın askerlerin çoğu Yahudi idi. Birdenbire etrafımızı memeleri ve uzun güzel saçlarıyla çok sayıda genç kadın sarmıştı, bellerinde dar bir kemer ve naylon çoraplı bacaklar, ımmm. Bir keyif. Birdenbire bana kırmızı dudaklar gülümsemeye, tırnakları bakımlı ve parfüm gibi iyi sabun kokan yumuşacık eller dokunmaya başladı ve gözlerin üstünde siyah bir çizgi vardı. Askerler önümden geçer ve benim başım dönerdi. Manastırda, elinde bir havluyla yürüyen zavallı bir adam vardı. Ne zaman güzel bir askerin yaklaştığını görse, havluyu önünde açar ve tuvalete koşardı. Alışması neredeyse bir ay sürdü.

Rahibeler yere kadar uzanan siyah pelerinler giyiyor, başlarını beyaz bir örtüyle kapatıyorlardı. Saç görmedim, sadece sıcak ve sevgi dolu bir bakış, sanki bir Hanuka[52] mucizesiydik.

Rahibeler ve askerler bizimle sabırla konuştular, bizimle çok fazla meşgul olmalarına rağmen, ellerinde hoparlör tutmaları gerekmiyordu. Örneğin bize yemek masasında kendimizi tutmayı öğretmek istediler. Sırayla yemek alın. Ana yemekte başkalarına da bir şeyler, ekmek, meyve, sebze bırakın. Bu büyük bir hataydı. Ana yemek anında bitti. Bu nedenle, kendini tutma dersi her sabah en baştan tekrarlandı. Askerler konuşuyor ve tabağı ile masanın altına giren ıslak burunlu bir adam görüyorum. Komşusunu görünce nedenini anladım. Komşusu bir tabak hırsızına benziyordu. Masanın altına baktım. Elinde tabaklarıyla en az dört beş kişi vardı. Yere oturmuşlar elleriyle yemek yiyor ve yiyeceklerinden büyük ısırıklar alıyorlardı. Ve sonra nasıl bir kahkaha, masanın altına inen büyük bir el gördüm, birkaç kafanın üzerinde dikkatli bir şekilde dolaştı, sonra, hop, patates püresine bulanmış bir tavuk budu kaptı. Ooo, aşağıda nasıl bir kargaşa. Masanın altındaki beş kişi tabaklarını aynı anda fırlatıp attılar ve hırsızın elini kaptıkları gibi adamı aşağıya doğru çektiler. Tabak hırsızıydı bu. Kulağıyla patates püresine girdi ve küfür etmeye başladı, piçler, serseriler, beni rahat bırakın aptallar, onu rahat bırakmadılar, tersine daha güçlü çektiler ve patates adamın burun deliklerine girdi, ama yine de tavuk budunu elinden bırakmadı.

İrice bir kadın asker koşarak geldi. Siyah atkuyruğu, sinekleri kovmaya çalışan bir at gibi zıplıyordu. Yüzü tabağın içine gömülen adamın yanında durdu ve dedi ki, Yosef, bekliyorum. Yosef duymadı. Asker Yosef'in kulağına doğru eğildi ve bir şeyler fısıldadı. Yosef doğruldu. Elini pantolonuna sildi ve boynunu tuttu. Sonra

---

52) Işıklar ve mucizeler bayramı Hanuka, Kislev ayının (Kasım-Aralık ayları) yirmi beşinde başlayıp sekiz gün süren bir Musevi bayramıdır. (ç.n.)

asker masanın altına eğildi; kibarca ve saygılı bir biçimde dedi ki, şimdi herkes masanın altından çıkacak ve güzelce yerlerine oturacak, anlaşıldı mı? Sekiz adam masanın altından çıktı, tabaklarına bakarak yerlerine oturdu. Bu arada yanımda oturan adam, sırtı acımış gibi geriye doğru sıçradı. İyi yıkanmış bir gömleğin renginde, yaşlı bir yüzü vardı. Yanındaki esmer adam neşeli bir melodiyle ıslık çalmaya başladı ve hop, bir çırpıda adamın ekmeğini kaptı. Ooo.

Zavallı adam bağırmaya başladı, yardım edin, hırsız var, yardım edin.

Esmer adam ıslık çalmayı bıraktı ve kapa çeneni küçük kız, dedi, sızlanmayı bırak. Yaşlı yüzü olan adam sızlanmayı bırakmak istemiyordu. İstediği şey hırsıza saldırmak ve yanağından bir ısırık almaktı.

Bir anda kızılca kıyamet koptu. Üç asker koşarak geldi. Bağırıyorlardı, güzelce oturun, arkadaşlar, herkes güzelce yerine otursun. İşe yaramadı. Atkuyruklu asker, ağzı diğer adamın yanağında olan adamı tuttu ve onu tüm kafaların üzerine kaldırdı, bu arada onu sertçe memelerine bastırdı. Kocaman memeleri vardı.

Yeter Miko, dedi, yeter artık ve o anda çılgın Miko ben olmadığım için çok üzgündüm. Miko askerin memelerinden hoşlanmamıştı. Tekmeler savurdu, kendini yere attı ve hiç durmadan ağladı. Esmer adam, deli, deli, diye bağırdı. Yanağında usta işi kırmızı diş izleri vardı.

Sandalyesine döndü ve burada bir bebekle sorun yaşadığımızı biliyordum, dedi, ınga, ınga, ınga.

Oldukça iri ve sarı bıyıklı bir rahibe etle dolu bir tepsiye yaklaştı. Miko'nun önünde durdu ve dedi ki, iki tane al, ne, sadece kendin için iki tane al. Miko almak istemedi.

Rahibeye dedim ki, onun ekmeğini aldılar, başka ekmeğiniz var mı?

Ona ekmek getirdiler ve gerçekten sakinleşti. Atkuyruklu asker herkese afiyet olsun dedi, şimdi dikkatle dinleyin: Başkalarının yiyeceğini almamalısınız, yiyecekleri cebinizde odalara götürmemelisiniz ve neden ekmeğinizi yataklarınızda saklıyorsunuz, size günde üç öğün yemek veriyoruz, doğru mu değil mi? Herkes sessizdi. Daha anlaşılır bir tonda devam etti, cevap verin, doğru değil mi? Birisi osurdu, zooort zooort. Herkes gülmeye başladı. Atkuyruklu asker kızardı. Yanındaki küçük askere baktı. Kıçına kadar uzanan saç örgüsü vardı.

Saçı örgülü asker ona gülümsedi ve boş ver, aldırma der gibi başını salladı ve sonra sessiz olun, sessiz olun, diye bağırdı. Ve gerçekten bir sessizlik oldu. Atkuyruklu asker konuşmasına devam etti: Mutfaktan yiyecek çalmaya gerek yok. Mutfak dolaplarındaki ve kilerdeki yiyecekler sizin için. Kamyonla gönderilen kutular da sizin için. Masanın sonundaki bir adam bağırdı, ya Almanlar kamyonu ele geçirirse ne olacak, ha? Onları tanıyorum, kamyonu ele geçireceklerdir, sonra ne yapacaksınız, ha?

Birkaç adam çatallarıyla masaya vurmaya başladı, bağırdılar, evet, evet, evet, lanet olası Almanlar gelip bizi de alacak ve krematoryuma götürecek.

Asker, hayır, hayır, dedi. Almanlar gelmeyecek, anlamıyor musunuz, savaş bitti.

Hiçbir şey anlayamıyorduk. Özellikle hastaneden getirdikleri Amerikalı doktorun sözlerini de anlayamadık. Ne de omuzlarında çubukları olan Amerikalı subayları. Hiçbir şey, hiçbir şey anlamadık. Sanki zihnimizde bir tıkanıklık vardı.

Bizimle konuşmak için manastıra getirdikleri uzun boylu ve yakışıklı dört subayı hatırlıyorum. Hepimizin zihninde bir tıkanıklık olduğunu bilmiyorlardı ve bize profesörlere özgü bir tonda savaşın bittiğini, Almanya'nın yenildiğini ve herkes için yeterince yiyecek olduğunu anlattılar. Hiçbirine inanmadık. Masaya oturur ve hangi taze yiyeceklerin cepte gizlenebileceğini kontrol ederdik. Bu en az iki gün sürebilirdi. Subaylar dünyadaki barışı anlatıp durdular ve biz savaştaydık.

Askerler ve rahibeler bizi normal hayata döndürmek istiyordu.

Bize sabun ve süngerle yıkanmayı öğrettiler. Saçlarımızı üç kez yıkamayı, evet, kulaklarımızı ovmayı. Dişlerimizi fırçalamayı. Diş macununu fırçanın üstüne sürmeyi, yememeyi ve lavaboya tükürmeyi, evet. Bize duşa girmeyi öğrettiler, sırayla, oda oda. Yıkanmak istemiyorduk. Pes etmediler. Bizi duş için sıraya soktular ve kaçmayalım diye gözlediler. Bazen sıranın sonu gelmiyordu çünkü akşamdan sabaha kadar herkese duş aldıramıyorlardı. Birini duşa soksalar üçü kaçıyordu. Pencereden içeri bakıp da musluktan gerçekten su aktığını görene dek duşa girmeyi reddedenler vardı. Onları anlayabiliyordum. Ben de banyoya girer ve çok dikkatli bir şekilde duşu kontrol ederdim. Beklerken, aklımda hep duştan ne çıkacak düşüncesi vardı. Sıcak su mu yoksa gaz mı, belki de toz. Soyunup beklerdim. Birçok kez gaz çıktı, bundan emindim.

Askerler zamanında yatmamızı istiyorlardı. Yatağa elbisesiz ve ayakkabısız girmemizi. Gece ayakkabılarınızı çıkarın, çarşafı kirletiyorsunuz diye yalvarırlardı, hepsini, hepsini çıkarın ve pijamalarınızı giyin, işte burada, iki renkte çok sayıda pijama var, seçin.

Askerler bize piyano çalmayı ve bir konserde güzelce oturmayı öğrettiler. Bizim kültürlü olmamızı istiyorlardı ve benim için bu zor, çok zordu, çünkü bizi bir sürü saçmalıkla meşgul ettiler. Bizim için günlük bir program hazırladılar. Bir gün bir gezi. Bir gün Yidişçe bir oyun. Sonra bir sirk ya da bir konser. Aah.

Akşam yedi. Manastırdaki büyük bir odada, piyanonun başına birini oturtuyorlar. Bize söyledikleri gibi sessizce yerime oturuyorum, normal bir insan gibi, eller göğüste kavuşturulacak ya da bacakların üstüne konulacak ya da bacak bacak üstüne atılacak, baş yukarı bakacak, evet, en önemli şey başın dik durması, iki kulak da piyanoya doğru, evet, uyumak yok, birbirimize yaslanabiliriz. Askerlerin bize söylediği gibi oturdum. Piyano duygulandırıyor ve tak sesi duyuyorum. Tak. Bir tüfeğin. Tak sesi. Tak-tak. Tak-tak-tak-tak. Tak. Çok sayıda. Yaylım ateşi. Omuzlarım düşüyor ve ağlıyorum, sinirden ağlıyorum; kardeşime ve diğer arkadaşlara bakıyorum ve kendi kendime, "deliren tek kişi ben miyim?" diyorum. Ve birden başka bir arkadaşın da ağladığını görüyorum, bir başkası yüzünü siliyor ve yan tarafta başka biri gömleğine bakıp bacağını çimdikliyor, aah, piyano onları da delirtiyor. Askerlere bakıyorum ve mutlu olduklarını görüyorum, birbirlerine gülümsüyorlar, kafa sallıyorlar, evet, evet, ağlayın sevgili insanlar, ağlamak sağlıklıdır. Aptallar, aptallar, getirdikleri piyano yüzünden ağladığımızı sanıyorlardı.

Ertesi gün iki piyano daha getirdiler. Tavana sıçramak istedim ve sonra bizi Yidişçe bir oyuna götürdüler. Boynuna fular sarmış şapkalı bir aktör bize bir su birikintisinden su içmek isteyen Feigele'den[53] bahsetti. Ah. Feigele'den[54] bahsediyor ve ben duyuyorum, Şloime'ciğim ve Sara'cığım ve sonrasında kulaklarda korkunç bir ses. Bozuk bir radyo gibi. Aktör ağzıyla, elleriyle tuhaf hareketler yapıyor, yüzüne bakılırsa gülmemiz gerektiğini anlıyorum, ama gülmedik, ağladık, ağladık. Ve sonra gitti. Sahne boş ve sessizdi. Bu benim için en tehlikeli şeydi. Çünkü her sessizlik gözümün önüne makineli tüfekleri olan Almanları getiriyordu; makineli tüfeklerden sonra da, güçlü duygular yaşatan yoğun bir sessizliği. Ölüm sessizliğini. Bu sessizliğe dayanamıyordum. Hayatın olduğu bir ortamda olmalıydım, böylelikle onlar da insanların bir krematoryumda ortadan kaldırılmalarına neden olmayacak ve beni dünyada yalnız bırakmayacaklardı.

Bir gün bizi bir sirke götürdüler. Dudakları boyalı bir palyaço kocaman ayakkabısıyla tepiniyordu. Kolunda çanlar vardı. Ding-ding sesi çıkarıyordu ve ben bu sesi tak-tak diye duyuyordum. Tak. Ve kan gördüm, kolundaki çanların üstüne dökülen çok fazla kan. Sonra ip üzerinde bir akrobat getirdiler. Herkes bu

---

53) Genç kız.
54) "*Feigele*" Yidiş dilinde "kuş" demektir. Kuş, İngiliz argosunda genç kız, manita demektir. (ç.n.)

mutlu akrobatı izledi, bense Almanları üreten sahnedeki kara deliği inceledim: Cetvel gibi bir çizgide dümdüz duran on Alman ve tüfekli yirmi Alman daha ve çelik kasklı otuz Alman daha ve nihayet *schnell, schnell,* diye bağıran bin Alman ve biz bir saattir ölüyorduk.

Kadın askerlere aklımdan geçen cehennemi anlatamazdım. Aklımdan geçen filmden söz edemezdim, kocaman bir tekerlek gibi dönüyor, dönüyor ve sonra en başa ulaşıyordu. Dönüyor ve en başa ulaşıyordu. Dönüyor ve en başa ulaşıyordu. Trende geçen "Muselmann"[55] filmi gibi. Mahkûmlar onu çiğniyor ve o da bana kocaman açılmış gözleriyle bakıyor. Bağırmıyor, ağlamıyor, sadece hayatının sona ermesini bekliyor. Kamptaki bir mahkûm hakkında bir film vardı, mahkûm bir kışla binasının kapısının yanında duruyor ve kapıdaki deliği kemiriyordu. Kemirdi, kemirdi, küt. Tüfeğin dipçiğini yedi. Beyni dağıldı ve ve ortalığa saçıldı. Büyük bir köpeğin ağzında dans eden bir mahkûmla ilgili de bir film vardı. Bir bez bebek gibi dans ediyordu. Çünkü başka üç köpek daha onun parçalarını istiyordu. Sonu kötü biten filmler.

Alman kızın olduğu filmi nadiren görüyordum, Zeiss Kampı'nda bana yiyecek veren kız, saçları örgülü kız, biri uzun, diğeri kısa. Beni hepsinden çok o kız ağlattı.

Manastırdaki hayatın benim için iyi olmadığını hissediyordum. Masada ya da piyanonun başında güzelce otururken gördüğüm tüm o filmler yüzünden, aklımda giderek daha fazla tıkanıklık oluşuyordu. Atkuyruklu askere çalışmam gerektiğini, çünkü büyük tehlikede olduğumu söyledim. Bilmek istedi, ne işi Icho, söyle bana.

Dedim ki, bana bir meslek öğret, babam gibi kasap olmayı öğret.

Beni bir Alman kasabın yanına yolladılar. Bir masa kadar geniş sırtı vardı ve küçük, sabit bir gülümsemesi. Kesilecek hayvanları alıp getirmek için kasapla seyahat ettim. Yöredeki çiftçilerden aldığı inekleri bahçede kesiyordu. Köylere yaptığımız yolculukları çok sevdim. Süt ineklerinin ve buzağıların olduğu büyük ahırlar görmek hoşuma gidiyordu. İlk birkaç gün zorlandım. Bir köye vardığımızda kendimi boğulmuş hissediyordum. Kasabın bu durumu fark ettiğini anladım. Benimle konuştu ve ben cevap veremedim. Konuşmaya başlarsam ardından büyük bir sel geleceğinden emindim. Bacağımı çimdikledim ve kendime kendimi kontrol etme emri verdim. Birkaç gün sonra her şey daha iyi oldu. Gördüğüm

---

55) (*Alm.*) "Muselmann": Müslüman. II. Dünya Savaşı sırasında Nazi toplama kamplarındaki mahkûmlar arasında sıkça kullanılan bu argo sözcük, açlıktan, bitkinlikten ve umutsuzluktan (yani "açlık hastalığı"ndan) ölümün eşiğine gelmiş mahkûmlara atıfta bulunmak için kullanılırdı. (ç.n.)

ineklerin, buzağıların ve çiftçilerin samanının fiyatına ilgi duymaya başladım. Kasap bana eti doğru yönde kesmeyi, etle ilgilenmeyi ve iç organlarla ne yapacağımı öğretti. Bu arada Almanca öğrendim. Benimle yumuşak, hoş bir sesle konuşuyordu. Benim için yeni bir dil gibiydi. Çığlıkları ve emirleri beyne kızgın çiviler gibi saplanan Almanca dışında bir Almanca bilmiyordum. Nasılsın, dikkatli ol, yavaş kes gibi Almanca sözcükleri bilmiyordum, sabahları sadece benim için olan bu Almanca sevinci bilmiyordum. Beni evlat diye çağırıyordu. Buraya gel evlat, anlıyor musun evlat, şimdi sen yap evlat. Bazen elini omzuma koyardı. Elleri sudan ıslanmış olurdu. Yine de omzumda hoş bir sıcaklık hissederdim.

Bir gün kasap dükkânında bıçakla kendimi kestim.

Parmağımda derin bir kesik oluştu. Çok kanadı. Alman kasap beni bir doktora götürdü, doktor parmağı kırılmış dedi. Parmağın altına bir tahta koydu ve büyük bir bandajla sardı. Yara tam iyileşmedi. Alman kasaba geri dönmedim. Parmağım bugün bile çarpık.

Manastıra İsrail'den Shaliah'lar, yani ajanlar geldi.[56]

Yahudi Tugayı'ndan[57] Shaliah'lar. Sıradan kıyafetler giyiyorlardı. Sağlıklıydılar, bronz tenleri ve güçlü elleri vardı. Onlara yakın olmak, İsrail Ülkesi'yle ilgili hikâyeler dinlemek istiyordum. Shaliah'lar bize manastırdan sonra nereye gitmek istediğinizi sordular, Amerika'ya mı yoksa İsrail'e mi.

Dov'la konuştum. İsrail'e dedik, ama önce evimize, Karpat Dağları'ndaki *Tur'i Remety* köyüne.

---

56) (İbr.) "Shaliah": Teslimatçı anlamına gelen "shaliah" kelimesi, Yahudi hukukunda yasal ajan demektir. Yunanca havari/misyoner sözcüğüne benzeyen İbranice bir terimdir. (ç.n.)

57) Daha çok "Yahudi Tugayı Grubu" veya "Yahudi Tugayı" olarak bilinen "Yahudi Piyade Tugayı Grubu", II. Dünya Savaşı'nda İngiliz ordusunun askeri bir oluşumuydu. 1944 sonlarında kuruldu ve İngiliz-Yahudi subaylar tarafından komuta edildi. (ç.n.)

32. Bölüm

Dov

Manastır benim için iyiydi.

    Çabuk uyuyalım diye geceleri bize çikolata verdiler. Uyumak istemezdik. Odada, bahçede, odada dolaşıp durur, yatakların üstüne oturur, elbiselerimizle uzanırdık. Kalkardık. Sohbet etmeye başlardık, tam ortasında vazgeçer, tekrar başlardık. Bahçede on tur attıktan sonra duvarın yanında duran bir adam vardı ve küt-küt başını duvara vururdu. Ona tüm bir çikolata verdiler. İlk başta yemeyi reddetti. Askere döndü ve önce sen ye dedi. Çikolatanın zehirli olduğundan emindi. Her sabah bizimle bahçede oturan ve kaşlarını tırnaklarıyla koparan biri vardı. Kaşlardan sonra sıra kirpiklere geldi. Kirpikler de bittince göğsündeki kıllara geçti. Göğsündeki kılları avucuyla tutar ve hop, yolardı. Mide bulandırıcıydı. Sonra, sanki bir uçak uçuruyormuş gibi, bir deri parçasıyla birlikte elini havaya kaldırırdı, hım. Hım, hım. İzlememiz için bize seslenirdi. Askerler göğsüne mavi iyot damlattılar, üzerine büyükçe bir sargı bezi koydular ve tırnaklarının altını temizlediler. Sonra makas getirip tırnaklarını kestiler. Bu arada, saç örgüsü kıçına kadar inen bir asker, sessizce, ona sessizce bir şarkı söyledi. Duydum ben. Adam giderdi, hım, hım, hım. Ve bir şeker yalardı. Askerlerin bu kadar şekeri nereden bulduklarını bilmiyorum. Ceplerinde bir şekerleme dükkânı vardı. Her fırsatta bize şeker atarlardı. Örneğin sabahları ıslak bir yatak bulduklarında. Bazen üç dört yatağı birden ıslak buldukları olurdu. Çoğunlukla gece geç saatlerde köpekler havlarken. Bir asker farkında olmadan, örneğin dirseğiyle dokunsa, bazı arkadaşlar çılgına dönerdi. Bir adam kendini duşa kilitledi ve gün boyunca duşun altında durdu, çünkü bir asker omzuna dokunmuştu. Pencereden bağırdılar, Moşe, kapıyı aç, kapıyı aç. Ancak gece olduğunda dışarı çıkmayı kabul etti.

Manastırda kendi aramızda çok az konuşurduk.

Onlar biraz ev hakkında konuşurdu. Biraz köy, kasaba hakkında. Biz soru sormazdık. Günün çoğunda, neler olup bittiğini görmek ve planlarını anlamak için rahibelerin peşinden ayrılmazdık ve giydikleri büyük elbiseler beni rahatsız ederdi. Kimsenin aklımdan neler geçtiğini anlamasını istemezdim ve diğer herkesin jestlerine bakınca fark ettim ki, onlar da kimsenin zihinlerinden neler geçtiğini anlamasını istemiyordu. En şişman rahibeyi takip etmeyi seven bir adam vardı. Rahibe, üst üste katlanan büyük bir elbise giyerdi. Adam ağaçların arkasına saklanır ve eğilerek onun peşinden koşardı. Elbisesinin altında el bombası ya da küçük bir Kalaşnikof sakladığından emindi. Ve derdi ki. Bombalar için değilse, neden o kadar büyük bir elbisesi var, ha? Fişeklik için değilse, neden başını boynuna kadar çarşaf gibi bir bezle örtüyor?

Bir gün bu şişman rahibe adamdan usandı. Onu odasına götürdü. Orada ne yaptıklarını bilmiyorum, ama adam rahibenin odasını düzenli olarak ziyaret etmeye başladı ve bombalardan söz etmeyi bıraktı.

Bazı günler askerlerle takılırdık. Bellerini ve göğüslerini parmaklarımızla ölçerdik, eteğin ortasından başlayıp aşağı doğru bacak uzunluğunu ölçerken kasıkların gerçekte nerede olduğunu tartışırdık, ayrıca her birini ellerimizle tartardık. Biraz güler, sonra sessizliğe gömülürdük. Genellikle parmakları sayardık, ileri geri, ileri geri. Bin kadar sayar ve tekrar başlardık.

Manastırda, kimse kimsenin nereden geldiğini bilmezdi.

Kamplarla ilgili hikâyeleri sadece kendi aramızda paylaşırdık. Yüzlerle, ellerle, tenin kokusu ile. Duş için sıraya girdiğimizde. Akşam yemeğinde masada ya da duvara oturup uzaklara baktığımızda ya da üşütmediği halde birinin burnu aktığında.

En zoru söylentilerdi.

Ortalıkta her gün farklı söylentiler dolaşıyordu. Delireceğimi düşündüm. Birinin beyaz önlüklü doktorları gördüğünü söylemesi ya da manastıra gelen gaz kamyonundan bahsetmesi yeterliydi ve kimse duş almaz olurdu. Herkes bahçeye kaçardı ve zavallı askerler neden üç gündür duşların yanından bile geçmediğimizi anlamazdı. Sonunda askerler dedi ki, bitleneceksiniz, bitlenmek mi istiyorsunuz? Söylentilere göre, mültecilerin hangi kamplardan geldiğini biliyordum. Örneğin, kamyon dediklerinde, arkadaşlardan biri, kampta gördüğü gibi, ayaklanma,

ayaklanma, diye haykırdı. Askerlere de, tüfeklerinizi getirin, herkes siper alsın, çabuk, çabuk, diye bağırdı. Kafasındaki ayaklanmayı durdurmak için, tüm bir çikolata ve tepesinden serpilen bir avuç şeker yetti.

Bir adam odasındaki tüm çantalardan yüksek bir yığın yapardı. Komşu odadan da çanta topladı. İlk başta dayak yedi. Sonunda onu rahat bıraktılar, hatta çantaları açmasına ve elbiseleri gruplar halinde düzenlemesine bile izin verdiler. Çünkü akşam her şeyi geri yerine koyardı. Adamın "Kanada" Komandosu olduğunu ve Birkenau Kampı'ndan geldiğini biliyordum, orada birlikte bulunmuş olabilirdik, ama onu tanımıyordum. Başka bir adam, elinde bir fırça, bir bez ve bir şişe Lysol[58] ile bütün gün tuvaletlerin önünde dolanıp dururdu. Sabahtan akşama kadar tuvaletleri temizlerdi, zavallı adam, Lysol yüzünden derisinde yaralar oluştu. Bir gün ona dedim ki, Simec, ne yapıyorsun, şu ellerinin haline bak.

Çalışıyorum, dedi.

Auschwitz'de ne yapardın, diye sordum?

Bok ve çiş, dedi, bezi aldı ve yürüyüp gitti.

İlk kez manastırdan bir tren geçtiğinde, herkes ormana kaçtı. Üç tren geçti ve hepimiz ormanda kaldık. Ancak dördüncü tren geçince, çıkmaya razı olduk.

Bir gün trenle bir grup doktor geldi. Normal kıyafetler giymişlerdi, beyaz önlükleri yoktu. Düşünmeden konuşan aptal bir rahibe vardı, dedi ki, doktorlar nasıl olduğunuzu görmeye gelmiş. Ne, bir saniye içinde manastırda kimse kalmadı. Herkes ormana kaçtı. Savaşın yeniden başladığından emindik. Doktorların ceplerinde beyaz eldivenler sakladıklarından emindik ve biraz sonra bizi bir rampada sıraya dizecek, beyaz eldivenleriyle, sola, sağa diye direktifler vermeye başlayacaklardı. İlk haftalarda ormanın başlangıcına kadar koştuk. Ne kadar çok yersek, ormanın içinde o kadar uzağa koşuyorduk. Bazıları ormana koştu, bazıları yerinde koştu ve ne olacağını görmek için bekledi. Bazıları manastırın çatısına tırmandı ve olan biteni yukarıdan izledi. Bazen çatıya çıkmış birinden bir işaret beklerdik. Onun işaretlerine göre manastıra dönüp dönmeyeceğimize karar verirdik.

Ve bir gün, Yidişçe bir tiyatro oyununun ilk gösterimini izlemek üzere bizi bir araya topladılar. Ellerimiz ceplerimizde isteksizce duruyor, aracı bekliyorduk. Birden bir söylenti yayıldı, Almanlar. Vay. Hepimiz ormana koştuk. O zamana

---

58) Antiseptik ve dezenfektan olarak kullanılan solüsyon. "Lysol Reckitt Benckiser" firması tarafından üretilen temizlik ürünü markası. (ç.n.)

kadar ince kemiklerimiz biraz et tutmuştu, bu yüzden uzağa koşabildik. Gücüm yerindeydi ve hemen yüksek bir ağaca tırmandım. Bugün kimse beni bu ağaçtan indiremez diye düşündüm. Arkadaşım Vassily bile. Köydeki en iyi arkadaşım Vassily. Bir kolu uzun bir kolu kısa bir palto ile çorap olmadan topuklu ayakkabılar giyen Vassily. Yaz ortasındaki buğday sapları gibi düz sarı saçları ve benimkiler gibi kahverengi gözleri olan Vassily. Macarlar ailemi sinagoga götürmeye geldiğinde beni ormanda aramaya gelen Vassily. Vassily ağacın altında ağlıyordu, Bernard, eğer akşama kadar dönmezsen, aileni öldürecekler. Baban, Budapeşteli genç adamı, sana Budapeşte'de iş sözü veren Şorkodi'yi hatırlamanı söyledi. Onu bir duvara yasladılar. On tüfeğe emir verildi. On tüfek aynı anda. Bernard, dinle beni, aileni bir duvarın önüne dizecekler, anlıyor musun, yoksa anlamıyor musun?

Almanlarla ilgili söylentiler saatlerce ormanda kalmamıza neden oldu, sonra kadın askerlerin bize seslendiğini duyduk, sizin için sıcak etimiz var, sizin için ekmeğimiz var ve çarşaflı yataklarınız var. Beş altı arkadaş koşarak ormandan çıktı. Birkaç dakika sonra şişman rahibenin hoparlörden konuştuğunu duyduk: Dinleyin, dinleyin, savaş bitti. Savaş bitti. Manastırda Alman yok. Bir tane bile. Lütfen manastıra geri dönün.

Yavaşça ormanı terk ettik. Teker teker, başlarımız önümüzde. Utanıyorduk.

Bir ay, belki biraz daha uzun bir süre sonra, manastırın sıkıcılığından rahatsız olmaya başladım.

Indersdorf'da dolaşmak için dışarı çıktım. Yüz adım hızlı yürüdüm, yüz adım yavaş. Sokağın yarısını koştum, yarısını yavaşça yürüdüm. Bir meyhane buldum. Orada arabalar olurdu, özellikle de Amerikan askerlerinin komuta arabaları. Komuta arabalarını meyhanenin yanına park ederler ve bira içmek için içeri girerlerdi. Bu araçlar hoşuma giderdi. Bazen onlara doğru koşardım. Dururdum. Yavaşça ilerler, etraflarında dolaşır, en iyi görünen komuta arabasını seçer, yaklaşır, yaklaşır ve direksiyonuna dokunup kaçardım. Çünkü sırtımdaki tüfek dipçikleri aklıma gelirdi. Birkaç dakika sonra durur ve hemen komuta arabasına geri dönerdim. Direksiyona dokunmak beni heyecanlandırırdı. Arabanın saatleri ve depodaki benzin kokusu da. Meyhanenin yakınına oturur, hareket halindeki bir komuta arabasında direksiyonu tutmayı hayal ederek saatler geçirirdim

Bu arada piyano dersleri aldım. Bukleli bir asker bize piyanoda basit melodiler öğretmeye çalıştı ve ben altı ayda *"Ha-Tikvah"*ı[59] çalmayı öğrenemedim. Pratik

---

59) Yahudi ulusal marşı.

yapmak için çok zamanım vardı. Ona dedim ki, mızıka çalmayı biliyorum, mızıkan var mı? Yoktu. Komuta arabasının hayalini kurdum.

Bir gün kardeşim İshak, köye gitme zamanının geldiğini söyledi.

Evet, dedim, eve gitme zamanı.

Köye, köye, dedi İshak.

Evet, köye, diye tekrar ettim.

Prag'a gitmek üzere ayrıldık. Düşen yapraklara ve kaldırımdaki yapraklara bakılırsa, sonbahardı. Heyecandan az kalsın pantolonuma işiyordum. Pudralı yanakları ve boynunun etrafında beyaz boncuklar olan küçük bir kadın, UNRWA'dan Bayan Fisher, bize kırmızı damgalı İngilizce kâğıtlar verdi. Sizi trende durdururlarsa onlara bu kâğıtları gösterin, dedi. Hiçbir koşulda askerlerle gitmeyi kabul etmeyin.

Tırnaklarımı yemeye başladım. Hangi askerler, Almanlar mı, diye sordum?

Hayır, hayır, dedi Bayan Fisher, trende artık Alman askerleri yok. Rus askerleri var.

Almanlara karşı savaşan Rus askerleri mi, diye sordum?

Evet, dedi.

Yolculuk için paramız yoktu. Trenleri sevmiyorum, dedi İshak. Belki bu işi otostop çekerek hallederiz.

Ona dedim ki, Prag'a kardan önce ulaşamayız.

Yine de trenlerden hoşlanmıyorum, dedi ve montunun fermuarını çiğnedi.

Tren istasyonuna gittik. İçimden bizim için hangi trenin geleceğini sordum, bir yolcu treni ya da bir sığır treni ve sonra düdük duyuldu. Aah. Koşmak istedim. İshak'a baktım. Auschwitz'deki rampadaymış gibi, yüzü bembeyazdı. Ona yaklaştım ve el ele tutuştuk. Avuçlarımız sıcak ve terliydi. Haykırdım, pencereleri olan normal bir tren, bak.

Tren durdu. Lokomotife koştuk ve trenin etrafında dolaştık. Orayı burayı kontrol ettik ve hop, pencereden tırmandık. Bir koltuğa oturduk. Konuşmadık. Bacaklarımı kapattım ve başımı, sanki koltuklu ve pencereli trende seyahat etmeye alışkınmışım gibi düz tuttum. Sanki normal nefes alıp vermeye alışkınmışım ve alınacak bol bol hava varmış gibi. Hııımhaaah, hııımhaaah. Ve koku yoktu, hem de hiç. Neden yoktu? Çünkü insanlar çişlerini ya da kakalarını pantolonlarına yapmıyordu ve komşusunun omzunda ölecek kimse yoktu.

Hııımhaaah. İnsanlar sessizce oturdu, biri gazete okudu, diğeri uyudu, bir başkası sandviç yedi ve sonra bir bebeğin ağladığını duydum. Yerimden sıçradım, kardeşim kolumu tuttu ve otur, dedi, otur ve arkanı dönme. Oturdum. Kondüktör yaklaştığında kafam daha da çok karıştı. Kardeşimi tekmeledim ve birlikte kalktık. Vagonun sonuna kadar yavaşça yürüdük. Vagondan çıktık ve iki vagon arasındaki boşluğa saklandık. Kondüktör geçip gitti. Tekrar yerlerimize döndük.

Arkamdaki iki kişi, sanki gerçek bir felaket olmak üzereymiş gibi konuşmaya başladı. Almanların korkabileceğini bilmiyordum. Biri dedi ki: Rus askerleri belgeleri olmayanları trenden indiriyor. Diğeri dedi ki: Onları neden indiriyorlar? İlki dedi ki: Onları Rusya'ya, Sibirya'da bir çalışma kampına gönderiyorlar diye duydum. Diğeri dedi ki: Sibirya mı? İlki dedi ki: Çok uzakta, kar altında. İşçiye ihtiyaçları varmış, belgeleriniz var mı?

Ağzım kurudu, duydun mu, duydun mu, kardeşim endişe etmememi söyledi, belgelerimiz tamam, Bayan Fisher öyle dedi. Elimi cebime soktum ve kâğıtları tuttum. Hâlâ endişeliydim. Prag'ın girişinde tüfekli bir Rus askeri trene bindi. Ağzımdan bir *oy vei*[60] kaçtı ve kardeşim şşşşşş sesi çıkardı. Her şey yolunda. Acilen tuvalete gitmeliydim, ama kalkmaya cesaret edemedim. Rus askeri beni işaret etti ve Almanca, belgeler, belgeler dedi. Kâğıtlarımı cebimden çıkardım. Ellerim titriyordu. Asker kâğıtları yukarıdan aşağıya inceledi. İngilizce okuyamadığını anladım. Ben de bilmiyordum. Kâğıdın üzerindeki kırmızı damganın onu tatmin ettiğini gördüm. Kâğıtları bana geri verdi ve gitti. Koltuğa yığıldım. Kardeşime dedim ki, bir sonraki asker kırmızı damgaya inanmazsa ne olacak?

Kardeşim, inanacak, dedi. Karnım ağrıyordu, manastırdan ayrıldığıma pişman oldum.

Öğleden önce Prag'a vardık. Hava biraz serindi ve kardeşim, Macaristan'a giden treni öğreneceğim, dedi. İki saat sonra istasyonda buluşmaya karar verdik.

Sokaklarda dolaştım. Sokaktaki insanların üzerinde yün palto ve şapka vardı. Gazetede yeni ne olduğunu görmek için gruplar halinde ayakta duruyor ve fosur fosur sigara içiyorlardı. Elimi cebime soktum, birkaç dakika bekledim, sonra çıkardım ve geri soktum. Bunu birkaç kez tekrarladım.

Belediye binasına geldim. Uzun bir kuyrukta bekleyen insanlar gördüm. Bu kuyruk ne için, diye sordum?

Bedava kahve ve sandviç dağıttıklarını söylediler. Acıkmıştım ve sıraya girdim. Sıra yavaş ilerliyordu. Dağıtım masasında Rus askerleri vardı. İkisi sandviç

---

60) (*İbr.*) Oy anam, eyvah! Vah vah! (ç.n.)

dağıtıyor, ikisi tüfekleriyle yanda duruyordu. Midem kasıldı, her ihtimale karşı kâğıtlarımı çıkardım ve şşşşşş diye fısıldadım. Sakin olun. Bir sandviç ve bir fincan kahve aldım. Sandviçi bir lokmada yedim, hâlâ açtım.

İkinci kez sıraya girdim. Masaya yaklaştım. Tüfeği olan asker gözlerini dikmiş bana bakıyordu. Pis bir bıyığı vardı. Kalaşnikofunu kaldırdı ve alnıma doğrulttu. Hemen orayı terk ettim. Koşmak istedim ama cesaret edemedim, kıçıma bir kurşun yiyeceğimden emindim. Belediye binasından hızla ayrıldım. Bir Rus askeri ekmek yüzünden beni öldürmek istiyordu, oysa Bayan Fisher savaşın bittiğini ve dünyaya barış geldiğini söylemişti, hah. Boktan bir barış.

Manastıra dönmeye karar verdim.

İki saat sonra kardeşime anlattım, seninle köye gitmeyeceğim. Ekmek yüzünden bir daha korkamam, anlıyor musun? İshak hiçbir şey söylemedi, sadece kaldırımda oturdu.

Birkaç dakika sonra ayağa kalktı ve dedi ki, ben yalnız gideceğim. Sen manastıra geri döner ve beni orada beklersin. Döndüğümde Filistin'e gideceğiz. Şimdi beni iyi dinle, eğer kötü şeyler hissedersen, bir kenara çekil ve birine bağırıyormuş gibi yap, yüksek sesle, beni duyuyor musun? Ama bir kenarda, yani kimse seni görmemeli.

Macaristan peronunda yan yana durduk.

Ben açık saçlı, yaklaşık elli kilo, kardeşim siyah saçlı, belki elli iki kilo. İkimizin yanaklarında da yumuşak kıllar var ve üstümüzde yün astarlı bir mont, çantamız yok. Kardeşim istasyona girer girmez trene atladı ve tam önümdeki pencerede durdu. Elimi cebime soktum ve belgelerden güç aldım. Kardeşim, her şey yoluna girecek, dedi. Ondan dikkatli olmasını istedim. Merak etme, dedi. Ben gidiyorum ve geri döneceğim.

Tren kalktı. Tren gözden kaybolana kadar İshak'ın ardından baktım.

33. Bölüm

İshak

Tren Prag'daki istasyondan ayrıldı, Macaristan'a gidiyordum.

Dov peronda duruyordu, gözlerimi ondan ayıramıyordum. Bir nokta kadar olduğunda bile, tenimde yanma ve kaşınma hissetmeye başladığımda bile, bakmaya devam ettim.

Trende oturdum, öylece durdum, biraz dolaştım, tekrar oturdum ve diğer vagonlarda gezinmek için kalktım, çünkü yolcuların çoğu uyuyordu ve yalnız olmak zordu. Vagonlarda yürürken, Macaristan'dan birkaç Yahudi'ye, belki köyümden ya da Perechyn kasabasındaki pazardan bir iki kişiye rastlamayı umuyordum.

Trende tanıdık yüzlere rastlamadım. Vagonuma geri döndüm ve bir gözüm açık, bir gözüm kapalı, uyumaya çalıştım. Tiyatro kostümü ve kurdeleli bir şapka giymiş bir kadın bana gülümsedi ve göz kırpmaya başladı. Hah. Açık gözümü kapattım. Birkaç dakika sonra, hop, kafam önüme düştü. Sıçrayarak ayağa kalktım. Kendime birkaç tokat attım ve bir ayağım diğerinin önünde, koltuğun kenarına oturdum. Şapkalı kadın elini göğsüne koydu ve göz kırptı. Gözlerimi yumdum, küçük bir aralıktan bakmaya başladım. Kadın sivri diliyle dudaklarını yaladı ve kulağının kenarındaki küpesiyle oynadı. Belkemiğim boyunca bir karıncalanma hissettim. Ona, beni rahat bırakmasını söylemek istedim, saçma sapan işlerin için sabrım yok, hiç yok ve başka bir vagona gittim. Aniden Icho, Icho sesini duyduğumda, paketler ve çantalar arasında yürüyordum. Icho sesiyle midem ekşidi. Yavaşça arkamı döndüm. Kısa boylu, koca göbekli esmer bir adam üzerime kapandı. Neredeyse yere düşecektik. Büyük bir sevinçle elimi yakaladı, nasılsın Icho, beni hatırlamadın mı?

Hatırlamadım. Ben Humenne'den Hayim, dedi, ne, Humenne, Humenne, Slovakya'dan, ne, beni unuttun mu? Yüzü çamurlu bir renge büründü ve ben anlamadım. Hayim bir Yahudi ismiydi ve adam normal saçları ve güçlü eliyle şişman ve normal görünüyordu.

Gerçekten Humenne'li Hayim misin diye sordum?

Evet, evet, senin küçüklüğünü hatırlıyorum, dedi ve elini kaldırıp kalçasına koydu, büyükbabanı ve büyükanneni ziyarete gelirdin, hatırlıyorum.

Bir anda boğazım düğümlendi. Humenne köyü, annemin üç kız kardeşinin, anneannemle ve büyükbabamla birlikte yaşadığı yerdi. Okul tatil olduğunda büyükannem ile büyükbabamın yanına giderdim. Onlarla birlikte olmayı çok severdim. En az on kedileri vardı ve topal bir atları.

Kafamda bir uğultu vardı, büyükanne yok, büyükbaba yok, teyzeler yok, yalnızsın ve Tur'i Remety'ye gidiyorsun. Gömleğimin en üst düğmesini tuttum. Kıvırdım, kıvırdım, düğme elimde kaldı. Hayim koltuğunu gösterdi, oturduk. Biliyorsun, teyzelerin kamplardan döndü, dedi, teyzeler şimdi köyde Icho, birlikte aynı evde yaşıyorlar, annen ve babandan haber var mı?

Düğmeyi tırmaladım ve sessizce, bilmiyorum, dedim, Auschwitz'de ayrıldık, annemin kız kardeşleri geri mi döndü? Auschwitz'den mi döndüler?

Geri döndüler, dedi Hayim. Ağır elini dizime koydu ve büyümüşsün Icho dedi, genç bir adam olmuşsun, neden gelip teyzelerini ziyaret etmiyorsun, sonra da köyüne gidersin.

Humenne'de indim.

Geceydi ve hava soğuktu. Hafif bir ışığın sızdığı bir pencereyi gösterdi, işte bu ev, ve yürüyüp gitti. Eve yaklaştım. Pencerede bir gaz lambasının gölgesini gördüm. Pencereden içeri baktım. Çarşafa benzeyen bir perde vardı ve hiçbir şey görünmüyordu. Kapıya yaklaştım. Kulağımı anahtar deliğine dayadım, sesler duydum. Kapıyı çaldım. Bana kapıyı açmadılar. Daha güçlü vurdum, sonuç alamadım. Kulağımı anahtar deliğine dayadım, hiç ses gelmiyordu. Ağzımı kapıdaki bir çatlağa yapıştırdım, seslendim, teyzelerim, teyzelerim, benim, Icho, kapıyı açın. Cevap vermediler. Kapıyı daha güçlü çaldım, teyzelerim, benim, Icho, Tur'i Remety'e giderken trenden indim. Hayim de trenteydi. Hayim bana her şeyi anlattı.

Birkaç saniye geçti ve sonra teyzelerim bana, Icho öldü, öldü, diye seslendiler, ne istiyorsun, bizi korkutmaya mı geldin, git buradan.

Icho ölmedi, diye bağırdım, Icho yaşıyor, ben Icho'yum ve üşüyorum, kapıyı açın artık. Ve sonra hıçkırık sesi gibi bir ses duydum, hayır, hayır, kamplarda hiçbir çocuğu sağ bırakılmadılar, yalan söylüyorsun, seni serseri git buradan.

Kapının kilidine eğildim ve sakince, gidemem, dedim, tren gitti ve benim gidecek bir yerim yok.

Evin etrafında yürüdüm. Açık bir pencere bulmayı ya da mutfak kapısının kilitli olmamasını umuyordum. Pencere ve kapı kilitliydi. Bir şişe içki ararken yaptığım gibi pencereyi kırabilirdim. Teyzelerimi korkutmak istemedim. Yola geri döndüm. Oturdum ve bekledim. Belki pencereden dışarı bakarlar ve teyzelerimden biri beni tanır diye düşündüm. Ama beni nasıl tanıyacak, salak, dışarısı karanlık. Cebimde bir kibrit bile yoktu. Yüksek sesle konuştum, ne diye trenden indim ki, ne diye Hayim'i dinledim, en azından trende üşümezdim. Uyumak istiyordum. Yorgun bir köpek yolun karşısından havladı. Üç tane havlama duydum, sessizlik, iki havlama daha, köpek uykuya daldı ve sonra kapıda adımlar duydum. Dikkatle yaklaştım. Teyzelerimden biri şöyle dedi:

Annenin adı ne?

Lea.

Babanın adı ne?

İsrail.

Fısıldadıklarını ve hızlı hızlı nefes alıp verdiklerini duydum, sanki oldukları yerde koşuyorlardı.

Üç kafa beni kapıdaki bir çatlaktan gözetliyordu.

Tepelerinin tam ortasında, sıkı bir düğüm atılarak bağlanmış renkli eşarpların örttüğü üç kafa. Teyzelerimden biri, yüzünün hizasında bir gaz lambası tutuyordu. Altı büyük göz beni tepeden tırnağa inceledi ve kapıdaki çatlak genişledi. Yakalı ve önlüklü koyu elbiseler giymişlerdi. Biri küçük ve inceydi. Uzun ve ince olan ikincisinin uzun bir yüzü ve gözlerinin altında koyu halkalar vardı. Büyük çeneli üçüncüsü küçük ve tombuldu, boynu yoktu.

Kollarımı onlara doğru uzattım, teyzelerim, dedim, benim, Icho, ne, bakın, beni tanıyacaksınız. El ele tutuşmuş halde, öne doğru iki küçük adım attılar. Gaz lambası aralarında sallandı. Fısıltıyla tartıştıklarını duydum. Işığa yaklaştım.

Tombul olan beni kolumdan yakaladı, Icho, dedi, gerçekten sen misin?

Tombul olan ve uzun olan, birlikte üzerime atladılar.

Gaz lambası yere düştü. Tepemde dolanan teyzelerimi izliyordum. Karanlıktı ve gazyağı kokusu ile lahana turşusu kokusu vardı. *Oy vei, oy vei* dediklerini ve ağır ağır soluduklarını duydum, boğaz temizleme sesleri duydum, kığh, kığh, kığh.

Gömleğimi çekiştiren dört el hissettim ve hop, beni ayaklarımın üstüne diktiler. Ve sonra boynumu, omuzlarımı sıktılar, karnımı çimdiklediler, sırtımı çimdiklediler, teyzelerimin etimin kalınlığını ölçtüklerini hissettim. Birden tombul teyze beni tutup havaya fırlattı ve dedi ki, yeterli değil, yeterli değil.

Gülmeye başladım, yeter teyze, beni yere indir. Dinlemedi, karnımla yumuşak bir göğsün üstüne devrildim ve bir aşağı bir yukarı yaylanmaya başladım, boing. Boing. Boing.

Tombul teyze dedi ki, bu çocuk tartıya bile gelmez ve beni eve doğru sürükledi. Birlikte ağladık, uzun boylu olan, tombul olan ve ben.

Teyzelerim yüzlerini önlüklerine sildiler, göğüslerini dövdüler, kollarını genişçe açtılar, haykırdılar, bizim Icho geri döndü, oy, Icho, Icho. Küçük teyzem bir kenarda duruyor, elinde tuttuğu buruşuk eşarbı kıvırıyordu. Yaklaşık bir saat sonra teyzelerin ağlaması arsız bir hal aldı, dalgalı bir kahkahaya dönüştü, dizlerini ve başlarındaki eşarpları dövmeye başladılar, ardından daha onulmaz bir ağlama ve sonra tombul teyzem dedi ki, hayatta kalmak için ne yaptın, ha Icho'cuk?

Bir sandalyeye oturdum. Hiçbir şey yapmadım dedim, sadece beni gönderdikleri yere gittim, onun nesi var? Elimle küçük teyzemi işaret ettim.

Uzun teyzem dedi ki, Mengele'den[61] bir hediye aldı, sen ona aldırma, ya baban, annen ve kardeşlerin?

Şimdilik sadece Leiber, dedim, ve küçük teyzeme baktım. Hassas, süt renkli cam gibi, güzel bir yüzü vardı, ince ve solgun parmakları vardı. Tombul teyzem, hadi şimdi yemek yiyelim deyince, elindeki eşarbı kıvırmayı bıraktı.

Önümdeki masa yemeklerle doluydu. Et, patates ve lahana turşusu vardı, ekmek dilimleri, sosis, reçel, elma ve kek vardı, ye çocuk, ye. Küçük teyzem masaya gelmedi.

Bir dilim ekmekle reçel yedim ve tabağı ittim. Tıkanmıştım. Dedim ki, yorgunum teyzelerim, uyumak için can atıyorum.

Masadaki iki teyzem bir ağızdan, çok iyi Icho, dediler ve yanıma gelip montumun kollarını çekmeye başladılar.

Kendim yapabilirim, dedim.

Çok iyi Icho, dediler ve kendi aralarında fısıldaştılar ve sonra tombul teyzem

---

61) Josef Mengele: "Ölüm Meleği" lakaplı Alman Nazi doktoru. Başhekim olduğu Auschwitz imha kampında, gaz odasındaki katliamları yönetmiş, mahkûmları ırksal araştırmalarında kobay olarak kullanmıştır. Ekibiyle birlikte, kampa getirilen Yahudiler arasında çalışabilecek durumdakilerle öldürülecek olanları seçmeye yönelik ayıklama (*Selektion*) işlemini yürütmüştür.(ç.n.)

dolaptan bir pijama aldı. Kalın gri çizgileri olan pijamayı bana uzattı. Kaburgalarım birbirine geçti ve soyunmayı bıraktım. Uzun teyzem, üzgünüm çocuk, başka pijamamız yok, dedi. Odanın köşesinden, aç bir bebeğin sesine benzeyen bir ağlama sesi geldi. Küçük teyze eşarbını yüzüne tutmuş ağlıyordu. Ona doğru yaklaştım. Elimi yumarak omzuna dokundum. Akrep sokmuş gibi sıçradı. Uzun teyzem kulağıma, onu rahat bırak Icho, diye fısıldadı, zavallı şey sakinleşecek.

Sakinleşmedi. Başını kaldırdı ve pijamaları gösterdi, kapana kısılmış bir kedi gibi boğazından tuhaf sesler çıkıyordu. Tısss. Tısss. Parmağı havada bir delik açtı, gözlerinde ateş vardı. Tısss. Tısss. İki teyzem ona doğru fırlayıp kolunu tuttular. Kolunu indiremediler. Bağırdılar, *Genug!*[62] Şşş. Şşş. Şşş. *Sei still.*[63]* Sen ve tıslamaların, çocuğu korkutuyorsun. Alnında ve burnunda küçük damlalar vardı. Pijamaları aldım, bir pencere açtım ve onları dışarı attım. Küçük teyzem sandalyeye devrildi.

Giysilerimle yatağa girdim. Göz kapaklarım ağırdı, bedenim de. İyi geceler demek istedim. Yanaklarım iyi gecelerle doluydu, ama dudaklarım tutkal gibiydi. Dov'un peronda yavaş yavaş gözden kaybolduğunu gördüm ve sağ salim manastıra ulaşması için dua ettim. Uzaktaki bir tren gibi hafif nefes alışlar duydum, kardeşim trende miydi? Nefesler yoğunlaştı. Hafif iniltiler duydum, ıh, ıh, ıh ve uzun bir şşşşş. Gözlerimi açtım, iki teyzem tepemde dikiliyordu. Kollarını göğüslerinde kavuşturmuşlardı. Küçük teyzem onların bir adım gerisindeydi. Tombul teyzem fısıldadı, uyu Icho, uyu, biz burada duruyoruz, seni rahatsız etmeyeceğiz.

Gözlerimi kapattım. Üstümde derin nefes alışlar duyuluyordu. Güçlükle başımı yastıktan kaldırdım, dirseğime dayandım ve yorgun bir şekilde dedim ki, üzerimde böyle dikilip dururşanız uyuyamam.

Yastığa geri devrildim. Bir baş ağrısı alnımdan saçlarıma tırmandı. Uzun teyzem kollarını kaldırdı ve diğer iki teyzemi masanın arkasına itti. Çok iyi, çok iyi, dedi, biz de uyuyoruz, iyi geceler, yarın konuşuruz.

İki dakika geçti ve yine derin nefes alışlar. Odanın köşesinde uçan üç elbise gördüm.

Yataktan kalktım ve sandalyeme geri döndüm. Bir bardak süt, bir çay kaşığı reçel ve kurabiye aldım. Teyzelerim dedi ki, ye, ye, bize her şeyi en baştan anlat.

---

62) Yeter!
63) Sessiz ol.

Konuşmaya başladım. Auschwitz'i, Buchenwald'ı ve Zeiss Kampı'nı anlattım. Dov'la karşılaşmamızdan söz ettim. Hastanedeki Doktor Spielman'ı anlattım. Manastır'ı. İki teyzem karşımda oturuyor, kurabiye dişliyor ve sürekli ıslanan yüzlerini siliyorlardı. Masanın üstünde bir mendil yığını birikmişti. İki saat sonra, mendillerin yerini dolaptan getirdikleri büyük bir havlu aldı. Küçük teyzem köşeye oturdu. Elinde bir tavuk yumurtası vardı. Yumurtayı bir elinden diğerine atıp duruyordu, gözleri bana sabitlenmişti. Onu çağırdım, gel, yaklaş, bizimle otur. Yaklaşmak istemedi.

Siz teyzelerim, diye sordum, savaş sırasında siz neredeydiniz?

Tombul teyzem Bergen-Belsen[64] diye mırıldandı. Bergen-Belsen'de, birlikteydik. Ama önce Auschwitz'de. Büyükbabamı ve büyükannemi sordum, ya onlar?

Uzun teyzem, artık sorma Icho, dedi, sorma.

Sormadım.

Sabah insanlar geldi.

Teyzeler sandalyeleri avluya çıkardı. Yeterli sandalye yoktu. İnsanlar taşların ve kalasların üstüne oturdu. Ellerindeki şapkalarıyla oynuyor, ya da toprağa taşla bir şeyler çiziyorlardı. Bazı insanlar ellerinde bir çanta ile dikiliyordu. Kurabiye ve sandviç çıkardılar. Bazıları fotoğraflar çıkardı. Belki onları tanırsın? Genç yüzler, yaşlı yüzler vardı, bir çocuk yüzü, bir kız, bir bebek vardı, onları gördün mü? Bu Zelig, Zelig Abraham. Bu Elisha Kramer, bu Irena, herhangi bir şey duydun mu? Belki benim Golda'cığımı görmüşsündür, ha?

Yüzümü koluma sildim. Tombul teyzem bana bir bardak su verdi. Dedim ki, suya biraz şeker at, çok şeker at. Daha fazla su istedim. Üç bardak şekerli su içtim ve boğazım hâlâ kuruydu. Bahçedeki insanlar resimleri gösterdi ve kaybolan aileleri hakkında konuşmaya başladılar. Büyük elleri ve kalın boynu olan biri vardı. Tıkanmış gibi konuşuyordu. Yelena'mı Auschwitz'deki rampada kollarımdan aldılar, dedi. Yalınayaktı, sarı bukleleri ve geniş bir kurdelesi vardı. Kızımı onlara vermek istemedim. SS adam bana tüfeğin dipçiğiyle vurdu. Yelena düştü, rampada yalınayak koşmaya başladı, Babacığım, Babacığım diye ağlıyordu. Peşinden koşmaya başladım, gel, gel, diye Yelena'ya bağırdım. Köpekler geldi. Uzaktan, beli bükülmüş bir büyükannenin Yelena'nın elini tuttuğunu gördüm, sıkıca tuttu. Onu kucağına almaya gücü yoktu ve böylece

---

64) Bergen-Belsen Toplama Kampı: Aşağı Saksonya eyaletinde, Celle yakınlarındaki Bergen kasabasının güneybatısında bulunan Nazi toplama kampı. (ç.n.)

krematoryuma giden sıraya girdiler. Yelena'mı duydum, Babacığım, Babacığım, hepsi bu, hepsi bu.

Adam kafasını ellerinin arasına aldı. Hıçkırıklarına diğerleri de katıldı, sonra başını kaldırdı ve Yelena'm çorbayı çok severdi, dedi. Yelena'm uyumadan önce ona şarkı söylememi isterdi. Her gece aynı şarkıyı isterdi. Auschwitz'e giderken vagonun karanlığında da ona bu şarkıyı söyledim. Hava sıcaktı, korkunçtu. Küçük kızım ağlıyordu, Baba su, su, ve benim ona verdiğim tek şey bir şarkıydı, anladınız mı Yahudiler, su yerine bir şarkı. Ve sonra eski bir ninni söylemeye başladı. Bahçedeki insanlar da onunla birlikte söyledi, *hi-li-lu, hi-li-lu, schlaff shoyn mein teyer feigeleh*.[65]

Ve ağladım, ağladım, teyzelerim de ağladı, küçük teyzem ağlamadı. Önlüğünü kaldırdı ve köşede çiğnedi. Biri bağırdı, şimdi sen, Icho, sen neredeydin.

Hikâyemi en başından anlattım. İnsanlar bildikleri ayrıntıları eklediler. Buchenwald, dediler, oyyy, oy, oy, Marek'i görmüş olabilirsin, sanırım oradaydı. Zeiss, Zeiss nerede, Almanya'da, oy, oy, oy, Herschel'den haberin var mı, Herschel Miller'dan?

Bir gün sonra daha fazla insan geldi. Bahçedeki grup gitgide büyüdü. Güneşin doğuşuyla birlikte yol insanlarla doldu. Özür dilediler, yalvaran gözlerini üzerime diktiler ve isimleri havaya fırlattılar. Diyecek bir şeyim yoktu. Teyzelerim çay ve kurabiye ikram ettiler ve bayılan insanların üzerlerine su döktüler. Ben de şekerli su istedim. İnsanlar tekrar yalvardı, Icho, bize kendinden bahset. Sıcak basmıştı. Gömleğim sırtıma yapıştı. Konuşmaya başladım, bazı yerleri kısa geçiyor, bazı yerleri atlıyordum. İnsanlar pes etmedi. Hikâyemi ilk günden itibaren bilenler vardı. Bağırıyorlardı, dur, bekle, Buchenwald'daki 8. Bloğu nasıl unutursun Icho ve ben de atladıklarımı onların eklemeleriyle düzeltip yeniden anlattım. Hikâyem uzadıkça uzadı.

Salı günü günbatımından sonra bahçede hiç yer kalmadı. İnsanlar yolun kenarında oturuyordu. Duymaları için bağırmak zorunda kaldım. Duymuyorlardı. Derken, yolun kenarındaki bazı insanlar, hikâyeyi çitin arkasındaki dinleyicilere aktarmaya başladılar.

Tükenmiş hissediyordum. Bir hafta sonra teyzelerime, artık yeter, dedim, ben Tur'i Remety köyüne gidiyorum. Kucaklaştık ve geri döneceğime söz verdim.

---

65) Şimdi uyu benim değerli kuşum.

34. Bölüm

Dov

Kardeşim İshak Macaristan'a gitti ve ben bir mucize yaşadım.

Prag'da Vassily'imle karşılaştım. Vassily Korol. Köydeki en iyi arkadaşım. Vassily ile, öğleden önce, açlığın beni bulduğu Prag'da, belediye binasının yakınında karşılaştım. Önce sokaklarda dolaştım, bir kapısı ve kapı kolu olan evlere dokundum. Bazen kapının üstünde bir numara, bazen de bir isim yazılı oluyordu. Biliyordum ki, yakında kış gelecek ve kar yağacaktı, gökyüzü yola düşecekti ve benim dönecek evim yoktu. Kendimi yalnız ve sersefil hissediyordum. Yolda, köpeğiyle yürüyüşe çıkmış eldivenli bir kadın belirdi. Küçücük bir köpek, boynuna bir kurdele bağlanmıştı. Köpeğin bir evi ve bir tabak yemeği olduğunu düşündüm, benimse mektup gönderecek bir adresim bile yok. Eğer bir adresim olsaydı şöyle yazardım: Merhaba, ben Leiber; hayattayım ve açım, ne zaman gelip beni alacaksın? Not: Geldiğinde beni tanıyamayacaksın. Kamplarda büyümem durdu. Sanırım *cheder*'deki gibi küçücük kaldım, hatta biraz daha bile küçük olabilirim. Yakında görüşürüz, sizi seven oğlunuz Leiber.

Boğazım düğümlendi, kalbim sıkıştı. Yutkundum ve insanlardan uzak bir köşeye çekildim. Ağzımı kocaman açtım ve kardeşim İshak'ın, acı çekersen çığlık at, sakın yabancılarla konuşma sözüne uyarak, yüksek sesle haykırdım, aaaah, aaaah.

Karnım bana rahat vermiyordu. Belediye binasına yaklaştım.

İlk önce Kalaşnikoflu askerin değiştiğinden emin oldum. Uzun kuyrukta sıraya girdim ve tanıdık birini gördüm. Üç kişi önümde kısa ceketli biri duruyordu, ceketi beline geliyordu. Sadece bir kafa, bir kulak ve yarım bir yanak gördüm, Vassily'ye benziyordu. Eğildim ve bu kişinin iyi bir pantolon giydiğini gördüm. Omuzları genişti. Vassily gibi değildi. Ama saç, saç Vassily'nin saçıydı, buğday tarlasındaki sarı saplara benzeyen saçlar. Bir trompet gibi yarım elle ağzımı kapattım ve kısık bir sesle seslendim, Vassily? Tepki vermedi. Biraz daha yüksek sesle denedim, Vassily? Adam döndü, vay be, elbette Vassily'di, ama bıyıklı. Benden en az yarım kafa daha uzundu ve temizce tıraş olmuştu.

Durdu ve seslendi, Bernard?

Kucaklaştık. Güldük. Deliler gibi güldük ve gözyaşlarımızı sildik. Hayattasın, dedi. Babam hiç Yahudi kalmadığını söyledi ama sen hayattasın.

Başımı önüme eğdim ve zar zor hayatta, dedim ve sonra, Vassily, dedim, sandviç için ikinci kez sıraya girme, duydun mu? Ruslar kafana sıkar sonra, cebinde damgalı kâğıtların var mı?

Bir sandviç aldık ve küçük bir parktaki bir bankta oturduk. Çok zayıfsın, dedi Vassily ve saçların nerede?

Nerede, nerede, diye mırıldandım, sessiz kalmak daha iyiydi ve topuğumla bankın altında bir çukur yaptım.

Ormanda saklambaç oynamayı hatırla, dedi Vassily, her zaman en yüksek ağaçta sen olurdun, öyle değil mi?

Hatırla, hatırla, dedim ve hangi dağda kurt öldü de çorap giyiyorsun, ha? Ve Şabat pantolonu ve bıyık, hey, artık genç bir adamsın Vassily, birisi var mı?

Vassily kızardı. Bıyıklarının ucunu çiğnedi ve dedi ki, babandan, annenden, kardeşlerinden ne haber, korkunç şeyler duyduk. Gazetedeki fotoğrafları gördüm, bir ölü dağı, hepsi çıplak, sen de gördün mü?

Banktan kalktım ve yürümeye başladım. Durdum. Geri geldim. Vassily'nin yanına oturdum ve dedim ki, Icho'yu buldum ve birlikte İsrail'e gidiyoruz, anlıyor musun? O şimdi Tur'i Remety'ye gidiyor. Geri döndüğünde buradan çok uzaklara gideceğiz, işte hepsi bu. Ama önce manastıra.

Vassily elimi yakaladı, çok iyi, çok iyi, köye geri dönmek iyi fikir değil, yeterince iş yok, mallar için pazar yok, insanların yiyeceği yok, ben de bu yüzden Prag'a geldim Bernard, seninle manastıra gelebilir miyim?

Kolumu Vassily'nin omzuna koydum. Tabii ki gelebilirsin, dedim. Biz birlikteyiz Vassily.

Ve İsrail'e giderken, beni de götürür müsün? Cevap vermedim.

Biz kardeşiz, dedi Vassily, senden bizim evde kalmanı istedim ama Macarlar herkesi öldüreceklerini söyledi, kardeş gibiyiz, doğru değil mi?

Banktan kalktım. Peşimden de Vassily kalktı. Sarı saçlarını parmaklarıyla taradı. Ben de kafamı taramak istedim ama bendekiler anıza benziyordu. Vassily başparmağının ucuyla yanağıma dokundu, henüz tıraş olmuyorsun, ha? Ve buklelerin nerede?

Almanya trenine bindiler, dedim. Elimi yakaladı ve sertçe sıktı. Göğsümde hoş bir sıcaklık hissettim.

Birlikte sokaklarda dolaştık.

İki Rus askeri sokağın köşesindeki bir masanın önünde duruyordu. Sokaktan geçen insanlara bir şey dağıttıklarını gördüm. Sandviç gibi görünmüyordu. Yaklaştık ve bizi çağırdılar, buraya gel, gel. Vassily'ye fısıldadım, dikkatli ol, Rus askerleri çok tehlikelidir. Dikkatle yaklaştık. Askerler, iyi yoldaşlarmışız gibi bize gülümsediler. Sakallı asker, yumruk yapıp öne uzattığı elini salladı ve sürpriz yapmak isteyen bir sihirbaz gibi yüzünü tuhaf şekillere soktu. Bozuk para şıngırtısı duydum. Ah, onlarda da birkaç çılgın insan var. Yumruğunu dikkatlice açtı ve otuz iki dişiyle birden güldü, üst sıradaki dişlerden ortadaki altındı.

Askerin avucu teneke rozetlerle doluydu. Birini aldı ve Stalin dedi. Stalin. Ve rozeti ters çevirdi, Lenin. Lenin. Sonra masanın altına eğildi, ellerini bir şeyin içine soktu, çok fazla şıngırtı duydum. Doğruldu, bize göz kırptı ve iki avuç dolusu rozet uzattı. Kımıldamadan durduk. Asker başını salladı, alın, alın. Ben bir Stalin aldım. Asker elimi tuttu ve bana daha çok rozet verdi. Vassily'ye de. Asker, Vassily'nin küçük valizini işaret etti. Vassily valizi açtı, neredeyse boştu. Valizin içine dört avuç daha koydu ve valizi kapattı. Asker sallanarak bana doğru yaklaştı, votka kokuyordu. Bir Stalin rozeti aldı ve gömlek cebime taktı ve bir tane de Vassily'ninkine. Sonra geğirdi, geriye doğru sarsak bir adım attı, kolunu dümdüz kaldırdı ve bizi sanki askermişiz gibi selamladı. Ne yapacağımı bilmiyordum. Aniden ıslık çaldı ve bir top gibi osurdu. Vassily ve ben yerimizde sıçradık. Sarhoş asker gülmeye başladı, diğer asker öfkeden deliye dönmüştü, arkadaşını gömleğinden çektiği gibi yere serdi. Kavga ettiklerini gördüm. İki saniyede, tüfekli üç asker koşarak geldi. Vassily'ye fısıldadım, çabuk buradan gidelim, ama yavaşça yürüyelim. Oradan uzaklaştık. Geriye baktım, askerler sarhoş askeri kaldırımda sürüklüyordu. Bağırdığını duydum, *Stalinka, Leninka, babushka*, hee, hee.[66]

Stalin kim?

Ondan bir sürü yaptıklarına göre önemli bir adam olmalı, dedim, onları manastırda dağıtırız. Uzakta başka bir dağıtım noktası gördüm.

---

66) (*Rus.*) Stalin'ciğim, Lenin'ciğim, nineciğim. (ç.n.)

Vassily dedi ki, dönüp başka tarafa yürüyelim. Kalbim atmaya başladı, ama biz o yöne doğru gittik, çünkü arkadaşlarıma Prag'dan hediyeler götürmek istiyordum, kadın askerlere ve rahibelere de vermek istiyordum. Gömlek ceplerimizdeki rozetleri çıkarttık ve askerlere yaklaştık. Bizi güler yüzle karşıladılar ve gömleklerimize, yakalarımıza, pantolonlarımızın kemerlerine rozetler taktılar ve birkaç avuç da valize koydular. Öyle çok getirmişlerdi ki, onlardan kurtulmak istediklerini anladım. Masanın altında kutular dolusu rozet olduğunu gördüm. Üç dört dağıtım noktasını geçtik. Bavul doldu, memnunduk.

Akşama doğru Prag'dan ayrıldık.

Çek sınırını geçmek istiyorduk ve tren istasyonuna geldik. Yemek için paramız yoktu. Kaldırımda oldukça bakımsız bir adam oturuyordu, bir sırt çantası vardı. Sırt çantasında paket kâğıdına sarılmış bir şey gördüm, ekmeğe benziyordu. Vassily'ye dedim ki, ben adamla konuşurken sen ekmeği çalacaksın. Kabul etti. Adama doğru yürüdüm. Almanca olarak, Almanya'ya giden treni sordum. Cevap vermeye başladı, bir subayın sesi gibi gür ve otoriter bir sesi vardı. Tüylerim diken diken oldu ve Vassily sırt çantasından paketi çıkarıp alana kadar yaptığı açıklamaları dinledim, sonra koşarak uzaklaştık. Güvenli bir mesafede durduk. Alman hareket etmedi. Dişlerini temizledi ve bize baktı. Hiçbir şey anlamadık. Kâğıtta kuru tavuk kemikleri vardı. Kemikleri çiğnedik ve hâlâ açtık.

İstasyondan ayrılmaya karar verdik.

Yürüyerek tarlalara doğru gittik. Vassily'ye dedim ki, belki bir çiftçinin tarlasında yiyecek sebze buluruz. Güneş battı ve ben köye vardığımda kardeşime kimin yiyecek vereceğini bilmiyordum. Onun için endişelendim. Vassily'ye, komşumuz Stanku hâlâ köyde mi, diye sordum?

Evet, dedi, Stanku köyde, ne arıyoruz?

Bilmiyorum, dedim, bir şeyler bulacağız. Boş bir tarlada yaklaşık bir saat yürüdük. Birden, tarlanın ortasında, çok sayıda küçük penceresi olan büyük bir uçak gördüm. Hiç insan görmedim. Vassily'ye başımla işaret verdim, eğildik ve koşarak uçağa yaklaştık. Hiç ses duymadık. Uçağın içine baktık. Boş koltuklar gördük. Uçağa tırmandık. Koltukların arasında yiyecek aradık. Hiçbir şey bulunamadık. Uçağın üstünden tekrar tarlaya indik. Vassily'ye, bu bir lahana tarlası değil mi, diye sordum? Vassily eğildi ve toprağı kazmaya başladı. Birlikte kazdık. Lahana köklerini bulduk. Büyük bir yığın yaptık, uçağa tırmandık ve koltuklara oturduk. Hepsini yedik ve kendimi bir kral gibi hissettim. Isınmak için birbirimize sokulduk ve anında uykuya daldık.

Ertesi akşam manastıra vardık.

Manastırdaki arkadaşlar etrafımızda toplandılar. Giysilerimize takılı rozetleri okşadılar ve ben onlara dedim ki, hepinize var. Rozetleri bavuldan çıkardık ve her birine üçer tane verdik. Arkadaşlar da bizim yaptığımızı yaptılar, gömleklerine, kemerlerine ve şapkalarına rozetler taktılar. Stalin ve Lenin manastırı devraldı. Rozet almak istemeyenler de vardı. Rozetlere tükürmek istediler ve yere tükürdüler. Esas duruşa geçen ve birbirlerini selamlayanlar da oldu.

Ertesi gün avlu neşeliydi. Herkes kendini rozetlerle süslemiş, gülerek yere tükürüyor ya da selam duruyordu. Atkuyruğu olan kadın asker bana döndü ve dedi ki, rozetlerinle tam bir karmaşaya neden oldun.

Sizin Yidişçe tiyatronuzdan daha iyidir, dedim, en azından sıkıntıdan ölmüyoruz.

Bir akşam eğitmenim odama geldi. Kirpikleri maviydi. Bana, benimle gelmelisin, dedi. Yataktan kalktım, gömleğimdeki rozetleri düzelttim ve onu ofise kadar takip ettim.

Dört Amerikan askeri ofiste oturuyordu. Ofisteki sessizlik beni korkuttu. İçlerinden biri masanın arkasındaki tek sandalyeyi gösterdi ve otur lütfen dedi. Oturdum. Omuzlarında çubukları olan asker beni Almanca sorgulamaya başladı.

Stalin rozetlerini nereden aldın?

Onları Prag'dan getirdim.

Onları sana kim verdi?

Rus askerleri.

Rus askerleriyle nerede karşılaştın?

Belediye binasının olduğu sokakta. Başka yerlerde. Ana caddelerin köşelerinde duruyorlardı ve bedava rozetler dağıtıyorlardı.

Onları kime verdiler?

Sokaktan geçen herkese. Çocuklara bile verdiler.

Askerler onları neden bedava dağıttı?

Ağzım kurumuştu. Amerikalı bir subayın neden Rus rozetleriyle ilgilendiğini anlamamıştım. Onlara doğru eğildim ve dedim ki, bütün rozetlerimi verebilirim. Bir sürü Stalin var ve bir sürü Lenin.

Omuzlarında çubukları olan asker sandalyesine oturdu. Alnı düşünceliydi ve beni Almanlara teslim edecek diye çok endişelendim. Almanlara benim hakkımda bir şeyler söyleyecek ve beni bir kamyona koyacaklar. Muhtemelen dağlarda, hatta yakındaki bir ormanda bile olabilir, küçük ve gizli bir krematoryum var.

Kaçmak istedim. Masaya tutundum ve sıçrayarak ayağa kalktım. Subay, otur dedi. Oturdum. Boynumun arkasında bir karıncalanma hissettim. Kalktım. Eğitmenim sessizce oturmamı işaret etti. Zıplamadan duramıyordum. Bağırmak istedim, beni rahat bırakın, kardeşim nerede?

Subay, Bernard dedi, Rus askerleri senden rozetleri dağıtmanı mı istedi?

Kapıya doğru sıçradım, hayır! Neden istesinler ki? Rusça konuşmayı bilmiyorum ve Rus askerleri beni korkutuyor, insanları hiç sebepsiz, sadece ceplerinde belgeleri olmadığı için trenden indirdiklerini gördüm. Bir adam ağladı, pencereye tutundu, işe yaramadı, bir tüfeğin dipçiğiyle sırtına vurdular ve onu aşağı attılar. Kamptaki SS adamlara benziyorlardı ve bir Rus askeri bir sandviç için Kalaşnikofunu bana doğrulttu.

Subay sandalyeyi işaret etti. Kapı ile pencere arasında telaşla gidip geliyordum. Subay yanındaki askerlerle bilmediğim bir dilde fısıldaştı. Eğitmenim bana bakıyordu. Gözlerinin arasında kırışıklıklar vardı. Bana gülümsemeye çalıştı ve yüzü daha da eciş bücüş göründü. Ona doğru eğildim ve fısıldadım, eğer Ruslar benden rozetleri dağıtmamı istemiş olsaydı, onların sözünü dinleyeceğimi düşünür müydün? Ve birden, dank. Yüreğim ağzıma geldi. Amerikalıların Ruslar için casusluk yaptığımdan şüphelendiğini anladım. Amerikalıların Ruslardan nefret ettiğini anladım ve bu yüzden Bayan Fisher bizi belgelerimizi kaybetmememiz için uyarmıştı. Rusların tehlikeli olduğunu biliyordu.

Bayılmak üzere olduğumu hissettim.

Sonunda subay dedi ki, şimdi git ve odandan valizi getir.

Sallana sallana odama koştum. Ormana kaçmasın diye kıçımı simsıkı tuttum. Vassily İshak'ın yatağında uyuyordu. Valizi yatağın altından çıkardım. Odada gördüğüm gömleklerdeki rozetleri çekip kopardım ve Amerikalıların yanına geri döndüm. Valizi açtılar ve rozetleri masanın üstüne boşalttılar. Subay askerlere, Rusların Prag'ı ele geçirmek istediğini söyledi. Sonra bana otur dedi ve tüm sorularını en baştan sormaya başladı.

Kardeşim İshak'ı düşündüm. Muhtemelen bana kızardı. Bir an düşündüm, hastanede bize kim baktı, Ruslar mı? Bizi kim dinlenme yurduna gönderdi? Ruslar mı? Amerikalılar bizimle ilgileniyor. Ruslar insanları Sibirya'ya gönderiyor.

Bunu anlamadığım için kendimden utandım. Gençtim. Benim için savaş bitmişti. Dertlerimin sona erdiğini sanıyordum.

İki günlük sorgulamanın ardından askerler beni serbest bıraktılar. Ama önce manastırdaki tüm rozetleri toplayacaktım. Hatıra olarak bir rozet bile bırakmadım.

35. Bölüm

İshak

Bir hafta sonra Humenne köyünden ayrıldım, kendimi rahatlamış hissediyordum.

Köy halkı akrabalarını aramak için teyzelerimin evine gelmeye devam etti. Roza, Sida, Şura, ya da Hanna ve Lenna ya da Feige, Herşi ve Martin için ağlaşan insanları dinlemeye artık dayanamıyordum ve Gerti için, Gerti üç yaşındaydı, sırtında küçük bir çanta vardı, hani şu dağları gezerken yanınıza aldığınız çantalardan, onu gördün mü, gördün mü? Hepsinin küllerinin Vistül Nehri'ne dağıldığından emindim, ne diyebilirdim?

Bir gün küçük, kır saçlı bir adam geldi. Otuz yaşında olabilirdi. Mira'cığım ve Moşe'ciğim diye başladı ve ben bağırdım, ne Mira'cığı tanıyorum ne de Moşe'ciği, 14550'yi biliyorum, 15093'ü biliyorum, anlıyor musunuz, bana numaraları sorun efendim. Tombul teyzem bana hemen, içine beş çay kaşığı şeker atılmış bir bardak su getirdi. O akşam teyzelerime söyledim, yarın gidiyorum, yarın.

Humenne köyünden yürüyerek Brezna'ya geldim. Trene binmek istemedim çünkü tren Rusya kontrolündeki sınırdan geçiyordu. Humenne'deki insanlar, ceplerinde belgeleri olsun ya da olmasın, yalnız seyahat eden insanları Rusların trenden indirdiğini söylemişlerdi.

Brezna'dan Perechyn'e giden trene bindim.

Perechyn'de babamın inek sattığı bir pazar vardı. Pazarı iyi bilirdim. Satıcıları tanırdım. Pazarı görmeye gitmedim. Yenkel'i, Simon'u, Yakob'u ya da elbise dükkânından Klein kız kardeşleri bulamayacağımı biliyordum. Perechyn'den Tur'i Remety'ye giden toprak bir dağ yolu vardı. Köydeyken Dov ve ben inekleri bu yoldan pazara götürürdük. Babam, yürüyerek götürdüğümüz her inek için, Perechyn'de bize dondurma alacağına söz verirdi.

Yolu buldum ve ıslak toprakla saman karışımı hoş bir koku arasında yürümeye başladım. Yol tam da hatırladığım gibiydi. Oldukça dar, anca iki insanın ve orta boy bir ineğin yan yana geçebileceği kadar. Yolun yanında, salyangozlarla dolu dikenler ve çalılar vardı. Çalıların altında, siyah çakıl taşlarından bir halı vardı. Bir avuç taş aldım ve fırlattım. İki kuş telaş içinde havalandı. Düşününce hatırlıyorum, yol, dağlar ve gökyüzü, hepsi aynı görünüyor, eğer gözlerimi çok sıkı kapatır ve sonra açarsam, Dov'un yanımda yürüdüğünü göreceğim, aramızda bir inek ve bir sopayla ineğin sağrısına tıp tıp vuracağız, ho, ho, inek, şimdi otlaman için zaman yok, doğruca pazara gidiyoruz çünkü babam bizi bekliyor ve çok memnun olacak; çok iyi çocuklar, çok iyi, şimdi koşun ve dondurma alın diyecek ve bize bozuk para verecek; dondurmacıya kadar yarışacağız; Dov kazanacak, her zaman o kazandı ve ikimizin de elinde birer dondurma olacak; dondurmayı zevkle yalayacağız ve Yenkel'in, Simon'un ve Yakob'un ne yaptığını görmek için etrafta dolaşacağız.

Gözlerimi kapattım. Kımıldamadan durdum. Bekledim.

Derken karnımın içinden bir çığlık geldi, aahhhh, aahhhh ve tekmeler. Taşları, çalıları tekmelemeye, ezilmiş salyangozların üstüne yapıştığı dalları fırlatmaya başladım, eğilip yerden bir avuç toprak aldım ve yola fırlattım, sonra başka bir çığlık, aaahhhh, yanaklarımdan süzülen ılık gözyaşları montumu ıslattı ve yüzümü montumun koluna sildim, burnum çeşme gibi akıyordu, aaahhh ve yürümeye devam ettim.

Akşama doğru köye vardım.

Uzakta durdum. Köydeki evler aynı hatırladığım gibiydi. Saman ve çamur karışımından yapılmış küçük, karanlık evler, sıra sıra, çatıda bir baca ve büyük bir bahçe. Bahçede bir inek ahırı, arkasında bir saman yığını, ahırın yanında sebze bostanı ve çiçek tarhları ve nihayet elma ağaçları. Ahırı ve atları olan bahçeler gördüm ve bir atın olduğu ahırsız bahçeler. Yolda saman yüklü üç at arabası gidiyordu, ineklerin uzun mööö sesi geceyi selamladı.

Yere oturdum ve bir elimi göğsüme koydum. Kalbim zıplamak istiyormuş gibi hissettim ve saymaya başladım; bir, iki, üç. Elliye geldiğimde kalbim hâlâ sakinleşmemişti. Kendi kendime söylendim, şimdi kalk ve yürümeye başla, bir iki, bir iki.

Yaklaştım ve evimizden iki ev uzakta durdum. Ev sokağın köşesindeydi. Pencerelerde ışık vardı ve bir kadın sesiyle ve bir çocuk sesi, inek ahırının olduğu taraftan samanın yerini değiştiren dirgen sesi geliyordu, saçlarımı yolmak istedim. Bir ağaç gövdesine yaslandım ve karnımı tuttum. Aklım nabız gibi atmaya başladı, piç kurusu goy'lar savaşın sonuna kadar bile beklememişlerdi. Eve dönüp dönmeyeceğimizi görmek için bile beklememişlerdi. Ungvár'a giden trene bindik ve onlar leşin başına üşüşen kurtlar gibi evin üstüne çökmüşlerdi, lanet olsun. Bizim yemek masamızda iyi, sevgi dolu bir aile gibi oturmuş, bizim sofra takımlarımızda akşam yemeği yiyorlar. Banyomuzda yıkanıyorlar ve birazdan lanet olası çocukları yatağa girecek ve Anne onlara iyi geceler demeye gidecek, alınlarına birer öpücük konduracak ve benim bir Kalaşnikofa ihtiyacım var, kapıyı kırmak ve hepsini yaylım ateşine tutmak istiyorum, ta-ta-ta-ta-ta.

Bedenimi kuşatan bu öfke ile ne yapacağımı bilmiyordum.

36. Bölüm

Dov

Prag'dan sonra hastaneye geldim.

Bir gün meyhanede bekliyordum. Vassily'nin nerede olduğunu hatırlamıyorum. Soğuk bir rüzgâr ağaçların yapraklarını yola döküyordu. Onları bir atlıkarınca gibi döndürüyordu. Amerikalı bir asker üstü açık komuta arabasıyla geldi. Yeni boyanmış bir komuta arabası. Asker meyhaneye girdi ve ben de kalkıp komuta arabasının yanına gittim. Saatleri ve direksiyonu okşadım, koltuktan tutunup içeri hopladım ve oturdum, debriyaja bastım, sonra çitin arkasına koştum. Yalnızdım. Komuta arabasına geri döndüm ve direksiyonu çevirmeye çalıştım. Bırrrm. Bırrrm. Vites kolu sertti. Koltuğun kol dayama yerini okşadım, komuta arabasının hoş bir kokusu vardı ve gerçekten bir komuta arabasıyla gezmek istedim. Bırrrm. Bırrrm.

Yaklaşık yarım saat sonra asker meyhaneden çıktı. Arabadan atladım. Bana baktı ve gülümsedi. Ben de ona gülümsedim. Gezmek ister misin, dedi asker!

Nefesim kesildi, evet, evet, diye fısıldadım, üstü açık bir komuta arabasıyla hiç gezmemiştim.

Ama üşüyeceğiz evlat, dedi asker, ne diyorsun?

Soğuk beni korkutmaz, dedim, açık trenleri ve ustura gibi kesen rüzgârı hatırladım, ceket yok, eldiven yok, sadece kokuşmuş pijamalarımız ve ısınmak için sokulduğumuz yeni ölen insanlar var.

Bacaklarım titreyerek komuta arabasına bindim. Asker bana bir kutu bira verdi. Bir yudumda içtim. Vay be, buz gibiydi. Sonra, sıkı tutun, dedi, gaz pedalına sertçe bastı ve yola fırladık. Kalbim neşeyle ağladı. Havai fişekler gördüm ve manastırdaki arkadaşlarımın beni komuta arabasında görmesi için dua ettim. Vassily yolda duruyor olsun ki ona el sallayabileyim diye dua ettim. Arkadaşlardan kimseyi görmedim.

Tarlalara girdik ve asker hızlandı. İyi misin, diye seslendi?

Evet, harika hissediyorum, diye bağırdım, ağzımda dişlerimin dans eden sesini duyuyordum. Donuyordum, sanki dünyanın en tepesindeydim. İki saat tarlalarda gittikten sonra manastıra döndük.

O akşam ateşlendim.

Beni hemen Deggendorf kasabasındaki bir hastaneye yolladılar. Orada Amerikalı ve Alman doktorlar çalışıyordu. Amerikalı bir doktor beni bir stetoskop ile muayene etti. Akciğerlerimi dinlerken uyuyakaldım. Göğsüme ve sırtına bastırdıktan sonra beni uyandırdı ve şöyle dedi: Zatürre olmuşsun, hastanede kalıyorsun. Gömleğimi çıkarttım ve ayağa kalktım. Endişelenmiştim, hastane mi? Kabul etmiyorum, hayır, hayır, manastırda uzun süre, iki hafta, bir ay, hatta iki ay yatakta kalmaya söz veriyorum, sıcak çay içeceğime söz veriyorum ve sen bana kıçımdan bir iğne yapabilirsin, ama manastıra geri döneceğim. Doktor bir şeyler yazdı. O varken buradan ayrılma şansım olmadığını anladım. Elimden gelen tek şey ağlamamaktı.

Günlerce ateşler içinde yandım, kendimi bir paçavra gibi hissediyordum.

Sırtıma bir iğne batırdılar ve ciğerlerimden su çektiler ve bana bir sürü ilaç verdiler. Yattığım yerden doktora seslendim, kibrite ihtiyacım var.

Ne için, diye sordu doktor?

Gözlerim için, dedim, aksi halde üç ay uyuyacağım.

Savaş sırasında neredeydin?

Hatırlamıyorum doktor, kibritin var mı? Beni bıraktı ve hemşireye bir şeyler fısıldadı. Kibritim yoktu, bu yüzden, uyanık kalmak için kendimle konuşmaya başladım, dinle Vassily dedim, üstü açık bir komuta arabasında, bir Amerikan askerinin yanında oturuyordum, ayağı gaz pedalında, vııın, vııın, diye gidiyordu ve elimde soğuk bira, tarlalarda giderken dünyanın tepesindeydim, sen neredesin Vassily, kardeşim nerede, kardeşimi istiyorum. Kafam yastığa düştü. Karnımı çimdikledim ve uyuyana kadar göbek deliğimi ve koltukaltımı gıdıkladım.

İki hafta geçti, ateşim düştü, ama gezip dolaşmak içim gücüm yoktu. Bir gün yatakta yatıyordum ve İngiliz askerinin bana piyano çalmayı öğretmesi gibi, parmaklarımla yatağın demirlerine tıp tıp vurmaya başladım. Piyanoda başarısız oldum. Evdeki mızıkamı hatırladım. İki tane vardı. Bir tanesini Perechyn'den babam getirmişti, küçük olanı ise Humenne köyündeki büyükbabamdan almıştım. *Cheder*'e gittiğimden beri hep bir mızıkam olsun isterdim, nedeni goy çocuklardı. Onları mızıka ve mandolin çalarken görmüştüm. Atlarına binerler, bir elleriyle dizginleri, diğeriyle mızıkalarını tutarlardı. İnsanları neşelendiren ve mutlu eden şarkılar çalarlardı. Goy çocuklar gibi olmak istiyordum. Babama bana bir mızıka almasını söyledim ve kendi kendime çalmayı öğrenmeye başladım. Beceremedim. Sonra okulda şarkı söyleyişimize baktılar. Gür sesli bir kadın bana dedi ki: Şarkı söyle. Şarkı söyledim.

Parmağını kulağına soktu ve artık şarkı söylemene gerek yok, dedi, sana göre değil, anlıyor musun? Haklı olabilirdi. Belki de bende müzik kulağı yoktu. Mızıkamı bir çekmecenin içine sakladım ve üstüne bir havlu örttüm.

Bir gün komşu kızı Ilona'yla yakalamaca oynuyorduk, at binen bir goy delikanlıya bakmak için oyunu yarıda bıraktı. Goy delikanlı elinde bir mızıka tutuyor ve bir polka çalıyordu. Ilona, Ilona, diye bağırdım, beni yakalasana, ne. İlgilenmedi. Melodiyi dinlemek istedi. Yalnız hissettim. Eve koştum, büyük mızıkayı aldım ve neşeli bir polka çalmayı denedim. Nedenini bilmiyorum, ama mızıkadan çıkan kederli, ahenksiz bir polka idi.

Deggendorf'taki hastanede çok fazla Alman askeri vardı.

Yarım bacaklı ya da iki yarım bacaklı, ya da bir kolu ve bir bacağı olmayan, ya da buna benzer Alman askerleri. Protezleri yoktu. Duşa ve tuvalete dört ayak üstünde, gövdelerinden geriye kalan parçaları sürüyerek gidiyorlardı. Bazılarının kol ve bacaklarında sargılar vardı, bazılarının yoktu, bazılarında ise kopuk bir uzuv göremiyordum, görebildiğim sadece, kalın bir düğüm atılarak bağlanmış boş bir pijama paçasıydı. Yüzlerine baktım. Bazılarının güçlü yüzleri ve çelik gibi keskin bakışları vardı. Yerde sürünüyorlar, bir metre ilerleyebilmek için yatakların bacaklarını tutuyorlardı, sonra başka bir yatağın bacağını. Kısa bacağını tuvalete doğru sürükleyen yaralı bir Alman gördüm. Yanından geçmekte olan Amerikalı bir hemşire elini uzattı ve kalk dedi, kalk. Sana yardım edeyim. Yaralı Almanın başı hemşirenin dizlerine erişiyordu. Boynunu uzattı ve tuvaletlere doğru sürünmeye devam etti.

Genç Almanlar farklı görünüyordu. Acı içinde inleyerek yerde sürünüyorlardı. Bazen yarı yolda dururlar, uzuvlarından geriye kalan parçayı tutarlar ve hemşire diye bağırırlardı. Bazıları yere kapanırdı, ağladıklarını duyardım.

Hıçkırıkları beni gözyaşlarına boğardı.

Manastırdan arkadaşlar beni ziyarete gelmedi. Vassily de gelmedi. Nedenini anlamamıştım. Manastıra dönünce anladım. Hangi hastanede olduğumu bilmiyorlardı, çünkü beni oraya gece götürmüşlerdi.

Bir ay sonra hastaneden kaçmaya karar verdim. Bir sabah pencereden atladım ve manastıra geri döndüm.

37. Bölüm

İshak

Goy komşumuz Stanku'nun evine gitmeye karar verdim.

Evimizden ayrıldığımız gün bize gelen ve Yahudilerin nereye gittiğini soran Stanku'nun evine. Stanku bizim için taze Paskalya kekleri yapan komşuydu, böylece 1944 yılındaki Hamursuz Bayramı boyunca kendimizi iyi hissedecektik. Bahçesine girdim. Kapıda bir kez durdum. Bedenimin en derin yerinden bir nefes aldım ve kapıya yaklaştım. İkinci kez durdum. Evden gelen sesler duydum, hareket ettirilen bir sandalyenin sesini, ocağın üstündeki tencereden gelen pat pat sesini, Stanku'yu duydum, terliklerim nerede? Ölmek istedim.

Kapıyı tıkladım. Stanku kapının girişinde duruyordu. Hatırladığım gibi görünüyordu. Boyu dışında. Benden daha kısaydı. Kırmızı, kırış kırış bir yüzü ve büyük bir burnu vardı. Başında mavi bir kasket vardı, bu kasketi biliyordum. Stanku bir şeyler mırıldandı, gözbebeklerinin gözlerinden fırladığını gördüm, sonra üzerime atılıp beni kucakladı ve Ichko, Ichko, diye bağırdı, bize geri döndün, geri döndüğüne inanamıyorum, nasılsın, gittiğinizden beri sizden haber alamadık, baban nerede, annen nerede, herkes nerede?

Geri çekildim.

Evimizde kim yaşıyor?

Köyden bir aile, onları tanımazsın, boğazını temizledi.

Kim?

Üzgünüm, ama onları durduramadım.

Ne zaman taşındılar?

Siz gittikten kısa bir süre sonra.

Ne kadar kısa?

Stanku başını çevirdi, yanakları gözyaşlarının altında beyazladı. Ağlama, dedim, usulca, faydası yok, ya inekler? Şimdi her şey onlara ait, diye fısıldadı Stanku. Gömleğini yakaladım ve ya kedim, dedim, kedim nerede, hiç değilse kedi, kedime bakacağına söz vermiştin.

Stanku daha yüksek sesle ağladı. Başım omzuna düştü. Birlikte ağladık.

Stanku'nun karısı kapıya geldi. Kahverengi saçlı küçük bir kadın. Beni kucakladı ve dedi ki, oy, yoy-yoy, oy, yoy-yoy, geri döndüler.

İçeri girdim ve hemen sandalyenin arka tarafından tuttum. Bu sinirle ne yapacağımı bilmiyordum.

Otur Ichko, otur, dedi Stanku ve beni sandalyeye doğru itti. Stanku'nun karısı mutfağa gitti ve masaya bir kap yemek getirdi. Et kokusu aldım. Sandalyeyi masaya çektim ve Stanku'nun oğlu Michael'in kapıda durduğunu gördüm. Bir bacağı vardı. Şakağında yanık izi vardı. Kapının çerçevesine yaslanmış, elinde bir sopa tutuyordu. Michael'i hatırlarsın, dedi Stanku, Rus ordusundaydı, ona ne yaptıklarını gör.

Yemeğe oturduk.

Stanku'nun karısı tabağımı üç kez doldurdu, Stanku benim için ekmek kesti, Michael hiç durmadan Rusya'da katıldığı savaşları anlattı, ben sessizdim, onları bir buçuk yıldır görmemiştim ve kendimi bir yabancı gibi hissediyordum. Şimdilik bu kadar yeter Michael, dedi Stanku, izin verelim de Ichko da bir şeyler anlatsın, ha, neredeydin Ichko, bize onu söyle, babandan, annenden haber aldın mı?

Yorgunum Stanku, dedim, yarın konuşalım.

Stanku'nun karısı hemen ayağa kalktı, senin için şimdi bir yatak yapacağım, sen bizden sayılırsın. Gel, gel.

Uyuyamadım. Stanku'nun ahırından, belki de bizim ahırımızdan gelen sesleri düşündüm.

Sabah erkenden, güneş doğmadan bahçeye çıktım. Kazlar yiyecek istiyordu, bir çiftçi atıyla konuşuyordu. Evimize yaklaştım. Ellerimi pantolonuma yapıştırdım ve yumruklarımı sıktım, Stanku'nun yanımda durduğunu gördüm. Evin arkasında bir köpek havladı. Kapı açıldı ve girişte bir adamla bir kadın belirdi. Arkalarında pijamalı iki küçük vardı ve gizlice bize bakıyorlardı. Adam yaklaşık otuz yaşında görünüyordu, benim boyumdaydı, yüzü tıraşsızdı. Dirseklerinde yamaları olan bir kazak giyiyordu ve dizlerine uzanan tozlukları vardı. Kadın güzeldi ve önlük giymişti. Adamla kadın bana baktılar. Adam köpeğe bağırdı, sessiz ol, sessiz ol, ve çenesinin altını kaşıyarak bana doğru yaklaştı.

Sen de kimsin?

Ben İshak'ım, İsrail'in ve Lea'nın oğlu ve bu da bizim evimiz.

Sen bir Yahudi'sin.

Evet ve bu da bizim evimiz.

Hayır.

Evet.

Ama radyoda artık Yahudi olmadığını söylediler. Hiç Yahudi kalmadığını söylediler. Ayrıca, artık Yahudi olmayacağını da söylediler. Çünkü bebeklerinizi öldürdüler.

Radyonuz yanlış söylemiş. Biz hayattayız.

Gazetelerde resimler gördük. Yığınlar halinde bir sürü ölü Yahudi. Gazeteyi görmedin mi?

Gördüm, ama gazetede fotoğrafı olmayan birçok Yahudi hayatta kaldı ve bu ev bizim evimiz.

Gazetede hiç kimsenin hayatta kalmadığını gördüm, gazeteyi Stanku da gördü, öyle değil mi Stanku? Tüm köy gazetedekileri gördü. Yahudilerin evlerinde bu yüzden yaşıyoruz.

Gazete yüzünden değil, bir eviniz olmadığı için ve her şeyi Yahudilerden almak daha kolay olduğu için.

Tek bir Yahudi bile evine geri dönmedi, doğru değil mi Stanku?

Ben döndüm.

Bir dakika, baban nerede?

Bilmiyorum. Ben İsrail'in oğluyum ve bu ev bizim evimiz. Evdeki her odayı biliyorum, dolapların nerede olduğunu biliyorum, yataklar, mutfak lavabosu.

Çiftçi parmağını burnuna soktu, karıştırdı ve parmağını, ne gibi, ne, ne, yaramaz bir çocuk gibi salladı. Sonra Stanku'ya göz kırptı ve dedi ki, ama Perechyn belediye başkanı Macaristan'da artık Yahudi olmadığını söyledi, değil mi Stanku? Avrupa'da artık Yahudi yok, dedi, Yahudi diye bir şey yok, dedi. Belediye başkanının karısı da böyle söyledi. Herkes biliyor, değil mi Stanku?

Stanku yumruklarını ceplerine soktu ve cevap vermedi.

Yahudi diye bir şey yok, ah, çenemin çelik bir kapı gibi kapandığını hissettim. Adamın üzerine atlamak ve gözünü çıkarmak istedim, beyaz dili düşüp yolda yuvarlanana kadar onu boğmak istedim. Hızlı adımlarla evin arkasına yürüdüm. Köpek çıldırmış gibi havlıyordu, büyük bir kurt köpeğiydi. Köpeğin üstüne atlamak ve ağzını yırtmak istedim, Stanku ve çiftçi koşarak geldi. Çiftçi küfretti ve köpeğe bir tekme attı. Köpek, kedi gibi inleyerek kulübesine doğru süründü. Bahçeyi işaret ederek, boğuk bir sesle, bu bir Yahudi ahırı, dedim, anladın mı? Ve bu da bir Yahudi kileri ve oradaki de Yahudi işi bir kasap dükkânıydı ve ben tam bir Yahudi'yim ve manastırda daha çok Yahudi var ve belediye başkanınız tam bir aptal, öyleyse sen neden bahsediyorsun, ha?

Çiftçi başını öne eğdi ve verem olmuş gibi öksürmeye başladı. Karısı, peşinde pijamalı iki çocuk, telaşla bu tarafa doğru koştu. Karısını ve çocuklarını gören çiftçi onlara eliyle uzaklaşmalarını işaret etti. Kadın çocuklarla birlikte gözden kayboldu. Stanku çiftçiyle benim aramda duruyor ve şapkasını kemiriyordu.

Çiftçi bir elini göğsüne koydu ve bana doğru yaklaştı. Stanku onu durdurmaya çalıştı. Stanku'ya karışma, dedim. Çiftçi benden bir adım uzakta durdu. Çenesinde tükürük vardı ve leş gibi tütün kokuyordu.

Dinle Yahudi, dedi, burada olman iyi değil. Burada olmamalısın. Bu senin için iyi değil. Bu köyde artık Yahudi yok, anlıyor musun? Yahudilerle işimiz bitti ve radyoda Macaristan'da hiç Yahudi kalmadığını söylediler, burada yalnız olmak ister misin? Eğildi ve Yahudilere uygun bir yere git, diye fısıldadı. Senin için daha iyi, anladın mı? Kokusu yüzünden bir adım geri attım.

Çiftçi, sanki ben göz kamaştıran bir güneşmişim gibi, eliyle gözlerini perdeledi ve şimdi, dedi, ne istiyorsun?

Hiçbir şey.

Hiçbir şey ne demek?

Hiçbir şey hiçbir şey demek.

Boğazını temizledi ve köyde mi kalıyorsun, diye sordu?

Hayır. Ziyarete geldim.

Ziyaret ha, ne zaman gidiyorsun?

Bakacağız.

Geri dönmeyecek misin?

Hayır.

Stanku dedi ki, Almanya'ya geri dönüyor. Oradan Filistin'e.

Filistin nerede?

Olabildiğince uzakta.

Orası Yahudilere uygun bir yer, dedi Stanku.

Demek Yahudilere uygun uzak bir yere gideceksin, dedi çiftçi, çok iyi, öyleyse belki içeri girip bir şeyler içersin? Dedim ki, siyah beyaz bir kedi gördün mü, gitmeden önce bir kedim vardı, büyük bir kedi, onu gördün mü?

Çiftçi güldü, burada kedi yok, sadece köpeğim, belki komşulara gitmiştir, Stanku, onun kedisini gördün mü? Stanku, hayır, dedi, Ichko'nun kedisini biliyorum. Çiftçi elini uzattı, lütfen içeri gel, bir şeyler iç.

Olduğum yerde kaldım. Ichko, seni eve davet ediyor, dedi Stanku. Hadi birlikte girelim.

Annemi ve babamı istiyordum ve eve girdim.

Ailemize ait yemek masası girişte duruyordu. Parmaklarımı boğazıma bastırdım, pantolonumun içine hafifçe osurdum ve tüm kalbimle bir karara vardım: Ben, İsrail ve Lea oğlu Icho, bu evin ortasında dikiliyorum ve gözlerimin önüne çelik bir perde çekiyorum, evet. Ben bir yabancıyım, bu ev benim değil, goy'lara ait, evet. Bu köye ait değilim ve bu evle hiçbir bağlantım yok, ah, buraya tesadüfen geldim ve hiçbir şey tanıdık değil ve eğer tersini hissedersem, herkesi bir baltayla öldürebilirim, küt. Bu aşağılık köylüyü ikiye ayırabilirim, küt-küt. Görürsünüz, gövdesinin yarısı bir tarafa, yarısı diğer tarafa düşer, küt-küt.

Dov'la birlikte kaldığım odaya, odamıza yaklaştım. Kafamda bir vızıltı vardı, rahatsız edici bir sinek gibi. Kendi kendime dedim ki, bu evde sinekler var ve ev yanıp kül olsa, inek ahırı yanıp kül olsa, yarına kadar, hatta daha da uzun süre ağlasalar da umurumda değil.

Yine de, odaya şöyle bir göz attım. Pencerenin altında birbirine yakın iki küçük yatak vardı ve üstüne bir yün battaniye örtülmüştü. Dolabın kapağında, uzun zaman önce bir çiviyle çizdiğim bir resim gördüm, resim tanıdık değil, diye fısıldadım, hayır, hayır. Diğer odaya geçtim, annenin Sara'nın odası için diktiği perdelerle karşılaştım. Kafamdaki sinekler daha yüksek sesle vızıldamaya başladı, kısık sesle bağırdım, tanıdık değil, hem de hiç tanıdık değil.

Çiftçinin karısı yanımda duruyordu. Elinde bir bardak su ve bir çay tabağı tutuyordu, tabakta bir çay kaşığı dolusu beyaz reçel vardı. Bana gülümsedi ve lütfen reçelin tadına bakın, dedi. Çiftçi, lütfen oturun, dedi ve bir koltuğu işaret etti.

Olduğum yerde kaldım. Bakacak bir yer aradım, baktığım her yer mahvolmuştu, oy, koltuk, kapıdaki küçük halı, ocaktaki büyük tencere, oy, ne istiyorum, ne, ne, hiçbir şey, hiçbir şeye ihtiyacım yok. Tekrar çiftçiye döndüm.

Boynunun üstüne oturmak ve kulağına bağırmak istedim, Almanlar bizi öldürdü ve sen de bizi öldürdün ve seninki daha acı verici, cehennemin dibine git, bizler komşuyduk, tatillerde size hediyeler getirdik, mısırları kesmene yardım ettik, anne bebekleriniz için palto ve şapka ördü, nasıl Yahudi diye bir şey yok diyebiliyorsun, aşağılık herif. Çocuklar el ele tutuşmuş bana bakıyordu.

Aile fotoğraflarını bulmak istedim.

Resimler olmazsa büyükannemin ve büyükbabamın yüzlerini unutacağımı biliyordum. Büyükannem ve büyükbabamın, onlarla yaşadığı yıllarda Dov'la birlikte oldukları en az bir fotoğrafını istiyordum. O yıllar anneme yardım etmek istedikleri yıllardı, büyükannem ve büyükbabam iyi insanlardı ve böyle insanların yüzlerini unutmamalıyız, diye düşündüm. Annem ve babamın, Sara ve Avrum'un fotoğraflarını istiyordum, Filistin'e giderken yanıma fotoğraf almak istiyordum, bizim bir albümümüz vardı, albümümüz nerede. Albümdeki ilk sayfayı hatırladım. Bütün ailenin olduğu bir resim vardı. Sara ve Avrum babamın yanında duruyorlar. Dov ve ben annemin yanındaki sandalyelerde oturuyoruz. Ben dört o beş yaşındaydı. Dov elinde bir çan tutuyordu. Yıllar sonra anneme, Dov'un neden elinde bir çan tuttuğunu sormuştum, annem de, aksi halde fotoğraf çektirmeyi kabul etmiyordu, demişti. Senin yanındaki sandalyeye oturmak istemedi ve fotoğrafçı bir çan getirmemizi istedi, işe yaradı. Her yaz köyümüze gelen fotoğrafçıyı hatırladım. Uzun bacakları üstünde duran bir kamerası vardı, siyah bir kumaşla örtülüydü. Bu fotoğrafı çektirdiğimiz gün mutfak sandalyelerini dışarıya taşıdı ve hepimizi bahçede bir güzel yerleştirdi. Annemden on kere başını kaldırmasını ve gülümsemesini istedi. Annem neden onu dinlemiyordu, bilmiyorum.

Saçımı çektim ve çiftçiye anlaşılır bir sesle dedim ki, annem ve babamın odasında, alt çekmecede, aile fotoğraflarının olduğu bir albüm vardı. O albümü istiyorum, nerede o ve içimden dedim ki, eğer bana fotoğrafları vermezsen, çocuklarını peş peşe dizer ve tak-tak. Onları ikiye bölerim. Evet, buradan hiç değilse aile fotoğraflarıyla ayrılmalıyım ki onları hatırlayabileyim.

Çiftçi, hiç fotoğraf görmedik dedi. Bizden önce eve jandarmalar girdi, öyle değil mi Stanku? Yavaşça koltuğun arkasına yaklaştım. Teyzelerin verdiği çakıyı cebimden çıkardım ve montumun altında açtım. Çakıyı koltuğun arkasına bastırdım ve bir delik açtım. Çakıyı geri cebime koydum. Stanku, bu doğru Ichko, dedi, eve önce jandarmalar girdi. Bir sürü şey aldılar.

Nereye aldılar?

Alıp götürdüler. Birazını da yaktılar.

Neyi yaktılar?

Belki fotoğrafları yaktılar, bilmiyorum.

Resimleri yaktılar.

Evet.

Resimlerle büyük bir ateş mi yaktılar?

Hatırlamıyorum.

Peki ya külleri ne yaptılar, Tur'i Remety nehrine mi attılar?

Bahçeye çıktım.

Çiftçinin karısı elindeki su ve reçelle beni takip etti. Çiftçinin ona geri dönmesini söylediğini duydum. Kadın, kedin için üzgünüm, dedi, köpeğimiz kedileri yer, onu köyde ara. Kadına baktım. Ona da baltayla girişmek istedim. Çiftçi yaklaştı. İnek ahırını görmek ister misin, dedi?

İsterim ama yalnız, dedim. Çiftçi ve karısı eve döndü. İki adım attım ve bahçede toprağı gagalayan üç tavuk ile iki kaz gördüm. Sonra gözlerimi yumdum, annem kazları çağırıyordu, bili, bili, bili, bili, bili. Ahır duvarının yanında duruyor, önlüğünden yem serpiyordu, bili, bili, bili. Ahh. Boğazım düğümlendi. Başımı geriye doğru attım ve fısıldadım, bir yabancının bahçesindesin ve ne tavukları ne de kazları tanımıyorsun ve ahırdaki inekleri de tanımıyorsun, tamam, ha. Yutkundum ve gökyüzüne baktım. Griydi ve Auschwitz gibi sarı lekeler vardı, ama koku yoktu. Tam önümde babamın kasap dükkânı duruyordu ve açıktı. Yaklaşmadım. Ahıra gittim. Babam Auschwitz'e giden trende bana demişti ki, eğer geri dönersen, ahır kapısının üstündeki pervaza bak, oraya, annene düğünde takılan altınlardan birkaç parça sakladım. Bunu bana neden söylüyorsun ki, dedim babama, eve gideceğiz ve takıları anneme sen kendin vereceksin, babam da dedi ki, unutma Icho ve onun yumuşak sesini hatırladım.

Üst pervazı bulamadım. Duvarda bir delik buldum.

Stanku'ya döndüm ve hadi gidelim dedim.

Çiftçi ve eşi bizi yola kadar takip ettiler. Boğuk bir sesle, Ichko, diye seslendiğini duydum, durmadım. Koşarak yanıma geldi ve dedi ki, babanın ve annenin geri dönme şansı var mı? Durdum. Ona doğru döndüm.

Yüzüne kötü kötü baktım ve usulca, evet dedim. Geri dönecekler. Önce babam geri dönecek, sonra annem geri dönecek. Siz evimizi aldınız ve babam da bu evi ve ona borçlu olduğunuz parayı sizden geri alacak. Kadın reçel tabağını elinden düşürdü ve ağlamaya başladı. Ağlamalısın dedim ve ağlaman iyi bir şey. Babam geri dönene kadar ağla.

Çiftçi pantolonunu kaşıdı ve, ya kardeşlerin, dedi, onlar gelecek mi?

Karına bak ve kendin gör, dedim.

Ailemden hiç kimsenin geri dönmeyeceğini biliyordum. Öldüklerini biliyordum. Çiftçi ve karısının gece boyunca, sabaha kadar yatakta dönüp durmalarını, ha bire yastıklarını çevirmelerini istiyordum. Diğer gecelerde de saçları beyazlaşsın ve bu evin Yahudilere ait olduğunu asla unutmasınlar istiyordum.

Bu köyden sonsuza dek uzaklaşmak istiyordum.
    Stanku'ya, gidiyorum dedim.
    Stanku, bir süre bekle Ichko, dedi, sen benim konuğumsun. O akşam insanların beni aradıklarını duydum. Vaftiz babam beni arıyordu. Bir çalışma kampından dönmüştü. Köye dönen ilk Yahudi'ydi. Doğruca evine gitmiş ve boş olduğunu görmüştü. Yanına taşındım. Uzun boylu ve zayıftı. Siyah saçlarından eser yoktu, geriye sadece gri tüyler kalmıştı ve evde büyük bir keder vardı. Birbirimize nereden geldiğimizi söylemedik. Annem, babam ya da kardeşlerim hakkında soru sormadı. Hiçbir şey sormadı ve ben de ona karısını ve üç çocuğunu sormadım. Bazen birbirimize bakar ve kendi kendimize anlardık.
    Vaftiz babam, Icho, dedi, burada benimle birkaç gün dinlenir, sonra gidersin. Kaldım.
    Köyden insanlar vaftiz babamın evine geliyor ve yolun yakınında bir yerde duruyorlardı.
    Eve girişimi ve evden çıkışımı görebiliyorlardı. Aralarında tanıdığım goy'lar vardı, yarım gün bekliyor, ama yol boyunca yürümeye ve içeri girmeye cesaret edemiyorlardı. Eğer girmiş olsalardı, selamlaşırlar ve kibarca beklerlerdi. Konuşmaya hep benim başlamamı beklediler. Perechyn'deki pazarı sordum ve kalbim çığlık atmaya başladı: Hepiniz Yahudilerden nefret ediyorsunuz. Hepiniz, nefret ediyorsunuz, nefret. Bir buzağının pazardaki fiyatını sordum, iki de bir beynim duruyor ve bir atlıkarınca gibi dönmeye başlıyordu. Bir şeyler söylerlerdi, ben de bir baltayla üzerlerine yürürdüm. Tak. Bir kilo şekere Macarlara teslim ettikleri her Yahudi için bir darbe. Tak-tak. Gerçeği biliyordum. Köyümüzdeki goy'lar bir kilo pirinç için Yahudileri teslim etmişti. Bir kilo un için. Teslim ettikleri her Yahudi için goy'lara kiloyla ödeme yapıldı. Yahudiler köyde saklandılar ve goy'lar onları ihbar etti, bu işi ikinci bir geçim kapısı olarak gördüler. Köyde oğulları SS timine mensup bir aile vardı. Adam Yahudiler hakkında bilgi almaktan mutluydu ve alıyordu da, oh evet, alıyordu, hem de istediği kadar. Sinagogdayken Dov'u ihbar eden, Macar askerlerine bir çocuğun eksik olduğunu söyleyen de oydu. Macar askerlerine, Dov'un bir şey saklamak için ormana kaçtığını söyledi, belki altın, belki de para, bu yüzden askerler Dov'u öldüresiye dövdüler.

Hain konukların hain çocuklarını da alıp bir an önce gitmelerini istedim. Beni yalnız bırakmalarını istedim. Ama önce, onları sandalyelerinde otururken baltayla doğranmış olarak görmek istiyordum. Her birinin, sandalyesinde ince ince dilimlendiğini görmek istiyordum. Gövdelerinin yarısı oturur, yarısı yere yayılmış halde.

Akşamları köyde tek başıma yürümeye çıkıyordum.

Rüzgâr bacalarda ıslık çalıyordu. Okuldan gençlerle karşılaştım, aynı sınıftaydık. Birbirimize birkaç kibar söz söyledik ve ben yürüyüp gittim. Sanki bir amacım varmış gibi ana yola çıktım. Sanki yolun sonunda beni insanlar bekliyordu. Doğduğum köydeydim ve kendimi yalnız hissediyordum.

Bugüne dek, evimin yakınına bir daha asla gitmedim.

İsrail, 2001

Nahariyya'dan merkeze giden 14.18 treni.

Mümkün olduğunca uzağa gitmek istiyorum.

Pencereden deniz görünüyor. Kısa dalgalar kıyıyı dövüyor. Sinirli bir ses çıkarıyorlar ve ben sahildeki kıpırtılara bakınca bu asabiyetin nedenini tahmin edebiliyorum. İncecik ayağının, belki de iki ayağının üzerinde duran ve uzaklara bakan bir flamingo dikkatimi çekiyor. Flamingonun sabit, huzurlu bir duruşu var, uzun bir boynu, muhteşem bir kafası var. Kum ve dalgalar arasındaki savaş onu ilgilendirmiyor. Bence yalnız, o kuşa ne olmuş, orada tek başına duruyor, diğer kuşlar güpegündüz nereye gitmiş, artık her an güneş denize düşebilir, bu kuş karanlıkta tek başına ne yapacak, ölecek mi?

İshak yanımda olsaydı derdi ki, bu hiçbir şeye delalet değil ve Dov sorardı, neye delalet değil? İshak, flamingonun öleceğine delalet değil, derdi, ölümün işareti olmaz. Sonra Dov, ölümün işaretleri olur, derdi, birkaç tane gördüm. İshak sinirlenir ve Dov da bana cevap verirdi, yalnız olmayı seviyorum ve eğer insanlar her şeyin yanıtını benden beklerse ve benim yanıtım yoksa, bu beni rahatsız eder. Ve sonra İshak, bana binlerce soru sorabilirler, derdi, umurumda mı, ama sürü olmadan büyük bir plajda tek başına kalmak, işte bu tehlikeli Dov, pençeleri olan bir kartala yem olabilir. Sana katılmıyorum, derdi Dov, sağlıklı kanatları var, kolayca kaçabilir.

Ne, ne olmuş yani, ve İshak ayağa kalkardı, bir iki saat uçar, sonunda yorulur ve başını indirip bakması gerekir, nereye konacağını nereden bilsin? Gökyüzünde onu belki dört kartal daha bekliyordur, hiç kolay bir mesele değil, ne dersin? Ve sonra Dov, istediği zaman suya dalabilir, derdi, başaracaktır.

Kuşun mutlu olduğunu söyleyebilirim. Neden mutlu; ikisi de derdi ki, çünkü o çok güzel. Güzel bir kuşun hayatta endişelenecek daha az şeyi vardır.

38. Bölüm

Dov

Indersdorf'da, manastırdaki askerler bana uygun bir meslek aradılar.

Zatürre geçirdikten ve hastaneden döndükten sonraydı. Tarım makinelerinin tamirini öğrenmem için, beni tek gözlü bir Almanın garajına gönderdiler. Garajda engelli bir adam çalışıyordu, bir yüksek omzu ve bir kısa bacağı vardı, bastonu yoktu. Alman işçi Almanların savaşı kaybetmesinden memnundu, çünkü Almanlar Alman ırkından olan engellileri sevmiyordu. İşçiyle arkadaş olduk. Bir gün ona dedim ki, araba sürmeyi öğrenmek için ölüyorum.

Garaj sahibinin bahçede lastikleri olmayan bir arabası vardı.

Alman işçi dedi ki: Biraz benzin bul, o yaşlı düldülü onaralım ve sana araba sürmeyi öğreteyim. O gün mesaiyi zar zor bitirdim. Meyhaneye koştum ve dışarıda bekledim. Tam o sırada yağmur başladı, meyhaneye en yakın ağacın altına koştum ve kapıyı oradan gözledim. Islak toprağın güçlü kokusu burnumu gıdıkladı, ürperdim. Ellerimi ceplerime soktum ve olduğum yerde koşmaya başladım. Bu arada dişlerimin ağzımın içinde takırdadığını duydum. Kendi kendime, ikinci kez zatürre olacaksın dedim. Ellerimi ceplerimden çıkardım ve burnumu tuttum. Diğer elimle sırtıma bastırdım. Birkaç dakika sonra kulaklarıma geçtim, parmaklarımı kulaklarıma soktum, ağzımı kapattım ve tekrar burnuma ve sırtıma geri döndüm, sonra kulaklarıma ve ağzıma. Bu şekilde bulaşıcı mikropların bedenime girmesini engelleyeceğimi düşünüyordum, hayır, hayır, hastaneye geri dönmeyeceğim, bundan adım gibi eminim.

Yaklaşık bir saat sonra, Amerikan malı bir cip meyhaneye geldi. Cipten bir asker indi. Şapkasını tutarak kapıya koştu. Peşinden kapıya gittim ve kolundan çekiştirdim.

Döndü ve yağmurda ne yapıyorsun, diye sordu?

Ben manastırdanım, dedim, lütfen bana biraz benzin verir misin, biraz benzin bulmalıyım.

Ne için?

Garajdaki külüstür için, tamirat öğreniyorum ve çalışan bir motorun sesini duymak istiyorum, tekerlekleri yok, sadece bir motor ve direksiyon.

Asker yanağımı sıktı ve ama dikkatli ol, dedi, cipine koştu, bana içinde iki litre benzin olan bir teneke verdi. Tenekeyi kaptığım gibi garaja koştum. Engelli işçi beni bekliyordu. Benzini düldülün motoruna döktü, bazı telleri bağladı, tırr, tırr, tırr, motor çalışıyordu. Vay be. İşçinin üstüne atladım ve ona bir öpücük verdim. Sevindi ve dedi ki, gel ve otur, ilk dersimize başlıyoruz. Debriyaja bastı ve hop, birinci vitese taktı. Boşa aldı. Debriyaja bastı ve hop, ikinci vites. Boşa aldı, şimdi sen, yavaşça Bernard, yavaşça, vites acı acı bağırmamalı.

Vitesten sonra frenle devam ettik. Yeter diyene kadar bastım, bastım ve sonra direksiyona geçtik. Bana sağa dönmeyi, sola dönmeyi, düz gitmeyi öğretti ve tekrar sola, sağa ve durmayı öğretti. Çok sevinçliydim.

İkinci dersin sonunda Alman işçi bana, işte bu kadar, dedi. Artık hazırsın. Sözüm söz, bundan sonra her arabayı sürebilirsin. Onu iki kez öptüm ve bir araba aramaya başladım.

Bir gün meydanda bekliyordum.

Manastırla meyhane arasında bir meydan vardı. Amerikan askerleri otomobillerini oraya park ederdi. Meydanın ortasında Kutsal Meryem Ana heykeli vardı. Heykelin etrafı çitle çevriliydi. Meydanda durdum ve bir fırsat çıkmasını bekledim.

Amerikalı bir askerin meyhaneye geldiği o gün yağmur yağmıyordu. Komuta arabasını meydanın ortasına park etti ve bir şeyler içmek için içeri girdi. Komuta arabasının koltuğuna atladım ve Alman işçinin bana öğrettiklerini yaptım. Motoru çalıştırdım, debriyaja bastım, birinci vitese taktım ve gaza bastım, komuta arabası boğuldu. Kalbim hızla atmaya başladı, en baştan başla, dedim, debriyaja dikkat et, çok hassas. Ellerimi ovuşturdum ve motoru tekrar çalıştırdım, oy, oy, oy, komuta arabası hareket etmeye başladı. Direksiyonu sola çevirdim ve yavaşça ilerledim, meydan yüzünden ikinci vitese geçmeye cesaret edemedim, sürekli sola dönmem gerekiyordu. Komuta arabası Kutsal Meryem'in etrafında dönüyordu ve Icho, dinle, diye bağırdım, bak tek başıma sürüyorum, ellerimin arasında bir direksiyon var ve Kutsal Meryem'in etrafında dolanıyorum. Birkaç tur sonra bir elimi direksiyondan çekmeyi başardım. Meryem'e el salladım, yüksek sesle bağırdım, bana bak, ben bir Yahudi'yim, beni görüyor musun? Kendimi güçlü hissettim, özellikle de Meryem'in önünde.

Tek bir sorunum vardı. Garajdaki Alman bana nasıl duracağımı öğretmemişti. Ne, yaklaşık yirmi dakikadır araba sürüyorum ve hareket halindeki bir komuta arabasını nasıl durduracağımı bilmiyorum. Terlemeye başladım. Bağırdım, kurtarın beni, kurtarın beni, nasıl duracağımı bilmiyorum, kurtarın beni.

Meyhanedeki asker beni duydu. Hemen dışarı koştu, komuta arabasına sıçradı, kontağı kapattı ve dedi ki, hey, ne yaptığını sanıyorsun, sen de kimsin?

Kekelemeye başladım. Yüzüm yanıyordu, üzgünüm diye fısıldadım, ben manastırdanım, Almanlara söylemeyeceksin, değil mi?

Gülmeye başladı ve sonunda, yok artık, dedi, ne, yaylan bakalım.

Mutlu bir şekilde manastıra doğru koştum. Tüm bedenim yanıyordu, bağırdım, Amerikan askerlerini seviyorum ve ben de onlar gibi asker olmak istiyorum, çünkü bağırmıyorlar, vurmuyorlar ya da pis Yahudi demiyorlar.

Bir komuta arabası kullandığım söylentisi, manastırda hızla yayıldı.

Araba uzmanı olarak tanınıyordum. Kendimi yirmi santimetre uzamış gibi hissediyordum. Nitekim Vassily'ye direksiyon dersleri vermeye başladım. Akşam beni garajda beklerdi. Ona külüstürü sürmeyi öğrettim, ayrıca araba tamiri konusunda da dersler verdim. O günden sonra Meryem Meydanı'nda birlikte beklemeye başladık.

Bir gün, meydana yaklaşan ağır bir traktör gördük.

Üzerinde Alman bir çiftçi oturuyordu. Kocaman bir yüzü ve geniş bir boynu vardı. Motoru çalışır durumda bırakıp, yanmış bir duvarın yanında traktörden indi ve meyhaneye girdi. Vassily'ye dedim ki, önce ben gidiyorum, sonra sen gel. Traktöre bindik. Vassily'ye, buraya bas, buraya bas, dedim, vitesi taktık ve traktör hareket etmeye başladı. Ooy, ödüm bokuma karıştı. İlk Vassily atladı, peşinden ben atladım. Traktör duvara çarptı ve durdu. Tekerler durmamıştı. Dönmeye devam ettiler ve duvarda büyük bir delik açtılar, ama biz çoktan oradan tüymüştük, sadece kamplardaki Yahudiler tehlike anında nasıl kaçacaklarını bilirler ve bu da çok çok hızlı demektir. Ağır traktörün nasıl olup da duvarı yıkmadığını ya da oradaki evlere girmediğini bilmiyorum.

Manastırda bütün bir gün Alman çiftçiden saklandık. Bizi bir Alman kampına götüreceğinden emindim ve orada bizi kapalı bir aracın içine koyarlar, egzoz dumanını bir boruyla içeri verirler ve biz ölürdük, kardeşim İshak da delirirdi.

O günden sonra araba kullanmaya cesaret edemedim.

Indersdorf'da kilise çanlarını çalan bir adamla tanıştım.

    Devasa çanları çalmama izin verdi. İpe asıldım, tasasız bir kuş, yüksek sesle şakıyor, ding, dong, ding, dong. Bazen boğazım tıkanıyordu. Din... Kıgh. Din... Kıgh. Dong... Hım. Kendimi köyümün yakınındaki ormanda bir ağaca hızlıca tırmanırken ve gökyüzüne hey, bana bak, bana bak, diye bağırırken gördüm ve sonra da yeşil kabuklu fındık yerken. Fındıklar yüzünden dilim zımpara kâğıdı gibi oldu. Ding... Don... Kıgh. Kendimi arkadaşım Ilona'yı evin etrafında kovalarken gördüm, onu kasten yakalamıyordum, çünkü koşmayı ve gülmeyi seviyorduk, bundan büyük zevk alıyor, çığlıklar atıyorduk. Çocukların kahkahalarını özlemiştim, herhangi özel bir sebepten ötürü değil, sadece etrafta anne, baba varken boğazdan çıkan kahkahaları özlemiştim. Bir ailenin çocuğu olmayı özlemiştim, kardeşimin kıçıma şaplak atmasına razı olup odama kaçmayı, yatağın altına saklanmayı ve Avrum'un nerede o, diyen sesini duymayı ve annemin onu rahat bırak Avrum, o daha küçük bir çocuk, şimdi git ve duş al diyen sesini. Annemi istiyordum.

Sık sık Indersdorf'u düşünürüm.

39. Bölüm

İshak

Tur'i Remety'deki üçüncü günümde, genç bir goy rüzgâr gibi koşarak yanıma geldi. Onu tanıyordum. Kız kardeşim Sara'nın okul arkadaşıydı. Elinde bir mektup tutuyor ve Sara'dan bir mektup aldım, kız kardeşin Sara yaşıyor, diye bağırıyordu. Mektubu titreyen ellerle açtım. Mektup yere düştü. Yere eğildim ve sen oku, dedim. Sara şimdi İsveç'te olduğunu yazıyordu. Savaş bitince İsveç'e gitmişti ve ailesinden birinin köye dönüp dönmediğini öğrenmek istiyor, herhangi bir haber olup olmadığını soruyordu. Arkadaşından mektubu cevaplamasını istiyordu ve adresini de kocaman harflerle yazmıştı.

Mektubu bağrıma bastım ve yüzümü kolumla sildim. Kız kardeşimin arkadaşı kolunu omzuma attı ve güldü. Ona dedim ki, Almanlar Sara'yı öldürmeyi başaramadı, o hayatta kaldı ve bu arada benim yarım bir ailem var. İsrail'de bir adresim olduğunda Sara'ya yazacağım.

O gece uyuyamadım. Sara'yı gördüm. Evi terk ettiğimizde yirmi yaşındaydı. Almanlara esir düşmeden önce küçük, zayıf bir kızdı, belki kırk elli kilo, bu kiloda bir kızın kış mevsiminde, bir çalışma kampında hayatta kalmayı nasıl başardığını anlamıyordum. Humenne'de duyduğum hikâyelerden, kadın kamplarındaki koşulların da bizimkiler gibi olduğunu öğrenmiştim. Sara'yı düşünmek zihnimde bir yara açtı ve kötü bir rüya görmeme neden oldu. Karda çıplak ayakla durduğunu gördüm, üstünde çizgisiz pijamaları vardı. Elinde teneke bir kap tutuyor ve ağlıyordu, Icho, açım, Icho bana yardım et, ama ben yürümeye devam ettim, sonra bir istasyona geldim ve bir trene bindim. Pencerenin önünde durdum ve Sara'yı gördüm. Ağlamaya devam ediyordu, Icho, bana yardım et ve ben gittim.

Ter içinde uyandım. Üç saat konuşamadım. Sonunda vaftiz babama dedim ki, benim Dov'un yanına gitmem gerek, ona Sara'yı anlatmak istiyorum. Vaftiz babam, birkaç gün daha Icho, dedi, birkaç gün daha benimle kal.

Bir gün yoldan gelen bir davul sesi duydum.
 Köy davulcusu vaftiz babamın evinin önünde duruyordu. Metal düğmeli siyah bir ceket giymişti. Elinde ince çubuklar tutuyor ve kayışlarla boynundan karnına sarkan bir davul çalıyordu. Poom-pooroom, poom, poom pooroom, poom-poom. Sokakta davul çalmak posta geldi demekti ve ben de adamın yanına gittim. Bana bir not verdi, notta benim için bir mesaj vardı:
 Hemen karakola gelip NKVD'ye rapor vermelisiniz.
 Notu vaftiz babama verdim. NKVD de nedir, dedim? Bu yeri bilmiyorum.
 Vaftiz babam notu okur okumaz donuklaştı. Kâğıdı ters çevirdi, bir sandalyeye oturdu ve otur Icho, otur, dedi. NKVD Rus gizli polisidir. Savaşın sonunda köye geldiler. Sinagogun yanındaki büyük binaya yerleştiler.
 Kalbim ağırlaştı.
 Rus polisinin benimle ne işi olur, dedim, hem köye geldiğimi nereden biliyorlar, herhangi bir sorun yaşamadım ya da bir şey talep etmedim, söyle bana, benden ne istiyorlar? Vaftiz babam Rusların benden ne istediğini bilmiyordu ve sonra kafama dank etti, bağırdım, beni goy'lar ihbar etti, evet. Yahudileri teslim etmeye alışkınlar, doğru değil mi? Vaftiz babam, sanmıyorum Icho, dedi, herkes köyden ayrılacağını biliyor. Peki ya evimizi alan çiftçi, beni o ihbar etmiş olamaz mı? Belki kalacağımı düşündü, anlıyor musun, evi kaybetmekten korkuyor. Kaşınmaya başladım. Vaftiz babam bana bir bardak su getirdi. Şekerin var mı, dedim, üç, hatta beş çay kaşığı şeker istiyorum.
 Dov'un, bir sandviç yüzünden üzerine Kalaşnikof doğrultan Rus askeri hikâyesini hatırladım. Humenne'deki teyzelerim de, Rus askerlerinin tek başlarına dolaşan insanları kaçırıp Sibirya'daki çalışma kamplarına gönderdiklerini söylemişti. Sandalyemden kalktım ve kaçacağım dedim, işte o kadar. Rus askerleriyle hiçbir şey yapmak istemiyorum, Macarlarla yeterince, Almanlarla ise fazlasıyla yaptık. Vaftiz babam, buna değmez Icho, dedi, her yerde askerler var, seni yakalarlar ve kaçamazsın, bir hata olduğundan eminim, bence oraya gitmelisin.
 Pencereye gittim ve bu NKVD binasının parmaklıkları var mı yok mu, diye sordum? Vaftiz babam, parmaklık yok, dedi, sadece cam. Mükemmel, dedim, bu gizli polise gideceğim ve eğer beni tutuklarlarsa, gece pencereden kaçacağım.

Yüzümü yıkadım ve gömleğimi değiştirdim. Bir karar verdim: Kimse beni Rusya'ya gönderemeyecek ya da bir kamyona yükleyemeyecek ve kimse beni bir sığır trenine bindiremeyecek, evet, dünyada hiç kimse bana karda çukur kazdıramayacak ya da boru yalıtımı yaptıramayacak.

Karakola gittim. Girişte tüfekli bir asker duruyordu. Ona notu gösterdim. Beni küçük bir odaya soktu, bir sandalye gösterdi ve gitti. Sandalyeye oturdum, sanki vaktim, sabrım ve iyi düşüncelerim vardı. Aklım patlıyordu: Ruslar yalnız olduğumu biliyor. Beni ortadan kaldırdıkları takdirde, arkamdan gözyaşı dökecek kimse olmadığını biliyorlar. Aha. Bilet almadan trenle seyahat ettiğimi duydular. Hayır, hayır, evimizle ilgili. Çiftçi onlara bir hikâye anlattı ve beni bu yüzden tutuklayacaklar. Sandalyeden kalktım ve elimi cebime soktum. UNRWA belgelerim tamamdı. Pencereye yaklaştım. Pencereden dış kapıya kadar olan mesafeyi ölçtüm. Penceredeki kolu çevirmeyi denedim. Oldu, pencereyi açtım. Nefes alabilirdim. Sandalyeme döndüm ve kapıda duran bir asker gördüm.

Donuk bir yüzü ve cetvel gibi dümdüz bıyıkları vardı. Onunla gitmemi istedi. Dar bir koridor boyunca yürüdük ve büyük bir odaya vardık. Odada altı sandalyeli büyük bir masa vardı. Bir Rus subayı pencerenin yanında duruyordu. Yirmi beşinde ya da yirmi yedisinde gösteriyordu. Omuzlarında yıldızlar vardı. Ütülü bir üniforma ve uzun çizmeler giymişti, kollarının ve pantolonunun kenarlarında şeritler vardı. Şapkası masada duruyordu. İyiye işaret. Subay askerden odayı terk etmesini istedi. Bana yaklaştı, mavi gözler gördüm, ne iyi ne de kötü, açık renkli saçlar, küçük bir burun ve yüksek bir alın. Kaşının ucundan yanağının ortasına kadar, anahtar büyüklüğünde bir yara uzanıyordu.

Beni inceledi ve Rusça sordu, adın ne genç adam?

Icho.

Otur Icho, otur.

Oturdum ve arkama yaslandım. Bir sandalye çekti ve bana yaklaştı, lütfen bana aile üyelerinin isimlerini ve şu an nerede olduklarını söyle, dedi.

Dov ve Sara'dan sonra ne diyeceğimi bilmiyordum. Dedim ki, oradalar, yani oradalardı ve belki artık orada değiller, bilmiyorum.

Subay arkasına yaslandı. Avrum genç biri, dedi, geri gelebilir, evinden ayrıldığın zaman kaç yaşındaydın?

On beş.

On beş ve sen hayatta kaldın. Kamplardaki çocuklar hayatta kalamadılar, sen nasıl başardın?

Ne diyeceğimi bilmiyordum.

Subay öne eğildi ve sessizce, Icho, dedi, bana neler yaşadığını anlatmanı istiyorum. Her şeyi duymak benim için çok önemli ve hep birlikte evinizden ayrıldığınız günden başla, ama önce bir fincan çay ve kurabiye. Kapıda, elinde bir tepsiyle bir asker duruyordu. Tepsiyi masanın üstüne koydu ve çıktı. Subay bana bir bardak çay ile tatlı kurabiyelerden verdi, rüya gördüğümden emindim, evet. Rüyamda, omuzlarında çubuklar olan bir Rus subayı var, bana içmem için çay ve yemem için kurabiye veriyor ve Yahudi aileme ilgi duyuyor, bu kadar da olmaz. Bir elimi bacağımın altına koydum ve çimdikledim, bacağım acıdı. Rüya görmediğimi anladım.

Çay içmeyi bitirdik, karşıdaki duvarla göz temasını sürdürdüm ve konuşmaya başladım.

Auschwitz'deki rampa hakkında usulca konuştum. Subay benden net bir resim çizmemi istiyordu, Almanlar nerede duruyordu, köpekleri neredeydi, pijamalı mahkûmlar nerede duruyordu, ve sonra bir dakika, dedi. Bir çekmece açtı, içinden kâğıt kalem çıkardı ve bana uzattı, benim için çizebilir misin Icho?

Hayır, hayır, dedim, çizmek istemiyorum. Kalemi aldı ve kâğıda daireler çizmeye başladı, bazı dairelerde x'ler vardı, bazılarında yoktu, yanında büyükanneleri olan çocuklar için yer kalmamıştı ve başka bir kâğıt çıkardı ve yolda yürüyen uzun bir konvoy çizdi, bu arada bazı çocuklar ve büyükanneler sanki piknik yapıyormuş gibi ormanda dinleniyordu ve sonra parmağımla kâğıdına bastırdım, orkestrayı buraya koy, dedim.

Kalemi elinden fırlatıp attı ve bağırdı, orkestra mı? Müzik çalan bir orkestra mı demek istiyorsun?

Evet, evet, dedim, marşlar. Neşeli şarkılar da vardı, yerine göre, çalışmaya marşlar eşliğinde gidiyorduk, krematoryuma neşeli bir şarkıyla gittik, ya da tersi, Almanlar ölüme giden insanları memnun etmek istiyordu, güzel ha?

Subay cebinden bir mendil çıkardı ve alnını ovuşturdu ve ben, oy, Rus subay da kaşınmaya başladı, zavallı adam, diye düşündüm. Sonra, devam et, devam et, dedi. Duşların tam olarak nerede olduğunu ve bavulları nereye koyduklarını bilmek istiyordu ve söyle bana, bacadan çıkan duman ne renkti?

Dedim ki, bunun için bir renk yok ve senin çiziminde koku eksik, evet-evet.

Bir bloktaydık. Konuşuyorum ve çizimdeki bloğun dolduğunu görüyorum, ranzalar bir konserve kutusunun içindeki sardalyelere benziyor ve subay diyor ki, ama yer kalmadı Icho ve ben diyorum ki, itin, itin, şimdi hepsini içtima için dışarıya çıkarabilirsiniz. Mahkûmlar düz sıralar halinde duruyor, bazıları yere düşüyor ve bloğun arkasında zaten büyük bir yığın var ve ona sıçanlar ekle, diyorum, ama ortaya küçük bir fare çıkıyor ve diyorum ki, Bay Subay, sıçanın karnı büyük olur, kusmak istiyorum ama kendimi tutuyorum ve dördüncü kâğıttaki çıplak mahkûmlar *Selektion* için bekliyor ve daha şimdiden tel örgüde üç mahkûm var ve beşinci sayfada, Buchenwald'a giden trendeyim; susadım ve boğazımı tutuyorum; Rus subay, bir bardak çay daha iç, kurabiye ye, diyor ve titriyor ve yutkunuyor, öksürüyor, mendilini çıkarıyor ve kalkıp pencereye gidiyor ve boom. Yumruğunu duvara vuruyor ve hemen yanıma geri dönüyor, devam et ve devam ediyorum.

Kısa bir tuvalet molasından sonra hâlâ Rus subayın neden zavallı Yahudilerin kaderini duymak istediğini anlamamıştım. Dört ya da beş ya da altı saat sonra, Rus subay önümde durdu, hafif kamburdu, biraz gergindi, bana sorgulayan gözlerle uzun uzun baktı, ne yapacağımı bilmiyordum, bu yüzden ben de onun önünde durdum, biraz yorgun ve gergin. Birden, göz kapaklarının ölmek üzere olan bir kelebeğin kanatları gibi titremeye başladığını gördüm ve sonra olanlar oldu. Omzuma yığıldı ve ağlamaya başladı, aaah.

Dondum kaldım.

Sonra kollarımı kaldırdım, indirdim. Tekrar kaldırdım ve sırtına üç santimetre kala durdum. Omzumda burnunu çekti ve Yidişçe, Icho, dedi, ben de senin gibi bir Yahudi'yim, senin gibi Yahudi olan bir Rus subayıyım ve bu bir sır. Sonra omzumdan kalktı ve dedi ki, birkaç cephede Almanlara karşı savaştım, önemli değil, Ruslar benim Hıristiyan olduğumu sanıyor.

Boğazım düğümlendi, bir Yahudi, bir Yahudi subay mı?

Sandalyeye oturdu ve yüzünü sildi. Ailem Yahudi, dedi. Biz Rusya'da yaşayan Yahudileriz. Rus ordusuna katılınca, Yahudi olduğumu komutanlarımdan sakladım. Savaştan sonra beni senin köyüne tayin ettiler. Tüm bölgeden ben sorumluyum. Tur'i Remety'ye geldiğini duydum. Seni çağırdım çünkü kamplarda hayatta kalan Yahudi bir çocuğu görmek istedim. Naziler hakkında korkunç hikâyeler duydum, ben de bir şeyler gördüm, nasıl dayanabildiğini anlamadım, seninle tanışmak istedim Icho. Ayağa kalktı ve bana sıkıca sarıldı, daha şiddetli ağlamaya başladı.

Hiçbir şey anlamamıştım.

Bir Yahudi subayı. Üstünde bir üniforma. Goy ordusunda bir Yahudi subayı. Böyle bir şeyin var olduğuna inanamazdım. Ne de olsa, bir Yahudi hiçbir şeydi, bir hamamböceği, bir paçavra. Bir Yahudi, bir konvoyda krematoryuma yürürdü. Bir Yahudi, bir koldaki mavi rakamlardı. Bir Yahudi, askerlerin kölesiydi ve burada, omzundaki çubuklar ve göğsündeki yıldızlarla, askerlerden sorumlu bir Yahudi vardı ve bana Yidişçe, köyümdeki Rus gizli polisinin komutanı olduğunu söylüyordu, onun benim gibi bir Yahudi olması imkânsızdı. Uzun boylu, yakışıklı, açık renk saçları ve mavi gözleri var, başarılı bir goy'a benziyor, hayır, hayır, bu bir hata, ama bu subay, sanki kardeşmişiz gibi neden benim omzumda ağlıyor ve neden güçlü kollarıyla bana sarılıyor, aah, bana babam böyle sarılırdı, baba, baba nerede, babamı istiyorum, ben...

Ve sonra geldi.

Büyük bir ağlama, boğazdan, göğüsten, omuzlardan, karından, korkunç bir ağlama. Sanki saatlerdir, günlerdir, aylardır, neredeyse bir buçuk yıldır ağlıyordum. Burnum bir musluk gibi subayın gömleğine damlıyordu ve o aldırmıyordu. Beni sıkıca tuttu ve ikimiz de Yahudi'yiz Icho, dedi, aile gibiyiz. Çekmeceden aldığı mendili bana uzattı ve başımı okşadı.

Sandalyeye yığıldım. Affet beni Bay Subay, dedim, ağlamaya alışkın değilim. Parmağını ağzımın üzerine koydu ve dedi ki, teşekkür ederim Icho, bana hikâyeni anlattığın için sana teşekkür ederim, seni dinlemek benim için önemliydi, tanıştığımıza memnun oldum.

Kapıya gittim. Subay beni durdurdu ve sana yardım etmek istiyorum, dedi, sadece ne istediğini söyle, evini geri ister misin, onları bir gün içinde çıkartırım.

Hayır, hayır, dedim, buradan çekip gideceğim.

Emin ol Icho, ayarlayabilirim.

Eminim, dedim, ama belki çiftçiyi ve karısını sorguya çağırabilirsin, evet, babam annemin takılarını ahır kapısının üst pervazına saklamıştı, onları bulamadım, sen de bulamazsın, ama çiftçiyle karısını karakola getir, biraz terlesinler.

Subay, paraya ihtiyacın var mı, diye sordu?

Hayır hayır, dedim, hiçbir şeye ihtiyacım yok, pekâlâ, belki yemek? Elbise? Neye ihtiyacın var? Hiçbir şeye, dedim.

Israr etti ve tren için cebime biraz para sıkıştırdı, kendine yiyecek al, dedi. Sonra, sınırı geçmek için yardıma ihtiyacım olup olmadığını sordu. Bekle. Belki civardaki başka bir köyde yaşamak istersin, bunu kolayca ayarlayabilirim, ne istiyorsun evlat, söylemen yeterli.

Sara'dan gelen mektubu cebimden çıkardım ve ona İsveç'teki adresi gösterdim. Sara'ya yazdım ve ona İsrail'e gelmesini söyledim, dedim. Erkek kardeşim ve ben İsrail'e gidiyoruz. Goy'larla yaşamaktan bıktım, artık Tur'i Remety'de yaşamak istemiyorum, Macaristan'da başka bir köy istemiyorum, Almanya'yı istemiyorum, bir Yahudi ülkesinde yaşamak istiyorum, orada bizim için her şey güzel olacak, bundan eminim.

Subay kolunu omzuma attı ve dışarıya çıktık. Kapıdaki asker onu selamladı ve o kolunu omzumdan çekmedi. Yolda durduk. Bana sarıldı ve dedi ki, kendine dikkat et ve unutma, bir şeye ihtiyacın olursa, ben buradayım. Karşıda, durduğumuz yerden bir dakikalık yürüme mesafesinde, bir grup köylü durmuş bize bakıyordu.

Subaya dedim ki, belki evimizle ve kedimle ilgilenmeyen komşuyu çağırıp ona para alıp almadığını ve parayla ne yaptığını sorabilirsin ve belki sonunda tüm sokağı sorguya çekebilirsin, onları belki haftada bir ya da iki haftada bir buraya çağırabilirsin, bunu yapabilir misin?

Subay gülümsedi, yapabilirim, yapabilirim, onları çağırmaktan ve parasını ödemeden bir evi nasıl aldıklarını sormaktan onur duyacağım, bir yaranın üstündeki güzel kızgın yağ gibi hissettim ve dilimi sıcak, tatlı çikolatanın tadı kapladı, o lanet baltayı sonunda atabileceğimi, bir daha asla elimde bir balta tutmak ve insanları ikiye bölmek istemediğimi düşündüm.

Vaftiz babamın evine döndüm. Konuşamadım. Yatağa uzandım ve yastığı kafama bastırdım. Birkaç saat sonra kapının çaldığını duydum. Vaftiz babam kapıda duruyordu. Dışarı çıkmam için seslendi.

Bahçede bir at arabası ve bir at duruyordu. İki çiftçi at arabasından bir şeyler boşaltmaya başladı. Sandalyeler, kap kacak, bir tartı, bir dikiş makinesi, battaniyeler, şamdanlar. Bu eşyaları tanıyordum. Parmaklarımı saçlarımın arasına daldırdım ve bağırdım, istemiyorum, hayır, neyi telafi ettiklerini sanıyorlar? Biz trenlerde kokuşurken onlar evimizi dağıtmaya nasıl cüret ederler, ha? Vaftiz babam, korkuyorlar, dedi. Belki de Rus subayın seni ve beni bir kamyona ya da Sibirya'ya giden bir trene bindireceğini umuyorlardı ve böylece son iki Yahudi'den de kurtulacaklardı. Belki şoktadırlar. Ağlayıp dua edeceğini düşündüler ve Yahudilerin bu son performansını kaçırmak istemediler. Aldıkları ağır ceza çirkin yüzlerinden okunuyor, çünkü polis şefinin seni kucakladığını gördüler ve şimdi kendileri için dua edip ağlıyorlar. Mükemmel, dedim, ama onlardan hiçbir şey istemiyorum, gitmelerini söyle.

Vaftiz babam çiftçilerin her hareketini izledi, önünde diz çöküyorlar Icho, anlamıyor musun? Yaltakçılığa alışkınlar. Önce Macar askerlerinin, sonra Almanların ayaklarına kapandılar, şimdi de Rusların ve arkadaşlarının, senin ayaklarına kapanıyorlar. Dalkavuk bunlar.

Bahçeye başka bir at arabası geldi. Bizim sokağın sonundan iki çiftçi, annemin ve babamın yatağını, üçüncü bir çiftçi de, kılıfları süslemeli yastıkları indirdi. Eve girdim ve kapıyı çarptım. Kalbimin parça parça olduğunu hissettim. Başım dizlerimin arasında yere oturdum. Vaftiz babam yanımda duruyordu. Sessizce dedi ki, bahçedeki eşyaları ne yapayım?

Bir süre hiçbir şey, dedim. Goy'lar birkaç aysız gece boyunca terlesinler de görelim. Ertesi gün ayrılıyorum, her şeyi alabilirsin.

Birkaç saat sonra evimizde yaşayan çiftçi geldi. Bir pasta, bir şişe şarap ve bir kavanoz ekşi lahana ile içeri girdi, getirdiklerini masaya koydu ve karakola çağrıldığını söyleyip ağladı. Şapkasının kenarını kıvırdı ve daha yüksek sesle ağladı, karakolda evden ayrılmaya razı olduğumu söyledim, sadece hazırlanmam için bana birkaç gün verin dedim, ama gizli polis bir süre daha evde kalmamı söyledi, şimdi ne olacak, ne yapacağımı bilmiyorum, söyle, sen ne yapacaksın, kalıyor musun? Geri mi dönüyorsun?

Cevap vermedim. Evin arka kapısından çıktım, hızlıca birkaç bahçe geçtim, ormanın önündeki tarlaya vardım, koşmaya başladım, sadece koştum, koştum.

Akşama doğru döndüm. Vaftiz babam beni arka bahçede bekliyordu. Dedi ki, gel, bunu görmelisin ve beni çekip eve soktu. Vaftiz babamın mutfağı erzakla doluydu. Reçel kavanozları, şarap şişeleri, ekmek somunları, bir torba mısır, bir teneke lahana turşusu, bir tencere yumurta, tütsülenmiş et. Ayrıca kurdeleyle bağlanmış bir top kumaş. Hediyeler her yeri kaplamıştı. Vaftiz babam başını tuttu ve evimde adım atacak yer kalmadı, dedi. Kim, kim, diye sordum? Sizin sokağın insanları, sorguya çağrıldıklarını söylüyorlar, bütün bunlarla ne yapacağım?

Ve sonra kapının çaldığını duyduk. Vaftiz babam, sen aç, dedi. Kımıldamadım. Vaftiz babam kapıyı açtı. Yaşlı bir çiftçi kolunun altında bir tavukla kapıda duruyordu. Tavuğun bacakları birbirine bağlanmıştı. Vaftiz babam fısıldadı, bu adam zar zor karnını doyurur, bak sana ne getirmiş. Şeker kolisinin ve patates çuvalının üzerinden atladım, kapıya yaklaştım ve çiftçiye, tavuğunu istemiyorum, onu al ve evine dön, dedim. Bir dahaki sefere, başı dertte olan Yahudilere yardım et, beni duyuyor musun? Ve git bu köye de ki, Yahudiler geri dönüyor ve onlar sizi ihbar etmeyecek, bu korkunç bir şey, beni duyuyor musun?

Çiftçi utanarak gülümsedi ve tavuğu uzattı, gerek yok, dedim, zaten yer yok. Bir bacağını kaldırdı ve bir reçel kavanozuyla bir teneke yağın üzerinden aşırdı, tavuğu bir buğday çuvalının üstüne koydu, çıkış yolunu aradı. Vaftiz babama, peşinden git ve ona Rus subayından onu rahat bırakmasını söyleyeceğimi söyle, dedim. Vaftiz babam bir torba şeker kaptı ve çiftçinin peşinden koştu. Pes etmediğini ve şekeri çiftçiye zorla kabul ettirdiğini gördüm.

Kolilere baktım. Karnım ağrıdı. Vaftiz babama dedim ki, Rus subayına gidip, kamplardan köye başka Yahudiler de dönecek olursa onlara yardım etmesi gerektiğini, ama soruşturmayı en az üç ay, hatta bir yıl durdurmamasını söyleyeceğim. Bırak ağlasınlar. Bırak terlesinler. Bırak kiliselerinde dua etsinler.

Sonsuza dek Tur'i Remety'den ayrıldım.

Geldiğim yoldan geri döndüm. Küçük bir çantam var, üstümde bir ceket ve kafamda bir şapka. Trene bindim ve Rus subayının verdiği parayla biletimi aldım. Slovakya'daki teyzelerime geldim. Tavuk çorbası içtim, dinlendim ve iki gün sonra onlardan ayrıldım. Erkek kardeşimle buluşmak üzere, Almanya'daki Indersdorf'a gittim.

40. Bölüm

Dov

Kardeşim İshak manastıra dönünce çok mutlu oldum.

Onun için endişelenmemiştim. Başarabileceğini biliyordum. Rusların ona zarar vermeyeceğinden emindim. Kardeşim İshak Almanlarla ve köpeklerle baş etmişti, Ruslar mı sorun olacaktı?

Manastırdan ayrılmak için hazırlandık. Köyden arkadaşım Vassily, onu da İsrail'e götürmem için bana yalvardı. Onu yanıma almadım. İsrail Ülkesi'ne bir goy'un gelebileceğini bilmiyordum. Sanırım büyük bir hata yaptım. Bugün Hıristiyanlar İsrail'e geliyor. Onu getirebilirdim. İsrail'de sünnet olur ve bizimle yaşardı. Gelmediği için üzgünüm. Vassily doğuştan çiftçiydi ve birbirimizi severdik.

Vassily, tüberküloz nedeniyle Tur'i Remety'den Prag'a kaçtı. Köydeki tüm erkek kardeşleri tüberkülozdan öldü. Ailesinde on üç çocuk vardı. Ebeveynleri ve kız kardeşleri zarar görmedi. Sadece oğlanlar. Tüberküloz mikrobunun ineklerin sütünde olduğunu bilmiyorlardı. Her yıl ya da iki yılda bir, erkek kardeşlerinden biri öldü. Bu onu sarstı. Ondan ayrıldığımda Vassily ağladı. Birlikte ağladık.

Vassily Almanya'dan ayrıldı ve İngiltere'ye gitti. Bana ve kardeşime bir mektup yazdı. İngiltere'deki hayatını anlattı ve bizim de neler yaptığımızı bilmek istiyordu. Neden cevap vermediğimizi bilmiyorum. Bunun için de pişmanım. Onun adı Vassily Korol'du. Benim en iyi arkadaşımdı ve onu çok özlüyorum.

Mayıs 1945'ten Ağustos 1945'e kadar, Almanya'daki bir hastanedeydim. Hastaneden bir dinlenme yurduna taşındım, yurt Münih yakınlarındaki bir manastırdaydı. Manastırdayken tekrar hastaneye kaldırıldım. Mart 1946'nın sonunda manastırdan ayrıldık. Bir grup Yahudi gençle birlikte ayrıldık. Bizi Fransa'nın Lyon şehrine götürdüler, oradan da Marsilya'ya. *Champollion*[67] adında bir gemiyle yola çıktık. İsrail'e yasalara uygun bir şekilde ulaştık ve doğruca Kamp Atlit'e gittik.

---

67) Jean-François Champollion (1790-1832): Mısırbilimin babası sayılan Fransız filolog, doğu bilimci. Antik Yunan ve Latin edebiyatı âlimi. (ç.n.)

41. Bölüm

İshak

İsrail'e giden gemide kendimi aptal gibi hissettim.

Derdim neydi, anlayamıyordum. Hiç kimseyle, manastırda benimle birlikte olan gençlerle bile temas etmiyordum. Sabah uyandığım andan itibaren endişe duymaya başlıyordum. Ailemiz, dilimiz ve mesleğimiz yoktu. Cebimizde paramız yoktu. Yine de, bir Yahudi ülkesine seyahat etmeyi seçtiğim için memnundum. Bir çiftlik hayal ediyordum. Babamınki gibi, süt ineklerinin olduğu kendime ait bir mandıra hayal ediyordum.

Champollion'daki eğitmenlerimiz bize İbranice şarkılar öğretti.

Güçlü elleri olan neşeli genç erkeklerdi ve şarkı söylememiz için diretiyorlardı. İsteksizce şarkı söyler gibi yapıyordum, böylece beni rahat bırakıyorlardı. Dov da şarkı söyler gibi yapıyor ve biraz da ellerini çırpıyordu. İbranice şarkılardan sonra bize ülkeyi, Hayfa'yı ve Tel Aviv'i anlattılar. Oralarla ilgili hikâyeler dinledim. Ülkelerinde iyi bir yaşam sürmek istiyorsam, bana söylediklerini yapmak zorunda olduğumu biliyordum. Dov'un hikâyeleri dinleyecek sabrı yoktu. Geminin kıç tarafına gitti ve denizi seyretti.

Bir gün Dov bir kız buldu ve daha çok yalnız kalmaya başladı. Eğitmenler arasında dolaştım ve onlara İsrail'de çiftçi olup olmadığını sordum. Çok sayıda çiftçi olduğunu söylediler ve bana kibutz'daki[68] komün hayatını anlattılar. Birlikte

---

68) Kibutz, İsrail'de mülkiyet ve yönetimin üyelerce paylaşıldığı, kolektif yaşama dayalı tarımsal yerleşim; bazılarında sanayi üretimi de yapılır. (ç.n.)

değil de tek çalışan çiftçiler yok mu, diye sordum? Bana *moşav*'da[69] olduğunu, endişelenmemem gerektiğini ve her şeyin yoluna gireceğini söylediler.

Endişelenmeden duramıyordum.

Esasında gemideki insanların kararlılıkları ve cesaretleri yüzünden. İnsanlar, sanki vidaları gevşemiş gibi, durmadan güvertede yürüyordu. Geceleri uyudukları yer gibi saçmalıklar üzerine tartışırlardı. Güvertenin altındaki ambarlarda kalabalık bir şekilde hep birlikte uyudular ve ben ambarın sağ tarafında ya da sol tarafında uyumanın neden önemli olduğunu anlayamıyordum. İnsanlar tuvalet sırası için kavga ederdi, tuvalet daima kirliydi. Yemek sırası için kavga ederlerdi, oysa herkese yetecek yiyecek vardı. İnsanlar, tıpkı hırsızlar gibi, ceplerinde ekmek saklardı. Yemek için sıraya girerdik ve birden iki kişinin birbirine saldırdığını görürdüm ve ne için saldırdıklarını da, çünkü biri istemeden diğerinin ayağına dokunmuş ya da biri yanındakinin kulağının dibinde yüksek sesle konuşmuş olurdu. Bir arkadaş önünde duran adamın kafasına vurmak için güverteden bir tahta söktü, neden mi? Çünkü yemek kuyruğunda boşluk bırakmıştı. Etle tırnak gibi birbirinin yanından ayrılmayan erkek ve kadınlar vardı. Tuvalette bile yan yanaydılar. Geceleri battaniyenin altında birlikte uyudular, sanki SS adam gemiye gelip şöyle diyebilirdi: Erkekler sağa, kadınlar sola. Tüm bu kaygılar yüzünden üşüttüğümü hatırlıyorum, nasıl böyle arsız ve yüzsüz insanlar haline gelebilmiştik.

Ve denizi seyre daldığım zamanlar vardı. Çiftliğimi planladım. Çiftliğimin nerede olacağını bilmiyordum, ama aklımdaki evi görebiliyordum, bahçesi ve bahçesinde kazlar olan bir ev, süt inekleri olan bir inek ahırı, samanla dolu bir ahır ve evin yanında yeşil bir tarla. Bu arada rotamızı takip ettim. Marsilya'dan denize açılmıştık. Tunus'taki Bizerte şehrini geçtik. Oradan Mısır'daki İskenderiye'ye geldik ve sonunda Hayfa'ya vardık.

---

69) Çiftçi kooperatifi.

42. Bölüm

Dov

İsrail'e giden gemide az kalsın evleniyordum.

Bir gemiyle Marsilya'dan ayrıldık, geminin birçok güvertesi ve aşağıda da ambarları vardı. Bize ambarlarda yer verdiler. Yerde uyuduk, döşek yoktu, sadece battaniye.

Yedi gün boyunca denizde yol aldık. Ortam gergindi ve denizde büyük dalgalar vardı. İnsanlar gemide gruplar halinde yürüyordu. Bazıları sorular soruyor, bazıları yanıtlar veriyordu. Soru soran insanların yanında genellikle, kulağının arkasında bir sigara ile dolaşan, gür ve kalın sesli biri olurdu. Onları ciddi bir yüz ifadesiyle dinler ve başını sallardı, sonunda da, sanki biliyormuş gibi herkesin sorusunu yanıtlardı. Manastırdan tanıdığım birkaç arkadaşla güvertede dolaşır ve denizde alabora olmamıza izin verme diye Tanrı'ya dua ederdim. Ve sonra benim için bir mucize gerçekleşti.

On sekiz yaşındaydım ve bir kıza âşık oldum.

Bir gün güvertede arkadaşlarla oturmuş dalgaları sayıyordum. Soğuk bir rüzgâr vardı. Tanımadığım bir erkek ve bir kadın bize doğru yaklaştı. Adam bizi gösterip Yidişçe sordu, bu genç adamlardan hangisinden hoşlanırsın? Bu adam bizim pazarda birer mal olduğumuzu sanıyorsa kamplarda aklını kaçırmış olmalı, diye düşündüğümü hatırlıyorum. Uzun zaman Auschwitz'de kalmış olmalı.

Kadın bize uzun uzun baktı. Her dakika güzelliğiyle bir başkasını süzdü. Sonunda, beni işaret etti. Ah? Adam, bu Betty, dedi, ya sen?

Ona baktım ve içime hoş bir sıcaklık yayıldı, boynuma, ayaklarıma. Manastırdaki arkadaşlarımı unuttum, denizdeki büyük dalgaları unuttum, kendimi unuttum. Yere mıhlanmış bir halde, Betty'nin yüzüne bakakaldım, mutluydum. Betty bana gülümsedi. Dişlerinden birinin daha büyük olduğunu ve başka bir dişi kapattığını gördüm, sevimliydi, ben de ona gülümsedim. Betty yaklaştı, o yaklaşırken ben ayağa kalktım ve el sıkıştık. Elleri yumuşak ve nemliydi.

Ah, güzel Betty. İlk andan itibaren onu sevdim. Saçları omuzlarına geliyordu ve yeşil gözleri vardı. Burnu oldukça dardı ve dudaklarına pembe bir ruj sürmüştü. Biraz tombuldu, benim boyumdaydı, ince, hafif bir etek ve beline kadar uzanan bir ceket giymişti. İri memeleri ceketinden taşıyordu. Fransa'dan gelen benim yaşımda bir kız, Yidişçe konuşan ve kamplarda bulunmamış bir kız. İsrail'e akrabalarıyla buluşmak için gidiyor ve Yahudi ülkesinde kalmak istiyordu.

Sabahtan akşama dek, bir battaniyeye sarılmış şekilde güvertede otururduk, her gün aynıydı, İshak bizi görmüş ve hiçbir şey söylememişti. Güneş küresi denize düşene dek birbirimizin kulağına sırlar, en çok da Yidişçede komik sayılan şeyler fısıldadık. Bazen, güneşi bulutlardan göremediğimizde bile, gün batmadan önce sessizce oturduk. Yemek kuyruğunda Betty bana Fransız ekmeğinden ve küflü peynirden söz etti ve bir kadeh kırmızı şarabı ne kadar özlediğini anlattı. Betty'ye ağaçların Macarca isimlerini öğrettim. Bacağıma Eyfel Kulesi'nin resmini çizdi ve savaş sırasında nerede olduğumu sordu. Betty'ye dedim ki, bir gemide doğdum, şimdi bana bir Fransız şarkısı söyle. *Frère Jacques, Frère Jacques*[70] şarkısını söyledi ve bana Fransız öpücüğünü öğretti. Uzanır, battaniyenin altına saklanır ve parmaklarının elimin üzerinde hafifçe gezindiğini hissederdim, ama sadece elimin üzerinde değil. Tenimde, masaj yapar gibi minik daireler çizerdi, ah Tanrım, bedenimdeki tüyler anında dikilirdi. Bazen tenimde elektriklenme olur, elim kendi kendine zıplamaya başlardı. Endişelenir ve elimi yumruk yapardım ve sonra o, yanlış olan ne Bernard'ım, diye fısıldar ve parmaklarıyla belli belirsiz dokunarak boynumda, kulağımda minik daireler çizmeye devam eder, bedenimin her bir parçasını doyururdu.

Bir gün kolumda deliğe benzeyen bir yara izi buldu. Kederli gözlerle bana baktı ve acıyor mu, dedi? Yanık izi mi? Ve yarayı hemen, kolumdaki delik sanki ağzımmış gibi, minik öpücüklere boğmaya başladı. Seni seviyorum *mon amour*,[71] diye fısıldadı, seviyorum, seviyorum ve öpüşmeye başladık, uzun, nefessiz bir Fransız öpücüğü, ah, Betty, Betty.

---

70) (Fr.) Erkek kardeş Jacques; Jacques birader. (ç.n.)
71) (Fr.) Aşkım. (ç.n.)

Zaman dursun istedim. Durmadı. Kıyıya yaklaştık. Seninle kalmak istiyorum Bernard, dedi Betty, İsrail'de ailem var, beni bekliyorlar, ama ben seninle gitmek istiyorum, neresi olduğu benim için önemli değil, istediğim sensin *mon amour*, hadi evlenelim.

Kafam karışmıştı. Göğsüm ağrıyor ve ne yapacağımı bilmiyordum. Kardeşime gittim. Onu güvertenin altındaki en son ambarda buldum. Grup eğitmenlerinden biriyle konuşuyordu. Onu bir kenara çektim, sessizce söyledim: Betty benimle evlenmek istiyor ve ben ne yapacağımı bilmiyorum. "Ne?" diye bağırdı kardeşim. Kaşlarını çattı, evlenmek istiyor ne demek, hayat hakkında ne biliyorsun ki, evin yok, paran yok, İsrail hakkında hiçbir şey bilmiyorsun ve böyle genç bir yaşta bir eşin yükünü istiyorsun, bunu ne diye istiyorsun? Kardeşimin haklı olduğunu fark ettim. Kamplardaki gençlerin oluşturduğu grupta Betty'nin yeri yoktu. Bize gemide grubumuzun birlikte kalacağını söylemişlerdi. Bizimle gelemezdi. Tel Aviv'deki akrabalarımın yanına gideceğim, dedi, beni nasıl bulacağını biliyor musun Bernard?

Ayrıldık. Betty ayrılırken ağladı ve ben de ağladım.

Betty *mon amour*, ilk aşkım. Sonrasında onu çok özledim. Uykuya dalmadan önce onun hayalini kurardım. Betty'yi aramaya gitmek için param yoktu. Bir yıl sonra evlendiğini duydum. Onu bir daha hiç görmedim.

43. Bölüm

İshak

1946 yılının Nisan ayı ortasında Hayfa Limanı'na vardık.

17 yaşını biraz geçmiştim. Öğleye doğruydu. Gökyüzü daha önce hiç bilmediğim özel mavi bir renkteydi, temiz bir renk. Limanda bizi büyük bir bando bekliyordu. Bandocular koyu renk üniformalar giyiyor ve ellerinde tuhaf müzik aletleri tutuyorlardı. Küçük delikleri olan borular, büyük delikli ve şişman karmaşık borular. Bando, Auschwitz'de duyduklarıma benzeyen neşeli melodiler çalıyordu. Bir adam elinde küçük bir sopa tutuyor ve sanki bandocuları kışkışlıyormuş gibi hareketler yapıyordu. Hiç köpek görmedim. Bandonun arkasında ve yan tarafında erkekler, kadınlar ve çocuklar duruyordu. Yüzlerinde mutluluk vardı. Sanki bir aileymişiz gibi bize el sallıyorlardı. Bu toprakların kendilerine ait olduğunu bilen insanlar gibi, bacaklarını açmış duruyorlardı.

Bando sinirime dokunmuştu.

Bandonun arkasında bizden ne saklıyorlardı, ne. Ne saklıyorlardı? Bunun aklımıza kötü işaretler getirebileceğini düşünememeleri için ya budala ya da aptal olmalıydılar ya da hem budala hem aptal. Eğitmenlerden birine, bando ne için, diye sordum?

Eliyle sırtıma vurdu, beyaz dişleriyle bana gülümsedi ve dedi ki, UNRWA adına sizi şenlikli bir törenle karşılıyorlar. Sizler ilk gençlik göçü, Soykırım'dan kurtulan ilk mültecilersiniz.

Ne gençliği, diye sordum.

Siz mülteci gençlersiniz, dedi, Polonya'daki bir kamptansınız, öyle değil mi? Mülteciler.

Mültecinin ne olduğunu anlamamıştım. Yine de, daha fazla mülteci gelecek mi diye sordum?

Birçok Yahudi'nin geleceğini söyledi. Ah, Auschwitz'deki rampayı anlamadığını görebiliyordunuz, bacaların neredeyse tüm Yahudileri yakıp yok ettiğini bilmiyordu.

Peki ya limanda diğerleri için de bando olacak mı?

Bilmiyorum, göreceğiz, dedi.

Bando marşlar çaldı ve insanlar hareket etmeye, ellerini melodi eşliğinde çırpmaya başladı. Her an yumruk yumruğa bir kavgaya tutuşacaklarından emindim. Birbirlerine vuracak ve kaçacak bir orman arayacaklardı. Terlemeye başladım ve sonra Auschwitz'deki gibi bir kargaşa olduğunu gördüm: Gemiden inen insanlar, sağlıklı insanların onlara ne söylediğini anlamadan, farklı yönlerde yürümeye başladılar ve gemiden karaya ayak basışta uzun bir gecikme yaşandı. Durduğum yerden bazı insanların gemiye geri dönmek istediğini görebiliyordum. Sanırım nedeni bando idi. Sürekli marş çalan bando yüzünden hepimiz çok gerilmiştik. İsrail Ülkesi'nin sağlıklı insanları uygun tempoda alkışlamaya devam ediyordu. İyi ve mutlu insanlara benziyorlardı, kollarındaki bebekler de sağlıklı ve mutlu görünüyordu. Eğitimli de görünüyorlar, diye düşündüm, muhtemelen şanslı hayatlar süren iyi tüccarlardı hepsi. Güçlü kuvvetli bacaklarının uzunluğuna bakılırsa, bir tayı kolaylıkla yakalayabileceklerinden emindim. Nedenini bilmiyorum, ama mutlulukları gözlerimi yaşartıyordu. Yanımdaki başka gençler de gözyaşlarına boğulmuştu.

Güneş ışığı güçlüydü. Koku ya da duman yoktu. Yavaş yavaş gevşediğimi, tedirginliği üzerimden attığımı hissediyordum. Bizi limandan Kamp Atlit'e götürdüler.

Yine listeler ve isimler okundu. Hoparlörden olmasa bile, yüksek sesle İbranice bağırdılar. Bazılarının alna yakışan uzun kâkülleri vardı. İki ya da üç isim okurlar, başlarını kaldırırlar ve hop, kâkülleri geriye atarlardı. İsrail Ülkesi'ndeki genç erkekler haki renk pantolon ile kolları geniş bir bant halinde pazılarının olduğu yere kadar katlanmış gömlekler giyiyordu. Bu geniş ve şişkin kaslarla bir, hatta iki buzağıyı kolaylıkla kaldırıp omuzlarına alabilirlerdi. Küçük parmaklarıyla tavuk ya da ördek yakalayabilir ve en az üç dört çuval samanı sırtlarında taşıyabilirlerdi.

Hatırlıyorum, adımı okuduklarında doğruldum, omuzlarımı ve boynumu dikleştirdim, göğsümü dışarı ittim ve en güçlü sesimle evet diye bağırdım. Sesim onlarınki kadar güçlü geliyordu, buna sevindim. Bazıları ise isimleri okunduğunda cevap vermiyordu. Bazen, gruptaki diğer gençler birisini işaret edip, işte o, işte o, demeden önce, bir ismi üç kez tekrarlamak zorunda kalıyorlardı. İsmine yanıt vermeyi reddeden biri vardı.

Genç adam elindeki listeyle ona yaklaştı ve söyle bana, dedi, adın nedir? Delikanlı bir elini öne doğru uzattı, gömleğini sıvadı ve kolundaki mavi numarayı gösterdi. İsrailli öksürdü ve numaranı unut, dedi. Artık İsrail Ülkesi'nde, Ya'akov Mandelbitz'tesin, bu açık mı? Şimdi benden sonra tekrar et, Ya'akov Mandelbitz, Ya'akov Mandelbitz. Delikanlı sadece dudaklarını kımıldattı ve bir şeyler söyler gibi yaptı.

Genç adamlar isimleri okumayı bitirdiler ve sonra üzerimize toz serpiştirdiler, sanırım DDT idi. Bööööh. Ne kötü kokuyor. Uyuz hastalığı için dediler. Kamplarda birkaç şişem olmadığı için üzgündüm. Sonra bizi ahşap kulübelere götürdüler. Her birimize bir yatak, bir battaniye, bir çarşaf ve bir yastık verdiler. Battaniyeler DDT kokuyordu. Koku beni rahatsız etmedi, bitlerim olmadığı için memnundum.

Ertesi gün bize, artık beklememiz gerektiğini, daha sonra her birimizi ülkedeki bir yerleşim yerine göndereceklerini söylediler.

Ne kadar bekleyeceğiz, diye sordum?

Bir iki hafta, daha uzun değil, dediler.

Bu arada ne yapacağız?

Biraz şarkı söyleyeceğiz, İsrail Ülkesi'nden bahsedeceğiz.

Hemen kaşınmaya başladım. İsimleri okuyan genç adama, biraz daha DDT'ye ihtiyacım var, dedim, daha sonra bana bir şişe verebilir misin? Reddetti.

Genç adamlar bizi kulübelerin birinde topladılar ve bize kibutz ve *moşav* hakkında bilgi verdiler, sonra şarkılar söyledik, "*Anu banu artzah. Se'u tziona ness veh degel.*"[72] "*Hatikvah.*"[73] Ülkenin genç adamları coşkuyla şarkı söyledi, Polonya'daki kamplardan gelen gençler pek söylemediler. İlk sırada oturanlar fena söylemiyordu. İkinci sıra çok iyi değildi, üçüncü sıra ise hiçbir şey söylemedi. Bazıları dudaklarını kımıldatıp söyler gibi yaptı, bazıları köşelere ya da tavana baktı ve dudaklarını bile kımıldatmadı. Ben de dudaklarımı kımıldattım. Dov sözleri karıştırdı. İsrailli genç adamlar ayaklarını yere vurdular, ellerini çırptılar ve bıkıp usanmadan peş peşe şarkı söylediler. Biri iki parmağını ağzına sokup ıslık çaldı, kulak zarım patlayacak sandım. Gruptan en az beş altı genç oturdukları

---

72) Bu ülkeye geldik. Siyon'a (vaat edilmiş topraklara) bir bayrak taşı.
73) Umut. Bu ülkenin ulusal marşı.

yerden sıçrayıp dışarı koştular. Şarkının tam ortasında, *yula, yula, yulala*, şakaklarım zonk zonk atmaya başladı. Ama mutlu kulübeyi terk etmedim ve kardeşime, sonuna kadar kalacağız, diye fısıldadım. Dov sürekli ayağa kalkıp oturan grubun arasındaydı, ayağa kalkıp oturuyor, iki adım atıp geri sandalyelerine dönüyorlardı. İsrailli tüm sağlıklı insanların başını döndürdüler.

İsrailli sağlıklı insanlardan birkaçı, ayağa kalkıp ortalığı karıştıranlar yüzünden şarkı söylemeyi bıraktı: Kapıyı bulamadılar, pencere açmak istediler, ama yorulmuşlardı ve oturaklara uzanmak istediler, hepsi büyük bir mutluluğu yaşıyordu.

Sağlıklı genç adamlar kederli şarkılara geçince, ellerini birbirlerinin bellerine dolayıp sallanmaya başladılar ve bize, siz de sarılın diye işaret ettiler ve herkes bizimle birlikte şarkı söylesin: "*Hinei ma tov oh ma naim, shevet achim gam yachad. Hinei ma tov oh ma naim, shevet achim gam yachad.*"[74] İlginç bir şekilde bu birliktelik bazılarını çok ağlattı, özgüvenleri zayıf olan bazıları ise sandalyelerinden kalkmaya devam etti. Onlara İbranice olarak oturmalarını söylediler, oturun, oturun, birazdan yiyecek içecek dağıtacağız, ama birçoğu kalkıp gitti, kendilerine söylenenlerin tek bir kelimesini anlamadılar ve bu yüzden de ikramı kaçırdılar.

Mutlu kulübede en çok *Hatikvah* söylemeyi severdim. "Kendi ülkemizde özgür insanlar olmak, Siyon Ülkesi, Kudüs" dizesine geldiğimizde, sanki ağzımda bir hoparlör varmış gibi avaz avaz bağırırdım. O dizeyi bağırarak söylemek kendimi iyi hissettirirdi.

Dov Kamp Atlit'te çok zor zamanlar geçirdi. En zoru mutlu kulübeydi. Bazen onu bir sandalyeye çeker ve ona, sonunda mayasız kurabiye ya da sade kurabiye dağıtacaklar, *Oy va'avoy*[75] derdim, tabii eğer şeker dağıtmazlarsa. Dov mutsuzdu, sanırım Fransa'dan gelen ve onunla evlenmek isteyen kız yüzünden. Böyle bir planı kabul edemezdim çünkü o kız yaşadıklarımız hakkında hiçbir şey bilmiyordu. Normal insanlar gibi konuştuk, uygun anlarda gülümsedik, ama kalplerimiz kırıktı ve o bunu ne gördü ne de hissetti, bir bakıma müzmin hastalardık ve sıradan insanlar bunu hemen göremiyordu. Bizim için çok korkuyordum. Dov evlenirse bir haftaya kalmaz intihar edeceğini biliyordum. Onu bırakmayı kabul ettiğine sevinmiştim, ama gözlerinde gördüklerim endişe vericiydi. İnsanlarla oturuyor ama kendisine söylenenleri duymuyordu. Yalnız kalmak istediğini anlıyor ve

---

74) Kardeşlerin birlikte olması ne kadar iyi ve hoş.
75) (*İbr.*) Oy ki oy, eyvahlar olsun. (ç.n.)

endişeleniyordum. Yalnız kalmasına izin vermedim. Ona gider, yiyecek içecek ikramına kadar herkesle birlikte oturması için elinden tutup getirirdim.

İki hafta Kamp Atlit'te kaldık ve sonra bizi Aşağı Celile'de, Taberiye yani Celile Gölü kıyısındaki küçük bir köye götürdüler. Boyumuz kadar uzun ve siyah çamur kadar ağır dikenler. Bu köyde yollar dardı, iş zordu ve ceplerimiz boştu. Bize bir kolektif olduğu söylendi, hakkında hiçbir şey bilmiyordum. Arkadaşlar dedi ki, kibutz ve özel *moşav*'ı büyük bir tencerede karıştır, al sana kolektif bir *moşav*. Büyük bir tencere hayal ettim, karıştırdım, karıştırdım ve aç kaldım. İlk haftada bu kolektif köyde ne yaptığımı anlamadım.

44. Bölüm

Dov

Biz, on yıllık küçük bir kolektif köye gelen yirmi beş genç erkek ve kadındık.

Çoğunlukla Polonya'dan gelen bir gençlik grubuyduk, köyde bize Soykırım'dan kurtulanlar derlerdi, ama sağ kurtulduğum şeyin ne olduğunu tam olarak ben de bilmiyordum, sormadım da.

Nisan ayıydı. Islak çimenlerin boğucu kokusu eşliğinde çamurlu bir yol boyunca yürüdük. Yolun kenarında, bahçeleri boş, küçük, siyah, taş evler gördüm. Otuz kadar erkek ve kadın, Üye Salonu adını verdikleri oldukça büyük bir binada bizi bekliyordu. Erkekler basit kıyafetler, haki pantolonlar ve mavi gömlekler giyiyordu. Kadınların üzerinde ise kısa etekler vardı, bazılarında da pantolon. Gömleklerine kırmızıyla x harfi işlenmişti. Birkaç kadının yanında bebek arabası vardı, içinde de bebekleri. İnsanlar bize baktılar ve hep beraber şarkı söylemeye başladılar: "*Size barış getirdik, size barış getirdik, hepinize barış getirdik.*" Bazıları ellerini çırpıyor ve bize bakıp başlarını sallıyordu, ne, bizimle birlikte şarkı söyleyin, ama ben bir sandalyeye yapışmış, köşede oturan kazaklı bir kadının kocaman karnına yoğunlaşmıştım. Karnını alttan tutuyordu ve ben kaçmak istedim.

Sandalyeden kalktım, ama kardeşim İshak pantolonumdan çekip beni geri sandalyeye oturttu ve senin derdin ne, diye fısıldadı, sakince otur. Aklımdaki resim yüzünden sakince oturamadım: Resimde kocaman karnıyla hamile bir kadın vardı, hamileliği belki dokuzuncu ayındaydı ve kadın ateşe doğru uçuyordu, aah. Kendi kendime dedim ki, topla kendini yoksa yanarsın. Hamile kadın bana gülümsedi, mutlu görünüyordu.

Salondaki insanlar İbranice konuşuyordu, tek kelime anlamadık.

Ayakkabımın bağcığını bağlıyormuş gibi eğildim, büyük bir adım attım ve dışarı çıktım. Ağaçlara baktım. Hiçbir şey bulamadım. Girişin karşısında, yuvarlak çukurların içine dikilmiş bir sıra küçük çam ağacı vardı, yarı canlı, yarı ölü görünüyorlardı. Kardeşim yanımda duruyordu. Bana asık bir yüzle baktı ve parmağıyla işaret etti, salona geri dönüyoruz.

Tekrar sandalyeme oturdum, derken ortadaki masadan, çarpık dişleri olan biri ayağa kalktı ve Yidişçe, merhaba, benim adım İssakar, dedi, sizin eğitmeniniz ve çevirmeninizim. Üyeler adına bize hoş geldiniz dedi, kolektif hakkında birkaç söz söyledi ve köydeki günlük işlerimizi anlattı. İssakar sürekli Yidişçe kelimeler aradı, yine de söylediklerinden, sabah erkenden çalışmaya başlayacağımızı, öğleye kadar devam edeceğimizi ve her öğleden sonra sınıfta bir öğretmenle ders yapacağımızı anlayabildim.

Sınıfta bir öğretmenle dediğini duyunca aklım çıktı. Kardeşime fısıldadım, çabuk ne öğretmeni olduğunu sor, çünkü belki, kamyon köyden ayrılmadan önce, hemen şimdi Kamp Atlit'e dönmemiz gerekebilir. Kardeşim, affedersiniz efendim, dedi, sınıfta bir öğretmenle derken ne demek istediniz, okul gibi mi yani? İssakar, evet dedi ve bize doğru yaklaştı, çünkü bu arada insanlar kendi aralarında konuşmaya başlamış ve hiçbir şey duyamaz olmuştuk. Sizin için özel bir sınıf düzenledik, dedi, kitaplar, defterler var ve köyde mükemmel bir öğretmenimiz var.

Okulda ne öğreneceğiz, dedi kardeşim?

İbranice öğreneceksiniz, okuma yazma, tarih, İncil ve... Hepsi bu.

Öğrenmemiz gereken başka şeyler olduğunu anladım, ama İssakar Yidişçe kelimeleri bulamamıştı. Eğitmene doğru fısıldadım, söyle bana, ülkede geri dönüş gemileri var mı, evet mi hayır mı, bu gemiler nereden kalkıyor, bu gemiler nereye gidiyor ve haftada kaç kez gidiyor. Eğitmen tek bir kelime bile anlamamıştı.

Ağzımda tatlı bir şey olmalıydı.

Kadınlar bize bir bardak limonata ile bir dilim kek verdiler. Üstü yumuşak çikolata sosuyla kaplı kahverengi bir kek. Keki ağzıma atar atmaz burnum renksiz bir şekilde akmaya başladı. Bu kekin tadı annemin Şabat için yaptığı keklere benziyordu. Mutfakta annemle olmayı severdim. Yumurta aklarını çırpmasına, yavaş yavaş şeker ve un eklemesine ve kabı iki metal plaka üzerinde duran demir sobaya koymasına yardım ederdim. Masanın üstüne konan kekin tümünü yemek, usul usul ve kibarca yiyen diğerlerinin tabaklarından kapmak isterdim. Kardeşime dedim ki, eğer bu köyde annemin yaptığı gibi iyi kek yapıyorlarsa, her şey yolunda gidecek demektir, dersler beni hâlâ endişelendiriyor, sen ne düşünüyorsun?

Kardeşim bana gülümsedi, her şey yolunda gidecek, dedi, çünkü başka yerimiz yok, anladın mı? Sonra İssakar, şimdi odalara gideceğiz, dedi. Bizi tek katlı iki binaya götürdü, kızlar ve oğlanlar ayrı ayrı olacak şekilde üçerli dörderli gruplara ayırdı, yatakları ve küçük bir dolabı olan odalara yerleştirdi. Bize elbiseler ve topuklu iş ayakkabıları verdiler, gruba da yeni bir isim. İssakar bize Ahbaplar adını koydu. Hadi ahbaplar, kalkın ahbaplar, rüya görmek yok ahbaplar ve şimdi yatma zamanı, ne, ahbaplar.

O ilk gece uyuyamadım. Pencereden odaya dökülen ışık çizgilerini izleyip durdum. Tavandan aşağıya inmeye başladım. Gemiye dönmek, Betty'ye sarılmak istedim.

Ertesi günü bir doktor bizi muayene etti.

Üstünde beyaz önlük olmayan, gözlüklü ve yağlı saçlı bir adam. Boğazını temizledi. Kıgh-kıgh. Her dakika boğazını temizliyordu ya da her iki dakikada bir. Bu sırada göğüs, sırt, kulaklar ve hatta donumun içini bile muayene etti. Bir anda yüzüm kızardı. Doktor bir şey demedi. Ben de demedim. Doktor gözlerime bakmıyordu. Ben de ona bakmadım.

Birkaç gün sonra İssakar odama geldi ve Dov, dedi, ameliyat için bir randevun var.

Bayılmak üzere olduğumu hissettim. Ne ameliyatı, diye bağırdım, ameliyat derken ne demek istiyorsun, hiçbir yerim ağrımıyordu ve kaçmaya karar verdim.

İssakar yatağıma oturdu ve bana bir mektup gösterdi. Hastaneden geldi, dedi, üzgünüm, ama mektupta ne yazdığını anlamıyorum. Ona dedim ki, hiçbir yere gitmiyorum, ben sağlıklıyım.

Kardeşim de aynı fikirdeydi ve benim hastaneye gitmeme izin vermeyeceğini söyledi. Almanya'da yeterince hastanede kaldık, anlıyor musun? Eğitmen çıkıp gitti.

Bir gün sonra doktor beni çağırdı.

Kardeşim benimle gelmek istemedi. Dudakları solmuştu, yumruğuyla bacağına vurdu ve bana, dikkatli ol Dov, dedi, dikkatli ol ve doktorla yalnız hiçbir yere gitme, beni duydun mu?

Çok iyi duydum, dedim, endişelenme ve ona cebimde sakladığım şekeri verdim.

Eğitmen ve ben revire girdik. İlaç kokusu yüzünden vücudum karıncalanmaya başladı. Doktor eğitmenle konuştu. Doktorun konuşabildiğini fark ettim. Eğitmen tercüme etti. Tek bir sorun vardı, eğitmen Yidişçe fıtık demeyi bilmiyordu. Bana pantolonumu çıkarmamı söyledi. Ben de öyle yaptım. Doktor kasığımı işaret etti. Yerini biliyordum. Bazen orası acıyor. Macaristan'da başladı; babam, kardeşlerim ve ben tren vagonları için ağır kütükler sürüklediğimiz gecelerin birinde. Bu işi yiyecek için yaptık. Eğitmen, boğaz muayenesinde kullanılan çubuklardan bir tane aldı ve ikiye kırdı. Fıtık, fıtık, dedi, anlamadım. Sonunda, ameliyat etmeliyiz, dedi, seninle geleceğim.

Eğitmenle birlikte Tiberya'daki İtalyan hastanesine gittik.

Bir yıl içinde üçüncü kez hastanedeydim. Bir bankta bekledik ve gökten bir uçağın gelip doktorların odasına bomba atmasını istedim. Banktan kalktım ve tuvalete gittim. Geri döndüm ve oturdum. Yaklaşık yirmi dakika sonra tekrar tuvalete gittim. Ha bire çişim geliyordu çünkü beni üç ay boyunca hastanede tutacak anesteziden korkuyordum.

Neler yaşadığımı doktora açıklayamamıştım. Eğitmenin Yidişçesi sıkıntılarımı anlatmak için yeterli değildi. Ona, söyle bana, dedim, Tiberya'ya gidecek en yakın gemiye nasıl gidebilirim, ah? Bana sarıldı, derken içeriden beni çağırdılar.

Ameliyattan sonra on gün hastanede yattım.

Bacağım, karnım ve başım çok ağrıyordu. Yerine sabitlemek için yaranın üstüne ağır bir kum torbası koydular. Hareket edemedim. Hemşireler beni su ve sabunla yatakta yıkadılar, havluyla kuruladılar, yarayı sardılar, yüksek sesle konuşup gülüyorlardı, her şey İbraniceydi. İbranice konuşan şu hemşireler hoş insanlardı. Biri kızıl saçlıydı ve teni iki ay güneşte uzanmış gibi pembeydi. Dudaklarını büzer ve içindeki havayı bir melodi gibi dışarı üflerdi, füüüüüüt, füüüüüüt, sonra da bana gülümserdi. Bir diğeri saçlarını arkasında bir sürü tokayla toplardı ve bu haliyle saçları siyah bir muz hevengine benzerdi. Yidişçe ah[76] demekten utanırdım, ah, acı çekiyorum, şu torbayı uzaklaştırın. Kendimi acınası güçsüz bir ihtiyar gibi hissediyordum. Başka bir sorunum vardı. Karşımdaki yatakta beni güldüren genç bir adam yatıyordu. Adı Maurice'ti ve kocaman kulakları vardı. Kulaklarını aşağı yukarı hareket ettirebiliyor ve dudaklarını bir çorap gibi çevirebiliyordu. Dudaklarını büker ve içlerini dışa doğru çevirirdi. En kötüsü vizite sırasındaydı. Bir doktor birkaç hemşireyle birlikte yatağımın yanında durur ve kartımı okurdu, bu arada yandan Maurice'in dudaklarını içeri ve dışarı çevirdiğini görürdüm. Onun yüzünden gülmeme engel olamazdım.

76) "Ouch" sözcüğü aynı zamanda toka anlamına gelir. (ç.n.)

Güldüğümde, ameliyat yeri daha çok acıyordu. Ona yalvarırdım, yeter Maurice, yeter. Aldırmazdı. Yüzümü duvara dönerdim. İşe yaramazdı. Bir şey söylerdi, sadece bir kelime ve benimle dudaklarını dışarıya çevirmiş şekilde konuştuğunu bilirdim.

Hastanede birçok ziyaretçim oldu. İssakar neredeyse her gün geldi. Gruptaki diğer arkadaşlar da. Kardeşim ziyarete gelmedi. Ona kızgın değildim. Bugün artık biliyorum: Kardeşim İshak asla bir hastaneye ayak basmayacak. Kendisi için bile. Savaşın sonunda Indersdorf'daki hastanede bana bakarak geçirdiği üç ay ona yetmişti. Hatırlıyorum, ne zaman ona iğne yapmak isteseler bayılırdı.

Tiberya'daki ameliyattan sonra, iki kasık ameliyatı daha oldum. Karım Shosh beni ziyaret ediyor, çocuklar ziyaret ediyor, arkadaşlar geliyor, İshak'ın eşi Hanna da ziyaretime geliyor. İshak'ın evin etrafında peşinden ayrılmadığını ve sürekli olarak, Dov'a git, durma, git, dediğini söylüyor. O gelmiyor, hastaneye ayak basmıyor.

Tiberya'daki ameliyattan sonra bir mucizenin daha gerçekleştiğini fark ettim. Ameliyattan bir gün sonra, kasık ameliyatımı yapan doktorun casus olduğu ve o gece yakalandığı söylendi. Lübnan için casusluk yapmıştı. Hemen hapse atıldı. İlk başta telaşlandım. Ne de olsa beni bıçağıyla öldürebilirdi. Bu düşünceler, bir sıcak dalgasının ortasında, sırtımda buz gibi esiyor.

Mucize, mucize, diye bağırdım. Birisi bana yukarıdan bakıyor. Kardeşim İshak bu hikâyeyi duyduğunda hemen oturacak bir sandalye aradı ve beş kaşık şekerli su istedi. Ona su ve cebimdeki bir parça ekmeği verdim. Ekmeği fırlatıp attı, ayağa kalktı ve yumruğunu cam pencereye geçirdi.

Cam İshak'ın bağırışları arasında kırıldı, sana doktorlarla gitmemeni söyledim, sana tehlikeli olduğunu söyledim.

Bununla birlikte, ameliyattan memnun kalmıştım. Kasığımdaki ağrı geçti ve tüm kalbimle bir karara vardım, ben, Dov, bu köyde iyi bir işçi olacağım ve bunun tek nedeni İssakar'ın sözleriydi: İsrail Ülkesi'nde en önemli şey çiftçi olmaktır, tıpkı Macaristan ya da Polonya'daki köylerinizde yaşayan goy çiftçiler gibi. Sonra bana, mesleğin nedir, diye sordu?

Tıpkı Auschwitz'deki rampada, bir anlamı olmadan söylediğim gibi, tamirci, dedim. Ama bu arada, Almanya'daki garajda öğrendiklerim vardı. Köydekiler memnun olmuşlardı. Garajları için bir tamirciye ihtiyaçları vardı.

Sabah dörtte yataktan kalktım. Kapının yüksek sesle çalındığını hatırlıyorum. Ayağımı yataktan çıkardım ve dışarı çıktım. İş kıyafetlerimle yatardım. Dörtten en az bir saat önce uyanır, pencerede yıldızları sayardım.

Bana seslenen nöbetçinin omzunda bir tüfek vardı. Günaydın anlamında başını salladı ve garaja kadar bana eşlik etti. Almanya'dan diploma almış sertifikalı bir tamirci gibi hissettim ve neredeyse ağlayacaktım. Nöbetçiye, teşekkür ederim efendim, demek istedim, bana işe kadar eşlik ettiğiniz ve yolumu bulduğumdan emin olmamı sağladığınız için. Tek kelime etmedim. Nöbetçinin Yidişçe anlamadığını biliyordum.

Garajın yakınında nöbetçiden ayrıldım. Makine ustası beni bekliyordu. Yarı uykulu görünüyordu, yüksek sesle esnedi. Ağzı kahve kokuyordu. Başında bir şapka vardı ve esnemeleri arasında bana hoş bir şekilde gülümsedi. Bir köpek koşup geldi, aramızda durdu, ayakkabılarımı yaladı ve kuyruğunu salladı. Cebimden bir parça ekmek aldım ve köpeğe verdim.

Tamirci beni garajda gezdirdi ve İbranice açıklamalar yaptı. Tek bir kelime anlamadım. Başımı salladım ve peşimizden ayrılmayan köpeği okşadım. Bu arada garaj turumuzu bitirdik, bana ağır bir kap verdi ve kenarda duran otomobili gösterdi. Kabın kapağını açtım ve kokladım. Yağ kokusu. Ne yapacağımı bilmiyordum. Yidişçe, Macarca, Rusça, biraz da Almanca konuştum, anlayacağı bir dil bulamadım. Bekledim. Motor kapağını açtı, boru ağzına benzeyen bir deliği gösterdi ve başıyla işaret etti. Yağı boruya dökmemi istediğini anladım. Kabı kaldırdım ve yağı boşalttım, doğrudan yere döküldü. Tamirci başını tuttu ve şapkasını fırlattı, bağırarak bir şeyler söyledi ve bana yolu gösterdi. Anladım ve orayı terk ettim.

Sabah dört buçuk ve yolda yalnızım.

Hava karanlıktı ve utanmıştım. Ellerim ceplerimde amaçsızca dolaşmaya başladım. Binamızda ahbaplar uyuyordu. Köyde başka kimseyi tanımıyordum. Elli metre daha yürüdüm ve sonra tamircinin bağırdığını duydum, Dov, Dov, durdum. Arkamı döndüm. Garajdaki lambanın altında duruyor ve geri dönmem için bana el ediyordu. Garaja geri gittim. Bir hata yaptığımı anladım. Çok pahalı bir yağı boşa harcadığımı fark ettim. İbranice özür dilemeyi bilmiyordum ve üzgündüm. Tamirciye tanıdık gelecek kelimeler aradım. Sonra aklıma bir fikir geldi. Ona *Hatikvah*'yı söylemeye başladım. Bazı kelimeleri hatırladım. Bir bayrak direği gibi dimdik durdu, ben de doğruldum ve marşı birlikte söyledik. Sonra elini omzuma koydu ve motoru anlatmaya başladı. Kibar davranıyordu ve beni affettiğini anladım. Arabadan masaya benzeyen ahşap bir panele geçtik. Çekmecelerin birinden kâğıt çıkardı ve bana bir motor çizdi, her parçayı okla işaretleyip, önlerine adlarını yazdı. Köyde traktör profesörü olduğuma inandıklarını fark ettim. Almanya'dan gelen sertifikalı bir tamirciyi ağırladıklarından emindiler.

Tamirciliği küçük bir garajdaki külüstür bir arabada öğrendiğimi söyleyemedim. Ve onlara kendi dillerinde aç olduğumu da söyleyemedim. Daima aç.

İlk haftalarda ortak bir mutfağımız vardı. İstediğimiz kadar yiyebiliyorduk. Yani, az ya da çok. Köydeki bu mutfağı kapatmaya karar verdiler. Bizi ailelere böldüler. Tabağa koydukları yemek gerçekten istediğimin dörtte biri kadardı. Daha fazla istemeye utanıyordum. Masanın ortasına bir kâse koyduklarında ben de herkes kadar alıyordum, iki üç kaşık, ama kâseyi tek başıma yiyebilirdim. Hatta iki kâse bile. Ülkede *tzena*[77] uygulanıyordu. *Moşav* üyeleri, *tzena* süresince ekmek, peynir, biraz sebze, bazen yumurta yiyor, neredeyse hiç et yemiyordu. Onlar gibi olduğumuzu düşünüyorlardı. Biz onlar gibi değildik. Kamplarda öğrendiğim açlığı aileye anlatamıyor, kâsenizin içindeki yemek bana yetmez, on kâse istiyorum, et yemeliyim, çok porsiyon et, diye bağıramıyordum. Ve sonra aklıma kötü düşünceler geliyordu, eğer köyde yeteri kadar yiyecek yoksa üyeler ateş etmeye, bizi eksiltmeye başlardı, evet. Grubumuzdan bazılarını temizleyecekler, böylece herkes için yeteri kadar yiyecek olacak.

Kardeşim İshak'a dedim ki: Bütün gün ekmek düşünmeye dayanamıyorum. Gece gördüğüm rüyalar yeterince kötü. Patates kabuklarına geri dönemem, anlıyor musun?

Kardeşim başını öne eğdi. Topuğuyla yere küçük bir çukur açıp dedi ki, sana ekmek getireceğim. Ve İshak dediğini yaptı, çünkü İshak ekmeği nasıl bulacağını biliyordu ve o ne kadar getirirse getirsin ben hep daha fazlasını istedim, ama her şeyden önemlisi kaçmak istiyordum.

---

77) Tasarruf tedbirleri.

45. Bölüm

İshak

Nazi Soykırımı'ndan yeni bir cehenneme gelmiştik.

Yine şarkılar ve alkışlar. Gülümseyen üyeleriyle yine düzenli bir aile, bir baba, bir anne, küçük çocuklar, güzelce hazırlanmış bir masa ve çocuğunun burnunu silmek için gömleğinin kolundan bir mendil çıkaran ve ardından onu kucaklayan bir anne. Biçerdöver süren bir baba gördük, geceleri silahıyla bir nöbet yerini koruyan bir kahramana dönüşürdü. Ve biz neydik, babamızı ve annemizi yaktılar, büyükbabamızı ve büyükannemizi yaktılar, kardeşlerimizi, teyzelerimizi, amcalarımızı yaktılar. Utanıyorduk. Konuştular, konuştular ve ben tek kelime anlamadım. Diğerleriyle birlikte kontrol etmeye devam ettim, sana ne söylediklerini anladın mı, anladın değil mi? Hiçbir şey anlamadım. Onların dilini anlamaya başladığımızda, bu ülkede bizim hakkımızda söylenenleri de anlamaya başladık. Bize *sabun* adını takmışlardı, *katliamlara koyun gibi gittiniz ve hiç direnmediniz*, diyorlardı. *Erkek gibi savaşmadınız. Trenlerinde binlerce kişiydiniz, neden ayaklanmadınız. Silahlarını kapabilir, krematoryumdan önce hiç değilse birkaç Alman temizleyebilirdiniz.* Aah. Karşımıza yeni düşmanlar çıktığını hissediyorduk. Almanlar için çöptük, İsrail Ülkesi'nde koyun olmuştuk. Bu konuşmalar kalbimi yaraladı. Sabahları ağrı, akşamları ağrı, ve en önemlisi de, geceleri ağrı. Auschwitz, Buchenwald ve Zeiss'ı zihnimden silmek istiyordum ama yapamadım. Sonra asabileştim, çünkü cehennemin sona ermediğini fark etmiştim. Bazen bu ülkenin yerel halkına baltayla girişmek istiyordum. Bazılarını ikiye doğramak. Belki doğramadan, sadece kafaya bir darbe.

Bizi ilk günden işe koştular. Bizim için inek ahırı, tavuk kümesleri ve tarlalar gibi çeşitli yerler tahsis ettiler. Bize, bunu yap, şunu yap, dediler, çok fazla açıklama ve el hareketi yaptılar, çünkü her şeyin mükemmel olmasını istiyorlardı ve benim için bu zor oldu. Bize sırtımızda lapa çuvalı taşımayı, iki kolla sımsıkı tutmayı, kamyondan ambara kadar eğilerek yürümeyi öğrettiler, ama biz mahkûmların ufalanan bedenlerinin büyük bir yığına sürüklendiğini gördük. Ağaçlar için çukurlar kazalım diye bize kürekler verdiler, ama biz ölüler için kazılmış çukurlar gördük. Köyde bizim için bir çelloyla klasik müzik çaldılar, ama biz Auschwitz orkestrasını ve bir annenin Golda'cığım, Golda'cığım, Tuvia'mı benden aldılar, diyen çığlıklarını duyduk. Sıradan bir sınıfta oturup İbranice öğrenmemizi istediler, ama bizim kulaklarımızdan alevler ve ateş çıktı. Çarpık dişleri olan çevirmenimiz İssakar, hadi ahbaplar gelin ve Hora dansı yapmayı öğrenin, dedi, hadi bakalım, önce herkes bacaklarını yukarı, sonra yana doğru atsın ve şimdi de ayaklarınızı üç kez yere vurun, tak, tak, tak. Ve ayaklarımın altında kirli hamura benzer bir yüz gördüm. En zoru yangınlardı. Köy çanı çalardı ve herkes ellerinde ıslak paçavralar, su dolu bir kova ya da yangını söndürmeye yarayan özel bir sopayla tarlalara ya da ormana koşardı. İnsanlar yangın nerede, yangın nerede, diye bağırırdı ve ben hâlâ hareketsiz dururdum. Çünkü sadece dumanı görünce bile kulaklarım uğuldardı. Şenlik ateşi ve *Hinei Ma Tov*[78] şarkısı da aynı etkiyi yaratırdı. Yüksek alevler ve duman vardı ve ben ailemin dumanın içinde kaybolduğunu görürdüm. Dalların çıt, çıt, çıt sesini duyardım ve buharda pişen bitlerin çıkardığı sesi hatırlardım, çıt-çıt-çıt.

Ve kolektifteki ortak hayata acilen uyum sağlamak gerekiyordu.

Onların ekonomik yöntemlerini anlamıyordum. Evden hatırladığım büyüklükte bir inek ahırı ve ahır herkese aitti, tavuk kümesleri herkese aitti, sebze bahçesi herkese, sonunda kim kazanıyor, diye sordum, herkes, kim zarar ediyor, herkes, zararı kim karşılıyor?

Hiç kimse; bunu not ediyoruz ve sonra ne, çalışmaya devam ediyor ve en iyisini umuyoruz, en iyisini umuyoruz derken ne demek istiyorsun, en iyisini umuyoruz demek..., ne, senin sorunun ne, neden bu kadar endişelisin İshak.

Çünkü anlamak istiyorum, dedim, eninde sonunda kim veriyor. Bana dediler ki, Tanrı veriyor, tamam mı?

Daha fazla endişelendim.

---

78) Ateşin etrafında birlikte oturan kardeşler.

Fiziksel olarak çok çalışıyorduk, cep boştu. Bir şeyler satın almak için nereden para alacağım, diye sordum.

Bana, neye ihtiyacın var İshak, diye sordular.

Örneğin, iş ayakkabıları, dedim.

Dükkâna git, dediler.

Ama hiçbir şeyleri yok.

Ayakkabı sipariş et, onlar senin için getirir, dediler.

Ne zaman getirirler.

En az iki üç hafta.

Nereden alacaklar, pazardan mı, dedim? Çok iyi bir pazar biliyorum ve ben kendim satın almak istiyorum.

Ne pazarı, dediler, biz onları gerçek bir mağazadan satın alıyoruz.

Ayakkabı sipariş etmek için köy dükkânına gittim.

Dükkândaki fiyatlar sabitti. Eşyalara dokunamadım, elime alıp tartamadım. Şekerin fiyatını düşürmek istedim. Anlaman gerek, dediler, biz burada pazarlık yapmayız.

Neden ki; çünkü bir kolektifteki herkes eşittir, aralarında hiçbir fark yoktur, tüm üyeler aynı kazanır. Ceplerinde hiç para yoksa insanların nasıl kazandıklarını bir türlü anlayamıyordum, bana her üyenin bir bütçesi olduğunu, her şeyin ofisteki bir deftere yazıldığını söylediler.

Bir üye ya bir şey satın almak isterse, diye sordum.

Satın alır, dediler.

Peki ya nasıl ödüyor.

Sorun değil, defterdeki rakamdan düşerler.

Ya daha çok para kazanmak için canım iki katı fazla çalışmak isterse, dedim.

Bana bunun iyi bir şey olduğunu ama bütçenin değişmeyeceğini söylediler.

Odama döndüm ve kafamı duvara vurdum.

Perechyn pazarını gerçekten özlemiştim. Balık ve lahana turşusu varilleri, fasulye ve pirinç çuvalları, baharat kolileri, renkli kumaş ruloları, lambalar, iş aletleri ve satıcıların çığlıkları. Ayakta dikilip iyi bir fıkra ya da hikâye dinlemeyi özlemiştim, pazarda her zaman çene çalmaya vakit vardı, kimsenin acelesi yoktu. Mağazada acele etmem gerektiğini fark ettim, çünkü orada aynı satıcıdan mal satın alan başka insanlar da vardı.

Ve yiyecek de sorundu.

Bize verdikleri yiyecek yeterli değildi. Tabağa yarım domates, yarım soğan, bir parça peynir, birkaç zeytin ve bir dilim ekmek koyuyorlardı. Hepsi bu. Neredeyse hiç et yoktu. Bu durum umutsuzluğa ve öfkeye neden oldu. Bedenimiz yaşamaya başladı. Tokken bile açtık. Kardeşim Dov tarlada çalışırken günde bir somun ekmek alırdı. Somunu kahvaltıda bitirirdi. Öğle yemeği için ekmeği kalmazdı. Üyeler bizden sıkı çalışma talep ediyordu, bize çiftlikte işçi olarak ihtiyaçları vardı ve biz çok çalışıyorduk, ama tabaklarımıza koydukları yiyecekler bizi delirtiyordu. Şikâyet etmeye utanıyorduk çünkü köy üyeleri de bizim kadar yiyordu. Kendilerine ne veriyorlarsa bize de aynısını verdiler. Karınlarımızdaki kocaman delikten haberleri yoktu.

Yemek salonunda çılgınca koşmaya başlar, masadaki kötü sebzenin, margarinin ve reçelin üstüne atlardık. Margarini kapar birbirimizin üzerine sürerdik. Sürahilerdeki suyla su savaşı yapardık. Deli gibi gülerdik, böylece ağlamazdık. Nedenini bilmiyorduk. Belki savaş yüzünden sinirlerimiz laçka olmuştu. Ağzı mantarla kapalıyken yere düşen bir şişe soda gibiydik. Belki içimizi dökmeye ihtiyacımız vardı, ama geçmişimizden utanıyorduk. Utanmasak bile, bütün bunları dil olmadan nasıl açıklayabilirdik, nasıl?

Delirmeye başladığımı hissediyordum.

Derimi yolmak istiyordum.

Dov, anla beni, diyordu, böyle bir yerde yaşayamam.

Ona, benim için de zor, inan bana, dedim, ama bu yere bir şans verelim. Yemekle ilgili bir plan yapmaya başladım. Yiyecek olan yerlerin aklımda bir haritasını yaptım. Sabah yataktan işe gitmek üzere kalktım ve araştırdım, evet. Tavuk kümeslerinde yumurta vardı. Fırında ekmek vardı. Sebze bahçesinde sebze. Geceleri görünmeden yapmam gerekenleri planladım. Ve böylece, fazladan yemek yemeye başladık. Grubumuzun diğer üyelerinin de planlar yaptığını gördüm. Geceleri gruplar halinde dolaşmaya başladık. Her grup farklı bir yerde yemek yiyordu. Bir grup tavuk kümeslerinin arkasında ya da ağılın yanında yedi. Bir grup ormana indi. İlk kez özgür hissediyorduk. Salonda *özgür bir ulus olarak* Hatikvah'yı söylerken, aslında özgür hissetmemiştik. Sadece grubumuzla yemek yerken, kendi dilimizde, gerçekten özgür hissettik. Böyle bir geceden sonra, sabah işe gitmek için kalkmak istemeyenler oldu. Köydekiler tembel olduğumuzu düşündüler. Geceleri yiyecek aramak için dolaştığımızı bilmiyorlardı.

Yemekle ilgili bir plan yaptım, ama aynı zamanda tüm kalbimle bir karar verdim.

Ben, İsrail ve Lea oğlu İshak, İsrail Ülkesi'nde normal bir hayata başlayacağıma karar verdim. Evet, evet. Çünkü sinirli olmaktan bıktım. Bir balta ile dünyayı dolaşmaktan ve insanları ikiye bölmekten bıktım. Kendi kendime dedim ki, bok yemem bile gerekse, kendimi bu ülkede inşa edeceğim. Kendi kendime dedim ki, Yahudilerin yaşadığı bu ülkede başarılı olmak zorundasın. Başka yerin yok, bir tek burası. Ama için için, istediğim hayatı bu köyde yaşayamayacağımı biliyordum.

46. Bölüm

Dov

Kardeşim bana, buraya bir şans vereceğiz Dov, dedi ve ben acı çektim.
Köleler gibi hissediyorduk. Bizden hoşlanmıyorlardı. Ben de onlardan hoşlanmıyordum. Biz onların yabancılarıydık ve onlar da bizim yabancılarımızdı. Çellolarından, konuşmalarından ve kahkahalarından sıkılmıştık. Kamplardan önce evde yaşadığımız basit şeyleri özlüyorduk. Basit şarkıları ve kısa hikâyeleri severim. Hikâyeler duymak istiyordum ama hikâyeler için zaman yoktu. Çok çalışmak vardı ve her şey bundan ibaretti.
Vahşileşmeye başladık.
Yumruk yumruğa kavga eden gençler vardı. Grubumuzdan bazı gençleri kavga ettikleri için kapı dışarı ettiler, ama bu bizim can sıkıntımızı gidermedi. Kalanlar ve kavga etmeyenler gelecekten umudunu kesmeye başladılar. Tabaklarımıza siyah zeytin koydukları ilk günü hatırlıyorum. Zeytine aşina değildik. Tabaktakileri şeker sandık. Ağzımıza attık, acı ve tuzlu bir tadı vardı. Zeytinleri yere tükürdük. Kusma sesleri çıkardık, öğğğh, öğğğh, zeytinleri birbirimize ve duvara fırlattık. Onlar bizim hakkımızda fısıldaşırken, biz kamptan kurtulmuş olmanın heyecanına kapıldık. Fısıldaştılar, fısıldaştılar ve biz zeytinleri yerden topladık ve onlarla mutfak işçilerini vurduk. Yemek salonundaki kadınlar ellerini başlarına koydular. *Tzena* sırasında yiyecek israf ediyorduk ve bu onları kahrediyordu.
Sonunda yemek salonunu kapattılar ve bizi aileler arasında dağıttılar, çelloyu ve rahatsız edici yorumlarını bir kenara bırakırsak, şimdi daha fazla acı vardı. Bana verdikleri her şeyi yerdim ve hâlâ aç hissederdim.

Bir gün birlikte yemek yediğim kadın dedi ki: Yarın çekip gidiyorum. Sana bir tencere çorba bırakacağım. Eve gel Dov, mutfağa gir ve çorbayı tek başına iç. Öğlen geldim.

Sıcak bir yaz günüydü ve tıpkı çelloları gibi sinekler de kulaklarımı ısırıyordu. Kuru ağzımla nefes aldım ve kapıyı çaldım. Cevap gelmedi. Ayakkabılarımı çıkardım ve sessizce içeri girdim. Bir tencere çorba aradım. Tezgâhın üstündeki tencerede çorbaya benzeyen bir şey gördüm. Tencereyi kaldırdım ve ne bulduysam içtim. Hâlâ açtım. Tencerenin dibini tırnaklarımla kazıdım ve çıkanı ağzıma attım. Yanmış teneke tadı vardı. Ayakkabılarımı giydim ve çıktım.

Ertesi gün öğlen vakti kadın beni bekliyordu.

Dov, dedi, tenceredeki çorbayı neden içmedin, sana bir tencere dolusu çorba bıraktım.

Ama içtim, dedim.

Hangi tencereden içtin, diye sordu?

Tezgâhın üzerindeki tencereden.

Endişelenmişti, bir dakika, yoksa lavabonun yanındaki tencereden mi içtin?

Evet dedim, gördüğüm tencere oydu, burada duruyordu. Tezgâhı işaret ettim.

Kadın elini göğsüne koydu ve oy, dedi, çorbayı pişirdiğim kirli tencereydi o, boşalttıktan sonra suyla doldurdum ve yıkamak için zamanım yoktu. Gerçekten onu mu içtin?

Evet, dedim, biraz tuzluydu, tadı kötü değildi.

Kadın gözlerini tavana kaldırdı ve ah diye söylendi, ah, ah, ama senin için hazırladığım çorba dolaptaydı, neden dolabı açmadın, yemeklerimizi oraya koyduğumuzu biliyorsun, bak, tencere dünden beri burada, muhtemelen acıktın, çok yazık.

Tenceredeki kirli suyun, eğer şanslıysam içindeki birkaç küçük parçayla birlikte, kamplarda her zaman yediğim yemek olduğunu ona söylemeye utandım. Ona bahçesindeki yolda kendi kendime aldığım karardan da bahsetmedim: Ben, Dov, sürekli aç olmaktan bıktım usandım. Ben, Dov, yiyecek kırıntıları için tencerelerin dibini kazımaktan bıktım usandım. Ona bunların hiçbirini söylemedim. Ve sonra, köydeki tavuk kümesine kendi başıma gizlice girmeye başladım. Fırında bulduğum bir kiloluk ekmek tavasının içine yirmi sekiz yumurta topladım. Koyun ağılına gittim. Orada elektrikli bir ocak vardı. Yumurtaları ekmek tavasına kırdım. Bir çubukla güzelce karıştırdım ve kendime büyük bir omlet yaptım. Omleti yedim, tavayı silip süpürdüm. Kendimi iyi hissettim. Sonra işe, sebze bahçesinde sebze toplamaya gittim, bazılarını kutuya koydum, bazılarını çalılarda yedim, örneğin domates, salatalık, karnabahar. Patatesleri odaya getirdim. Onları bahçede pişirdim. Köy fırınından ekmek aldım. Bir kedi gibi gizlice girer, mis kokulu taze bir ekmeği alır, gömleğimin altına saklar ve çıkıp giderdim. Fırına girmeyi sevmiyordum. Şansıma, bizim gruptan biri orada çalışıyordu ve bir anlaşma yapmıştık. Üç dört somun ekmeği pencereden dışarı atardı, birimiz pencerenin altında beklerdik ve sonra paylaşırdık.

Fırına girmeyi sevmiyordum, çünkü orası fırındı.

Duvarın içinde büyük bir fırın vardı. Büyük bir ateş. Kirli önlüğüyle çalışan bir fırıncı vardı, tahta bir sopa yardımıyla hamur tavalarını duvarın içine yerleştirirdi. Fırına her girdiğimde, dokuz aylık hamile bir akrabamızı yakalayan SS adamları hatırlıyorum. Kadın ağlıyor ve Tanrı'ya sesleniyordu. Tanrı gelmedi, sadece SS adamlar geldi, canları cehenneme. Biri omuzlarını, diğeri bacaklarını yakaladı. Yerden tam kaldırmışlardı ki kadın tekrar düştü. Adamlar küfür ettiler, sonra avuçlarına tükürdüler, kadın tekmelemeye başladı, durmadan osurduğunu duydum. SS adamlardan biri kadının yüzünü tokatladı. Kadın bir an dondu kaldı. Eğildiler ve kadını zar zor kaldırdılar. Kadın ellerini sallayıp duruyordu, sonra adamlardan biri, bir, iki, üç, dedi ve onu ateşe attılar. Bugün bile onun çığlıklarını duyabiliyorum, sanırım bebeğin çığlıklarını da duydum ya da belki duyduğumu sandım.

Budapeşteli çiftçinin Auschwitz'de bana söylediklerini çok düşündüm. Bernard, demişti, çal, öldür, ama hepsinden önemlisi, kendini kurtar, senin bir şansın var, anlıyor musun? Bir Yahudi köyünde yiyecek çalmak zorunda kalmak ağırıma gidiyordu, ama çaldım, ve fısıltıyla konuşup beni ya da grubu aşağılayan sözler söylediklerinde, çalmak bana daha az acı verdi. Fısıltılar yüksek sesle dillendirildiğinde bile, tavuk kümesinden asla tavuk çalmadım. Hayvanları öldürmek istemedim.

Köyün üyeleri çaldığımızı biliyordu. Tavuk kümesindeki yumurtalar eksiliyordu. Fırıncı somunları tek tek sayıyordu. İssakar bize kızgındı, nankör olduğumuzu söyledi. Evet, nankör. Haklı olduklarını biliyorduk ve biz iyi olmak istiyorduk. Genç çiftliklerini ayakta tutmak için ne kadar çok çalıştıklarını görüyorduk. İyi niyetli çalışkan insanlar olduklarını görüyorduk, ama bunun bize bir faydası olmuyordu. Bugüne kadar fırlattığım zeytinlerden ve omlet için aldığım yumurtalardan ötürü pişmanım, üstelik *tzena* yüzünden kendilerinin asla almayacağı sayıda yumurta aldım.

Köyde bizim İbranice öğrenmemizi istiyorlardı ve ben sabahın köründe başlayan işten ve tok hissedebilmek için geceleri dolaşmaktan yorulmuştum. En çok bir hamal gibi çalıştığım günlerde yoruluyordum. Bize mısır ve arpa çuvallarını kamyonlardan boşaltmamızı söylerlerdi. Vücudumun çuvalların altında ufalandığına şahit oldum. *Moşav* üyeleri güçlüydü. Derilerinin altından kasları görünürdü, benim böyle belirgin kaslarım yoktu. Derimin altında neredeyse hiç et yoktu. Ellerimle lapa karıştırmak, tavukları beslemek ya da inekleri sağmak gibi hafif işler yapabiliyordum. Yine de, öğlen oldu mu yorulurdum ve öğleden sonra başlayan derslere gitmek istemezdim. İssakar kabul etmezdi. Sınıfa gider ve öğretmenimizin hasta olması için dua ederdik, ama çok çalışkan bir öğretmenimiz vardı.

Öğretmen Safra biraz Yidişçe biliyordu, çorap örmeyi de biliyordu. Biz tahtada yazan kelimeleri defterlerimize kopyalarken o en az on dokuz sıra örmüş olurdu. Yuvarlak bir yüzü vardı ve gözleri hep gülerdi. Ördüğü çoraptaki sıraları sayarken bile gülümserdi. Bize komik Yidişçesiyle tarih ve İbranice öğretti. Defterime yazdığım hiçbir şeyi anlamıyordum. Tıpkı Tur'i Remety'deki *cheder*'de olduğu gibi, orada da öğretmenimiz Yidişçeden İbraniceye geçtiğinde hiçbir şey anlamazdım. *Vayomer, gesukt; Vayedaber, geredt; nu shoyn*.[79]

Öğretmenimiz okumayı ve yazmayı öğrenmemizi istiyordu, ama benim için İbranice zordu. Bazı harfler Macarcada yoktu. Harfleri sürekli karıştırıyordum. Sonunda umudumu kestim, bugün bile yazarken bir dolu hata yaparım. İbranicede "ağlamak" kelimesini nasıl yazarım? "Piyano"yu nasıl yazarım? "Acı bakla"yı ya da kırmızı "dağ lalesi"ni nasıl yazarım? Sümbül? Malta eriği ve gelincik kelimelerini yazabiliyordum.

Öğretmen bize İbranice isimler verdi. Seni evde nasıl çağırırlardı, dedi?

Hıristiyanların bana Bernard dediğini, evde ise Leiber dediklerini söyledim.

Leiber aslan-ayı anlamına gelir, yani *Arieh-Dov*, birini seç, Arieh mi, yoksa Dov mu?

Dov, dedim.

Sonra kardeşime sordu, sana evde ne derlerdi?

Icho, dedi kardeşim. Hıristiyan komşularımız bana Ichko derdi.

Sen İshak olacaksın, dedi öğretmen, İncil'deki İshak'ı öğreneceğiz, tamam mı?

Tarih ve İncil'den çok, öğretmen bize insan olmayı öğretti. Bir yetişkini selamlamayı, lütfen ve teşekkür ederim demeyi. Kibarca yemek yemeyi ve yemekten

---

79) O söyledi; O konuştu; Tamam.

önce ellerimizi yıkamayı. İçlerinde sarı kalmayana dek kulaklarımızı güzelce yıkamayı.

Öğretmen Safra bizi sevdi. Sınıfında oturmayı bu sevgi yüzünden kabul ettim. Dört saat boyunca dimdik oturmaya ve yaşlı bir adamla nasıl konuşulacağını duymaya can atıyordum. Hasta olan birine, güçsüz olan birine, *Şiva*'ya[80] oturanlara söylenmesi gerekenleri on kere duymak için can atıyordum. Eğer bu öğretmen böyle konuşmaya ve bize bunları anlatmaya devam etmiş olsaydı, kendi hayatım için nasıl ağlamam gerektiğini de öğrenecektim, ama öğretmen ölüler ve teselli etmek hakkında az, İbranice dilbilgisi hakkında çok konuştu, *gider, gitti, gezinti, oldu, oldular, gidecek, gideceğiz* ve ben bağırmak istedim, *Kadiş*[81] okumayı öğrenemeden hepimiz cehenneme gideceğiz. Tekvin'deki Tanrı hakkında konuşurdu ve ben o Tanrı'ya katlanamazdım, o da Auschwitz'de miydi?

Köydeki akşamlar beni mutsuz ediyordu. Güneş batardı ve ben hüzün ve kederle dolardım. Köyde yaşıtım genç yoktu. Sadece küçük çocuklu aileler vardı. Kibutz'taki gibi insanların bir araya toplanabileceği, birbirleriyle tanışabileceği bir yemek odası, burada yoktu. Aileler evlerine çekilirdi, biz yalnız kalırdık. Bazen işler iyi giderdi. Grupta birkaç gerçek palyaço vardı, özellikle gemide birlikte geldiğimiz Şimon ve Eliyahu. Anlattıkları hikâyeler ve yaptıkları kaba şakalarla bizi güldürürlerdi. El hareketleri yapar, inek ahırındaki ilk sağım dersi gibi, çiftlikteki üyeleri taklit ederlerdi, konuşmadan, evet ya da işten kaytarabilmek için doktora yaptıkları ziyaretleri anlatırlardı. Yaptıkları betimlemeler yüzünden yerlerde yuvarlanırdık. Ama çoğu akşam palyaçolarımız sessizdi ve biz de onlara uyardık. Biz ölülerimiz yüzünden sessizdik, her birimiz kendi yükünü taşıyordu: Önlük cebinde yanmış bir elma şekeri ve bir avuç tatlı badem saklayan büyükanneyi özlerdik, aah. Çember çevirmeyi ve yüksek sesle şarkı söylemeyi seven bir kuzeni ve onun keman çalan güzel kız kardeşini özlerdik. Aah. Sokakta futbol oynadığımız kayıp arkadaşları. Komşunun oğlu Tatlı Şloime'ciği, Şloime'cik daha üç yaşındaydı ve çocukları ham yapmaktan hoşlanan aslan hakkındaki korkutucu hikâyeyi binlerce kez duymak isterdi. Özellikle aslan raaaaar diye kükrediğinde ve çocuğu ham ettiğinde, gülmeye başlardı. Sonunda Hitler onu ham etti. Aah. Silah sesleri her akşam köye ulaşırdı, ölülerin kokusu, bağırışlar ve aç köpekler, herkes, herkes kulaklarımda toplanırdı, kulaklarım çın çın öterdi. Çıııın. Çıııın. Ağıldaki ocakta

---

80) Musevilikte, ölen kişi için tutulan yasın ilk yedi günü.
81) Ölüler için okunan İbranice dua.

omlet yapmayı bitirdikten ve yemeğe oturduktan sonra bile, yolda, patikada, açık bir sığır vagonunun zemininde, son anlarını yaşayan ölüler bizi bekliyor olurdu.

Bu hayattan ve ölülerden gelen bu gürültüden bıktım, çalmaktan ve daha ağzımı açar açmaz yanımda bitiveren SS adamlarla birlikte karanlıkta yemek yemekten bıktım. Kendimden kaçmak istiyordum, İsrail Ülkesi'nde, Celile Gölü ya da Safed yakınlarında doğduğumu düşünmek istiyordum. Gemideki ve Atlit'teki kampta gördüğümüz o kusursuz genç adamlar gibi olmak istiyordum, boyunlarına kefiye dolayan kabarık saçlı genç erkekler gibi. Bilmediğim bir yere güvenle yürümek gibi şeyler yapmak istiyordum. Ve birisi bana bir soru sorduğunda, yere bakmadan hızlıca cevap vermek. Bütün kalbimle mutlu olmak istiyordum. Özgür olmalarını nasıl da kıskanıyordum, başlarını geriye atıp ağız dolusu gülmelerini, birbirlerinin sırtlarına vurmalarını ve sanki Almanları kendi elleriyle haklayacaklarmış gibi hissetmelerini.

Ve Betty'yi istiyordum.

Onun çiçek gibi parfümünü özledim. Öpüşmeyi, dil dile oynamayı özledim. *Mon amour* diye fısıldayışını duymayı ve kulaklarımda bin tane arı hissetmeyi. Sadece Betty düşüncesi bile, tatlı bir şeyi emme arzusu uyandırıyordu. Bu köyde çalacak tatlı bir şey yoktu. Bazen, hiç sebepsiz, elimdeki ya da bacağımdaki bir yaranın kabuğunu koparırdım, kanın akmasını izlerdim. Grubumuzda çiftler vardı. Odada buluşurlardı, sırayla, bazen de tarlalarda. Bazıları sevişirdi. Haberleri hepimiz biliyorduk. İshak'ın bir kız arkadaşı vardı. Adını hatırlamıyorum. Ve dudakları boyalı Sonya vardı. Kamplarda üç parmağını kaybetmişti. Sonya beni her yerde takip ederdi. Gölge gibi arkamdan yürürdü. Bazen saçında bigudilerle. Bazen dişlerine bulaşmış koyu bir rujla. Güldüğü zaman korkardım. Dişlerinde kan varmış gibi görünürdü. Sonya'dan kaçtım. Grubumuzdaki kızlar ilgimi çekmiyordu, güzel ve sevimli olanlar bile. *Mon amour* Betty'yi özlüyordum. Gitmek ve Betty'yi ziyaret etmek için para yoktu ve yakınlarda, penceresinden gizlice girip çok uzaklara gidebileceğiniz bir tren de yoktu.

Ölmeden önce kaçmak istiyordum.

Kendi kendime dedim ki, bu köyden umudu kestim.

Önce kızlar ayrıldı ve onları hemen kaptılar. O zamanlar evlenecek yaşta çok fazla kız yoktu. Akrabalarını ziyaret etmek için Tel Aviv'e giden bir kız, düğün tarihiyle geri döndü. Bir sonraki tatilinde bir *chuppah*[82] altında duruyordu. Bir

---

82) Yahudi bir çiftin düğün töreni sırasında altında durduğu gölgelik.

ay içinde evlenen en az üç dört kızı hatırlıyorum. Kızlar evlenmek için acele ediyordu, böylece o köye geri dönmek zorunda kalmayacaklardı. Köydeki insanlar bu düğünleri anlamıyor, kızların biraz beklemeleri ve damatları daha iyi tanımaları gerektiğini söylüyordu. Kızlar kabul etmiyor, bekleyeceksek bile Tel Aviv'de bekleriz diyorlardı. Beni takip eden Sonya da ayrıldı. Sonya onunla evlenmem için bana yalvardı. Ben evlenmek istemiyordum. Kulaklarımda ölülerin gürültüsü olmadan iyi yemek yemek istiyordum. Doyurucu bir kahvaltı, dört çeşit öğle yemeği ve mükellef bir akşam yemeği yemek istiyordum ve cebimde para olsun istiyordum.

Kızlardan sonra erkekler ayrıldı.

Teker teker gittiler. Gizlice, yalnız. Tek kelime etmeden, sabah çiftlikte çalışırken, bir baktılar bir kişi eksik. Aradılar, aradılar, onu odada bulamadılar. İki gün sonra bir başkası tüydü. Üç gün sonra, iki kişi daha gitti. Köydeki aileleri onları neden terk ettiklerini anlayamadılar. Biz de nedenini onlara açıklayamadık. Sanki trenimiz küçük bir köyde şans eseri durmuş gibiydi.

Nisan 1946'da kolektif köye vardım. On sekizimi biraz geçmiştim. Bir yıl bile dolmadan, köyden tek başıma ayrıldım. Kardeşim İshak kaldı ve benden sonra o da ayrıldı. Celile Gölü'ne bakan bir tepede, kolektif köyden uzak olmayan, küçük ve özel bir *moşav*'a taşındım. İstediğim kadar yiyeceğim ve cebimde param vardı.

47. Bölüm

İshak: Dov, yemek yediğim evdeki kız bebeğin ağlamasını hatırlıyor musun?
Dov: Hayır. Bir kızın ağlamasını hatırlıyorum, salonun yakınındaki evde.
İshak: Bu aileye gitmeyi ağlayan o bebek yüzünden seviyordum. Ağlaması bana hayatın varlığını hatırlatıyordu.

İshak

Kolektif bir köyde yaşama bir şans vermeye karar verdim.

Yemek odasında yemek yemeyi bıraktığımızda bir sinir krizi geçirdim ve bizi ailelere paylaştırdılar. Bir ailenin yanına gitmek istemiyordum. İssakar odama geldi. İshak, dedi, seni bekliyorlar, herkes bir aileye gitti, haydi, ben de seninle birlikte geleceğim. Cebi doluydu ve daha sonra ben de sandviçle dolu bir cep istedim.

Bir aileye gitmeyeceğim, dedim.

Bir sandalyeye oturdu, acıkmadın mı?

Çok açım, dedim. Bana para ver, kendime yiyecek alacağım.

Hayır, hayır, param yok, sen de herkes gibi olmalısın.

Kapıya doğru bir adım attım ve kolu kavradım. Dedim ki, herkes gibi olmak istemiyorum, beni rahat bırak.

Gitti. Yatağımın üstüne devrildim ve başımı bir yastıkla kapattım. Annemi ve babamı istedim ama neye benzediklerini hatırlayamadığımı fark ettim. Bu beni endişelendirdi. Yumruklarımı yastığa bastırdım, hiçbir şey göremiyordum. Baba, diye seslendim. Baba? Anne? Hiçbir şey. Yastık islandı. Yastığı kaptığım gibi duvara fırlattım ve kapının çaldığını duydum. Çabucak yüzümü sildim ve doğruldum. Çiftlikten bir üye kapıda duruyordu. Onu tanıyordum, onunla çalışmıştım. Koyu renk iş elbiseleri giyerdi ve köyün en gürültülü kahkahalarını ve çığlıklarını atardı. Elinde üzeri bir havluyla örtülmüş bir tabak vardı. Seni bekliyorduk İshak, ye arkadaşım, afiyet olsun ve yarın gel.

Gitmedim.

İssakar geldi, yanında İbranice öğretmeni vardı. Konuştu, konuştu, işe yaramadı. Gittiler. Sonra, elinde bir tabakla küçük bir kadın geldi. Yeşil gözleri ve ay şeklinde yuvarlak bir yüzü vardı. Bana tabağı verdi ve küçük elini omzuma koydu. Hoş bir sıcaklık hissettim ve dedi ki, yarın gel, evde çocuklar seni soruyor, hepimiz seni evde görmek istiyoruz.

Onlara gittim. Üç çocuk vardı, biri bebekti. Bebeğin ağlamasını duymak hoşuma gitti, midemi bulandırsa bile, bir annenin kollarında canlı bir bebek görmek hoşuma gitti. Belki bir anne, bir baba ve güzel çocuklar gördüğüm için, birlikte sofraya oturuyoruz, masaya ilk tabaklar geliyor, ikinci tabaklar ve tatlı, sonra baba anneyi öpüyor ve kıçını çimdikliyor, anne kızarıyor, kıkırdıyor ve hemen kirli tabakları toplayıp lavaboya koymaya başlıyor ve aklıma o Hamursuz Bayramı'ndaki bulaşıklar geliyor. Macar askerleri bu kolektif köye gelip bir saat sonra herkes dışarıda olacak demiş olsaydı, ne olurdu acaba. Kalbim hızlı hızlı atmaya başladı ve fısıldadım, şşşş. Şşşş. Sakin ol, bu köyde hiç kimse Yahudi aileleri evlerinden kovamayacak, aslında: Dolapta büyük bir tüfek ve bir sürü mermi vardı.

Aileyle birlikte yemek yedim ve aç kaldım. Gerçekten istediğim kadar yemek almaktan utandım. Evin reisi üç dilim ekmek aldı, ben, bir misafir, altı dilim alabilir miydim?

Köydeki aileler bizi iyi hissettirmeye çalıştı, ama bunu yeterince dememiş olabilirler. Başımıza başka ne gelse bu kadar utanırdık ki. Aileler yoksun olduğumuz şeyi ya da neden ayrıldığımızı anlamıyordu. Belki beraberimizde çok fazla sorun getirdiğimizi kabullenemediler. Belki de biz, sorunlarımız hakkında fısıltı duymaktan bıkmıştık, onlardan yiyecek çaldığımız ve bundan vazgeçemediğimiz için kendimizi kötü hissediyor da olabilirdik.

İlk ayrılan Dov oldu. Ondan sonra ben gitmeye karar verdim. Gideceğimi kimseye söylemedim, oysa Bracha adında, benden iki yaş büyük bir kız arkadaşım vardı. Ona rağmen, bir gün bir çanta aldım ve Nahalat Yitzhak'a gittim. Ben köyden ayrılınca, Bracha da ayrıldı. Bir milyonerle evlenmek istiyordu, bu yüzden ayrıldık.

48. Bölüm

Dov

Toprağı-işleyen-bir-Yahudi, bu kelimeler iyi hissetmemi sağladı.

Traktörlü-ve-pulluklu-bir-Yahudi kelimeleriyse, ülkemizde bir ulus olabileceğimize dair bana umut verdi, belki küçük ve kulaklarımızdaki ölülerin sorunları yüzünden karmaşık bir ulus, ama yine de bir ulus. Toprakla bağı olan insanlara çok saygım vardı. Bana Macaristan'daki köyümüzde yaşayan goy'ları hatırlatırdı ve bir çiftçinin hayatını severdim. Bana çiftlik yumurtası ile ev yapımı peynir ve tarladan hasat ettikleri buğdayla pişirdikleri ekmeği verdiklerinde, ürperirdim. Ekmeği ellerimde tutup havaya kaldırmak ve yüksek sesle, bu ekmeği Yahudiler tek başına yaptı, diye bağırmak isterdim. Tarlayı Yahudiler sürdü, Yahudiler ekti, biçerdöverle Yahudiler hasat etti, buğdayı ve arpayı çuvallara Yahudiler doldurdu, ahırda bir kuleye benzeyen saman balyalarını Yahudiler üst üste dizdi.

Traktör şoförü olmaya karar verdim.

Kolektif köyden kaçtığım küçük *moşav*'da yedi aile ve bir traktör vardı, zincirlerin üstünde ağır ağır ilerleyen bir traktör. Çiftçiler beni traktör şoförü olarak işe aldı, herkesin tarlasını ben süreceğim. Düzenli bir çalışma programım vardı. Sırayla sürdüm, ektim ve hasat ettim. Ayda on sterlin kazanıyordum ve milyonerdim. İstediğim kadar yemek yiyordum, kendime ait bir odam vardı ve mutluydum. *Moşav*'da bana özel bir sertifika verdiler, traktör sürücü belgesi ve asker belgesi. Gün boyunca traktör sürüyor, geceleri ise nöbet tutuyordum. Bir tüfeğim vardı, bir nöbet yerinden ve diğer Yahudilerden sorumluydum. Sakalımın o dönem daha hızlı uzadığını hatırlıyorum, hatta boyum bile beş santim uzamıştı.

Ailelerle dönüşümlü olarak öğle yemeği yiyordum. Bana her öğünde dört porsiyon yemek veriyorlardı. Her porsiyonu sabırla bekler ve her biriyle daima göz teması kurardım. Üç porsiyon verseler bile, hatta iki, umursamazdım. Neden? Satın aldığım ve odamda beni bekleyen yiyeceklerim vardı: Konserve, sosis, bisküvi, mayasız kurabiye, meyve, sebze, şekerleme, güneş doğmadan önce bile, en az beş somun ekmeğim vardı. Her şeyden bolca alırdım ve bir de motosiklet satın aldım. Dar sokaklar boyunca motosiklet sürdüm ve mutluydum.

Bu küçük *moşav*'da yeni arkadaşlar buldum.

Hepsi benim yaşımda genç insanlardı ve bu ülkede doğmuşlardı. Akşamları bir okaliptüs kütüğünün üstünde otururduk ve hikâyeler anlatırlardı. Onların hikâyelerini dinlemeyi severdim, çok gülerdik. Ben hikâye anlatmazdım ve hiçbir şey sormazlardı.

Bu ülkede doğanları kıskandığımı hatırlıyorum. Ellerinin altında, geniş kayışlı ve kahverengi deri kapaklı büyük bir saat vardı. Kayışla bir tik sesi çıkarırlar, saati kontrol ederler ve tak, kapatırlardı, o tik-tak sesini duymayı severdim, cesur adamların tik-tak sesiydi o. Bir şeyler yapma cesaretlerini kıskanıyordum.

Bir gün traktörün tepesinde, onlardan biriyle Tiberya'ya gittim, adı Şalom'du, boynuna kırmızı bir kefiye dolamış, beline işlemeli bir tokası olan kalın bir kemer takmıştı. Traktörü süren Şalom'un arkasında duruyordum. Yol kenarında halı gibi büyümüş yeşil çimenler ve kırmızı dağ laleleri vardı. Celile Gölü biraz sakin biraz dalgalıydı, küçük köpüklü dalgalar göze çarpıyordu. Tiberya'ya inen yokuşun tam ortasında bir komuta arabası duruyordu. Şalom yavaşladı. Komuta arabasının İngilizlere ait ve boş olduğunu gördük. Şalom, komuta arabası bozulmuşa benziyor, dedi, şöyle bir bakmak için indik. Kaputu açtı ve telleri kurcalamaya başladı.

Komuta arabasını çalalım mı, ha?

Yutkundum ve ellerimi arkamda tuttum. Emin misin, dedim?

Güldü ve dedi ki, buraya ilk biz geldiğimiz için şanslıyız, birazdan birinci sınıfta seyahat edeceğiz, ister misin?

Ne diyeceğimi bilemedim.

Komuta arabasındaki koltuğa oturdu, direksiyonun altındaki bazı telleri bağladı ve motoru çalıştırmayı başardı. Vay. Yanına oturdum ve direksiyonu tarlalara kırdık. Şalom hızlandı, ayağını gazdan çekmiyordu, komuta arabası yoldaki çukurların üzerinde hoplaya zıplaya ilerliyordu. Koltuğa tutundum ve terlemeye başladım. Hasta olacak enerjim yoktu. Geriye baktım. Bizi kovalayan bir komuta arabası gördüm, içinde iki İngiliz askeri vardı. Dur, dur, diye bağırdım, bizi takip ediyorlar. Şalom frene bastı, az kalsın koltuklarımızdan uçacaktık. Komuta arabasından atladık ve tarlada koşmaya başladık. İngiliz askerleri de durdu, komuta aracından indi ve bizi kovalamaya başladılar. Elimde bir somun ekmekle yirmi mahkûmdan kaçarken tarlada koştuğumu hatırlıyorum. İngiliz askerlerin beni asla yakalayamayacağını biliyordum. Ben ve Şalom arasındaki mesafe açılıyordu. Şalom sağa saptı ve başka bir yöne doğru kaçtı. Askerler durdu. Komuta arabasına döndüklerini gördüm, ikisi iki ayrı komuta arabasına bindi. Tarlanın etrafından dolaşıp traktöre geri döndük.

Şalom, nasıl kaçacağını biliyorsun Dov, dedi, bu kadar hızlı koşmayı nerede öğrendin? Sessiz kaldım. Ama kalbim kabardı, kabardı.

Üç ay geçti ve bir kaza geçirdim.

İngiliz Mandası, ben daha bir sopanın acısını tatmadan, sona erdi. İngilizler ülkeden apar topar ayrıldı. Atlarını Tiberya'daki polis karakolunda bıraktılar. *Moşav*'daki gençler atları almak için hemen Tiberya'ya doğru yola çıktı. Aralarına beni de davet ettiler ve bedenimde, kendi ülkeme sahip olma duygusunun verdiği hoş bir telaş hissettim.

Polis karakoluna vardık, hiç kimseyi görmedik, sadece atlar vardı. Asil ve güzel atlar, sanki onları eve götürmemizi bekliyorlarmış gibi uzun bir sıra oluşturmuşlardı. Karnıma vuran rüzgâr yüzünden neredeyse ishal olacaktım. Beyaz, özellikle güzel bir at seçtim. Uzun bir kuyruğu ve pürüzsüz bir derisi vardı. Sırtına atladım ve eyersiz atı *moşav*'a doğru dörtnala koşturdum. Yüksek sesle şarkı söylemek ve bak, bir atım var, bir atım var, diye bağırmak istedim. Yanımda at binen genç adamların önünde utandım, bu yüzden dik oturdum ve bir erkeğin gururuyla *moşav*'a vardım.

Atıma su vermek için inek ahırlarının birinin yanında durdum, ona saman da getirdim. Onu nazikçe okşadım ve fısıltıyla, arkadaş olacağız atım, dedim, Macaristan'daki köyümde, goy'ların yarışlara getirdikleri atları hatırladım. Heyecanla, ah, dedim, ah, sonunda hayat beni de kutsamaya başlıyor ve İsrail'i seviyorum. Bu arada, bir kavga yüzünden suların kesildiği anons edildi. Kirliydim, terliydim. Kolektif köyde yaşadığım binada yıkanmak için, atla köye gitmeye karar verdim. Beyaz atımı köydeki arkadaşlarıma, özellikle de İshak'a göstermek istiyordum. Atın sırtına atladım, boğazımdan bir cuk-cuk sesi çıkardım, atımın boynuna sarıldım ve yolda dörtnala gitmeye başladık. Köyün girişinde bir su kulesi vardır. Kulenin etrafında iki yol var. Sağda bir yol ve solda bir yol. At kuleye vardı. At iki yol gördü. Hangi yolu seçeceğini bilmiyordu. Belki benden bir işaret bekliyordu. Heyecandan ona işaret vermeyi unuttum. Ve sonra, neredeyse kulenin tam önünde, birdenbire sağa doğru yöneldim ve uçarak kafamın üstüne düştüm. İngiliz yönetiminin sonu gelmiş ve ben beyin sarsıntısı geçirmiştim.

Nazi rejiminin sonunda olduğu gibi, bilincimi tamamen kaybettim. Köyden koşup gelen üyeler beni sırtlarında revire taşıdılar. Beni bir sedyeye yatırdılar ve doktoru aradılar. Üç dört saat baygın yattım. Kendime geldiğimde hiçbir şey hatırlayamıyordum. Atı hatırlamak bütün günümü aldı. Yataktan kalkmak ve gidip atımı aramak istedim. Sarsıntı geçirdiğim için doktor kalkmama izin vermedi.

Doktora, ama benim beyaz bir atım var, dedim, atım nerede?

Doktor dinlenmem gerektiğini söyledi.

Sonra, grubumdan bir arkadaş, kardeşin İshak benden sana Arap köyü M'rar yönünden ateş edildiğini söylememi istedi, dedi. Atın korkmuş ve tarlalara kaçmış.

Yattığım yerde hemen doğruldum. Beynim sanki bir varil suda yüzüyormuş gibiydi. Ve sen atın peşinden gitmedin mi, diye bağırdım?

Arkadaşım üzgündü, vakit bulamadık Dov, atın M'rar köyüne doğru koştuğunu görmüşler, İshak öyle söyledi. Beyin sarsıntısı nedeniyle üç gün yatakta kaldım. Beyaz atı kaybettiğim için kalbim sızlıyordu. Bu sızının beni öldürülebileceğini bilmiyordum.

49. Bölüm

İshak

Nahalat Yitzhak'ta iş aradım.

Sonbaharda gelen bir kış gününü hatırlıyorum. Kampta çamur yüzünden pisliğe benzeyen toprakta hareketsiz yatan sarı yaprakların üstüne basarak yürüdüm. Hafif bir asker montu giymiştim ve bir mağaza vitrini önünde titriyordum. Yüzümü temizlemek ve dağınık saçlarımı düzeltmek istedim. Vitrinde pazen gömlekler, duble paça pantolonlar ve üç kazak vardı. Yandaki duvarda yün astarlı kahverengi bir ceket, bedenime uygun bir ceket asılıydı. Mağazaya girdim ve cekete uzandım. Zihnimdeki çığlık yüzünden elim havada asılı kaldı, salak, paran yok ve yaşamak için astarlı bir kahverengi cekete ihtiyacın yok. Koca göbekli bir adam bana doğru yaklaştı. Affedersiniz efendim, dedim, bu civarda bildiğiniz bir inek ahırı var mı? Kapıya gitti, parmağıyla uzun bir serviyi işaret etti ve bu servinin yanında bir ahır olacak, dedi.

Toparlandım ve ahıra doğru yürüdüm. Koca göbekli ve dar alınlı başka bir adam gözlerini bana dikti. Ne arıyorsun genç adam, diye sordu? Alman Yahudi'si aksanı vardı.

Ahırının temiz ve düzenli olduğunu gördüm ve iyi bir ceket giymediğim için pişman oldum. Dedim ki, ineklerle ilgilenebileceğim bir iş arıyorum.

İnek sağmayı bilir misin, diye sordu?

Almanca olarak, inek sağmayı çok iyi bilirim, dedim, babamın Macaristan'daki ahırında çok inek sağdım ve burada da sağdım. İnek sağmayı severim ve bir gün büyük bir mandıram olacak.

Bana gülümsedi. İyiye işaret. Botunun birini diğerine sürttü, biraz çamur çıkardı ve yarın başlamak ister misin, dedi.

Bugün için uyuyacak bir yerim yok, dedim.

İnekleri sağdım, çöpleri temizledim ve süt dolu kapları at arabasıyla Tel Aviv'deki Tara Süt İşletmesi'ne götürdüm. Tertipli çiftçi Joseph Stein'ın evine bitişik küçük bir odada uyuyor ve Nahalat Yitzhak'taki işimi seviyordum. Yemek ve yatak için endişelenmeyecek olmam büyük bir rahatlıktı. İstediğim kadar yemek yedim. Ama akşam güneş batıp da temiz odama çekildiğimde, burnuma ve bazen de boğazıma Auschwitz'in kokusu geliyordu. Bu yanık ve tatlı kokunun, mağazadan satın aldığım ve aklıma ne zaman Auschwitz gelse titreyen kalbimin içine boşalttığım bir şişe şarap ya da votka olmadan dinmediği kederli saatlere çoktan alışmıştım.

Çiftçi Joseph'in karısı Mina beni onlarla birlikte yemem için öğle yemeğine davet ederdi. Küçük bir kadındı, neredeyse hiç saçı yoktu ve tırnaksız başparmağında bir siğil vardı. Cebinde her zaman bir dilim ekmek olurdu. Bazen birkaç kelime konuşurdu, ama çoğu zaman sessizdi. Tabağıma tavuk budu ile bir kaşık patates püresi koyar ve tabağımı ekmekle güzelce temizleyene kadar gözlerini üzerimden ayırmazdı. Masadan kalkarken her zaman cebime bir şeyler koyardı, fındık, portakal ya da hamura bardak bastırılarak yapılan kurabiye. Sadece ekmek kaldı, sonra yemek için biraz al, dediği günler de olurdu ve bana bir dilim verirdi. Almak istemezdim çünkü para kazanıyordum. Günlük işleri bitirince rahat rahat bir sandalyede oturabilir, ayakkabılarımı çıkarabilir, kemerimi gevşetebilir, bir iki kadeh içip sakinleşebilirdim. İyi bir ceket almak istesem alırdım. Çekirdek çitlemek istesem çitlerdim. Üzerine şeker serpilmiş kremalı pasta yemek istesem yerdim. Bir kız arkadaş istesem olurdu. Nahalat Yitzhak'ta kendimi iyi hissettim, ama huzurlu değildim. Dilimde ve burnumda hep Auschwitz'in kokusu vardı ve bazen kötü sesler duyduğum olurdu.

Bir gün kamyonla, *Hagana*'dan[83] iki genç adam geldi.

Yağmur yağıyordu, sağım işini yeni bitirmiştim. Uzun boylu genç adamlardı, birinin kalın bir sesi, diğerinin çenesinin etrafında dar bir sakalı vardı. İshak, dediler, *Hagana*'da sana ihtiyacımız var, ağlamak istedim. Bu uzun boylu genç adamlar, yağmurlu bir günde Nahalat Yitzhak'a sırf benim için gelmişti, ahh.

Duygulanmıştım, sanki genç adamların *Hagana*'dan beni aramaya gelmesine alışkınmışım gibi, hazırlanmak için bana birkaç dakika verin, dedim.

---

83) İngiliz Filistin Mandası'ndaki Yahudi paramiliter örgüt.

Odadan giysilerimi topladım, çiftçi ve karısından ayrıldım ve onlarla gittim. Cebimde peçeteye sarılmış üç sandviç vardı. Biri sosisli, biri reçelli, biri margarinli ve tuzlu, ve üç dilim katıksız ekmek daha.

Kamyonda iki genç adamın arasına oturdum ve omuzlarım güçlü kasları arasında sıkıştı. Ana yola çıktık, kamyonun silecekleri yağmur için yeterli değildi. Kalın sesli şoför, oy, sola dönmem gerek ve hiçbir şey göremiyorum, dedi ve eliyle küçük bir kolu çekti. Ok şeklindeki küçük sinyal lambasının çalışıp çalışmadığını kontrol ettiğini gördüm.

Sağda, penceresiz bir binaya yaklaştık. Sakallı genç adamın başı arkaya düştü ve omzuma yuvarlandı. Başından sonra sıra dizine geldi, her yandan kuşatılmıştım ve sağdaki bina sinirime dokunuyordu. Belki küçük bir krematoryumdur diye düşündüm. Ve bilmediğim bu iki kişi beni Gestapo'ya götürüyordur. Hemen alnıma vurdum, baca yok, duman yok, aptal olmayı bırak ve ağzımdan hım sesi çıktı.

Direksiyonun arkasındaki genç adam, iyi misin, dedi?

Her şey yolunda, dedim ve aklımdan İbranice bir cümle yazdım, hatasız, İsrail harika bir ülke, burada bir sürü güçlü Yahudi var, ama ağzımdan çıka çıka hım sesi çıktı. Hım. Bu arada Ramat Gan'daki sinemaya vardık ve yağmur durdu.

Yan tarafta tenteli bir kamyon duruyordu. Kaldırımda bekleyen on beş, belki on sekiz genç adam vardı. Çoğu yirmisini aşmış görünüyordu. Bazıları güçlü, bazıları benim gibi zayıftı. Sırt ya da el çantaları vardı, çarşaflara sarılmış bohça görmedim, ne de eşarplı büyükanneler ya da küçük çocuklar.

Kalın sesli genç adam, uyan Hayim, dedi, çocuğun üstünden kalk. Kamyondan indim. İkisi de elimi sıktı, iyi şanslar genç adam deyip uzaklaştılar. Kamyonun yakınındaki gruba yaklaştım. Bizi kamyonla nereye götürecekler, bilen var mı, diye sordum? Kırmızı kirpikli güçlü bir adam, Shavei-Tzion'a dedi, Nahariyya yakınlarında küçük bir yer.

Kamyona kasten en son ben bindim. Eğer atlamam gerekirse, zamanında atlayabilmek için en son binmek önemliydi.

Yere oturduk ve kamyon yola koyuldu. Yolu görebileceğim bir yere oturdum, gözlerimi asfalta diktim. Genç adamların bazıları kendi aralarında konuştu, bazıları sırt çantalarını başlarının altına yerleştirip uykuya daldı. Yolculuk yaklaşık bir saat sürdü, belki daha uzun, derken sol tarafta bir okaliptüs ağacı gördüm. Nedenini bilmiyorum ama, aklıma birden Auschwitz-Birkenau'da, IV. Krematoryumun yanındaki orman geldi, acısı bıçak yarası gibi her yerime yayıldı. Felaket ormanı. Anneler ve çocuklar, sanki piknik yapıyormuş gibi ağaçların arasında oturdu ve kapılardaki yığılma nedeniyle krematoryum için sıralarını beklediler ve insan kuyruğu hiç kısalmadı.

Yine huylanmıştım ve sosisli sandviçe saldırdım.

Hayfa'ya vardık ve gördüğüm ilk şey, dumanı havaya yükselen bir baca oldu. Kamyondaki insanlara baktım. İnsanların yaşamında tüten bir baca normalmiş gibi, herkes sakin görünüyordu. Sadece gözlüklü ve burnu akan genç bir adam gözlerini kocaman açtı. Bakışlarını bacaya sabitledi ve tırnaklarını yemeye başladı. Üç göz daha güvenli olur diye düşünüp gözünü yakalamaya çalıştım. Kamyon yolda keskin dönüşler yapınca öne arkaya savruldum, gözünü yakalayamadım. Soğuktan felç olmuş gibiydi. Sonra aklıma kötü kokular geldi, kötü kokular her yere yayıldı, reçelli sandviçe saldırdım, margarinli ve tuzlu sandviçe saldırdım, en son üç dilim katıksız ekmeğe saldırdım. Ancak limana yaklaştığımızda sakinleşip normal nefes almayı başarabildim.

Shavei-Tzion'da bize ateş etme eğitimi verdiler: Tüfeği düz tut, omzuna koy, evet, hareket etme, etrafa bakma, gözünü kapatma, evet böyle, her iki göz de açık, parmağını tetiğe dikkatlice koy, yavaşça, nefesini tut, nefes alma, nefes alma, ateş! Askeri konvoy muhafızı olmuştum. Evet, evet. Auschwitz'deydim, Buchenwald'daydım, Zeiss'taydım ve işte iki yıl sonra İsrail Devleti beni, Nahariyya'dan Hayfa ve Akko'ya giden konvoylara eşlik etmek ve Matzuva'yı[84] korumak üzere, silahlı bir asker olarak görevlendirmişti.

Almanya yollarında ölmek için kilometrelerce aç yürüdüm ve iki yıl sonra benden, Yehiam Kibutzu'ndaki kahraman arkadaşlara sırt çantasında yiyecek götürmem isteniyordu. Aah. Tüfeğimi sadece üç dakika tutuyordum ve gözlerim dolmaya başlıyordu. Tüfeğime sıkı sıkı sarılır oy, oy, oy, Anneciğim, derdim, sonra ellerim titremeye başlardı ve kalbimde IDF[85] Orkestrası gibi bir şey olurdu, pom-pom, pom-pom, prooom-pom-prooom-pom, geçit törenlerinde bu orkestrayı televizyondan izlemeyi severdim. Bir trompet bandosu, davullar, bir metre çapında ziller ve yan flütler. Hayfa Limanı'nda bizi karşılayan bando, benim orkestramla karşılaştırıldığında yavan kalırdı. Çünkü ben İshak, Lea ile Strul olarak bilinen İsrail'in oğlu, elimde bir tüfek tutacağımı hayal bile etmezdim. Macarların tüfekleri vardı, Almanların tüfekleri vardı, ya benim neyim vardı?

---

84) Kuzey İsrail'deki Batı Celile'de bir kibutz. (ç.n.)
85) İsrail Savunma Kuvvetleri. (ç.n.)

Neyim? Ve şimdi, üç yıl sonra, bir devletim var. Aah. Trenlerin sayısını ve Almanya yollarındaki ölülerin sayısını düşününce, halkımın tamamen yok edilmiş olduğundan emindim, en iyi ihtimalle, bizi kitaplardan öğrenirlerdi. Hayır, hayır, kitapları da yaktılar. Belki de bizi mezarlıklardan öğrenirlerdi, hayır! Yol açmak için mezar taşlarını da kırdılar. Evet.

En ağır ceza, operasyonlara katılmama izin verilmiyor olması değildi. Kendimi korumazsam beni kimsenin korumayacağını biliyordum. Öldürülebileceğimi de biliyordum. Öldürülmek umurumda değildi, ülkem için ölmeye hazırdım, bu büyük bir onurdu.

İsrail Ülkesi'nde, aşağılanmış bir Yahudi'nin tam tersiydim. Gururlu bir Yahudi'ydim, özgür bir Yahudi'ydim. Ben, İshak, silahımı doldurdum, emir verildi ve hop, tüfeğimi ateşledim, hah, Almanya'daki herhangi biri bana bir silah al ve ateş et demiş olsaydı, halkımı krematoryuma gönderen tüm Nazileri vururdum. Ama silahım, suyum ve ekmeğim yoktu. Pijamalarıma 55484 sayısı dikilmişti ve Vistül Nehri'ne toz olarak ulaşmamış olmam sadece bir şanstı.

Tüfeğimle aynanın önünde durduğumda ve giydiğim ceketi dolduran şişkin kaslarımı ve omuzlarımı, yüzümdeki sağlıklı rengi gördüğümde ve bir erkek sesi duyduğumda, gözlerim bu mucizeye ağlıyordu, evet. Ve en acısı da, annemin ve babamın aynanın önünde yanımda olmamalarıydı. Onların ve Avrum'un, büyükbabamın ve büyükannemin, tüm amcalarımın, teyzelerimin, kuzenlerimin aynanın önünde durmalarını çok isterdim, hep birlikte bu mucizeye bakmayı çok isterdim, ben, İsrail ve Lea oğlu İshak, İsrail Ülkesi'nde büyüyen ve güçlenen bir asker.

50. Bölüm

Dov

Gençken bir yerden bir yere gitmek kolaydır.

Kolektif köyde yaklaşık bir yıl geçirdim ve her sabah kalktığımda yaşadığımı gördüm. Bedenime dokunurdum, kolum yerinde, iki sağlam bacağım var, bir gözüm var. En korkuncu, bir enfeksiyon ya da başka bir şey yüzünden gözlerimi açamayacak olmamdı. Sonunda kalkardım. Her şeyden önce çekmecemi kontrol ederdim. Ekmek var. Daima ertesi gün için bir dilim sakladım.

Özel bir *moşav*'a geçmek, benim için büyük bir keyifti.

Gece yatağa giderdim ve heyecandan uyuyamazdım. Cebimde para olduğuna inanamazdım. Elimi pantolonumun cebine sokardım, bir avuç bozuk para alır ve uyuyana kadar şıngırdatırdım, çiling, çiling, çiling. Sonradan cepli pijama aradım. Bazen, akşam işten gelince, para kuleleri yapardım ve sonra, cumburlop, masada ve yerde yuvarlanan paraların sesini dinlerdim, hım. Dondurma kadar lezzetli bir ses. Rafta istediğim kadar konserve yiyecek vardı. Dışarıdaki yolda kendi motosikletim vardı. Akşamları *Sabra*'mla[86] otururdum, hepsi harika insanlardı. Kaygısızca gülerdik.

Bir gün, iki yılın geçtiğini fark ettim ve kendimi üçüncü kez hareket halinde buldum. Bağımsızlık Savaşı sona ermiş ve kardeşim İshak, taburdan bir grup arkadaşıyla Batı Celile'de bir *moşav* kurmuştu. İshak, bahçesinde geniş bir ahırı olan büyük bir süt çiftliği rüyası görmüştü ve kardeşimden uzak olmak benim için sorundu. Ondan beş dakikalık yolculuk mesafesinde ya da en fazla on dakikalık

---

86) İsrail doğumlu arkadaşlar.

uzaklıkta olmalıydım, daha fazla değil. Beklenmedik bir felaket olması durumunda, birisi bizi yollara düşürmeye karar verebilirdi ve biz de hemen buluşup birlikte yürüyebilirdik. Kurduğu *moşav*'a taşınmaya karar verdim ve mutlu değildim.

Başlangıçta çadırlarda yaşadık. Yerde eski bir beton yüzey vardı. Çadırları üstüne kurduk. Birkaç ay sonra beton çöktü. Betonun etrafını kazdık ve dipte sandıklar bulduk. İçinde cesetler vardı. Cesetlerin hangi dönemden kaldığını bilmiyorum ama oldum olası ölülerin benimle buluşmak için ortaya çıkmayı bekledikleri açıktı: Bazen geceleri ya da gün ortasında ölüler bulurum, bazen de bir çadırın altındaki sandıklarda. İki hafta boyunca, çadırları başka bir yere taşıdıktan sonra bile, tüm bu ölüler yüzünden migrenim azdı. Daha sonra teneke kulübelere taşındık ve işler gayet iyi gitti. Yahudi Ajansı'nın verdiği ineklerimiz, atlarımız ve bir traktörümüz vardı. Dışarıda, traktörde çalıştım. Kardeşim İshak çiftlikte çalıştı ve birlikte yaşadık.

Her sabah kardeşimden önce kalkardım, önce banyoya girer, ihtiyaç duyduğum kadar orada kalır, sonra yatağı toplar ve birkaç gömleğimizi elle yıkardım. İlk kahvemizi ortak kullanılan yemek odasında içtik, kahveyi *moşav*'daki genç kadınlar yaptı. Sonra ben ve kardeşim için şişman sandviçler yapardım, bol malzemeyle hazırlanmış şişman sandviçler ve her birini kâğıda sarar, üstüne de kurşunkalemle içinde ne olduğunu yazardım, peynir ya da sosis ya da reçel. Kardeşimin *moşav*'ı için çok çalıştık, ama aç değildik.

Akşam önce duş alırdım, ama daha önce böcekleri öldürürdük. Teneke kulübede bir sürü böcek vardı. Onları yerde biriktirir, üzerlerine parafin döktükten sonra yakardık.

Sonra bir kaza geçirdim, kolumu kırdım. Bir *moşav* üyesinin arabası yolun ortasında kalmıştı. Şoför benden krank milini çevirmemi istedi, o da bu arada debriyaja basacaktı. Krank mili koluma sertçe çarptı. Kemik iki yerden kırıldı. Beni hastaneye götürdüler, beynimi sıvılaşmış hissediyordum, nedir benim bu başıma gelenler, hastaneden kurtulamayacak mıyım ve neden zavallı bedenimdeki kemikler kibrit çöpü gibi çıt-çıt kırılıyor. Beyaz önlüklü biri, alçı gerekiyor, dedi, yüzüne bir tokat atmak, duvarı yıkmak ve sonsuza kadar kalacak bir orman bulmak için roket gibi koşmak istedim.

Traktörde çalışmayı bıraktım, alçıya alınmış kolumla bir tüfeği bile tutamıyordum.

Daha sonra ayrı evlerimiz ve topraklarımız oldu. Evim İshak'ın evinin yanındaydı. Sabahtan akşama kadar çalışıyor ama geçinemiyorduk. Karnımızı zor doyuruyorduk, ve sonra pek çok üye *moşav*'dan ayrıldı. Kardeşim İshak iyi dayandı ve başardı. Bunun nedeni belki de, İshak'ın sayıları okumada iyi olması ve şansının yaver gitmesiydi. Şansı yaver gittiğinden, herkesten beş adım öndeydi.

Kardeşim de evlendi, hem de hızlıca. Karısı Hanna, bir akraba ziyareti için bizim *moşav*'a gelmişti. İshak onunla cuma günü tanıştı. Ertesi gün, yani Şabat günü, bana Hanna ile evleneceğini söyledi. Hanna'nın uygun eş olduğuna karar vermesi bir gece ve yarım gün sürmüştü. Pekâlâ, dedim.

Bir gün evime hayduda benzeyen üç resmi görevli geldi. İyi ceketleri ve kaliteli ayakkabıları vardı. Bahçeye yaklaştıklarını görünce kalbim sıkıştı. Ağzıma bir dilim çikolata attım, dışarı çıktım ve bahçemde Yahudi haydutlarla buluşmaya alışkın biri gibi, onlara doğru yürüdüm. Bahçede bir şey arıyorlardı, bir şeyler konuştular ve sonunda bana bir tebligat uzattılar. Yahudi Ajansı'na borcum olduğu için beni *moşav*'dan atmak istediklerini anladım. Ajansa ödeme yapacak param yoktu ve *moşav*'dan ayrılmaya karar verdim.

Kardeşim İshak kaldı. İshak ve Hanna. Gömlekleri yıkıyor, yemek pişiriyor ve sandviç yapıyordu. Gözüm arkada kalmadan gidebilirdim.

Nahariyya'da bir oda kiraladım, kardeşimin *moşav*'ına beş dakikalık mesafedeydi.

Ekskavatör kullanmayı öğrendim, çoğunlukla su borusu hattı kazıyordum. Sonra vinç operatörü oldum, bu iş keyifliydi.

Ne zaman İsrail Ülkesi'nde yeni bir kasaba kurduklarını duysam, oraya ilk ben giderdim. Bu yerlerde kendimi evimde gibi hissediyordum. Bir oda kiralar ya da işe yakın bir otelde kalırdım ve karnımı lokantalarda doyururdum. Her öğlen mola verir ve dört tabak yemek yerdim. İlk porsiyon hafif bir şey, bir turta veya bir parça balık, ya da bir kâse salata. İkinci porsiyon çorba. Ana yemek et, kalın bir biftek ya da yarım bir tavuk, yanında patates püresi veya pirinç pilavı, ya da erişte. Dördüncü porsiyon tatlı bir şey, komposto veya dondurma, ya da fındıklı kek ve kahve. Yeni kasabadaki işi bitirdiğimde, Nahariyya'ya geri dönerdim.

Vinç operatörü olunca, kuzey veya güney sınırları gibi tehlikeli bölgelerde çalışmaya gönüllü oldum. Kepçenin üstüne, Suriyelilerin veya Mısırlıların beni vurabileceğini bilerek oturdum, kafam görünürdü. Onların tüfeklerini dert etmezdim. Dört tabak yemek ve taze bir pirinçli turta yedikten, karnımı güzelce doyurduktan sonra, lokantadan çıkmaya can atardım. Sınırda tahkimat kazmazsam, buranın da Auschwitz gibi olacağını biliyordum.

Kardeşim İshak bana evlenmem gerektiğini söyledi.

Bana çok sert bakınca kırıntıların gömleğime düşmeye başladığını ve akşamları ütüsüz bir yaka ve lekeli çamaşırlarla dışarı çıktığımı fark ettim, giysilerimi kendim yıkardım ve lekeler çıkmazdı. Gemide tanıştığım Betty ile evlenmek istiyordum. Bu arada Nahariyya'daki Penguen Kafe'ye giderdim ve yıllar geçti. Betty kalbimden silindi ve başka kimse yoktu. Sonraki yıl ve daha sonraki yıllar boyunca her akşam arkadaşlarımla Penguen Kafe'ye takıldım, kahkahaları, şakaları ve hikâyeleri dinler, ruh halime göre ya da masadaki kadınların isteğine uyarak, soğuk bira veya votka içerdim. Kardeşim İshak ısrar etti. Dinle beni, dedi, belli bir yaştan sonra evlenemezsin, yalnız yaşamaya alışırsın ve bu kötü bir alışkanlıktır. Evlenmelisin, söylediği buydu ve bu arada bir on yıl daha geçti.

Kardeşim İshak aile kurma düşüncesinin uykularımı kaçırdığını anlamamış olabilir: Bir sabah uyanacaktım ve yanımda kimse olmayacaktı, belki herkesi bir ormana götürmüş olacaklardı, ya da çocuğum zatürre olacak ve ölecekti ve onun ölümü annesini hasta edecek ve o da ölecekti, sonra sıra kardeşime gelecekti ve bir pazar sabahı kendimi kimsesiz bulacaktım.

Evlenmeye razı olana kadar yirmi yıl geçti.

Shosh ile tanıştığımda evlenmek gibi bir niyetim yoktu. Shosh beni ikna etti ve tabii bir de İshak vardı. Nihayet kırk yaşımda evlendim ve altmış yaşımda, tam dinlenmeye çekilecektim ki, hoparlörlerden gürültülerin gelmeye başladığı, Twist ve Rock'n Roll çağında kızlarım doğdu.

Shosh ile evlendim çünkü gülen gözleri vardı. Çünkü kendiyle barışıktı. Ama aynı zamanda belgelerin ve nüfus kâğıtlarının sorumluluğunu üstlendiği, İçişleri Bürosu'ndaki işleri hallettiği için; haham, düğün salonu, çiçekçi, davetiyeler, fotoğrafçı, gelinlik, damatlık, her şeyi o ayarladı, yoksa evlenmezdim. Karım Shosh 1945'te, benim cehennemden kurtulduğum yıl doğdu. Yeni bir hayata başladım ve o da öyle yaptı. Onunla Penguen Kafe'de, bir garson arkadaşının sayesinde tanıştım. Iraklı bir kadının karım olacağına inanmazdım. Iraklılara alışmak zorundasınız. Beni öğle yemeğine davet ederlerdi. Tam öğlen giderdim, yemek servisini beşte yaparlardı. Beşe kadar açlıktan ölürdüm.

İyi ki evlendim. İyi ki bir ailem var. Bu hayatla tek başıma ne yapardım bilmiyorum.

51. Bölüm

İshak

Bağımsızlık Savaşı sırasında bir mandıra kurma hayalim az kalsın suya düşecekti. Neredeyse kesin bir ölümden şans eseri kurtuldum.

İlkbahardı. Bir Şabat günü taburdan ayrıldım. Kolektif köyde beni evlat edinen aileme gittim. Onlardan kopmamıştım. Pazar günü taburuma dönmem gerekiyordu. Dönemedim. Savaş vardı. Yollar kapalıydı ve ateşim çıkmıştı. Yine de dönmek istiyordum. Sırt çantamı hazırladım ama beni evlat edinen annem gitmeme izin vermedi. Mecburum, dedim, beni bekliyorlar. Islak ellerini önlüğüne sildi ve yavaşça, gitmiyorsun İshak, dedi, bütün sabah içimde kötü bir his vardı ve burada kalıyorsun. Yüzü kırmızıydı ve kolunda bir mendil vardı. Çantamı yerleştirmeye devam ettim. Kapıda durdu ve burada bekle, bir yere kıpırdama, dedi ve köy doktoruna koştu.

Sonunda onun dediği oldu. Kuşatılmış Yehiam Kibutzu'na giden konvoy engellenmişti. Kırk yedi ölümüz vardı. O ölülerin arasında yatıyor olmalıydım. Köyde kalmıştım ve ölülerin olduğu konvoyda değildim. Tüfeğimle köydeki erzak kamyonu şoförüne eşlik etmeye başladım. Daha sonra bir muharebe askeri oldum ve tüm devlet savaşlarına aktif olarak katıldım. Gençken makineli tüfek nişancısıydım, iyi de bir nişancıydım, rüyalar ve kâbuslar yoktu. Hoparlörlerden gelen çığlıklar beni korkutmazdı. Sonra şoför oldum, çalışkan bir şofördüm, yanımda yangın çıkmadığı sürece sorun yoktu. Sadece duman koklamak zorunda kalırdım, gözlerim yanar ya da kulağım iltihaplanırdı. Yıllarca böyle devam etti.

Bağımsızlık Savaşı'ndan sonra evlenmezsem, alkolle şişeceğimi biliyordum.

Moşav'da özensiz ve dağınık bir hayat yaşadık. Bize bakacak kimse yoktu. Hiç temiz çamaşırım yoktu. Hazırlanıp önümüze konan yemek yoktu. Yemek için Nahariyya'ya giderdim. *Moşav*'da kazandığım parayı alkole harcadım. Konyak ve votka içmeyi severdim, sarhoş olur ve saçma sapan konuşmaya başlardım. Bazen bardakları fırlatırdım, yere uzanır, bacaklarımla havayı tekmeler, deli gibi güler ve çığlık atardım. Dov da içerdi. Viskiyi, cini ve Slivovitz'i severdi. Ama Dov içer ve suskunlaşırdı. Ben içince çok gürültü yapardım. Penguen ve Ginati Kafe'de bir müzik grubu vardı. Grubu beğenirdim. Müzisyenlerin alnına para yapıştırırdım, böylece çalmayı bırakmazlardı. Çok para yapıştırdım. Çalmaya devam etmeleri gerektiğini hissederdim, yoksa karanlık ve boğucu koku gelecekti.

Biliyordum ki kendi başıma kaybolacaktım.

Yirmi bir yaşındaydım ve bir aile istiyordum. Evlenme kararı çok hızlı oldu. Hanna'yı gördüğüm anda onun benim karım olacağını anladım. Ufak tefek ve sevimliydi. Yaşadıklarım hakkında hiç konuşmamıştık, ama Hanna neler yaşadığımı biliyordu. Birbirimizin gözlerine bakar ve her şeyi anlardık. Hanna 1932'de Romanya'da doğdu. Yedi yaşındayken ailesi Ukrayna'ya, Vinozh Getto'suna gönderildi. Annesi ve üç kardeşi. Babası çalışma kampında kaldı. Ukrayna'da zor zamanlar geçirdi. Dilenmek üzere Getto'dan ayrıldılar. Dört yıl boyunca sokaklarda yiyecek aradılar ve insanlar onları itip kaktı. Daha sonra aile Romanya'ya döndü. Babayla buluştular. Savaştan beş yıl sonra İsrail'e göç ettiler.

Düğünden sonraki gün Hanna'yı bırakıp üç gün ortadan kayboldum. Nerede olduğumu hatırlamıyorum. Sanırım mandıra ile ilgili bir şeyler aramaya gittim. Hanna'ya ilgilenecek işlerim olduğunu söylemeyi unuttum. Evde bir eş olmasına alışkın değildim. Hanna *moşav*'daki komşumuza gitmiş. Adam atı arabaya koşmuş ve beni aramaya çıkmışlar.

Evde bir kadınla olmaya alışmam zaman aldı. Gece geç saatlerde eve döndüğümde beni bekleyen bir kadın ve düzenli bir ev bulmaya, güzel yemek kokusu duymaya alışmam çok uzun sürdü. Sabah uyanınca yanımda başka bir yastık ve bir kadın görmeye alışmam zaman aldı. Temiz bir havlu, bir kadın iç çamaşırı ve banyodaki aynanın yanında ruj görmeye alışmak için votka ve konyak gerekiyordu.

Zor bir günün ardından, özellikle de iyi bir ticari anlaşmadan sonra, arkadaşlarımla bir lokantaya gidip hayata kadeh kaldırırdım. En çok, bizi ineğin iç organlarından kurtaran lokanta sahibini severdim. Bizim için eti kızartırdı ve biz votka, konyak ve viski kadehlerini bir dikişte içerdik, ımmm. Ne zevk. Tuti

Levy'nin kafesinde çok zaman geçirdik. Sonunda içmeyi bıraktım. Nedeni sanırım yaş ve sorumluluktu. Hanna'm vardı, çocuklar vardı, başımızın üstünde bir çatı vardı, geçinip gidiyorduk, harikaydı. Karaciğerimin konyak yüzünden berbat olmasını istemedim. Hiçlikten geldik, yapmak istedik ve başardık. En önemlisi, bir aile geçindirmeyi başardım.

52. Bölüm

Dov

Kız kardeşim Sara İsrail'e, Bağımsızlık Bildirgesi'nin ilanından sonra geldi.

İsrail'e geldiğinde yirmi dört yaşındaydı. İsveç'ten geldi, ama önce Bergen-Belsen'deydi. Sara'yı ilk kardeşim duydu ve ikimiz de ona yazdık. İsrail'e gelmesini istedik. Avrum'dan haber alamadık, babamızdan haber alamadık, annemizden haber alamadık. Daha sonra babamızla ilgili bir şeyler duyduk. Babamızın adını hatırlamadığım bir çalışma kampından serbest bırakıldığını ve yiyecek yüzünden öldüğünü duyduk. Bunu bana Zalmanowitz söyledi. Serbest bırakılan birkaç mahkûmun bir koyunu kestiğini ve çok fazla et yediklerini söyledi. Baba onlardan biriydi, inanabiliyor musunuz?

Kardeşim İshak ve ben Sara'yı özlemiştik. Kahve içer, Sara derdik. Odada oturur, Sara derdik. Sara'nın bizi odamıza kilitlediğini hatırladık, çünkü evde sessizlik ve huzur istiyordu, böylece onu rahatsız edemeyecektik ve o da ödevlerini yapabilecekti. Sara iyi bir öğrenciydi. Ungvár'daki Yahudi Lisesi'nde okudu. Kitaplarının ve defterlerinin başına nasıl oturacağını bilirdi. Biz bilmezdik. Sara öğretmen ya da okul müdürü olmak istiyordu. Sara kısa bir süre lisede okudu, Yahudi karşıtı yasalar çıkınca onu okuldan attılar. Evde kaldı ve annenin Macar askerlerinin kıyafetlerini yıkamasına ve onarmasına yardım etti, böylece evde yiyecek olurdu.

Sara'yı Hayfa Limanı'nda karşıladığımızda onu zar zor tanıdık. Hatırladığımızdan daha küçük ve daha inceydi. Boyu İshak'ın ve benim omuzlarıma geliyordu. Duvar rengi uzun bir yüzü ve dudaklarında soluk ruj vardı. Saçları çok kısa ve bilmediğimiz bir renkteydi, dumanla karışık siyah. Gözlerindeki ifade değişmemişti, sorgulayan, kararlı bir bakışı vardı.

Sara bize baktı ve çığlığı bastı, siz benim küçük kardeşlerim misiniz? Çok ağladık.

Sara'yı Hayfa Limanı'ndan traktör şoförü olduğum küçük *moşav*'a götürdüm. Odamda benimle birlikte yaşıyordu. Bulunduğum kamplardan bahsetmedim ve o da kendininkileri anlatmadı. Günlük rutinim hakkında konuşmadım ve o da bana kendininkilerden söz etmedi. Ona kamplarda ne yediğimi söylemedim ve o da bana ne yediğini söylemedi. Cebime bir dilim ekmek koyduğumda Sara'nın başını çevirdiğini gördüm. Sara çekmecedeki bir havlunun altına ekmek sakladığında da ben kafamı çevirdim.

Moşav'da bir sürü bekâr erkek vardı. Genç adamlardan biri Sara'yı gerçekten istiyordu. Benimle konuştu. Sara reddetti ve Tel Aviv'e taşınmaya karar verdi, orada *Altalena*[87] gemisiyle İsrail'e göç eden Mordecai ile tanıştı. Sara ve Mordecai evlendiler ve Beerşeba'ya yerleştiler. Onlar için Beerşeba'da geçinmek zordu. Dört yıl sonra Kanada'ya, oradan da Amerika Birleşik Devletleri'ne gittiler. Bağlantımızı sürdürdük ve telefonda konuştuk. Kardeşim İshak ve ben Sara'yı ziyaret etmek için Amerika'ya gitmedik, çünkü hiç seyahat etmiyoruz. Günün sonunda eve gitmemiz gerektiğini biliyoruz, çünkü ev terk edilmez. Kız kardeşimiz Sara'yı ziyaret etmek için bile olsa. Uzakta yaşayan çocuklarımızdan birini ziyaret etmek bile olsa. Sara İsrail'i iki kez ziyaret etti. Sara'nın savaş sırasında neler yaşadığını bilmiyorum ve o da bizim ne yaşadığımızı bilmiyor.

---

87) İsrail'in ilk hükümetinin hakkında batırma emri verdiği gemi. (ç.n.)

53. Bölüm

Sara

Queens, New York City

Savaştan sonra sadece İshak, kedisi yüzünden köye döndü. Siyah ve beyaz tüyleri olan büyük kedisini aradı. İshak kedisini çok severdi, size ondan bahsetti mi?

1944 yılıydı, yirmi yaşındaydım, Hamursuz Bayramı'nın ilk günüydü. Babam sinagogdan döndü ve toparlanmamız gerek, dedi, Yahudileri köyden uzaklaştırıyorlar.

Jandarmalar bizi evden aldı.

O sabaha kadar jandarmalar arkadaşlarımız gibiydi, çünkü onlara annemle birlikte yıkayıp onardığımız temiz çamaşırlar verirdik. Bu jandarmalardan bazıları annemin mutfağında kahve içmeyi ve onunla Macarca sohbet etmeyi severdi. Ayrıca, çamaşırla yiyecek değiş tokuşu yapmayı kabul etmişlerdi, çünkü babam çalışmıyordu. Jandarmalar yüzlerini çevirmiş başka yöne bakıyorlardı ve bizim için tehlikeli olduklarını anladım. Yine de, dışarı çıktığımızda, onlardan birine, sizin için diktiğim cep, güzel olmuş mu, diye fısıldadım. Sırtını döndü ve tüfeğiyle sinagog yönünü işaret etti, sinagogda beni hemen bir perdenin arkasına aldılar ve soyunmamı emrettiler. Mücevher aradılar. Yirmi yaşındaydım ve askerlerin önünde çıplak durmak zorunda kaldım. Sonra hava karardı, köpekler havlıyor ve ahırdan acı çeken ineklerin böğürtüleri geliyordu, kardeşlerim jandarmalara, inekleri sağmalıyız, dediler, bırakın gidelim, geri döneriz. En yakındaki jandarma tüfeğini kaldırdı ve kurma koluyla oynadı.

Uyumaya hazırlandık.

Sinagog oturaklarını aileler arasında paylaştırdık ve üzerlerine battaniye serdik. Jandarmalar bizden bütün gece fıkra anlatmamızı ve onları eğlendirmemizi istediler, böylece uyanık kalacaklardı. Fıkra anlatma sırasına girdik. Eğer bir Yahudi fıkranın ortasında heyecandan konuşamayacak olursa, yerini hemen başkası alıyor ve bir başka fıkra anlatıyordu.

Sinagogda iki gün kaldıktan sonra, bizi kamyonlarla köyümüze yakın bir kasaba olan Perechyn'e götürdüler.

Kamyonlara binene kadar köylüler bize eşlik etti, kalbimin kırıldığını hissediyordum. Ben bu köyde doğdum, bütün kardeşlerim burada doğdu. Babam ve annem düğünlerinden sonra Tur'i Remety'ye geldi. Bu köyde okuldan arkadaşlarımız vardı, babamın goy ahbapları vardı, köylülerin hiçbiri yerinden kımıldamadı, biri bile ağzını açıp konuşmadı. Bazıları el sallayıp güle güle dedi, karşılık vermedim. Bağırmak istedim, iyi oyun, ha? Yahudi bir oyununuz ve eve götürecek hediyeleriniz var, o zamanlar evlere ve inek ahırlarına çökeceklerini bilmiyordum.

Gökyüzüne baktım ve yemin ettim, ben, Sara, bu köye bir daha asla geri dönmeyeceğim.

Perechyn'de bizi Ungvár'a giden bir trene bindirdiler ve Moskowitz adlı birine ait bir tuğla fabrikasına götürdüler. Yere kazılmış bir çukura benzeyen devasa bir taş ocağıydı. Trenler geldi, trenler gitti ve gidip geldikçe daha fazla Yahudi getirdi. Burada binlerce Yahudi olmuştuk, erkekler, kadınlar, çocuklar, büyükanneler ve büyükbabalar, hepsinin paltolarında sarı yamalar ve sırtlarında bohçalar vardı. Yağmur nedeniyle taş ocağında toplandık. Altına saklanacağımız bir çatımız yoktu. Çamurda yürüdük, çamurda oturduk, tahtaların ve battaniyelerin üstünde uyuduk. Hava soğuktu ve insan dışkısı kokuyordu. Bize günde bir öğün yemek verdiler ve böylece aklımızı körelmeye başladılar. Biz sadece Yahudi kadın gönüllüler tarafından pişirilen patates çorbasından aldık. Yemek pişirmeye ben de gönüllü oldum. İnsanlar yemek için saatlerce sırada bekledi, bağırışlar, itiş kakışlar, herkes gergindi ve sonunda herkes aç kaldı.

Bir sabah patatesleri soymaya gittim. Beyaz sakallı bir büyükbabanın bir tabağı çamurla doldurduğunu ve bir çay kaşığı ile yediğini gördüm. Yanında duran kadın bağırdı, büyükbaba, büyükbaba, çamuru tükür, tükür onu. Güldü ve ağzının kenarlarından akan çamur sakalına bulaştı. Ağzını eliyle sildi ve elini de paltosuna sildi. Kadın ağlamaya başladı. İki adam büyükbabayı kollarından tuttu. Onu bir tahtaya yatırdılar ve üstüne bir battaniye örttüler. Faydası yoktu, battaniyeden ince bir el uzandı, bir avuç çamur aldı ve ağzına koydu. Sabah onu bir battaniyeye sarılmış olarak kamyona götürdüler.

Macar jandarmalar para ve mücevher aradı.

Özellikle zengin olduklarını bildikleri Yahudileri taş ocağının bir köşesine sürüklediler. Köşede onları, altın nerede, para nerede, diye bağırarak bir sopayla dövdüler. Bazen bütün bir aileyi sıraya diziyorlar ve sadece babaya elektrik şoku veriyor, sadece ona dayak atıyorlardı, çocukların çığlıklarıyla hepimiz yerimizden sıçrıyorduk. Daha sonra buna alıştık. Kadınlar başka bir köşede, bir ipin üzerine serilmiş bir battaniyenin yanında duruyordu. Jandarmalar ya da goy kadınlar, Yahudi kadınların vajinalarında altın ve mücevher arayacaktı, ellerini vajinasına soktukları bir kadının kanaması durmadı. Bacaklarının arasına büyük bir kâse koyduklarını gördüm, ölmesi üç saat sürdü.

Bizi babamızdan ayırdılar.

Jandarmalar erkekleri ta en başta götürmüştü. Onları taş ocağının kenarındaki raylarda sürekli bekleyen tren vagonlarına yüklediler. Adamların komünist ve hükümet için tehlikeli olduklarını söylüyorlardı. Öğle yemeğinde pişirdiğim çorbadan çaldım ve gece babamın vagonuna götürdüm.

Bir gün hastalandım, yüksek ateş ve öksürük. Titriyordum ve ıslak battaniyelerin altında ısınamıyordum. Yakınımda duran sakallı dindar bir adamın şöyle dediğini duydum: Eğer bir gün taş ocağında nikâh, cenaze ya da sünnet töreni yaparsak, işte o zaman Macarlar Yahudileri serbest bırakır. Adamı duyduktan iki gün sonraydı. Bir haham genç bir çifti taş ocağında evlendirdi. Aynı haham sekiz günlük bir bebeği sünnet etti ve her gün olduğu gibi, o gün bir cenaze töreni yapıldı, ama serbest bırakılmadık.

Ungvár'dan ayrılmadan hemen önce ateşim düştü ve babam geri döndü. Bize doğudaki çalışma kamplarına gönderileceğimizi söylediler. Berbat kokan bu çamurdan kurtulacağımız için memnunduk. İri bir gövdesi ve uzun kolları olan bir adam yüksek sesle konuşup duruyordu, neden bu kadar mutlusunuz Yahudiler, ağlayın, ağlayın, askerler sizi pireler gibi ölmeye gönderiyor, ağlayın, ağlayın, sıranız geldi ve zaman doldu. İnsanlar ona bağırmaya başladı, kapa çeneni aptal, çocukları korkutuyorsun. Adam daha yüksek sesle bağırdı, çocuklar ağlayın, anne ağla, sen de baba, büyükanne, neden sessizsiniz, ha, ağlamaya başlayın. Bir Macar askeri adamı trenin arkasına sürükledi. Bir el silah sesi duyuldu ve çocuklar sakinleşti.

Vagon karanlık ve kalabalıktı. Yerde yatan bir çocuk nefes almayı bıraktı. Çocuklar çığlık attı, bebekler ağladı, insanlar Tanrı'ya yakardı ve ben kapıda bulduğum bir çatlağa sıkıca tutunup dışarıyı gözetledim. Yandaki raylardan bir yolcu treni geçti. Yolcular koltuklarda oturuyordu. Yolcular bize baktı, haç çıkardıklarını gördüm.

Nereye gittiğimizi bilmiyorduk. Saatler mi yoksa günler mi süreceğini bilmiyorduk. Ekmeği seyyar satıcılardan alırdık, onlara evdeki kap kacaklardan verirdik. Vagonda iki kova vardı, biri su doluydu, diğeri çiş yapmak için boştu. Bir saat bile olmadan kovadaki su bitti. Hava boğucuydu. İnsanlar su için yalvarıyordu. Küçük çocuklar ağladı ve öldü. Bir kadın sürekli ağlayan bir çocuğun ağzına parmağını soktu. Çocuk emdi ve ağladı. Daha sert emdi ve sonunda uykuya daldı. Bir damla kan çenesinde ince kırmızı bir çizgi oluşturdu.

Herkesin önünde küçük kovaya çiş etmek zorunda kaldık. Dayamayacağım noktaya kadar çişimi tuttum. Donumu indirdim, bacaklarımı açtım, kovanın üzerine oturdum ve elbisemi vücudumdan uzak tuttum. Kova neredeyse doluydu. Kendimi başkalarının dışkısıyla kirletmemeye çalıştım. Midemin bulandığını hissettim, kusmak istedim. Kendimi temizlemek için elbisemin bir parçasını yırttım. Âdet gören kadınlar çarşafları şeritlerler halinde yırttı ve onları donlarının içine koydu. Birkaç saat sonra, leş gibi kokan kova taşımaya başladı. Korkunç bir kokuydu. Bıyıklı uzun boylu bir adam, kovayı çatının kenarındaki uzun ve dar bir delikten dökmek için gönüllü oldu. Deliğin üzerinde dikenli tel vardı. Bir bavulun üstüne çıktı ve dikenli tellere dokunmadan kovayı dökmeye çalıştı. Dışarıdaki rüzgâr pisliği yüzüne geri fırlattı. Küçük, siyah çamur benzeri parçalar bıyıklarına yapıştı. Tamamen boşaltana kadar kovayı bırakmadı. Sonra bir mendil çıkarıp yüzünü temizledi. Elimle ağzımı sıkıca kapattım, derin nefesler aldım ve kusmamak için Tanrı'dan bana yardım etmesini istedim.

Vagonda ikinci günü ve köyümden yirmi yaşında genç bir adam yanı başımda öldü. Sessizce öldü. Ungvár'dayken hastaydı. Annesi yolculuğa çıkması için ısrar etmişti. Onu bir köşeye yuvarladık ve bir battaniyeyle örttük. Annesi yanına oturdu, başörtüsünü çıkardı ve saçlarını yoldu.

Gece Auschwitz'e vardık.

Kapı bir darbe ile açıldı, askerler bağırdı, herkes dışarı, çabuk, herkes dışarı. Zorlukla aşağı inebildim. Her yerim acıyordu: Sırtım, bacaklarım, boynum.

Işıldak benzeri bir ışık gözlerimi acıttı. Işıklı alandan sonra karanlık başladı, sanki tüm dünya Auschwitz'de sona ermişti. Hoparlörün emirler yağdırdığını duydum. Siyah üniformalar, yeşil üniformalar, çizmeler, tabanca takılı bir kemer ve bir sürü miğfer gördüm. Bazılarının omuzlarında tüfekleri vardı. Neredeyse hepsi, ihtiyarların kullandığı baston gibi, ellerinde bir sopa tutuyordu. Askerlerin yanında büyük köpekler vardı. Yan tarafta, pijamaları ve çizgili şapkalarıyla insanlar duruyordu. Havada yanmış etin tatlı kokusu vardı. Yüz bin insan için yapılan bir mangal partisi gibi.

Askerler sopalarını sallıyor, çabuk, çabuk, diye bağırıyordu. Eşyalarınızı trende bırakın. Vagondaki insanlar kör olmuştu ve ilerlemeye çalıştılar, ancak bacakları yürümeyi unutmuştu. Düştüler, kalktılar, birbirlerinin paltolarından tuttular ve şaşkın bir nehir akıntısı gibi birbirlerini ittiler. Kalbim hızla çarpıyordu, omzuma bastıran bir kadın bağırdı, küçük kızım Tibor'u kaybetmek üzereyim, kızım, neredesin kızım. Uzun boylu ve genç, belki yirmi üç yaşında bir kadındı, beyaz, güzel bir yüzü, kömür karası uzun saçları vardı. Saçları, terden ıslanmış ağır halatlar gibi omuzlarına düşmüştü. Beli sıkı ve uçları yere değen bir palto giymişti. Yanındaki adam küçük kızın elini tutmaya çalıştı ama geriye savruldu. Kadın kendini ileri fırlattı ve küçük, belki üç yaşında birinin elini yakalamayı başardı. Diğer eliyle kundaktaki bir bebeği göğsüne bastırıyordu. Sonra bir insan selinin anneyi geriye sürüklediğini gördüm ve bebek gözden kayboldu. Kadın bağırdı, Mariska, Mariska, neredesin, Tanrım, ezilecek. Kadının sırtına bir dipçik darbesi geldi ama fark etmedi. Boynunu havaya uzattı, gözleri yuvalarından fırlamak üzereydi, çığlık atıyordu, Mariskaaaa, Mariska kayboldu.

Almanların kadınlarla erkekleri ayırdığını gördüm. Bebeklerini büyükannelere ve yaşlılara vermeleri için Almanların genç annelere bağırdığını duydum. Ama yaşlılar hiçbir şey alamıyordu. Yorgunluktan tükenmişlerdi, peronlara oturdular. Sakalları kesilen ve bu yüzden utanan bazıları çenelerinin etrafına havlu sarmıştı.

Tüfekli bir asker Mariska'nın annesinin yanında duruyordu. Annenin kollarındaki bebek hafifçe inliyordu. Sesi ölmek üzere olan bir civcivin sesi gibiydi. Askerin bir şey istediğini gördüm. Anneyle aynı boydaydı. Aynı yaşta görünüyorlardı. Asker bağırdı, bebeğini yaşlı bir kadına ver. Kadın kımıldamadı. Asker tekrar bağırdı, çabuk bebeğini yaşlı bir kadına ver ve genç kadınlarla git. Kadın bebeğini göğsüne daha sıkı bastırdı, başının hareketinden bebeği vermeyi reddettiği anlaşılıyordu. Yüzü keder doluydu. Asker anneye yaklaştı, neredeyse ona dokunacak mesafedeydi ve sonra tüfeği bacaklarıyla tutup kollarını annenin bebeği için uzattı. Onu bana ver aptal Yahudi, diye bağırdı, onu bana ver. Kafaları neredeyse birbirine değiyordu. Hoparlördeki ses, erkekler bir tarafa, kadınlar diğer tarafa, çabuk, çabuk, diyordu. Anne dosdoğru askerin yüzüne baktı ve fısıldadı, hayır, hayır. Kadının güçlü bir çenesi vardı. Asker kollarını düşürdü, yarım adım geri gitti, ağzını açtı, kapattı ve sanki, nasıl istersen, der gibi, başıyla küçük bir jest yapıp uzaklaştı. Anne ve bebeğini yaşlıların olduğu tarafa doğru iteklediler. Biri yedi diğeri beş yaşında iki küçük kız el ele tutuşuyordu, yanlarında anneleri yoktu. Purim[88] kostümleri gibi kulaklarının üstünde beyaz kürk şapkalar giyiyorlardı. Büyük olanın işlemeli bir ceketi, omzunda bir çantası vardı, küçük olanın da işlemeli bir ceketi vardı ama çantası yoktu. Diğer üç oğlan çocuğunu yaşlılara doğru ittiler. Biri yünlü bir şapka ve ceket düğmesinde bir fincan bağlı olan bir ceket giymişti. Diğer ikisi parlak düğmeli paltolar giyiyordu, demek ki henüz Bar Mitzvah törenleri yapılmamıştı. Herkes paltosunda sarı bir yama taşıyordu. Annem ve ben yan yana duruyorduk.

Sonra Almanlar beni ve annemi ayırdı. Annemi doğrudan krematoryuma götürdüklerini biliyorum. Onun bir büyükanne olduğunu düşünüyorlardı. Annem gençti, kırk iki yaşındaydı. Siyah saçları vardı. Pürüzsüz bir yüz, annem güçlü bir kadındı. Çok çalışmaya alışkındı. Yine de, sanki hemen ölmek zorunda olan bir büyükanne gibi, onu benden aldılar. Büyükannelerle birlikte, rampadan belki beş dakikalık yürüme mesafesinde olan ve önünde bir Kızıl Haç ambulansının beklediği krematoryuma doğru yürüyerek uzaklaştığını gördüm. Sırtı düz, başı önde. Kolları iki yanında sallanıyordu. Dünyanın sonu onu sanki orada bekliyormuş gibi yürüdü.

Almanlar meslek sahibi kişiler arıyordu.

Terzi olduğumu söyledim. Dikiş makinesi kullanmasını biliyordum, elbiseleri onarmasında anneme yardım ederdim. Beni diğer genç kadınlarla birlikte bir sıraya soktular. Bazıları eşarp, bazıları da iki ucu tepesinde toplanmış veya tam ortada düğümlenmiş ya da yanlarda çıkıntıları olan bir şapka takıyordu. Bazı kadınlar puanlı ya da kareli elbise ile kürk ya da yün yakalı bir palto giyiyordu, bazıları ceket ve palto giyiyordu. Bazıları elinde bir çıkın, bir fincan, bir şişe ya da çanta tutuyordu, bazıları ayakkabı ve kıvrılmış çorap giyiyordu, bazılarının çorapları dizlerine geliyordu. Bazı kadınlar ruj sürmüştü, çoğu sürmemişti ve hepsinin yüzünde ciddi bir ifade vardı.

Bu arada, sabah oldu. Bir, hatta iki tane uzun baca ve kahverengi kışla binaları gördüm. Sıra sıra kışla binası, üst kısımlarında dar pencereleri vardı, ve sonra neşeli bir müzik duydum ve bir fotoğrafçı gördüm. Şapkalı ve üniformalı bir asker olan

---

88) Purim, antik Pers İmparatorluğu'nda yaşayan Yahudilerin katliamdan kurtuluşları anısına kutlanan bir bayramdır. (ç.n.)

fotoğrafçı bizi önden ve yandan fotoğrafladı, hatta bir tren vagonunun tepesine çıkıp üstten. Yanımdaki kadınlar ona ağırbaşlı bir şekilde bakıyordu. Güzel yüzlü bir kadın saçlarını düzeltti, alnına şirin bir bukle yaptı, elbisesini düzeltti ve fotoğraf çekimi için hazır bekledi. Auschwitz'de ölümün düğüne benzediğini fark ettim. Bir orkestra, bir fotoğrafçı ve insanlar vardı, ama Auschwitz'de yemek yoktu.

Bizi büyük bir salona aldılar, artık ailemi göremiyordum. Sıra sıra uzun oturaklar vardı. Çizgili elbiseleri ve siyah önlükleriyle kadınlar vardı. Cilalı çizmeler giyiyorlardı. Saçları kısa ve düzgündü, belleri kalındı. Almanca-Slovakça gibi bir dil duydum. Birkaç asker vardı. Sarhoş ve mutlu görünüyorlardı. Hızlıca soyunmamız emredildi. Kımıldamadık. Askerler bize saldırdı, bizi tokatladılar, bize küfrettiler, inek, aptal, pis Yahudiler, çabuk soyunun. Soyunduk. Elbiselerimizi katladık ve üst üste oturağa koyduk. Duvarı işaret ettim ve vücudumu kollarımla sardım. İçimizden biri külotunu ve sütyenini çıkarmak istemedi. Yanağında bir çizik olan bir asker yaklaştı ve kadının göğsünü tuttu. Cebinde bir çakısı vardı. Çakıyı sütyenin altına sokup sütyeni kesti. Kadın yere düştü ve çığlık atmaya başladı. Asker bağırdı, soyunun. Yanımdaki kadınlardan bazıları burunlarını çekerek ağlamaya başladı, içlerinden biri eğildi ve külotunu indirdi. Kanlıydı. Bu arada bize bağırdılar, koşun, çabuk, çabuk. Berberlerin yanına geldik. Kafalarımızı usturayla kazıdılar, uzun saçları önce, koyunlar için kullanılan şu kocaman makaslarla kestiler. Berberler bir an bile mola vermedi, terliyorlardı, elleri çabuktu. Bazı kızlar berberden başlarında kesiklerle ayrıldılar. Sonra bizi dezenfekte ettiler. Askerlerin ellerinde büyük püskürteçler vardı ve bize yakıcı bir dezenfektan sıktılar. Tıraşlı kafalarımıza kötü kokan bir madde sürdüler. Kafam yanıyormuş gibi hissettim. Bizi oradan aceleyle duşa götürdüler. Kaynar su yüzünden tenimizde kabartılar oluştu. Sonra bize kaba kumaştan, kısa kollu gri bir elbise verdiler, sivri bir yakası, üç düğmesi ve halattan bir kemeri vardı ve kendimi çıplak hissettim. Evden getirdiğimiz ayakkabıları iade ettiler, klor kokuyordu ve sonra bizi koğuşlara götürdüler. Orkestra neşeli şarkılar çalmaya başlamıştı. Tüfeksiz bir fotoğrafçı, her zamanki gibi fotoğraflarımızı çekti, hoparlör bir şey bağırdı, tatlı koku daha da güçlendi. Önlüklü ve çizmeli kadınlardan birine elbiselerimizi sordum. Burnunu kıvırdı, yüksek sesle güldü ve dedi ki, elbiseyi ne yapacaksın aptal, yakında bacaya gideceksin ve elindeki sopayla dumanı işaret etti. Dişlerinde gaddarlık vardı. Fenalaştım.

Annecik diye fısıldadım ve önümdeki kadının bacaklarının üzerine düştüm. Giysim yukarı sıyrıldı. Arkamdaki kadın karnıma bastı ve kenara atladı. Elbisemi düzeltirken acıyla bağırdım. İri bir kadın kollarımdan tuttu ve beni ayaklarımın üstüne dikti. Elimi bırakmadı, iki kız kardeş gibi daha sonra hep el ele yürüdük. Bizi A Bloğuna koydular: Birkenau Kampı, Koğuş 20.

Koğuşa girdik. Koyu kahverengiydi ve ham kütüklerle inşa edilmişti. Evdekilere benzeyen pencereler yoktu. Tavana yakın dar açıklıklar vardı. Duvarlarda çelik halkalar vardı.

Memeleri beline sarkmış ince bacaklı kıdemli bir mahkûm, çelik halkalar atları bağlamak için dedi, burası bir at ahırı, kaç at diye sordum, elli iki Alman atı dedi, mevsimine göre beş yüz, altı yüz, yedi yüz Yahudi kadın buraya girebilir. Bloğun ortasındaki uzun sobanın başında kendimi yalnız hissettim. Kışın yakarlar mı, diye sordum? Mahkûm, elbette hayır, dedi, burada hiç at görüyor musun? Duvarlar boyunca, üç katlı ve döşeksiz ahşap ranzalar diziliydi. Her ranzada ince bir battaniye vardı.

Slovakyalı sarışın güzel Edit Elifant Kapo'muzdu, çıkık elmacık kemikleri ve geniş omuzları vardı. Almanlar tüm bloğun sorumluluğunu ona vermişti. Uzun, narin parmaklarıyla elinde bir sopa tutardı. Edit'in piyano çalınan ve en az üç hizmetçisi olan bir evden geldiğini biliyordum. Çizgili bir elbise ve astarlık kumaştan dikilmiş siyah bir önlük giyerdi. Elbisesinin kollarında beyaz işlemeli kırmızı kurdeleler vardı, kendi kolunda ise, dövmeyi andıran mavi bir numara.

Edit Elifant'ın Almanca bilen birkaç yardımcısı vardı, güzel ve özellikle uzun boylu kadınlardı. Her yardımcı bir dizi yataktan sorumluydu. Onun üstünde Almanlar vardı. Bloğun önünde kendi odası vardı. Bir gün odasını gözetledim. Perdeler, nakışlı bir masa örtüsü, rengârenk yastıklar ve altın işlemeli bir lamba vardı, zengin insanların odası gibiydi.

Edit Elifant, hücrelerin yanında durmamız için emir verdi ve sonra bizi beşerli gruplara ayırdı. Elinde sopasıyla bloğun ortasındaki taş sobanın üstüne çıktı ve yüksek sesle, Macarca dedi ki, burada emirlere itaat edersiniz ve eğer emirlere itaat etmezseniz, buraya niye geldiğinizi anlarsınız.

Kızlardan biri temkinli bir şekilde, ne yapabilirdik, dedi, kendimizi trenin altına mı atsaydık?

Edit Elifant içini çekti ve bu kamptan tek çıkış bacadandır, dedi, trenin altından daha iyi. Sesi bir annenin sesi gibi yumuşaktı, sobanın üstüne yığıldım. Tuğlalardan tutunmayı başardım, sonra aceleyle dizlerimin üstüne bastım ve kendimi geriye ittim. Yanımda duran kızlar elbisemden çektiler ve doğruldum. Daha sonra ranzalara devrildik ve hemen uykuya daldık.

Komşu bloklardan birkaç Kapo, akraba aramak için bloğumuza geldi. Onlar da çizgili elbise ile siyah önlük giymişlerdi. Bir Kapo kuzenini buldu, uzun kirpikleri ve cam gibi şeffaf bir teni olan uysal bir kızdı. Yanımdaki ranzada yatıyordu. Kapo bize battaniye getirdi ve Birkenau Kampı'nda kadınları rampadan gaza götürürler, diye fısıldadı. Gazdan sonra cesetleri fırında yakmaya götürürler. Bu yüzden her yerde yanık et kokusu var. Ondan sonra da külleri rüzgârda saçarlar ve bloğun dışında birbirimizi tanımıyoruz, anlaşıldı mı?

Titremeye başladım. Vücuduma sarıldım, kendimi küçük, zayıf ve güçsüz hissettim. Kapo'nun geniş bir yüzü ve kocaman memeleri vardı, kendine güveni tamdı. Yine de ona inanmamış ve gittiğine memnun olmuştum, ama titrememi durduramıyordum. Edit Elifant bana baktı ve yer değiştirebilirsiniz, dedi, birlikte uyumak isteyen beş kız seçebilirsiniz. Ungvár'dan dört kızın arasına katıldım. Onları daha önce tanımıyordum ama ortak ahbaplarımız vardı. Sonra bize battaniyeleri nasıl katlayacağımızı gösterdi. Öğlen olduğunda, mahkûmlar büyük bir tencereyle geldiler ve çorbayı kırmızı teneke kâselere paylaştırdılar. Çorba kötü kokuyordu ve içmedik. Edit Elifant, neden içmiyorsunuz, diye bağırdı?

Çünkü kaşığımız yok, dedik.

Köşedeki kovayı tekmeledi ve bir SS adam gibi haykırdı, öyleyse kaşıksız için, sizi şımarık Macarlar, için. Çorbayı tabaktan içtik ve bir parça ekmek yedik. Ekmeğin içine âdet görmeyi engelleyen bromür katmışlardı. Göbekler şişti ve âdet görmez olduk.

Sabah erkenden bir çığlık duyduk.

Kapo, yoklama, diye bağırdı, çabuk kalkın, yoklama için herkes dışarı. Uzaktan bir zil sesi duyduk. İki blok arasındaki boş alana çıktık. İncecik bir elbise giymiş, kazaksız ve paltosuz beş yüz kadın. Gökyüzünde yıldızlar vardı ve etimde bin iğnenin acısını hissettim.

Beşerli gruplar halinde duruyorduk. Ben kısa boylu kızlarla birlikte önde durdum, uzun boylular arkada durdular. Yiyeceği olmayan bir anaokulu çocuğu gibi çok endişeli göründüğümü düşüneceklerini biliyordum. Kapo'nun yardımcıları bizi saymaya başladı. Sayımın ortasında karıştırdılar ve en baştan saymaya başladılar. Benim bulunduğum sırayı, Kazak yüzlü ve çok uzun boylu genç bir kadın sayıyordu ve o da karıştırdı. Sanki pazardaymış gibi küfretti ve sonra birkaç kafaya sopasıyla vurdu, küt, küt, küt.

Sonunda saymayı bitirdiler. Ama rakamlar ellerindeki listelerle uyuşmuyordu. Tartışmalar ve yere vurulan ayak sesleri duydum ve sonra Kapo bağırdı, salak, salaklar. Bir hata yapmaktan korktuklarını fark ettim ve sanki bizim için başka bir planları yokmuş gibi tekrar saymaya başladılar. Bir saat geçti, iki saat geçti, üç saat geçti, bize bağırdılar, dik durun Yahudi inekler, bir cetvel gibi dimdik durun. Yardımcıların sopaları kafaların üzerinde rastgele uçuyordu. Hıçkırıklar ve inleme sesleri duydum. Bir kasap bıçağı derimi yüzüyormuş gibi hissettim, ince ince. Artık dik duramıyordum ve Kazak'ın hışmından korkuyordum. Yerde ıslak izler gördüm. Havada keskin bir idrar kokusu vardı. Aniden bir çığlık, spor! Spor! Herkes dizlerinin üstüne çöksün, çökün, pis Macarlar, eller havaya. Dizlerimizin üstüne çöktük. Vücudumdaki kemikler acıyordu. Ellerimi başımın üzerine kaldıramadım. Kazak bana yaklaştı. Ağzının kenarlarında beyaz kabarcıklar ve gözlerinde soğuk bir ateş vardı. Sopasını kaldırdı ve dirseklerime vurdu. Elektrik çarpmış gibi hissettim. Birkaç dakika sonra bir emir duyduk: Kalkın. Kalktık. Oturun. Oturduk. Kalkın. Oturun. Kalkın. Kalkamadım. Ve sonra emir geldi, doğrulun, çabuk, çabuk. Gruptaki bazı kadınlar birbirlerine bağırmaya başladı, geri git, ileri git, kızlardan biri bana bağırdı, ne, kalk, kalk, senin yüzünden buradan asla çıkamayacağız.

Bu arada sabah oldu ve koğuşların üzerini parlak bir ışık örttü. Sisin içinde ağır, korkutucu topaklar gibi görünüyorlardı. Uzaktan Auschwitz orkestrasının çaldığı marşları duydum ve gri üniformalarının kollarında kırmızı şeritler olan, şapkalı kadın SS muhafızların geldiğini gördüm. Şeritte, beyaz bir daire içinde gamalı haç işareti vardı. Alman kadın muhafızlar sol kollarını çaprazlama kaldırdılar ve radyoda duyduğumuz gibi selamlaştılar, *Heil* Hitler, sonra SS muhafızlar bizi tekrar saymaya başladı. Benim sırayı sayan muhafız sanki bir durumdan bezmiş gibi ağzını büzdü, sonra bağırdı, sıra çarpık, çarpık ve uzun adımlarla Edit Elifant'ın yanına gitti.

Kapo solgunlaştı, yerinden fırladı ve sopasıyla bize vurmaya başladı.

Sonunda sayım bitti ve tüm mahkûmların koluna dövme yapılacağı söylendi, bize birer numara vereceklerdi. Biz numara almadık. Edit Elifant, kollarımızın dövme için uygun olmadığından emindi. Bloğa geri döndük. Ranzaya devrildim ve anında uyudum.

Beşli grubumuzdaki kızlardan biri ressamdı. Yüzleri nasıl çizeceğini biliyordu. Edit Elifant'ın yüzünü çizdi ve ona verdi. Edit çizimden memnun kaldı ve o da karşılığında bir eşarp verdi. Daha sonra eşarbı aldı, ikiye böldü ve gitti. Sonra başka iki eşarpla geri döndü. Bir eşarbı daha kesti ve iki tane olarak iade etti. Yavaş yavaş bloktaki tüm kızları eşarpla donattı. En azından kafalarımız ve kulaklarımız ısındı. Edit Elifant'ın bize yardım etmek istediğini anladık. Bazen bize gizlice yiyecek getirirdi, patates, ekmek. Bloğumuzun tıpkı bir anne gibi bir gözetmeni olduğunu hissettim, tek bir şartla, bölgede Alman yoksa.

Bir gün bizi duşa götürdüler.

Duşa gittik, soyunduk ve bize birer sabun verdiler. Duş amiri, yüzünde yaralar olan şişman bir kadındı, bağırdı, güzelce yıkanın, vücudunuzda kokan her yeri sabunla yıkayın. Duştan sonra her birinizi tek tek koklayacağım. Şişman parmağını yüzlerimizin önünde salladı ve dışarı çıktı. Bir başka iğrenç Slovak temizlikçi diye düşündüm ve dua etmeye başladım. Yalan söylediğinden emindim ve birazdan duş başlığından gaz çıkacaktı.

Yanımdaki kadınlara baktım. Hepsi zayıf ve beyaz tenliydi, kemikleri sayılıyordu, bazılarının vücudunda mavi işaretler vardı, bazılarının vücudu kaşınmaktan yara olmuştu. Auschwitz'de memeler bile küçülmüştü, sadece göbekler şişmişti. Kadınlar ağlıyor, bağırıyordu, biri sabununu yemeye başladı. Bir balerininki gibi uzun bir boynu, ince uzun bacakları vardı. Çığlık attı, beni siz öldüremeyeceksiniz, pis Almanlar, ben kendim öleceğim. Biri koşup sabunu elinden almaya çalıştı. Elini ısırdı, bir daha ısırdı ve kustu. Başka bir genç kadın yere yatıp tepinmeye başladı. Ağlıyordu, ölmek istemiyorum. Yaşamak istiyorum, neden yaşamama izin vermiyorlar? Onunla birlikte ağladık. Yanında benim boyumda genç bir kadın duruyordu, memeleri dümdüz, meme uçları simsiyahtı. Yerde yatan kadının üzerine eğildi, alnına bastırdı ve yüzünü sertçe tokatladı. Ellerinde bu gücü nereden bulduğunu bilmiyorum. Yerdeki kadın sustu, sırayla hepimiz sustuk. Sonra düz göğüslü genç kadın elini uzattı ve kalkmasına yardım etti. Kafam bir atlıkarınca gibi dönmeye başladı. Duştaki duvara yaslandım. Gözlerimi kapadım ve annemi gördüm. Kollarını iki yanında sallayarak rampa boyunca yürüyor ve giderek benden uzaklaşıyordu. Ona seslenmek istedim, Anne, beni bekle, bekle, derken su geldi. Sıcak su. Sarıldık, sıçradık, hızlıca yıkanmaya başladık, birbirimizin sırtını sabunladık, bağıra bağıra gülüyorduk, ben hâlâ çok endişeliydim çünkü çok küçük görünüyordum.

Duştan sonra Edit Elifant'ı ziyarete gelen bir adam gördüm. Bloğun önündeki özel odasına girdi. Bence adam Mengele idi. Birkaç kez geldi. Bazen yanında Maryanka'yı da getirirdi. Maryanka mavi gözlü, küçük burunlu, elma gibi kırmızı yanakları ve düz sarı saçları olan güzel, küçük, Polonyalı bir kızdı. Mengele ondan kıza bakmasını istedi. Mengele'nin Maryanka'yı sevdiği belliydi. Ona yumuşak, gülen gözlerle bakardı. Maryanka'nın Mengele'den korkmadığını anladım. Nasıl yönetileceğini bilen bir kadın gibi gülümsüyordu. Kapalı bir ağızla gülümserdi.

Kirpikleri küçük kelebekler gibi narince çırpınırdı. Küçük parmaklarını karnına koyar ve hafifçe okşardı. Maryanka'nın Edit Elifant'a bırakıldığı bir gün, Edit kızın saçlarını ördü. Maryanka ona Lehçe şarkılar söyledi. Kuş gibi ince bir sesi vardı. Edit onu dinlemeyi severdi. Bazen şarkının nakaratını birlikte söylerlerdi. Öndeki odadan kulağımıza gelen şarkılar bizi ağlatırdı, elbiselerimizin üstüne ağlardık. Ailemi özlemiştim, büyükbabamı, büyükannemi, amcalarımı, teyzelerimi, herkesi özlemiştim. Bloktaki kızlardan biri Maryanka'nın şarkıları yüzünden kirpiksiz ve kaşsız kaldı. Özellikle sesini titrettiği zaman kaşlarına saldırırdı. Sonra eli kafasındaki saçlara giderdi, saçları uzamaya yeni başlamıştı ve kel kafasında daha şimdiden delikler oluşmuştu. Benim ranzamın altında uyuyan genç kadının, bu şarkılar yüzünden göğsünde yumuşak bir yeri kalmadı. Bir sabah, Maryanka'nın durmadan şarkı söylediği bir akşamın sabahında, ikisi de *Selektion*'a alındı. Aslında neşeli şarkılardı.

Edit Elifant bizi ölümden kurtardı.

Kendi yöntemleri vardı. Almanlar bizi *Selektion*'a ayırmak istiyordu. Mengele'ye, çalışabilecek durumda yaşlı bir kadın grubum var, ne yapmalıyım, diye sordu? Mengele de, onları çalıştır, dedi. Bize temizlik, tencere taşıma ve buna benzer küçük ve önemsiz işler verdi. Hızlı çalışırdım, sanki güçlü biriymişim gibi büyük tencereleri taşımaya gönüllü olurdum. Bir gün bir *Selektion* yaptılar ve Edit Elifant müdahale edemedi. Dev gibi bir SS askeri elinde bir sopa ve eldiven tutuyordu. Bloğun yanında sıraya girmiştik. Asker bana yaşlı kadınları işaret etti. Sonumun geldiğini bilerek, yaşlı kadınlara doğru yürüdüm. Bu arada, *Selektion*'a ayrılan kadınlara, beşli sıralar oluşturun diye bağırdılar. Biraz ötemde dört genç kadın duruyordu. Askerin dönüp bu dörtlünün ortasına atlamasını bekledim. Ayak parmaklarımın ucuna kalktım, göğsümü şişirdim, omuzlarımı kaldırdım. Uzun boylu ve güçlüymüşüm gibi dimdik durdum. Kadınlar yürümeye başladı. Onların arasında kalmış ve şimdilik gazdan kurtulmuştum.

Birkaç gün geçti ve bir *Selektion* daha yaptılar.

Krematoryuma giden yolda sıraya geçmiştik. Yanımda, bloğumuzdaki en zayıf diğer kızlar duruyordu. Kapo'muz bize yaklaştı. Alman askerlerine döndü ve mutfaktan çorba getirmeleri için kadınlara ihtiyacım var, dedi. Birkaç kadın almama izin verin. Almanlar kabul etti. Edit bizim gruptaki kadınları seçti, onlardan biri de bendim. Bizi bloğa geri götürdü, şimdilik bizi kurtarmıştı. Edit Elifant çok daha fazla kadın kurtardı. Bazı kadınların kafalarında büyümeye başlayan beyaz saçları kesti. Cildimizdeki çürükleri ya da kızarıklıkları ovmamız için bize merhem verdi. Bazen küçük bir çürük yüzünden kadınların krematoryuma gönderildiği olurdu. Bizi bir yerden başka bir yere götürür ve bizim için yapacak işler icat ederdi, böylece kötü gözlerden uzak kalırdık. Bin türlü bahane uydurur ve kızları askerlerin pençesinden alırdı. Üzerinde kızıl bir haçı ve içinde Zyklon B kutuları olan ölüm ambulansının önünde beklediği krematoryumun yanındaki Yahudileri, kaç kez kurtardığına şahit oldum. Almanların dibinde bir çığlık attı ve sonra sopasını kullandı, ama ben yüzündeki büyük kederi gördüm. Gözleri, seven bir kadının gözleri gibi büyük, kahverengi ve nemliydi. Hastanenin birinde bir hemşire ya da iyi bir doktor olabilirdi.

Birkenau'da bizi, köylerimize gönderilmek üzere kartpostal yazmaya zorladılar.

Bizi iyi hissettiğimizi söylemeye zorladılar. Yalanlar yazdık. Bir sürü yalan. İyi beslendiğimizi yazdık. Yatakları, battaniyeleri ve çarşafları olan koğuşlardan bahsettik. İyi bir işimiz ve ağaçları, kuşları ve tatlı kokulu çiçekleri olan güzel bahçelerimiz olduğunu yazdık. Kartpostallara, bu tatlı kokunun çiçeklerle bir ilgisi olmadığını yazmadık.

Auschwitz'den beri, yakınında mangal olan hiçbir yere gidemiyorum. Amerikalılar çok fazla mangal yapıyor. Mangaldan uzak dururum. Ben balık dolması,[89] köfte, Yahudi güveci,[90] çokça sebze ve ekmek yerim. Daima çekmecede yedek ekmeğim olur, daima. Dondurucuya da iki sıra dilimlenmiş ekmek koyarım, görmek ister misin?

Sara gülüyor, onda bir kızın yaramaz gözleri ve gülüşü var. Sonra sandalyesinden kalkıyor, ellerini yıkıyor ve diyor ki, şimdi bir mola, birer kahve içelim.

New York City, 2001

11.00, Sara'nın mutfağında kahve molası.

Sara'ya bakıyorum. Sara yetmiş dokuz yaşında, düz beyaz saçlı, ufak tefek, narin bir kadın, sırtı dik, gözleri anlayışlı, bakışları keskin ve acımasız. Sara konuşuyor,

---

89) "Gefilte fish" yerine. (ç.n.)
90) "Cholent" yerine. (ç.n.)

bir yandan da masayı siliyor, parmakları büyük daireler, küçük daireler, birbirinin içine geçen daireler çiziyor, bazen parmakları masanın kenarına yöneliyor ve sonra masa örtüsünün ucunu çekiştiriyor ve geri ortaya dönüyor ve tekrar çiçek desenli plastik masa örtüsünü siliyor ve sanki muşamba kocaman bir kampmış ve yaşamak için çok daha fazla daireye ihtiyacı varmış gibi, diğer dairelere başlıyor.

Dov eğer Sara'nın mutfağında olsaydı, oy, Sara, Sara, derdi, kız kardeşimiz neler yaşamış ve o çok küçüktü. Eğer Sara'nın mutfağında İshak olsaydı, Sara yalnızdı derdi ve Sara birçok *Selektion*'dan kurtuldu ve lanet olası SS adamları yendi, neden? Çünkü kafası çalışıyordu ve şansı vardı, Edit Elifant gibi bir Kapo hayatta büyük şanstır. Sonra Dov şöyle derdi, ne yazık ki bizim onun gibi bir Kapo'muz yoktu. Ve sonra İshak, Dov, derdi, biz iki kişiydik, Sara yalnızdı.

54. Bölüm

Sara

Bir gün Birkenau'dan ayrılacağımız söylendi.

Gitmek istemedik, cennete açılan bir tuzak olduğundan emindik. Bizi sığır treniyle Almanya'daki Gelsenkirchen'e gönderdiler. Güneşli bir gündü ve bulutlar buruşuk pamuk yünü gibiydi. Bizimle birlikte trende Yugoslav ve Alman SS adamlar da seyahat ediyordu. Alman SS adam, Yugoslav SS adam kadar kalpsiz değildi. Alman SS adam bir kıza çarptıktan sonra yoluna devam edebilirdi. Yugoslav SS adam ise, bir kızı, yere düşüp hareketsiz kalıncaya kadar döverdi ve sonra aç köpeğini kızın üstüne salardı.

Gelsenkirchen'de yıkıntıların temizlemesi işinde çalıştık.

Amerikalılar Alman fabrikalarını bombalamıştı ve biz büyük taşları taşıyor ve bir yere yığıyorduk. Ellerimiz çizik çizik olmuştu ve yaralarla doluydu, sırtlarımız yanıyordu ve ben ayaklarımı hissedemiyordum. Bacaklarımın kırılacağından korkar ve kendimi molozların üstünde yatarken bulurdum. Ellerimde bir taşla yürüdüğümü hatırlıyorum ve bazen, sadece yanımdan geçen bir SS adamın hışırtısı yüzünden, yere düşerdim. Bazen sadece düşerdim ve kimsenin geçmediğini görürdüm ve sonra kendi kendime, Sara, düşmene gerek yoktu, derdim. Bazen bir haykırış ya da birinin elinden düşen bir taşın sesini duyardım ve düşerdim ve eğer yeterince çabuk ayağa kalkmazsam, üzerime bir tüfek doğrulturlardı. Bu yüzden anında kalkmayı öğrendim, diyelim ki sırtımın ya da karnımın üstüne yatıyorum ya da yan yatıyorum, bacağımı hemen göbeğime doğru çeker, parmaklarımı yere yapıştırır, ellerimle sertçe iter ve tek bir sıçrayışta ayağa kalkardım.

Gelsenkirchen'deki birkaç haftadan sonra, mahkûmların bir kısmını metroyla Almanya'daki Essen'e gönderdiler, kaç kızdı hatırlamıyorum. Mühimmat fabrikasında çalışmak üzere bizi bir askeri kampa gönderdiler. Özel bir makine ile metallerin mukavemetini kontrol etmemiz gerekiyordu. Almanlara tank yapmaları için güçlü metaller yolluyorduk. Doğal olarak zayıf metaller de gönderdik. Hatırlıyorum, açlık yüzünden işyerinde zihnimin çözülüp dağıldığını hissederdim, metalle ne yapacağımı hatırlayamadığım zamanlar olurdu. Bir şey düşünürdüm ve tam ortasında, düşündüğüm şey aklımdan aniden silinirdi. Diyelim ki giydiğim elbisenin bir parçasını bir mendil veya bir eşarp yapmak için kesip kesmeyeceğimi ya da takılıp düştüğüm için ve dizimdeki yaralar nedeniyle eteğimin boyunu kısaltmanın daha iyi olup olmayacağını bilmiyordum. Sabahları ekmekle ilgili de bir sorunum vardı, hep aynı sorun: Sabah aldığın ekmeğin bir parçasını daha sonra yemek için ayır, ya da hepsini bir seferde ye bitir, işte bu tür şeyler, düşüncenin tam ortasında gözlerimin önünde beyaz bir ekran belirirdi ve sorunu hatırlayamazdım.

Kadınlar ekmek çalmaya başladı. Kadınlar bir lahana yaprağı için kavga ederdi. Kadınlar yumruklarıyla dövüşebilir ya da bir çorba tenceresinin dibini almak için birbirlerinin sırtını ısırabilirlerdi. Birçok kadın hastalandı ve öldü. Onları sabah ranzalarında gördüm. Çamaşırlıktaki kirli bir giysi yığınına benziyorlardı. Sadece tek bir şey düşündüm, ben, Sara, nasıl ölecektim: bir uçaktan atılan bombayla, duştan çıkan gazla, hastalıktan, ya da açlıktan. Benim için hangisi daha iyi olurdu bilmiyordum. İnsan bombayla aniden ölebilirdi, örneğin bir uçak fabrikamızın üzerine bir yığın bomba bırakırsa ve sonra beton tavan kafamın üstüne düşerse, bu iyi bir ölüm olabilirdi. Ama ya bacağımın üstüne bir beton parçası düşer de, orada sıkışıp kalır ve ölmezsem ne olacaktı? Biri beni kurtarır mıydı? Mümkün değil. Belki hastalık daha iyidir, çabuk götüren bir hastalık, dizanteri veya tifüs, belki zatürre. Ama ya hastalık yavaş ilerler ve ben yarı ölü bir kadına dönüşürsem ne olacaktı? Kalbim gazla ölümü istiyordu. Annem gibi gazla ölmek en iyisi. Birkaç dakika ve hepsi bu, ama gazdan iğreniyordum. Gazdan sonra bir fırında yakılmak vardı ve sonra yanmış et kokusu, Edit Elifant'ın söylediği buydu ve ben bir tavuk gibi yok olmak istemiyordum. Yirmi yaşındaydım ve yaşamak istiyordum.

Neredeyse hiç etim yoktu, kemikten ve kuru deriden ibarettim, bir defter kâğıdı kadar inceydim. Çok fazla ekmek ve su istiyordum. Sırada kimseyi itemezdim, en ufak bir dokunuşla yere düşerdim. Bir kenarda durmaya çalışır ve tuzlu çorba için sıramı beklerdim. Tuz boğazımı yakardı ve suyumuz yoktu. Bir gün artık dayanamadım. Kamptaki kızlardan biri, silahlı ve mataralı bir Alman askerine yaklaştı. Askere dedi ki, bana su ver ya da beni silahınla vur. Asker sırasına dönmesi için ona bağırdı. Kız kımıldamadı. Dimdik durdu ve askere baktı. Bana su ver ya da beni hemen vur, dedi. Asker kıza su verdi ve o da tekrar sırasına döndü.

Savaş esirleri yanımızdaki kampta çalışıyordu.

Rus, İtalyan ve Fransız askerler. Almanlar savaş esirleriyle konuşmamızı yasaklamıştı. Onlara aldırmadık ve savaş esirlerinin yanına gittik. Fransız bir savaş esiri telden saç tokaları yapmıştı ve onları gizlice kadınların kampına soktu. Saçlarımız biraz uzamıştı ve küçük bir atkuyruğu ya da perçem olan kulakların üst tarafına ya da şakaklara yakın yerlere toka takmaya başladık. Ayak tabanlarımızdaki ve kollarımızdaki yaralar iltihaplanmış ve iğrenç kokmaya başlamıştı ve biz saçlarımıza toka takmakta ısrar ediyorduk. Fransız savaş esirine öpücükler yolladık. İtalyan askerleri bize sabun verdi. Bazı kadınlar sabunla ekmeği değiş tokuş etti. Bazen bir köşede bir musluğa rastlardık, suyun altında hızlıca yıkanır ve sabunu kollarımızın altına saklardık. Rus savaş esirlerinin yanına gitmedik. Bakışları fena ve güvenilmezdi.

Bir gün Amerikalılar Essen'deki fabrikayı bombaladı.

Tam bizi yemeğe çağırmışlardı ki siren sesi duyuldu. Belki güzel, mehtaplı bir gece olduğu için aldırmadık. Almanlar ayla ilgilenmiyordu, Rus savaş esirleri de öyle, onlar yemek yemek istiyordu. Almanlar, sığınağa sokabilmek için birkaç savaş esirini öldürmek zorunda kaldı.

Sığınakta çömelip oturdum, duvarları bir gemi gibi sallayan bombalar yüzünden kalbim küt küt atıyordu. Birkaç dakika sonra bombalar sığınağa yaklaştı, her bomba kafaya vurulan yüz tonluk bir çekiç gibiydi. Kulaklarımda basınç ve ağrı, tüm bedenimde ısı ve nem hissettim. Gelsin de halimizi görsün, acıya bakmak için zaman ayırsın diye Tanrı'yı çağırdığımı hatırlıyorum. Yardım et Tanrım, diye fısıldadım, iyi bir Yahudi olmaya söz veriyorum, Mitsva'ya[91] riayet eden, Şabat'a ve diğer tatillere saygı gösteren bir Yahudi, yardım et, beni bu cehennemden çıkar.

Bombardıman sona erdi ve ben hayatta kaldım, ama fabrika tamamen yıkılmıştı. Askerler bizi küçük bir trenle kampa geri yolladı. Kampta birkaç gün bekledik ve sonra molozları kaldırmak için tekrar fabrikaya döndük. Bir grup gündüz, diğer

---

91) Mitsva, Tevrat'ta geçen ve Musevilerin uymakla yükümlü oldukları –yap veya yapma şeklindeki– emirler dizisidir. Cennete gitmek için, Musa'nın öğütlediği On Emir dışında, toplam 613 adet olan bu mitsva'lara da uyulması gerekir. (ç.n.)

grup gece çalıştı. Her grupta yaklaşık yüz kişiydik. Karlı ve fırtınalı bir kıştı, yine de bizi her gün birkaç saat yürümeye zorladılar. Kendimizi geceden battaniyeyle sarıp yola koyulurduk. Güzel kadınların bile çirkinleşmeye, ciltlerinde lekeler, burun ve ağız çevrelerinde mavi yaralar oluşmaya başladığını fark ettiğim güzel bir gündü. Ama hâlâ çok güzel kadınlar vardı, güzelliği solan kadınlar arasında en küçüğü bendim. Yolda yürürken daima düşen biri olurdu ve ben, Sara, nasıl dayandığımı hâlâ merak ediyordum.

Bir gün karda uzun boylu, hoş bir kadın gördüm. Dinlenmek için yanında durdum. Saçında ikişer toka taktığı beş santimlik iki atkuyruğu ve elbisesinde kurdeleye benzer bir kemeri vardı. En acı veren şey, güzel bir kadının yolun ortasında öldüğünü görmekti, kalbime dokunurdu ve bazen ağlardım. Karda ölürsem ve yanımda bir kadın dururşa, göreceği tek şeyin iğrenç bir cilt teki birkaç benek ve kırmızı lekeler olacağını biliyordum. SS adam arkamdan bağırdı, yürü, yürü ve karın içine düştüm. Kalkmaya çalıştım ama yapamadım. Bacaklarım sarındığım battaniyeye dolanmıştı, battaniye ıslak ve ağırdı. Altı metreden üzerime doğrultulmuş bir tüfeğin namlusunu gördüm ve kaburgalarım bir kapı gibi kapandı. Battaniyeyi fırlatıp attım, topuklularımı kara yapıştırdım, avuç içlerime yaslandım, sırtımı kaldırdım ve ayaklarımın üzerine sıçradım. Elbisem ve ben karın üstesinden iyi gelmişiz gibi dimdik yürüdüm. Birkaç adımdan sonra döndüm ve battaniyeyi kardan aldım, başımı onunla örttüm. O gece soğuktan uyuyamadım. Zatürre olduğumdan ve önceki hafta ölen bazı zavallı ruhlar gibi yavaşça öleceğimden emindim.

Bir gün fırtına çok sertti ve askerler bize rüzgâr yüzünden çorba getiremedi. Neredeyse bütün gün yemeksiz geçti ve sonra Essen Belediyesi'nin bizi akşam yemeğine davet ettiği söylendi. Tenteli kamyonlar kampa geldi, yanımdaki kızların fısıltılarından, akıllarında krematoryum da olduğunu fark ettim. Yine de kamyona bindik. Askerler bizi büyük bir salona aldılar ve bize iyi yemek verdiler, ekmek, et, patates, sebze çorbası, kek. Çok sevinçliydik. Yüzümüze renk gelmişti, elbiselerimizin içine itelediğimiz yiyecekler yüzünden *décolletage*[92] ve kemer arasında oluşan büyük bir şişlikle kampa geri döndük. Şimdilik hayat bulmuştuk.

Bizi uzun süredir duşa götürmemişlerdi.

Koğuşların bazılarında soba vardı. Üstümüzü çıkarır ve bitlerden kurtulmak için giysilerimizi sobanın üstündeki büyük bir tencereye koyardık. Bitler bir çıt

---

92) (*Fr.*) Dekolte. Kadın elbisesinde düşük kesim yaka. (ç.n.)

sesiyle ölürdü. Çıt. Su kaynamaya başlar başlamaz, çıt-çıt-çıt. En sevdiğim şey, giysilerimi tencereden alıp hemen giymekti, vücudum kirli olsa da uyumama yardım ederdi.

Geceleri rüya görmezdim. Biraz sessizliğe hasrettim, koğuşta sürekli bir uğultu vardı, artık dayanamıyordum: Tanrı'ya yakaran, baba, anne, Rosie ve Ester'cik için sızlanan insanların çıkardığı fısıltılar. Zavallı ruhların ölmeden önce çıkardıkları hırıltıları ve ıslıkları duymaya dayanamıyordum. Ölümün kendine has bir sesi olduğunu daha önce fark etmiştim. İnsanlar ölmeden önce genellikle ağlamazdı. Önce burundan, sonra ağızdan ıslık sesi çıkarırlar ve nihayet kupkuru bir boğazla ölürlerdi. Askerlerin bağırışlarından ve insanları yemeye alışkın köpeklerin havlamalarından çok, çok uzağa gitmek istiyordum. Herkes, özellikle de küçük Dov ve küçük İshak dışarıdayken, evdeki odamın sessizliğini özlemiştim. O ikisi sürekli gürültü yapardı ve ben sessizlikte kitap okumayı severdim.

Bir gün bizi yürüterek bilmediğimiz bir yere götürdüler.

Önceden söylememişlerdi. Her günkü gibi sıraya girmemizi söylediler. Çalışmaya gideceğimizi düşündük. Islak battaniyelerimize bürünmüş ayakta dikiliyor ve titriyorduk. Burnum bir musluk gibi damlıyordu, el ve ayak parmaklarım uyuşmuştu. Ayakkabılarıma baktım, üstünde delikler vardı, eskimiş tabanlarında da delikler vardı. Daima ayakkabılarımla uyurdum, özellikle ayakkabısını yiyen bir kadın gördüğüm Gelsenkirchen'den döndüğümüzden beri, onları hiç çıkarmaz oldum.

Sayımda, SS adamların, genellikle döndüğümüz yönden başka bir yöne döndüklerini gördüm. Sonra ters yönü işaret ederek, yürüyün, yürüyün diye bağırdılar. Bizi nereye götürdüklerini bilmiyorduk ve dünyadan ayrılma zamanının geldiğini anladım. Kafamı kaldırıp baktım, yerde azıcık kar vardı. Tek sıra halinde yavaşça ilerledik, aramızda boşluklar oluşmuştu. Zihnimin beni terk ettiğini hissediyordum, hayatım için savaşma arzusunu da yitirmiştim. Ayaklarım önümdeki ayakları takip ediyor ve kendi kendilerine yürüyordu. Biliyordum ki, önümdeki kadın düşerse ardından ben de düşecektim. Karın üstünde kalmaya devam ederse, ben de karın üstünde kalacaktım, hepsi bu. Sonra karda bir dantel gördüm. Nedenini bilmiyorum ama kalbimde hafif bir sevinç hissettim. Dikkatlice eğildim ve danteli yerden aldım. Arkamda bir kadının ağladığını duydum, çıkardığı ses, ölmeden önce ağızdan çıkan ıslık sesiydi. Kendi kendime dedim ki, o kadından uzak dur, yoksa kadının ıslığıyla kara düşebilir ve bir daha toparlanamazsın. Kendimi ayaklarımın üstünde biraz daha kalmaya ikna etmeyi başardım ve sonra omuzlarımın üstündeki battaniyeyi düzelttim, danteli başımın etrafına sardım, ortada bir düğüm attım. Saçımdaki tek tokayı düzelttim, parmağımla dudaklarımı sertçe ovaladım, yanaklarımı sıktım ve sonra, gördün mü Sara, diye fısıldadım. Artık sonsuza kadar karda uzanabilirsin.

Düşmedim. Yürümeye, yürümeye devam ettik, karsız yerlere vardık. Geceleri, hava nerede kararıyorsa orada uyuyorduk. Bazen bir binada ya da bir ahırda, üstümüzde bir çatı oluyordu, bazen olmuyordu, bazen bir ağacın altında ya da bir çalının dibinde. Etrafımdaki kadınlar yağmur gibi ölüyordu. Başları önlerine düşüyordu ve tak. Ve tak. Tak-tak. Bazılarını Almanlar tüfekle öldürdü, neden bilmiyorum. Daha sonra bizi bir trene yüklediler. Aç susuz birkaç gün yol gittik. Trenin bir tarlanın ortasında durduğu oluyordu, bu tarlalarda Almanlar kendi yöresel sebzelerini yetiştiriyordu. Bu sebze tatlı bir patatesten daha büyüktü, ama tatlı değildi. Herkes trenden inip tarlaya gidemedi. Alman askerleri bize yardım etti, trenden indiler ve bize sebze getirdiler, çünkü bizi kamptan tanıyorlardı, özellikle aramızdaki eğitimli, hoş ve kibar kızları tanımak isterlerdi. Kamptan ayrıldıktan sonra bize bağırmayı ve vurmayı bıraktılar, bizimle konuşmak için fırsat kollamaya başladılar. Bize sebze getirmenin onları memnun ettiğini gördüm, doyana kadar, getirdiler de getirdiler. Almanlara baktım ve hiçbir şey hissetmedim, yorgundum.

Bergen-Belsen'e vardık ve ilk gördüğüm şey çadırlar oldu.

Çadırlarda sadece cesetler vardı, çürümüş et ve hastalık kokan ceset katmanları. Yahudi mahkûmlar aradım, bir tane bile göremedim. Dünyada hiç Yahudi kalmadığını düşündüğümü hatırlıyorum ve eğer öyleyse, o zaman sadece zavallı birkaç Yahudi kadın kalmış demekti. Durduğum yerden, bir çadırın yanında birkaç Yahudi kadın olduğunu görebiliyordum. Kirli elbiseler giymişlerdi, ikisinin sırtında battaniye vardı. Kadınların her biri farklı bir yöne bakıyordu, konuşmuyorlardı, ayakta dururken ölmüşlerdi. Yolun yakınında başka bir grup gördüm, bazıları yalınayaktı, ayakları siyah ve kirliydi, bazıları da yolun kenarındaki taşlar gibi çömelmişti. Koğuşun yanında duran iki kadına doğru yaklaştım. Birinin bir ayakkabısı eksikti, ikincisi elinde küçük, boş bir çanta tutuyordu. Kampta neler olduğunu sordum, yemek var mı? Çantalı kadın beni gördü ve cevap vermedi. Ayakkabısız kadın bir süre karnını kaşıdı, yanında duran beni görmedi.

Bergen-Belsen'de nöbetçi kulelerine kapanmış Alman askerleri gördüm. Kampın çevresinde yürümüyorlardı. Bazen kampa doğru birkaç el ateş ediyor ve tekrar sessizliğe bürünüyorlardı. Belki mikroplardan ve hastalıklardan, belki de toplardan korkuyorlardı. Uzaktan gelen top sesleri duyduk, dedi mahkûmlar, Ruslar geliyor, Bergen-Belsen'e yaklaşıyorlar.

Aramızda Macar askerleri dolaşıyordu, esas görevleri artık kullanılmayan ana mutfağı korumaktı. Mutfağın yanında çürümüş yiyeceklerden oluşan büyük bir yığın vardı. Mahkûmlar çürümüş yığından patates ve sığır pancarı çalmaya çalıştılar, ama Macar muhafızlar silahlarını doğrultmuş sabırla bekliyordu, hepsinin canı cehenneme. Grubumuzdaki mahkûmlar biraz daha sağlıklı görünüyordu, derken bir Macar askeri, yüzünde nefret dolu bir ifadeyle bize doğru yaklaştı ve ölüler için mezar kazacak kadınlar gerekiyor, dedi, kim kazarsa ekmek alır, ister misiniz? Mezarları kazdık ve çadırlardaki ölüleri çukurlara sürüklemeye başladık. Yüzüme bir çaput bağladım ama yine de boğuluyordum, koku dayanılmazdı, burnu, boğazı ve göğsü yakan keskin bir zehir gibiydi. Bazen bir cesedi tutup çekerdim ve kendimi birden sadece bir kol ya da bir bacak tutarken bulurdum. Bazen bacağımı bir karna bastırır ve bir kafayı ya da bir boynu çekmeye çalışırdım. Hiçbir şey düşünmeden, sadece ekmek almak istiyordum.

Bergen-Belsen Kampı'nda Yuli Levkowitz Teyze ile karşılaştım.

Annemin kız kardeşiydi. Annemin üç kız kardeşi vardı. Yuli Levkowitz, Sari Levkowitz ve Margaret Levkowitz. Margaret sağır ve dilsizdi. Yuli Teyze zayıftı, beli bükülmüştü, bacağında delik büyüklüğünde bir yara vardı.

İlk başta onu tanımadım. Benim kaldığım koğuşun yanında duruyordu. Ona doğru yaklaştım. Yüzü solgundu ve boynunun altında bilye gibi bir kemik çıkmıştı. Kekeledim, Yuli Teyze? Bana baktı, yüzü donakaldı. Daha yakına geldim, Yuli Teyze, sen misin? Ben Sara, Lea ve İsrail'in kızları Sara.

Yuli Teyze gözlerini kocaman açtı, kibrit çöpleri gibi ince parmaklarıyla ağzını örttü ve dedi ki, Sara ha? Kucaklaştık, ağladık, ağladık. Yuli Teyze bana sarıldı ve beni kendi koğuşuna götürdü. İçerisi karanlıktı ve ağır bir dışkı kokusu vardı. Koğuşun zemini dışkıyla kaplıydı. Ranzalarında uzanan kocaman gözlü kadınlar gördüm, hücreden zayıf bir el uzatıp, su, su, diyorlardı. Yuli Teyze battaniyesinin altından çaktırmadan küçük bir paket aldı ve bana gösterdi. Tütün dedi, gidelim. Dikenli tellere doğru yürüdük. Tellerin diğer tarafında kirli mahkûmlar duruyordu. Düşündüm ki, ah, öyleyse dünyada daha fazla Yahudi var. Yuli Teyze yüksek sesle bir şeyler söyledi ve paketi tellerin üzerinden attı. Birkaç dakika sonra biri ona ekmek fırlattı. Yuli Teyze ekmeği bana verdi dedi ki, ekmeği şimdi yiyip bitirmelisin. Hemen bitirdim. Bana aileyi sordu, ne diyeceğimi bilemedim. Yuli Teyze ve ben aynı koğuşta kalmıyorduk. Ölüleri çukurlara sürükleme işine ara verdiğim zamanlarda buluşuyorduk. Bir gün ona geldim ve ortadan kaybolmuştu, nerede olduğunu bilmiyorum. Kardeşim İshak, savaştan sonra Humenne köyünde onunla ve kız kardeşleriyle buluştu. Ben kimseyle buluşmadım. Macaristan'a geri dönmedim.

Bergen-Belsen mikrop ve hastalık yuvasıydı.

Bergen-Belsen'de benimle birlikte olan kadınların çoğu hastaydı, mide tifüsü, dizanteri, yüksek ateş.

Ayakları üzerinde durabilen ve yürüyebilenler koğuştan çıkar ve ekmek arardı, yürüdükleri yollara ishal damgasını vururdu. Kamptaki ishali durdurmak imkânsızdı. Bazen insanlar, temizlik yapmak için giydikleri elbisenin bir parçasını yırtardı. Kampta akan su yoktu, her koğuşun yakınında, sadece birkaç pis su birikintisi vardı.

Gece gündüz, sefil hayvanlar gibi inleyen ve ölmeden önce hırıldayan insanların seslerini duyardınız. Elini kaldıran, gökyüzünü işaret eden ve sanki Tanrı ile önemli bir konuşma yapıyormuş gibi anlamadığım kelimeler mırıldayan bir kadın vardı. Kel kafasında bir kurdele olan bir kadın vardı, elinde battaniyeye sarılmış kirli bir tahta parçası tutardı. Öksürürdü, kan tükürürdü ve battaniyesine ninni söylerdi. Elbisesini kaldırdığını ve meme aradığını gördüm. Memeleri yoktu, sadece iki boş torba vardı. İnlemeye başladı, öksürüğü arttı, tahtayı hâlâ göğsüne bastırıyor ve ona zayıf eliyle, sanki kucağında gazını çıkarması gereken bir bebek tutuyormuş gibi hafifçe vuruyordu. Hücrede anne ve kızı gibi birbirlerinin kollarında yatan iki kadın vardı. Biri uzun, diğeri kısaydı. Altmış yaşlarında iki yaşlı kadına benziyorlardı. Güya anne olan zorlukla hareket ediyordu. Kız rolü oynayan ise hem kendi sırtını, boynunu, bacaklarını, hem de annenin sırtını kaşıyordu.

Bir kadın öldüğünde, vücudundaki bitler soğuk bedeni terk eder ve sıcak bir beden arardı. Bu yüzden yeni ölenlerden uzak durmaya çalıştım. Benim bitlerim bana yetiyordu. Bazen bitlerimle konuşurdum. Derdim ki, eğer krematoryumda ya da gazla ölürsem, sizin de işiniz bitti demektir.

Yeni ölenlerin bedenlerini hücrelerden bloğun sonundaki koridora sürüklerlerdi. Oradan da büyük bir yığına, son olarak da, sağlıklı bedenlerin bloğun arkasında kazdığı büyük bir çukura.

Bir gün, silah sesleri ve daha önce hiç duymadığım sevinç çığlıkları duyduk.

Ranzada güçsüz bir şekilde yatıyordum, silah sesleri ve sevinç koğuşa yaklaştı. Biraz sonra, bir bacağımdaki bir kemiği diğer bacağımdaki diğer kemiği tuttum, yere indim ve kendimi dışarıya sürükledim. Benim dışında dışarıda birkaç kadın daha vardı. Birbirlerinden anne ve kız gibi ayrılmayan iki kadın benden önce dışarıya çıkmıştı. Kız rolü oynayan kolunu, çok uzun boylu sözüm ona annenin beline dolamış, başını da omzuna yaslamıştı. Yanımda kel kafasına kurdele saran kadın duruyordu, Yoszi adını verdiği tahta parçasını bırakmış, göğsüne sadece, sıkıca bir battaniye sarmıştı. Öksürdü ve kolunu silah seslerinin geldiği yöne doğru uzattı. Onun peşinden birkaç kadın daha geldi. Bazıları ağızları açık duruyordu, bir diğeri sadece ağlıyordu, biri yere oturdu ve başını bir battaniyeyle örttü. Tüm bunlar bir ikindi vakti, gün ışığı solarken oluyordu. Koğuşun duvarına yaslandım, silah sesleri kesildi, ama koşuşturup duran mahkûmların çığlıkları devam ediyordu, herkes, bazıları topallayarak, bazıları hoplayıp sıçrayarak, kampın kapısına hücum etti, derken tüm Macar muhafızların ortadan yok olduklarını fark ettim, nöbetçi kuleleri de boştu. Etrafı havasız bir top gibi gezdim ve hiçbir şey anlamadım. Bir sandığın üstüne çıktım, kafamı kaldırdım ve kampın dışından gelen sevinç çığlıkları duydum. Yaklaştım ve kollarını sallayan mahkûmları gördüm, haydi, İngilizler geldi, savaş bitti, diye bağırıyorlardı. Nereye gittiğimi bilmeden herkesle birlikte koştum, kalbimin uçtuğunu hissediyordum.

 Kendimi kampın Alman kesiminde, büyük yiyecek depolarının yanında buldum. Kampta yiyecek depoları olduğunu bilmiyordum. Depoların kapıları açıktı. Mahkûmlar ağır un, şeker, pirinç çuvallarını kaptılar ve onları yerde sürüklediler. Bir çuval yırtıldığında herkes dökülen şeyin üzerinden sıçrıyor ve onu ceplerine dolduruyordu. Konserve yiyecekler, reçeller, ekmek, su gibi akan yağ gördüm, mahkûmlar daha fazla teneke kapmak için etrafta deliler gibi koşuşturuyordu, bazıları depodan bir şişe alkolle sendeleyerek ayrıldı. Ekmek buldum, yığınlarca ekmek somunu vardı. Bir kenara oturdum ve ekmek yedim. Muhafız kulelerine baktım ve yine boş olduklarını gördüm. Hiç Alman görmedim. Macar askeri görmedim. Sadece İngiliz askerleri vardı, uzun boylu, temiz, kafalarında bere ve üzerlerinde kısa ceketler. Bize şaşkınlıkla bakıyorlardı, sanki daha önce ayakta dururken ya da yürürken ölen kimseyi görmemişlerdi.

 Bir kadın elbise deposu diye bağırdı ve hemen birkaç ölü daha ellerinde tenekeler, ekmek ve karton kutularla doğruldu, depo yönünde koşmaya başladılar. Yaklaştım ve kazak giyen mahkûmlara baktım, üstüne bir kazak daha giydiler, bir palto, onun üstüne bir palto daha, derken tüm elbiseleri giydiler. Tamamen soyunup büyük yığından aldıklarını giyenler de vardı. Herkes baştan aşağı giyindi, kollarında yedek giysiler taşıyorlardı. Yığından bir şey düşürüyor ve kapıyorlardı.

Temiz bir elbise ile kalın bir kazak aldım ve koğuşa döndüm. Yolda, mahkûm pantolonu ve balkabağı çekirdeği renginde uzun bir kadın paltosu giymiş eşarpsız bir kadın gördüm, çukura atılmaya hazır ölü yığınından çok da uzak olmayan özel bir mutfağa giriyordu. Bu kadın birkaç tahta parçası ve biraz kâğıt topladı, bir ateş yaktı, konserve yiyecekleri açtı ve onları ateşe koyduğu büyük bir teneke kabın içine boşalttı. Kapta en az altı kişilik yiyecek vardı.

Sonra uzun bir kuyruk daha gördüm. İngilizler bize özel tanklarla temiz su getirmişti. Gücüm yoktu, ama boğazım susuzluktan yanıyordu, bu yüzden, zorlanarak ve acı içinde sıraya girdim. Bu arada, emir verilmeden, çubuklara taktıkları büyük bir kumaşı sedye gibi kullanıp cesetleri sürüklemeye başlayan mahkûmlar gördüm. Cesetlerden büyük bir yığın oluştu, sonra bu isimsiz ölüleri ortak bir mezara koydular.

Bu arada, koğuşların arasındaki alan paçavralarla, kutularla ve yere dökülüp ziyan olan yiyeceklerle dolmuştu. Kampın her tarafında rengârenk çöpler vardı ve neler olduğunu anlamaya çalışan zayıf mahkûmlar şaşkınlıkla etrafta dolaşıyordu. Bazı kadınlar su dolu kovaları koğuşlara sürüklemeye ve ayağa kalkamayanlara ranzalarında su vermeye başladı. En az on kadından oluşan bir grup büyük bir çorba tenceresini sürüklüyordu, bazıları kucaklarında altı yedi somun ekmekle koğuşlara koşuyor, sonra daha fazlasıyla geri dönüyor ve tükenmiş olanları cesaretlendiriyordu. Yürüyebilen herkes koğuşlara bir şeyler sürükledi, yiyecek depoları koğuşlara taşındı ve ölmek üzere olanlara bir şans daha verildi.

Göğsümdeki sıkıntı yüzünden o gece uyuyamadım. Savaşın bittiğini anlasam da, yaşayamayacağımı, sırtımda kalın bir kazak ve yüzümde birkaç leke, sevinç içinde öleceğimi biliyordum. Her tarafta açılan konserve kutularının sesi, kâğıt hışırtısı, tabak çatal tıkırtısı ve gevezelik eden kadınlar vardı. Yanımdaki ranzada Gretti ismini tekrarlayıp duran ve ağlayan biri yatıyordu, Gretti, Gretti, Gretti. Sonunda uykuya daldım.

Ertesi akşam İngilizler bize konserve et getirdiler. Rengine bakılırsa, yağlı bir etti. Ranzalarından inebilen kadınlar, büyük et parçalarını ağızlarına tıkıştırıyor ve çiğnemeden yutuyordu, daha fazla et, daha fazla ekmek, sonra daha fazla et ve daha fazla kek aldılar, konuşmuyorlar, sadece yutup duruyorlardı. Çeneler yağlı ve parlaktı, gözler nemliydi, bazılarının yanaklarında tuhaf mor kızarıklıklar vardı. Koğuşun içi soluk alıp verme ve yutkunma sesleriyle dolmuştu, kocaman bir elektrikli süpürge gibi. Daha sonra bize, reçel gibi yoğun tatlı sütle karıştırılmış, koyu bir kakao getirdiler. Kadınlar bir fincan kakao içti ve bir fincan daha istedi.

Ben az yedim. Ağzıma bir şey atıyor, ölülerin kokusu yüzünden hemen kusmak istiyordum. Yemek yemeyi reddeden birkaç kadın daha vardı. Gökyüzünü işaret eden bir kadın Tanrı'yla kalmak istiyordu. Ona yiyecek verdiler, yiyeceği kaptı, battaniyenin altına sakladı ve beyaz bir dille saçma sapan konuşmaya devam etti.

Yemekten sonra fenalaştım ve başım döndü. Ekmeğim var, suyum var ve ben giderek zayıflıyorum diye düşündüm. Bir hastalığa yakaladığımdan ve Bergen-Belsen'de öleceğimden emindim. En az bir hafta uyumak istiyordum. Uyuyamadım çünkü yanımdaki kadınlar ah karnım, karnım diye ağlamaya ve bağırmaya başladı. Bazıları ranzadan indi, kıçlarını tutuyorlardı, koğuşun dışına koşup sıçmak istediler ama buna zaman bulamadılar. Bilmediğimiz pis bir koku, ağır ve nemli bir bulut gibi koğuşa yerleşti. Burnumu iki parmağımla kapattım, başımın dönmesi arttı.

Ertesi gün öğlene doğru gulaş[93] kokusuyla uyandım. Rüyamda evimi mi görüyordum? Ranzadan indim ve mis gibi kokan gerçek bir gulaş gördüm. Kadınlar ellerinde bir tabak dolusu gulaşla oturmuş, büyük bir iştahla İngilizlerin getirdiği patatesleri ve etleri yutuyordu. Lekeli pantolonlu birkaç kadının başka bir şey için yardım istediğini gördüm. Gulaşın tadına baktım ve dışarı çıktım. İnsanlar pis bir pazarı andıran kampta dolaşmaya devam ediyordu, herkesin elinde bir şey vardı, birkaç giysi, bir somun ekmek ya da bir tabak yemek, herkes meşgul görünüyordu. Gruplar halinde duran insanlar vardı, bazıları sigara içiyor, bazıları elinde bir şişe tutuyordu. Tek başına oturan ve gözlerini dikip uzaklara bakan yaşlılar da vardı, ağzında diş kalmamış bu insanların uzun zaman önce burayı terk ettiklerini anladım.

Güneşte kalamadım ve koğuşa geri döndüm.

Ve sonra başımıza hiç ummadığımız bir felaket geldi. Bir kadın kurtarın beni, kurtarın beni, diye bağırıyordu, Anneciğim, karnım yanıyor, ölüyorum. Pis zeminde sürünmeye çalışan birkaç kadın vardı, süründüler, süründüler ve öldüler. Bazıları ranzalarında öldü, bazıları bir elinde bir tabak yemek ve diğer elinde iyi bir ceketle öldü. İngiliz askerleri koğuşa girdi. Burunlarını bir mendille kapatarak ranzaların arasından yürüdüler. Yüzleri kireç gibiydi, gördükleri manzara karşısında şok olmuşlardı ve hızlı hızlı bir şeyler konuştular. İçlerinden biri Almanca olarak, dışarı çıkın, herkes dışarı çıksın, dedi. Kendimi dışarı sürükle-

---

93) Macarların geleneksel taskebabı. Yemeğin adı Macarcada "sığır güden kişi, çoban" anlamına gelir. (ç.n.)

dim. İngiliz askerleri oturmamızı, herkesin oturmasını söyledi ve koğuşların az ötesindeki bir yeri işaret ettiler. Hatta yürüyemeyen kadınları dikkatlice dışarıya çıkardılar ve hepsini yanımda bir yere, güneşin altına yatırdılar. Yaklaşık yarım saat sonra, yöredeki bazı Almanları kampa getirdiler, gündelik kıyafetler giymişlerdi ve hiçbirinin tüfeği, sopası ya da köpeği yoktu. İngilizler her bir çiftçiye bir kova, bir bez ve bir süpürge dağıttı ve sonra onlara koğuşları temizlemelerini emrettiler. Gözlerime inanamadım. Tıpkı gördüğüm resimlerdeki gibi sarı saçlı, güçlü kuvvetli Almanlar, koğuşlarımızın zeminine oturmuş, her bir santimi bir bezle ovarak temizliyordu, bu arada bizler, bitlenmiş ve derileri pul pul dökülen zayıf Yahudi kadınlar, sanki bir dinlenme yurdundaymışız gibi güneşin altında oturmuş ısınıyorduk. Rüya görüyorsun Sara, diye düşündüm, uyuyor ve rüya görüyorsun. Bu bir rüya değildi. Gerçekti, bacağımı çimdikledim ve acıdı. Bir süre sonra, birkaç dakikada bir, bir Alman koşarak dışarıya çıkmaya ve toprağın üstüne kusmaya başladı. İngilizler merhamet etmiyor, kusmayı bitirenlere temizliğe devam etmelerini söylüyorlardı. Güneş ışığı vardı, yiyecek ve su getirip ilgilenen askerler vardı, buna rağmen yanımda yatan en az yedi ya da sekiz kadın birkaç saat içinde öldü.

 Almanlar tarafından yapılan esaslı bir temizlikten sonra İngilizler bloğu dezenfekte etti ve çuval çuval temiz saman getirip yere serdiler. Bu arada yerel Alman kadınlar geldi, temiz saçları, pürüzsüz ciltleri ve dolgun göğüsleri olan sağlıklı genç kadınlar. Bazılarının ojeli tırnakları, alınmış kaşları ve ruj sürülmüş dudakları vardı. İngilizler Alman kadınlara bizi yıkamalarını söyledi ve gruptaki birkaç kadın ağlamaya başladı. Biri kıyafetlerini buruşturdu ve haykırdı, hayır, hayır, hayır. Bazıları yere tükürdü. Bazı kadınlar sessizce yatıyordu, ben de onların arasındaydım. İki Alman kadın bana yaklaştı. Birinin geniş kalçaları ve delinmiş kulaklarında inci küpeler vardı. Diğerinin boynunda, ucunda bir haç olan bir zincir vardı, saçları kat kat kesilmişti. Kulaklarımdaki delikleri hissetmek için zayıf elimi kulaklarıma götürdüm, kapanmışlardı. Sonra saçlarımdaki tokaya dokundum. Tokayı çıkardım ve kapatıp elimde tuttum. İki genç kadın bana gülümsedi ve beni dikkatlice soydu. Koltukaltları ter kokuyordu. Bedenime baktım, kemikler ve kuru bir balık gibi pullarla kaplı sarı bir deri gördüm. Göğsünde haç olan kadının bir anda gözleri doldu, alt dudağını ısırdı, cebinden bir mendil çıkardı, ama hâlâ haçı ıslatıyordu. İnci küpeleri olan genç kadın onu azarladı ve beni usul usul sabunlamaya başladı. Normal nefes alabilmek için çaba sarf ettiğini gördüm, aldığı nefeslere bakılırsa, hiç şansım yoktu. Saçımı iyice yıkadıktan sonra beni hafif dokunuşlarla kuruladılar, sanki bu işi pamuk yünü ile yapıyorlardı, sonra bana temiz bir elbise giydirdiler. En son saçlarımı taradılar ve beni tatlı bir bebek gibi kollarına alıp koğuştaki büyük bir döşeğe yatırdılar. Kendimi iyi hissettim.

Birkaç saat daha geçti ve bize kraker bisküvi ile bir bardak çay getirdiler ve sonra gözlüklü bir İngiliz doktor geldi ve sadece kraker yiyin, asla yağlı yiyecekler yemeyin dedi.

Yararı olmadı. Kadınlar konserve kutularını açmaya devam etti ve koğuşun yanındaki ölü yığını dağ gibi yükseldi. Kraker ve biraz ekmek yedim, güçsüz hissediyordum, ama temiz hava almaktan vazgeçmedim. Kendimi koğuştan zorlukla sürükler, birkaç dakika duvara yaslanırdım.

Bir gün açık bir kamyonun kampa girdiğini gördüm. Kamyonda askerler vardı. Birkaç dakika içinde gelenlerin Alman esirler olduğu söylentisi yayıldı. Kamptaki insanlar kamyonun peşinden koşmaya başladı, bağırıyor, küfrediyor, şişe ve taş atıyorlardı. Esirler yaralıydı. Kan içinde yüzler gördüm, kafasına aldığı darbe yüzünden düşen birini gördüm. Ben hiçbir şey atmadım, zar zor ayakta durabiliyordum ve eğer bir taş fırlatsaydım, taşla birlikte mahkûmlara doğru uçardım. Daha sonra bu esirlerin etrafta dolaştığını gördüm. Güçlü yüzlerini, açık renkli saçlarını ve yüzlerindeki üstünlük ifadesini tanıdım. Ayrıca pantolonlarının diz üstünde balon gibi şişmesini; kemer ya da tabancaları olmadığı için gömleklerini pantolonlarının içine sokmamışlardı, çizmeleri de yoktu, şapkaları da. Bloklar arasından geçtiler ve ölüleri büyük bir arabaya yüklediler, sonra atların yerini alarak, ölüleri yükledikleri arabayı kampın kenarındaki bir çukura doğru çektiler. Kalbimde mutluluk aradım ama hiçbir şey bulamadım.

Günler geçti. Tek başına idare edebilen serbest mahkûmlar büyük bir Alman askeri binasına taşındı. Bazıları anlaşıp gruplar halinde kamptan ayrıldılar. Geri dönecekleri bir yerleri vardı. Benim gidecek bir yerim yoktu. Yanımda yatan Yahudi kadınların da gidecek bir yeri yoktu. Gün geçtikçe zayıfladığımı hissediyordum. Kadınlar koğuşlarda ölmeye devam etti ve biz başka bir yere taşındık. İngilizlerin koğuşları yaktığını gördüm. Ateşi görmek kendimi iyi hissettirdi. Bergen-Belsen'deki tüm koğuşların, geride onları hatırlayacak hiçbir şey kalmayacak şekilde yakılmasını istedim.

Bir gün İngiliz doktorlar aramızda dolaştı. Hasta kadınlar arıyorlardı. Bir hastanede iyileşmek üzere hasta kadınların Bergen-Belsen'den ayrılacağını söylediler. Yanımda yatan iki kadın, Rissi ve Hanchi, İngilizce biliyorlardı. Rissi ve

Hanchi doktorlara hasta olduğumuzu söyledi. Doktorlar, ne hastalığın var Sara, diye sordular? Ne diyeceğimi bilmiyordum, ama sanki bir şey beni içeriden yiyip bitiriyormuş gibi, ölmekte olduğumu hissediyordum. Askerler koğuşlarımızda yüzlerce hasta kadın buldu. Sonra siyah tulumlu, şapkalı ve ayakkabıları kumaş kaplı insanlar geldiler ve bizi battaniyeli sedyeler üstünde koğuşlardan çıkardılar. Yüzlerimizi örttüler ve bizi DDT ile ilaçladılar. Sonra bizi ambulanslara ve kamyonlara yüklediler. Her yerde siyah duman görüyordum, Alman binalarının siyah, Yahudilerin gri-beyaz tüttüğünü düşündüğümü hatırlıyorum.

Bergen-Belsen'den ayrıldık.

Bizi Yuvarlak Ev dedikleri bir yere götürdüler, eğimli bir çatısı olan büyük, iki katlı bu bina bir Nazi kulübüydü. İngilizler kulübü yüzlerce yatakla doldurmuş ve kalabalık bir hastaneye dönüştürmüştü. Bana bir yastık, iki temiz çarşaf ve bir battaniyeyle birlikte, kendime ait bir yatak verdiler. Çarşaflarda sabun ve naftalin karışımı bir koku vardı. Battaniyeyi kafama kadar çektim, kendime sarıldım, Annecik, Babacık diye fısıldadım ve ölmek istedim. İngilizce konuşan hemşireler bana doğru yaklaştı. Hemşirelerden biri battaniyeyi üzerimden çekti, sessizce konuştu, tek bir kelime anlamadım ve sonra elini başıma koyup okşadı, şş, şş, diye fısıldadı. Sonra bana bir yastık daha getirdi ve ben ıslak olanı alta koydum.

Hastane gürültülüydü, içeride gece gündüz rahatsız edici bir gürültü vardı. Sürekli hemşire, hemşire diye bağıran hastalar vardı, duvara karşı yüksek sesle konuşan hastalar vardı, sabah, öğlen, akşam, hep aynı şekilde devam ederdi, yatakların arasında sohbet edenler vardı, bazen girişten üçüncü yatak, girişten yedinci yatağa, hastane sonrası planlarını sorardı. Yorgun bir bebek gibi yatakta kıvrılmış yatanlar da vardı. Ne ağlar ne de konuşurlardı, bir iki gün sonra yatağın boşaldığını görürdüm. Boş yataklar hemen dolardı. Birkaç gün daha geçti ve bir grup doktor yatağımın yanına geldi. Onlardan biri de, küçük kızıl bir sakalı ve iki ön dişi arasında büyük bir boşluk olan İngiliz bir doktordu. Yanında iki genç doktor duruyordu. Sorularından tıp öğrencisi olduklarını anladım. Ayrıca kız gibi kalçaları olan tanımadığım bir hemşire ve iki rahibe daha vardı. Rahibeler parmaklarıyla kendilerini işaret edip, Belçika, Belçika dediler. Doktor beni muayene etti ve pekâlâ dedi, tifüs olmuş ve yapılacak bir şey yokmuş gibi çenesini kaldırdı ve ben hiç İngilizce bilmeden onu anladım; Almanca, ne kadar zamanım kaldı doktor, diye sordum? Hiçbir şey söylemedi ve bir sonraki hastaya geçti.

Vücudum yanıyordu. Üzerimdekilerden kurtuldum, çarşafın altına çırılçıplak uzandım ve sonumu bekledim. Bir ara saçımdan tokamı çıkardım ve yanımda yatan kadına verdim. Tokaya iyi bak, diye fısıldadım, Fransız bir savaş esirinden yadigâr, ona iyi bak.

Sakindim. Yaşamak ya da ölmek umurumda değildi. Tek bir şey için pişmandım, kardeşlerim Avrum, İshak ve Dov'u bir daha asla göremeyecektim.

Birkaç gün geçti, ölmediğimi gördüm.

Yaptığım ilk şey yanımdaki kadından tokamı geri alıp saçıma takmak oldu. Tokayı sanki ömür boyu berabermişiz gibi okşadım ve sonra ilk günkü hemşirenin yaklaştığını gördüm. Bana gülümsedi ve iyileşeceksin Sara, dedi, yataktan kalkmama yardım etti, çarşafı değiştirdi ve bana temiz bir gecelik giydirdi. Gecelik çok büyüktü. Yaklaşık yirmi yedi kiloydum. Sonra hemşire bana bir çay kaşığı yulaf lapası, bir çay kaşığı su ve çokça ilaç verdi. Bir kuş gibi yedim ama iyi olacağımı biliyordum.

Bir akşam İngiliz askerleri bizi neşelendirmek için hastaneye geldi. Bir pikap ve plaklar getirdiler ve bize İngiliz Hoki Poki dansını öğrettiler. Yataktan kalkabilen kızlar onlarla Hoki Poki dansı yaptı. Daha güçlü hissetmeme rağmen yataktan kalkmadım, dansın ortasında bacaklarımın kırılacağından emindim.

Birkaç gün sonra, ön dişlerinin arasında boşluk olan doktor yanımıza geldi ve şimdi karar vermeliyiz kızlar, dedi, eve de gidebilirsiniz, nekahet dönemini geçirmek üzere bir dinlenme yurduna da.

Dinlenme yurdu nerede, diye sordum?

İsveç'te, dedi doktor.

Neden İsveç, dedim.

İsveç iyidir, dedi doktor. Belki çok uzak olduğu için diye düşündüm ve güzel bir hemşireyi ziyarete gelen bir İngiliz askerine, sessizce, İsveç'te köpekler ve silahlar olup olmadığını sordum, güldü.

Neden gülüyorsun, dedim, İsveç savaş sırasında kiminle savaştı, ah? Sonra doktora beni İsveç listesine yazmasını söyledim ve belgeleri imzaladım.

Ziyaretimize İsveçli doktorlar geldi. Kafaları tavana değiyordu. İsveç'i seçen tüm kadınları baştan aşağı muayene ettiler. Göğse ve sırta bir aletle bastırdılar, gözleri incelediler, boğaza ve kulaklara ışıkla baktılar, karna elleriyle dokundular, birden bunaldım ve terlemeye başladım, sonunda bize bir tezkere, bir dilim çikolata, mayasız kurabiye, kaliteli sabun ve el kremi verdiler ve dediler ki, iki gün.

O gün geldi.

Yine sedyeler. Savaş esiri askerlere bizi dışarı çıkarmaları emredildi. Macar olduklarını hemen anladım. Yüzleri bizi evimizden çıkaran, bana, soyun, aptal

Yahudi diye emreden askerlerin yüzlerine benziyordu. Onları Bergen-Belsen'de de görmüştüm. Tüfekleriyle mutfağın yakınındaki devasa çöp yığınının az ötesinde duruyor ve yaklaşan mahkûmları vuruyorlardı.

 Macar askerleri sedyeleri kaldırdı, gözlerini kulplardan ayırmadan taşımaya başladılar. Sahiplerine karşı temkinli davranan köpekler gibi itaatkâr ve kibarlardı. Öncelikle İngiliz askerlerinin durduğu kapının önünden geçerken çok daha dikkatliydiler. Üstümdeki battaniyeyi düzelttiler ve sedye ile kapı arasındaki mesafeyi ölçtüler, Macarlar sanki göbekli iri bir adamı taşımak zorunda kalmışlar gibi nefes alıyordu. Sonra Kızıl Haç işareti olan birkaç ambulans gördüm. Tanrıya sızlandığımı hatırlıyorum, bize yalan söylüyorlar, belki İsveç Almanca krematoryum demektir? Sedyeden tutundum ve doğruldum, askerler Macarca, uzanın Madam, uzanın diye seslendiler, durun diye bağırdım. Durun! Ve sonra arkamda bir çığlık duydum, korkmuş bir hayvanın çığlığı gibiydi, bir an döndüm; çoraplı ve gecelikli bir kadının sedyeden fırlayıp koşmaya başladığını gördüm. Amaçsız bir şekilde saklanacak bir yer aradı. Onu telaş içinde koşuşturan başka birkaç kadın izledi ve sonra hastaneden çıkarak koşmaya başlayan kadınları gördüm, onlar da kaçıyordu. Macar askerleri kadınları kovalamaya başladı, Macarlar yüzünden daha da korkmuşlardı, kurtarın bizi, kurtarın bizi, diye çığlık atıyorlardı, kadınlardan biri bir ağacın yanında duran boş bir varilin içine girdi, ikisi bir mukavva yığınına doğru koşup gözden kayboldu. Güçlü bir asker bir kadını yakaladı, omuzlarına sarıldı, onunla konuşmaya çalıştı, işe yaramadı, kadın ağladı ve geceliğini başının üzerine doğru kaldırdı. Doktorlar ve hemşireler geldi, Macarca çok sayıda rahatlatıcı söz söylediler, nihayet kadınlar ambulanslara girmeyi kabul etti. Bu arada ben sedyede oturmaya devam ettim. Koşmaya başlarsam düşeceğimi ve gövdemin ikiye ayrılacağını biliyordum.

 Bugün bile ambulanslara tahammül edemem. Sokakta ne zaman bir ambulans görsem yeraltına kaçmak isterim. Bir seferinde, kalp krizi geçiren birini almak için binamıza bir ambulans geldi. Tam pazardan dönüyordum. Mahallede yarım gün boyunca ellerimde yiyecek torbalarıyla dolaşmıştım ve sıcak bir gündü, yazın ortası, Almanya'dan ayrıldığım güne benziyordu.

 Ambulanslar bizi Lübeck Limanı'na götürdü. Bizi bir gemiye bindirdiler, bizim için güvertenin altında kalabalık kamaralar ayırmışlardı. Geceliğim terden sırılsıklam olmuştu ve içerisi çok havasızdı. Güverteye çıktım ve korkuluklara yaslandım. Gemi limandan ayrıldı, ilk gördüğüm şey suyu kucaklayan dev bir güneş topuydu, dalgaları kırmızıya boyamıştı. Boğazım düğümlendi, on yaşında bir kız bedeniyle Almanlarla geçirilen bir yıl diye düşündüm, baba anne olmadan, yalnız, ama yaşıyorum, hayattayım. Hava kararana kadar güvertede kaldım ve başımı hiç çevirmedim. Alman toprağı görmek istemiyordum ve o zamandan beri de, televizyonda bile görmek istemiyorum.

İki günlük bir yolculuktan sonra İsveç'teki Kalmar Limanı'na vardık.
Temmuz 1945'di. Liman mutlu insanlarla doluydu. Özel bir şapka ile bazen tek desenli bazen de bir broşun ya da bir nakışın kumaşı tam ortada dümdüz kestiği dekolte bir elbise giymiş, pürüzsüz ciltleri olan güzel kadınlar vardı. Herkes bize kocaman gülümsüyordu. Zayıf ve solgun bir şekilde karaya çıktık, kimimizin saçları yoktu, benim kısa saçlarım vardı, yan tarafına bir toka takmıştım. Bazı kadınlar sedyelerin, bir battaniyeye sarınmış bazıları ise kendi ayaklarının üstündeydi. İnsanlar salladıkları mendillerle bize merhaba diyor ve ben onların mutlu yüzlerinde ne kadar sefil durumda olduğumuzu görüyordum.

Gemiden hastaneye nakledildik, bulaşıcı hastalığımızın olup olmadığını anlamak için tetkikler yaptılar. Üç hafta boyunca kan aldılar ve röntgen çektiler, her iki saatte bir ateşimizi ölçtüler, hepsi Alman dilinde yapılıyordu. Alman dili beni hem sinirlendiriyor hem tedirgin ediyordu, belki de İsveç Almanya'nın bir parçasıydı? Belki özel deneyler yapıyorlardı ve sonunda hepimizi krematoryuma göndereceklerdi? Yanımda bu Almanca olayından sıkılmış başka telaşlı gözler de görüyordum. Biraz ötedeki bir kadın yataktan hopladı, dışarı koştu ve iki dakika sonra geri döndü. Tamamdır, dışarıda hiçbir şey yok dedi ve yemek yemeğe oturdu. Bize günde sadece bir öğün yemek verdiler çünkü doktorlar yiyecek nedeniyle ölmemizi istemiyorlardı. Benim için sorun değildi, yastığımın altında her zaman ekmeğim vardı, diğerlerinin de ekmeği vardı. Sonra, aramızda hiç tartışmadan bir isim listesi hazırladık. Her sabah kadınlardan biri, dışarıda bir plan yapıp yapmadıklarını ya da çevreyi değiştirip değiştirmediklerini kontrol etmek üzere, hastanenin önüne çıkacaktı. Hiçbir şey olduğu yoktu.

Üç hafta geçti ve bulaşıcı bir hastalığımın olmadığını anladılar. Benimle birlikte, hastaneden ayrılabilecek yirmi otuz genç kadın vardı. Bize içinde üç sütyen, dört çift iç çamaşırı ve çorap, iki elbise, bir kazak, bir palto, ayakkabı ve bir sabahlık olan bir valiz verdiler ve yarın doğruca dinlenme yurduna dediler. O gece birkaç genç kadının valiziyle birlikte duşlara doğru gittiğini gördüm. Kapının arkasında güldüler ve birbirlerine, sütyenimi bağlamama yardım et, söyle, nasıl görünüyorum ve bunun gibi şeyler söylediler. Ben gitmedim ve deneme de yapmadım. Biliyordum ki bana verdikleri sütyenin ve iç çamaşırının içine iki Sara sığardı ve elbiseye de benim gibi üç kişi sığar, hatta boşluk bile kalırdı.

Hastaneden bizi otobüsle Ryd'deki Dinlenme Yurdu'na naklettiler. Doğuştan beyaz saçlı olan enerjik bir sosyal hizmet uzmanı bize, Almanca olarak, özellikle Çekoslovakya'dan kurtulanlara tahsis edilmiş bir dinlenme yurduna gidiyoruz, dedi, bu arada güzel elbiseler! Otobüste kadınlar görünüşlerine güldüler, bazıları valizleri açtı, giysileri karşılaştırdı, kumaşlara dokundu, elbiselerin boylarını ölçtü ve kenarlarını katladı. Bu arada otobüs büyük bir çam ormanına girdi ve herkes sustu. Gözlerimi pencereden ayırmadan ıslık çalmaya başladım. Otobüsteki kadınlardan biri ağlamaya başladı. Sosyal hizmet uzmanı ona yaklaştı. Kadın ağlıyor ve beni hastaneye götürün, burada olmak istemiyorum, istemiyorum, diyordu. Sosyal hizmet uzmanı onu nazik sözlerle yatıştırdı. Yaklaşık bir saat sonra ağaçların arasında iki katlı binalar gördük, bacaları yoktu. Binaların yanında çiçek tarhları vardı, sarı ve turuncu çiçekler, yine de otobüsten inmeyi reddettik. Sosyal hizmet uzmanı teker teker yanımıza geldi. Kolalı yakası ve sıkıca toplanmış saçları ile, dinlenme yurdunun müdürü ona yardım etti. Hemşirenin sıcacık bir gülümsemesi vardı. Bazıları hemşireyle inmeyi kabul etti ve ben de onlardan biriydim. Bazıları biz odaları görmeyi bitirene kadar otobüste bekledi. Ancak biz çağırdığımızda hepsi birden inmeyi kabul etti.

Her dört kız için temiz bir oda verildi, herkesin kendi yatağı ve küçük bir dolabı vardı, ama ben valizimi boşaltmadım. Valizimin her ihtimale karşı hazır olmasını istiyordum. Günde üç kez çalan zil, bizi nakışlı masa örtüleri üstünde güzel çini tabaklardan yemek yemeye davet ediyordu. Önlüklü ve kepli kadın garsonlar, dolu tepsilerle masalar arasında dolaşıyor ve bize yemek servisi yapıyordu, yemekler iyiydi. Garsonların lüle lüle kıvırcık saçları vardı. Biz de lüle lüle kıvırcık saç istiyorduk. Gruptaki kadınlardan biri, sorun ne dedi ve sonra bize parmağıyla kâğıt bigudi kıvırmayı öğretti. Saçlarımız kısaydı, ama biz gece saçlarımızı çekiştire çekiştire parmaklarımıza doladık. Sabah saçlarımızda küçük kıvrımlar ve bukleler vardı.

Yemek odasının yanında piyanolu bir oda, oyunlar için bir sahne ve egzersiz aletleriyle dolu özel bir salon vardı. Dinlenme yurdu personeli bize karşı çok iyiydi. Sürekli bir şeylerle oyalanmamızı istiyorlardı, bize İsveççe konuşmayı öğrettiler, bizi dans etmeye ya da koronun verdiği konserleri dinlemeye teşvik ettiler, müzikle ilgilenen sıradan kadınlar gibi salonda oturduk, ama biz sıradan kadınlar değildik. Aslında, sabahları gözlerimi açtığımda ilk gördüğüm şey,

Turi'i Remety'deki evimizde, annemin yüzü oluyordu. Evden hiç çıkmazdım, anneme küçükler konusunda daima yardım ederdim ve sonra bir gün, herkes Auschwitz'deki rampada bir anda gözden kayboldu ve ben hayatta olup olmadıklarını bilmiyordum. Sadece annemi biliyordum. Annemi özlemiştim. Ve ben oturup, örgülü saçları kurdeleyle bağlanmış, elbiselerinin kollarında işlemeler olan sevimli kızların verdiği konserleri dinlemeye devam ettim. Onları alkışlardım, ama bazen, korodaki tüm kızlar bir anda birbirlerinin üstüne düşmeye başlardı, peş peşe, çırılçıplak, bedenleri sahnede büzülür ve o güzelim saç örgüleri yere düşerdi ve ben korkuyla gözlerimi kapardım, sonra yavaşça açardım, tatlı kızlar eğilerek seyircileri selamlıyor olurdu ve ben onları daha güçlü alkışlardım, sonra sevimli kızlar yine çırılçıplak düşmeye başlardı ve şişman sıçanlar herkesin çok sevdiği o yüzlere üşüşürdü, oy anneciğim ve ben Tanrı'ya kızar, dışarı koşardım.

Dinlenme yurdunda neredeyse bir yıl geçirdikten sonra, yirmi iki yaşında ufak tefek genç bir kadının normal ağırlığına ulaştım ve sonra ilkbaharda, beni ve diğer birkaç kızı İsveç'in Gothenburg kasabası yakınlarındaki Robertshöjd adlı bir Çek mülteci kampına naklettiler. Kampın etrafı dikenli tel örgülerle çevriliydi, girişte belgeleri inceleyen bir nöbetçi duruyordu. Tel örgüleri görünce kaçmak istedim, ama kendimi sakinleştirdim, dur Sara, dur, dedim, krematoryum yok, tellerde elektrik yok, İsveçliler iyi insanlar, rahat ol. Biraz cesaretlenmiştim, valizi sıkıca tuttum, diğer elimi göğsüme koydum, doğruldum ve uzun boylu, normal bir kadınmışım gibi, kamptan içeri girdim. Beni iki katlı yatakları olan bir bloğa götürdüler, odada yirmi kız vardı. Müdüre dedim ki, sevgili bayan, iki katlı bir yatakta uyuyamıyorum, yerde ya da normal bir yatakta yatabilirim. Bana başka bir odada normal bir yatak verdiler.

Kampta sakallı goy'lar vardı.

Goy'lar mutfağın yanında kalıyordu ve yemek sırasının en önünde daima onlar olurdu. Yemeğimizi duvardaki bir servis penceresinden alırdık. Çek adamların sırada beklemek istemedikleri zamanlar olurdu, sonra itişirler, küfrederler ve birbirlerine vururlardı. Çeklerin yumrukları canımı sıkar ve hemen sıranın sonuna giderdim. Yoldaki bağırışları yüzünden yemek yemeye gitmediğim de olurdu.

Bir gün bize iş bulduklarını öğrendim ve hemen kaydoldum. Lessly Fabrikası'nda çalışmaya başladım, orada elbise dikmeyi öğrendim. İyi kazanıyordum ve özellikle kamplarda benimle birlikte olan genç bir kadından aldığım bir telgraftan sonra, hayatta benim de bir şansım olduğunu hissetmeye başladım.

İsveç'te başka bir şehirdeydi. Telgrafta iki kardeşimin de hayatta olduğu ve İsrail'de yaşadıkları yazıyordu. Erkek kardeşi benimkilerle İsrail'de tanışmıştı. Kıza bir telgraf çektim ve ama benim üç erkek kardeşim var, dedim, hangileri yaşıyor? Genç kadın telgrafla yanıt verdi, ikisi Sara, ama adlarını bilmiyorum. Sonra İshak ve Dov'un mektubu geldi. Filistin'e gelmemi istiyorlardı. Kardeşlerimle buluşmayı çok istiyordum. İsrail Ülkesi'ne gitmeye karar verdim.

İsrail Ülkesi'nden Yahudi adamların kampa geldiğini duyduğum gün, onlarla buluşmaya gittim. Güçlü ve sağlıklı görünüyorlardı. Kendi aralarında, kardeşlerimin *cheder*'de öğrendiği İbranicenin aksine, kendinden emin bir İbranice konuşuyorlardı. Görür görmez onlara âşık oldum, öpmemek için kendimi zor tuttum. Kamptaki tüm Çekler, İsrail Ülkesi'nden gelen bu yakışıklı adamlara bakıyordu ve ben doğruldum ve içimden, işte görüyorsunuz, diye bağırdım, dünyada Yahudi kahramanlar var ve İsrail Ülkesi'nden özellikle bizim için geldiler, bizi uçakla götürmek için.

O gece uyuyamadım, sanki beynimde yüz dikiş makinesi sabaha kadar çalışıp durdu. Kahraman adamların dediğine göre, İsrail'e giderken yanımıza beş şey almalıydık: battaniye, giysi, havlu, dikiş makinesi ve katlanabilir bir yatak. Eski bir dikiş makinesi ile katlanabilir bir yatak satın aldım. Birlikte yaşadığım bir arkadaşım bana bir sandık verdi, eşyalarımı sandığa koydum ve kampta tanıştığım insanlardan ayrıldım.

Ertesi gece, güçlü genç adamlar bizi bir kamyonla uçağa götürdüler. Danimarkalı bir pilotu olan askeri bir uçaktı. Marsilya'ya uçtuk. Uçuşta sorunlar yaşadık. Bize sağ tarafta oturmamız söylendi ve sonra birden herkes sola geçsin dediler. Birkaç dakika sonra sağa ve tekrar sola, yolculuk boyunca bir o yana bir bu yana taşınıp durduk, uçağın düşeceğinden ve yanarak öleceğimizden korktum.

Marsilya çürük balık ve parfüm kokuyordu.

Marsilya'da ilk kez siyah bir insan gördüm. Bir fırında yanmış gibiydi ve iyi görünmüyordu. Saçları bile fırında yanmış gibiydi. Siyah olmasının dışında, bir palto giymiş ve kravat takmıştı, elinde bir evrak çantası vardı ve yanındaki Fransız kadın gibi burnunu mendile siliyordu. O gece bir otelde uyuduk. Uyumadan önce elime bir parfüm aldım. Kulaklarımın arkasına, boynuma, çenemin altına ve bileklerime parfüm sürdüm, kokudan ve heyecandan uyuyamadım. Sabah bizi başka bir uçakla Filistin'e götürdüler. Uçak sağlamdı, uçuş sırasında bir o yana bir bu yana taşınmak zorunda kalmadık. Benden az ötede, pilili bir etek giyen ve kucağında bir bebek tutan bir kadın vardı. Koltuklar arasında dolaşıyor ve ağlayan bebeğini susturmaya çalışıyordu. Bere takan ve yanaklarında yanık izine benzer izler olan başka bir kadın bebekli kadınının yanına gitti. İkisi tanışıyor gibiydi. Bereli kadın annenin omzunun üzerinden bebeğe baktı, yüzünü komik şekillere soktu ve komik sesler çıkardı. Bebekli kadın diğer kadına döndü ve tutmak ister misin, dedi. Bebeği ona verdi.

Bereli kadın koltuğuna oturdu ve Yanu'cuk, benim Yanu'cuğum, dedi, sonra derinden gelen boğuk bir sesle ona bir ninni söyledi. Bebek korktu ve çığlık atmaya başladı, kadının bebeğin göğsüne eliyle fazla sıkı bastırdığını gördüm.

Anne yanında duruyordu, hafif hafif, dedi, belki bebeği alsam iyi olur, yorgun.

Bereli kadın anneyi duymadı ve Yanu'cuğum ağlama, dedi, yanında oturan şapkalı adamı da duymadı.

Anne diğer kadının kulağına eğildi ve yüksek sesle, bana bebeği geri ver, dedi. Kadın öne doğru eğilmişti ve bebeğin yüzünü göğsüyle bastırıyordu. Bebek öksürmeye başlayınca anne çığlığı bastı, bebeğimi boğuyor. Kahraman genç adamlardan biri kalktı ve anneyi kenara çekti. Bereli kadının üzerine eğilip kulağına bir şeyler fısıldadı. Bu sırada diğer insanlar kalkıp annenin etrafında toplandılar ve ben uçak düşüyor gibi hissettim, sanki isabet almış ve durmuştu. İki kez oldu ve insanlar bağırmaya başladı, uçak düşüyor, uçak düşüyor.

Bebeği alıp annesine geri vermek ve herkesi sakinleştirmek dört güçlü genç adama kalmıştı. Bereli kadın ağlıyordu ve yanındaki adam ondan ağlamamasını rica etti. Şapkasını devirip ağlamaya devam etti. Yanına gittim. Marsilya'dan aldığım parfümü çantamdan çıkardım ve ona uzattım, alın. Almak istemedi. Şapkasız adam bana fısıldadı, ikizleri vardı, bir kız bir oğlan. Parfümü tuttuğum elimi kaldırdım ve sıkmaya başladım. Koridora sıktım, insanlara sıktım, başımın üstüne sıktım, ön tarafa gittim ve uçağın o kısmına da sıktım. Parfüm bitince ancak koltuğuma döndüm.

Yaklaşık yedi sekiz saat sonra pencereden sahil ışıklarını gördük.

Genç adamlar dedi ki, işte bu kadar, Hayfa'ya vardık. İçlerinden birine, kardeşlerim beni tanıyamayacak dedim ve ben de onları tanıyamayacağım, çünkü ayrılmamızın üzerinden dört yıl geçti. İsrail'de Dov adını alan Leiber on altı yaşındaydı, bugün yirmi yaşında bir adam ve Icho, yani İshak, on beş yaşında bir çocuktu, bugün ise on dokuz yaşında. Genç adam endişelenme, dedi, onlar seni tanıyacaktır. Kardeşlerimin iki yıldır İsrail'de olduğunu biliyordum ve içimde bir korku vardı, ya onlar da beni uçağa getiren bu cesur genç adamlara benziyorsa? İsrail'deki tüm genç erkekler birbirine benziyorsa onları nasıl tanıyacağım? Cebimden bir parça ekmek aldım ve ağzıma attım.

Hayfa'ya Bağımsızlık Bildirgesi'nin ilanından sonra, Ekim ya da Kasım 1948'de gelmiştik.

Bizi bir göçmen kampına götürdüler. Kampta bir sürü insan vardı. Gözüme yaşlı göründüler. Belki yetmiş yaşında, ya da yüz. Yanaklarında ve kısa ceketlerinde kırmızı lekeler vardı. Ceketlerinin yakaları hafif kalkıktı ve ceplerinde belgeleri vardı. Ceplerindeki kâğıtları çıkardılar ve bir şeyleri anlamanın bir yolunu adadılar. Hiçbir şey anlamadıklarını gördüm. Ben de anlamamıştım. Kadınlar etek boyu dizin biraz altında elbiseler giyiyorlardı. Saçlarında bigudiler vardı. Bigudileri çıkarınca saçları bir güzel yukarı doğru kıvrıldı. İnce, kısa saçlarım vardı. Tek yapmam gereken bir tarakla taramaktı, hepsi bu. Eğer saçlarımı sertçe çekersem birkaç bukle yapabiliyordum, ama göçmenlerle dolu bir kampta bukle yapmak içimden gelmedi. Aynaya bakmaktan hoşlanmıyordum, çünkü aynada gördüğüm genç kadın yüzünden gece kâbuslar görüyordum, göz çevresinde siyah lekeler, ince bir yüz ve ağız olması gereken yerde ince bir çizgi. Dudaklarımı eski hallerine getirmek için yanaklarımı şişirmem ve kendime hafif bir tokat atmam gerekiyordu.

Dov ve İshak'a Hayfa'dan bir telgraf çektim.

Telgraf şöyleydi: Kardeşlerim Dov ve İshak'a mesaj. Benim, Sara, ablanız. Uçakla Hayfa'ya geldim. Bir göçmen kampında bekliyorum. Ne zaman gelirsiniz? Not: Avrum'dan veya babadan haber aldınız mı?

Bir gün insanlar beni çağırmaya geldi ve Sara, Sara, dediler, gel, ziyaretçilerin var. Kapıya gittim, bacaklarım dayanamadılar ve nedensiz yere iki kez düştüm, ama çabucak kalktım ve yürümeye devam ettim. Önümde iki genç adam durdu, ikisi de benden en az bir buçuk kafa daha uzundu. Omuzları, boyunları ve yabancılarınkine benzeyen geniş çeneleri vardı, ama yine de gülümsemelerinden ve gözlerinden onları tanıdım. İlk Dov gülümsedi, kahverengi buklelerle dolu bir kafası ve gözlerinde kahverengi bir hüzün vardı. Ardından İshak gülümsedi, bıçak gibi keskin bakışları vardı. İkisi de siyah pantolon ve rengi solmuş yakalı bir gömlek giymişti. Dov'un üstünde bir asker montu vardı. İshak sırtına bir kazak atmıştı.

Neredeyse bağırarak sordum, siz misiniz?

Ve gülmeye başladım. Deli bir kadın gibi güldüm ve sonra ağladık. Çok ağladık.

Sara, dediler. Boğazları düğümlendi, Sara, Sara, konuşamadılar ve ben onlara dokundum, kardeşlerimi buldum, diye mırıldandım, onları buldum. Kucaklaştık. El ele tutuştuk. Etrafımızda birçok insan duruyordu. Ellerinde pusulalar vardı ve bizimle birlikte ağladılar. Kardeşlerimin yanında küçük, mutlu bir kadın gibi hissettim. Sara, seni almaya geldik, dedi Dov ve hemen kabul ettim, evet, evet, aralarına girdim ve yürümeye başladık. Kardeşlerimin büyük adımları vardı, biri askerdi, diğeri bir traktör şoförüydü ve silahıyla bir nöbet yerinden sorumluydu. Birbirleriyle akıcı, güçlü bir İbranice konuşuyorlardı, bir dakika dedim, Macarcayı unuttunuz mu? İkisi de güldü ve Macarcaya döndüler ama sessizce konuştular.

Dov beni çalıştığı küçük *moşav*'a götürdü, İshak birliğine döndü. Dov'la birlikte onun odasında kaldım. Dolabında bir sürü yiyecek vardı ve bana ısrarla ye, ye diyordu, karnımdaki peklik yüzünden yiyemedim. Gece uyuyamadım, kardeşimin odasındaki sessizlik kulaklarımda patlama etkisi yapmıştı.

Ertesi gün Dov işe gitti, gitmeden önce masaya beş konserve, iki somun ekmek, bir kavanoz reçel ve bir sürahi süt çıkarmıştı. Biraz yedim ve tekrar uyudum. O akşam Dov bana, Sara, *moşav*'da bir arkadaş var, dedi, seninle evlenmek istiyor, gel ve onunla tanış. İsrailli biriyle tanışmak istemiyordum, evlenmek de istemiyordum.

Birkaç hafta sonra Tel Aviv'e gittim ve asker Mordecai ile tanıştım. *Altalena* gemisiyle İsrail'e göç etmişti. Mordecai ile gözleri yüzünden evlendim. Yanımda durduğunda bedenimde hoş bir sıcaklık hissederdim. Mordecai kamplarda kalmıştı. Ona nerede kaldığımı söylemedim ve Mordecai de bana nerede kaldığını söylemedi. Birkaç ay sonra Beerşeba'ya taşındık. Bir anaokulunda çalıştım. Anaokulu öğretmeni yardımcısıydım. Evde kardeşlerimle deneyimim vardı. Para işini halledemedik. Karnımızı zar zor doyuruyorduk. Ekmek ve turp yedik. 1952 yılında, Kanada'ya gitmek üzere ülkeden ayrıldık, belki Kanada'da mali sorunların üstesinden geliriz diyorduk. Birkaç yıl sonra Amerika Birleşik Devletleri'ne taşındık, iki oğlumuz oldu ve ben bir daha asla düşmedim. Aklımdaki görüntülere, her gün zihnimden geçen görüntülere rağmen, örneğin paltosunun altında bir bebek saklayan benim boyumdaki bir kadının görüntüsüne rağmen. Onu pantolonunun lastiğine sıkıştırdı ve bebek ağlamaya başladı. Çenesinde bir delik olan bir Alman askeri kadının olduğu yöne doğru koştu, bebeği arıyordu. Ona ulaşana kadar bir kadından diğerine geçti. Tüfeği iki eliyle tuttu, bir adım geriye attı ve tüfeğin dipçiğiyle kadının karnına vurdu. Bebeğin ağlaması durdu. Kadının yüzü yeşile döndü ama kımıldamadı ve asker yürüyüp gitti. Kadın pantolonundan küçük bir kundak çıkardı, onu bavul yığınının üzerine fırlattı ve dörtlü sıradaki yerini aldı.

Çok çok yavaş dönen dev bir tekerlek gibi tekrar tekrar rüyama giren başka görüntüler de vardı ve kalkıp bir sandalyeye oturmak, kaçmak isterdim, ama kalkamazdım.

Kamplarda bir yıl geçirdim.

O zamandan beri insanlara güvenmiyorum. İnsanların ne dediği önemli değil, güvenmiyorum. Hükümete güvenmiyorum, yabancılara güvenmiyorum. Kendim ve ailemdeki en yakın kişiler dışında hiç kimseye güvenmemeye karar verdim, asla. Basit ve tutumlu yaşıyorum. Eğer yaşlanır ve hastalanırsam kendime bakarım. İyi bir Yahudi olmaya çalışıyorum. Benim için iyi bir Yahudi olmak, Musevilere yasaklanmamış yiyecekler yemek, Şabat'ta dinlenmek ve Yahudi bayramlarını kutlamak demek. Elimden geldiğince bağış yaparım, Queens'teki Araplar bile, sadaka, sadaka diyerek evlerin önünden geçmeyi öğrendi. Civarda yaşayan iyi arkadaşlarla irtibatta kalmaya çalışırım.

İki oğluma da kamplardan hiç söz etmedim.

Bunca yıl neden sessiz kaldığımı bilmiyorum. Son zamanlarda torunlarım bilmek istiyor. Büyükanne, Büyükanne, diyorlar, bize kampı anlat ve ben de onlara biraz anlatıyorum. Ancak iki yıl önce tazminat almaya başlayabildim, ayda 200 dolar. Öncelikle geçimimi sosyal yardımlaşmayla sürdürüyorum.

Diğer genç kadınlarla birlikte kamptayken, intikam demiştik! Yahudi çocukları dünyaya İntikam getirecek. Çocuklarım var, Tanrı'ya şükürler olsun, işte intikam bu.

55. Bölüm

İshak: Altı milyon Yahudi'yi öldürdüler, altı milyon! Üç milyonu savaşabilir miydi? Elbette savaşabilirdi. Ama bize Mesih'i beklememizi söylediler ve Mesih gelmedi.

Dov: Bu yüzden Yidişçe konuşmak istemiyorum ya. Yidişçeyi ve Mesih'i unutmak istiyorum.

İshak

Bugün biliyorum: Asla evimizden ayrılmamalıydık.

Ya evde ölmeliydik ya da ormana kaçmalıydık. Eğer halkımı imha planından haberim olsaydı, asla trene binmezdim. Ama haham Kutsal Kitabı eline aldı ve sırada en öne geçti, evet. Sanki gaz odalarına doğru yürümek dünyadaki en normal şeymiş gibi, bize öncülük etti. Hahamlar Yahudilere ne yaptıklarını bilmiyorlar mıydı yani? Auschwitz'deki duşun önünde duruyorduk, iki sıra çıplak erkek, ve haham direnin diye bağırmak yerine, *Şema İsrail* diye bağırdı. Onlara saldırmalıydık. Kargaşa çıkarmalıydık, krematoryuma, sanki orada lolipop dağıtıyorlarmış gibi yürüyen o konvoyları durdurmalıydık. Tüfeklerini ateşlerlerdi, peki ya gaz daha mı iyiydi? En azından ölüm yürüyüşünü durdurur, ölüm hızını yavaşlatırdık, bunu düşünüyorum ve deliriyorum. Bazen iki SS adam bin aç Yahudi'nin önüne düşüp yürürdü. Ne yani, iki SS adamı öldüremeyecek miydik? Yüz kişi gelmiş olsaydı, onları tekmelerimizle bile öldürürdük. Binlerceydik ve onlar sadece birkaç kişiydi, yapabilirdik. Açlıktan önce onlara karşı ayaklanabilirdik. Açlık zihnimizi zayıf düşürdü. Aç insan hiçbir şey düşünemez, aptallaşır, koyun gibi olur. Almanlar bizi kamplarda özenle aptallaştırdı, böylece konvoyların krematoryuma gittiğini anlamayacaktık, sessiz kalmamız şaşırtıcı mı? İnsanların intihar etmeye bile gücü yoktu. İntiharın daha iyi bir ölüm olduğunu düşünebilmesi için zihnin güçlü olması gerekir. Kalan gücümüzü açlığa ve dona karşı hayatta kalabilmek için koruduk, düşünmek için değil. İntihar eden güçlüydü. Koşup kendilerini dikenli tellerin üzerine atanlar, ya da iple asanlar, güçlü olanlardı. Güçlüler yemek yemeyi bıraktı çünkü ölmeye karar verdiler. İtaat etmeyi bırakmak ve bu işleri tek başına yapmak için ne denli güçlü olmak gerekir, biliyor musunuz?

Hatırlıyorum da, aklımda sadece tek bir şey vardı: Yaşamak için daha fazla ekmek. Daha fazla ekmek almak istedim, böylece kardeşim Dov yanımda ölmeyecekti.

56. Bölüm

Dov

Kamplarda başıma gelenleri düşünmemeye çalışıyorum.

Elli yılı aşkın bir süredir her gece kamplarla birlikte yaşayan arkadaşlarım var. Rüya görmüyorum. Sabah gözlerimi açtığımda, bacaklarımın ya da tırnaklarımın olup olmadığını anlamak için elimi vücudumda gezdirmiyorum. Ve geceleri yattığımda, kolları yanlardan aşağı sarkmış, ölülerle dolu bir araba görmüyorum. Ama on altı yaşımdayken yaşadıklarım bugün beni hâlâ etkiliyor. Diyelim ki televizyonda bir yemek programı var, şef özel İspanyol baharatlarıyla bir kaz yemeği yapıyor, izliyorum ve içten içe tükeniyorum. Parmaklarım hemen masaya ve fincandan dökülen kahveye dokunmaya, kek kırıntıları halıya düşmeye başlıyor ve içimden ekranın ortasına bir kurşun sıkmak geçiyor, çünkü özel baharatlardan bahsedilmesine dayanamıyorum. Kokuşmuş her çürük sebze kabuğu kamplarda iki gün daha yaşamamı sağladı. Bana günde on kez ekmek vermesi için Tanrı'ya dua ederdim. Küflü bir ekmek bulduğumda, sanki Tanrı bana, Dov, yaşayacaksın, derdi. Onlar da burada durmuş, Çin'den gelen bir tozdan, Paris'ten gelen tahıllardan ve Himalayalar'dan gelen mantarlardan söz ediyorlar, bunları bana neden anlatıyorlar? Bu tür konuşmaları dinleyemiyorum. Bazen bir çocuğun başka bir çocuğa hamur fırlattığı bir film izlerim. Beni öldürür, etrafa yiyecek atılmasını görmeye dayanamam. Bazen komiklik olsun diye bütün bir keki birinin suratına atarlar, bunun gibi şeyler beni rahatsız ediyor. Bu bir keki ziyan etmek değil mi? Kaç kişi kek kırıntıları yemiş olabilir?

Evde yemek atacağıma ölsem daha iyi. Bazen kızlar bir pidenin üçte birini yer ve kalanını çöpe atar. Bu beni üzer. Tansiyonumun çıktığını hissederim, alnım terler, içten içe öfkelenirim. Yine de kızlara yiyeceklerin atılmaması gerektiğini anlatırım. Bazen onları, dünyada açlıktan ölen çocuklar hakkında bir televizyon programı izlemeye çağırırım ve biz de tutmuş çöpe yiyecek atıyoruz derim. Neden bahsettiğimi anladıklarından emin değilim.

Benim için en zoru oteller.

Bir otele gidip oturmaktan acizim. Karım bana diyor ki, herkes hafta sonları bir yerlere kaçıyor, gel biz de bir otele gidelim. Gitmek istemiyorum, birilerinin bana masada otururken yemek servisi yapmasından hoşlanmıyorum. Şu garsonlar yok mu, başıma dikiliyor ve bu özel bir yemek, şu yiyecek nefis, bu ithal bir şarap diyorlar ve ben kalkıp gitmek istiyorum. Daha otelin girişinde gerilmeye başlıyorum. Resepsiyon görevlileri anlatmaya başlıyor, klimalı, jakuzili, deniz manzaralı ve kendi barı olan lüks bir odada uyuyacaksınız ve havuz için kendi özel havlunuz olacak ve beni ateş basıyor. Böyle konuşmaktan hoşlanmıyorum. Diyorum ki, ekmeğim, domatesim ve kafamın üstünde bir çatı olduğu sürece cennetteyim. Daha dün açlıktan ölüyorduk ve şimdi içki barı mı özlüyorum? Bir hafta boyunca bir otelde yaşamak zorunda kalsaydım, buna dayanamazdım. Hayatımda bir kez yurtdışına çıktım, karım istemişti, çalıştığım şirketi temsilen Türkiye'deydim, orada şahit olduğum tüm o lüks ve konfor sinirlerimi bozdu.

57. Bölüm

İshak

Kamplar benim düşüncelerimde.

Torunlarıma bakıyorum ve onların yaşındayken yaşadıklarımı belleğimden silemiyorum.

Kamplar çocuklarımla ilişkimi etkiledi. Ailemiz bir arada değil, neden? Çünkü Auschwitz'deki rampada, ailemin her bir üyesi farklı bir yöne gitti. Bugün ailem bir arada değilse, bunun nedeni her birinin farklı bir yöne gitmesidir. Sanki bir SS adam başımızın üzerinde dolaşıyor ve bizi dağıtıyor. Sanki şöyle diyor, sen güneye gidiyorsun, sen de doğuya, sen burada, kuzeyde kalıyorsun ve tüm bu düşünceler o rampa, o trenler ve herkesin yaşadığı yalnızlık yüzünden. Sanki Naziler her birimizi kendimiz için yaşamaya alıştırdı ve bu da bugün sinirlerimi bozuyor. Bak, İsrail'in güneyinde yaşayan kızımı ziyarete gitmiyorum ve orada torunlarım var. Neden gitmiyorum? Geri dönüp de evimi bulamama kaygısını nasıl açıklayabilirim? Bir seyahatten döndükten sonra evimin yerinde Hayfa'dan Tel Aviv'e giden bir tren bulma korkusunu nasıl anlatabilirim? Sanki her gün evimin üzerinde, dünkü rampadan daha büyük bir rampada duran bir tren göreceğimişim hissini nasıl açıklayabilirim? Bir cumartesi gününü bile çocuklarımla geçiremiyorum ve karım gitmek istiyor. Bana diyor ki, İshak, hadi gidip çocukları görelim. Hamursuz Bayramı'nda bile evden birkaç saatten fazla ayrılamıyorum ve bu benim içimi dağıtıyor, ama kımıldayamıyorum.

Kendimin büyük bir parçası kamplarda kaldığı için kımıldayamıyor olabilirim, hepsinin canı cehenneme. Bir kez bile, Hamursuz Bayramı'nda bile, çocuklara Mısır'dan çıkışımızı anlatmamış olabiliriz ve bunun nedeni ruhun büyük bölümünün hâlâ orada olması olabilir ve birine, artık ne İshak ne de Dov olmayan birine bağlanmanın ne denli zor olduğunu onlara anlatacak kimse yok. Sadece Dov ve ben birlikte kaldık. Sanki tırmanmamız gereken bir dağımız var. Buchenwald'dan başlayan ve hiçbir yere gitmeyen o korkunç ölüm yürüyüşünde, sanki daha tepelerden birini tırmanmayı bile bitirmedik.

58. Bölüm

Dov: Benim için Tanrı yeryüzüdür, hava, su, doğadır. O olmadan ben var olmazdım.

İshak: Soykırım'dan önce bir Tanrı olduğunu biliyordum. Daha sonra, inanmalı mıyım yoksa inanmamalı mı, bilemedim. İşler zorlaştığında Tanrı'ya dua ettim. Bugün, İsrail Devleti'nin benim Tanrım olduğunu düşünüyorum. Güvenli bir İsrail varsa, Tanrı da her zaman var olacaktır.

Dov

Kamplarda, ortaya ilk atlayan olmama alışkanlığım vardı.

Daima kaderin dediğini yaptım. Elimi kaldırmadım ve ilk olmak için gönüllü olmadım. Olması gereken olur diye düşündüm. Bu benim için her kampta kutsal bir kuraldı. Diyelim Auschwitz'e bir kamyon geldi. Bize kamyona binmemizi söylediler. Asla ilk ben binmezdim. Kenarda beklerdim. Birden kamyon giderdi. Krematoryuma gidenler kamyona ilk atlayanlardı, çalışmaya da onları gönderdiler. 1944'ten itibaren, önlem almaya ya da durumu idare etmeye çalışmadan, kaderi olduğu gibi kabullenmeye karar verdim. Bir yorumcu değildim, kaderin beni yönlendirmesine izin verdim.

Büyük değişiklik burada, İsrail'de gerçekleşti.

Ortaya ilk ben atlar oldum. Başlangıçta. Çünkü bu ülkem içindi. Aslında, sınırdaki tehlikeli işler için gönüllü oldum. Neden? Hitler yüzünden. İçimden dedim ki, hayatta en önemli şey zaten başıma geldi. Hitler'i mağlup ettim. Mağlup edecek tek bir şey kaldı, o da yaşayan ölü bir adam olma olasılığı. Ben yaşayan bir Yahudi'yim, ülkemi seviyorum ve ülkeme katkıda bulunurken coşku ve heyecan duyuyorum, özellikle de tehlikeli bir sınırda, evet. Sonra, ortaya ilk atlayan olmayı bıraktım. Bak, kızlarımla birlikteyim, onların pideleri çöpe attığını görüyorum ve ortaya atlamıyorum. Bugünün gençlerinin yetişkinlere saygı duymadığını görüyorum ve susuyorum. Yemek için ekmeğim ve içmek için suyum olduğu için ve Yahudiler sadece babamız İbrahim ve sünnet nedeniyle krematoryuma gönderilmediği için memnunum.

Sık sık Tanrı ile konuştum.

Bana yardım etmesini ve öğüt vermesini istedim. Sağa mı yoksa sola mı gitmeliyim? Yukarı baktım ve yön dilendim. Sanırım yönü anladım. Bugün de Tanrı ile konuşuyorum. Ondan sağlık diliyorum ve aklımda dönüp duran görüntüler için bana zaman vermesini istiyorum, bize yiyeceğin yokluğunu göstermemesini, bizi hiçbir zaman ekmeğe muhtaç etmemesini diliyorum.

Bazen kamplardaki hayattan sesli görüntüler gördüğüm oluyor.

Görüntüler ve sesler gün içinde hırsızlar gibi gelir. Bazen Auschwitz'deki rampadan gelen acılı sesler duyuyorum, keskin bir acının neden olduğu anlaşılmaz sesler. İşte ben, rampadaki bir konvoydayım. Ve sıra yavaş yavaş, yavaş yavaş, adım adım ilerliyor. Biraz sonra SS adamların parmaklarıyla sağa, sola diye karar verdikleri noktada olacağım. Evet böyle, yaşamak ya da ölmek için parmakla yapılan küçük bir hareket. Bloğa gitmek ya da toz olup çöpe gitmek.

Şans eseri gaz odasına gitmedim. Şans eseri, rampada durduğum o gün işçilere ihtiyaçları vardı, neden? Çünkü Macaristan'dan büyük bir sevkiyat gelmişti, benim için, anlaşıldı mı? Almanlar bizden elbiselerimizi tasnif etmemizi istediler ve bu yüzden beni Kamp Kanada'ya gönderdiler. Ya bir yaş daha küçük olsaydım? SS adamlar sürekli çocuk arıyordu. Ve eğer kardeşime rastlamamış olsaydım, ne kadar hayatta kalma şansım olurdu?

Size Karpat Dağları'ndaki köyümde olan bir olayı söylemek istiyorum.

Köyde her gün sinagoga giden Yahudiler vardı ve bir de sadece Şabat'ta giden Yahudiler. Şabat günü herkes gitti, peki kim gitmedi? Engelli Friedman Şabat günü sinagoga gitmedi. Köyün çiftçileri için harman döven Friedman'ın ağabeyiydi. Ailelerinin bir harman makinesi, bir hızarı ve yolun kenarında büyük bir evi vardı.

Her Şabat günü sinagogdan çıktığımızda, o sırada elli yaşlarında olan engelli Friedman, takkesiyle karşımızdaki bir bankta oturmuş sigara içiyor olurdu. Bilerek sigara içerdi. Bu böyle yıllarca sürdü. Şabat'ta sigara içen bir Yahudi. Açıklaması zor. Yoldan çıkmış biriydi. Sınırların dışında, uyumsuz.

Friedman Şabat'ta neden sigara içerdi? Bunu çok düşündüm. O Yahudi neden sinagogdan çıkan insanların gözü önünde, tüm günlerin Şabat gününde sigara içerdi? Bizi Auschwitz'e göndermelerinden iki gün önce, o Yahudi öldü ve kendisine saygın bir Yahudi cenaze töreni düzenlendi. Sanki herkese boş işlerle zaman kaybetmeyin der gibiydi. Yapılacak daha önemli işler var. Kendinizi kurtarın. O eğitimli bir adamdı, on beş yaşında bir ergen değildi. Davranışlarıyla bize, sizler dua etmek için sinagoga giderken, Mesih'in gelmesi için gözyaşı dökerken,

Tanrı'ya seslenip, kurtar bizi, kurtar bizi diye yakarırken ve hiç kimse, Yahudiler kaçın, hayatta kalın demezken, Hitler radyoda bas bas bağırıyor, Avrupa Yahudileri fırınlarda yakıyor, demek istiyordu.

Ve bu beni deli ediyor. Tüm insanlar arasında yalnız o, Rab'bi terk eden, Tanrı'nın ve herkesin karşısında sigara içen Friedman kutsanmıştı. Bir tuğla fabrikasının iğrenç çamurunda yatmadı, yemek için sırada itilip kakılmadı. Leş gibi bir sığır trenine konulup, susuz ve havasız bırakılmadı. Auschwitz'deki rampa üzerinde durup ailesinin cehenneme dağıldığını görmedi. Ağlayan yaşlıların ve çocukların bulunduğu bir konvoyla krematoryuma gitmedi. Ama elbette yaşlılarla birlikte giderdi, çünkü yaşlı ve engelliydi. Ayaklar altında çiğnenmedi ve yaşamın son anlarında başı gaz odasında ezilmedi. Evet, Friedman kutsanmıştı.

Bazen Buchenwald'dan başlayan ölüm yürüyüşünü düşünüyorum.

Savaşın sonunda bizi Buchenwald'dan sürdüklerinde, yolda bizimle birlikte Alman aileleri de yürüdü. Kadınlar, çocuklar, gençler, bebek arabaları. Rusların eline geçmemek için evlerinden kaçıyorlardı. Aynı yollarda yürüdük. Yollar *Flüchtlinge*[94] ve Alman aileleriyle doluydu. Konvoylarını gördüm, neredeyse birbirimize karışmıştık.

Onlara baktım ve biz sürülüyoruz, onlarsa kendi özgür iradeleriyle ayrılıyorlar diye düşündüm. Öyleyse savaş ne için yapıldı, ne?

---

94) Mülteciler.

59. Bölüm

İshak: Bazen bunu düşünüyorum. Zeiss Kampı'na giderken bana yiyecek veren o Alman kıza rastlasaydım, onun için gökten yıldızları indirir ve onu kraliçe yapardım.

İshak

Bazen çok yorgun olduğumda bir rüya görüyorum, rüyamda genç olduğumu ve hareket halindeki bir trene atladığımı görüyorum; rüyamda herşey çok gerçek görünüyor. Kısa bir palto, gri bir pantolon giymiş ve yün bir fular takmışım. Koridorun yanında bir bankta oturuyor ve pencereye yaslanıyorum. Tren şak-şak, şak-şak diye şakırdıyor, aklınıza takılan bir melodi gibi, şak-şak-şak, kafa bulanıklaşıyor, şaaakkk, bom. Kafam düşüyor ve uyanıyorum. Ayaklarımın üstüne zıplıyor, gözlerimi kocaman açıyor, vagonun sonuna gidiyorum ve geri dönüyorum. Diğer uca gidiyor, geri dönüyorum. Yerime oturuyorum, yorgunum, uykuya dalıyor ve sabaha kadar uyuyorum. Tren Zeiss Kampı'nda duruyor, istasyonda iniyorum ve sağa mı yoksa sola mı gideceğimi bilmiyorum. Sağ taraf, yeraltında boru yalıtımı yapılan yere gidiyor ve orada, Yahudilere uyguladıkları programı henüz tamamlamayan Almanların elinde, kesin bir ölüm hazırlanıyor. Sol taraf, büyük bir yaşam umuduyla, saç örgüleri ve sandviçleri olan kızın köyüne gidiyor.

Arkamdaki lokomotif pufluyor ve nefes nefese kalıyor, iki ağır sepet taşıyan yaşlı bir kadın vagonlardan birine biniyor. Tren, sepetli yaşlı kadının iç çekişleriyle birlikte istasyondan ayrıldı, peronda yalnız başıma kaldım. Karşımda, kiremit çatılı küçük evler duruyordu, tam hatırladığım gibi, her çatıda bir baca. Her evin kazık çitle çevrili bir bahçesi ve pencerelerde koyu renk perdeler vardı.

Yumruklarımı ceplerime soktum ve fısıldadım, şimdi köye giden yola sap, ne, yürü, ama bacaklarım kurşun gibiydi, yola yapışmıştı. Zihnim uğulduyordu, bir şey yap adamım, bir bacağı al ve hareket ettir, sonra diğer bacak, ne, ya işte böyle.

Bacaklar birbirlerinin peşi sıra hareket etmeye başladı ve kendimi yolda yürürken buldum. Zihnim bağırıyor, güzel, rayların altındaki ahşap traversleri saymak için mi köye geldin, yakında başka bir tren gelecek, sonra ne olacak?

Demiryolu traverslerinden atlaya zıplaya yürümeye ve evleri incelemeye devam ediyorum. Bazı evlerin duvarında koyu lekeler vardı, bazıları yeniden boyanmıştı. Evlerin yanındaki çalılar büyümüştü, kalın ağaç eskisi gibiydi ve sonra kalbim bir anda yerinden çıkıverdi. Ağacın arkasında, yeşil tepesinden bir ip merdivenin sarktığı kuleyi görüyorum. Kuleyi hatırlıyorum, saç örgülü kız her zaman ağaç ve kuleyle aynı hizada dururdu ve düşüp kalkıyorum, doğruluyorum ve kızın yoldan çıkagelmesini bekliyorum, böylece kurtarıcımı kucaklayabileceğim, ama kız gelmiyor, yoldan kimse gelmiyor.

İstasyona geri dönmek istiyorum, ama sonra, uzakta, dağınık saçları omuzlarına dökülmüş, kırmızı elbiseli bir kız görüyorum. Sıra sıra dizili evlerin sonuncusundan çıktı ve bana doğru yürümeye başladı, birkaç adım ötede durdu. Mavi gözleri hatırladığımdan daha parlaktı. Alnı ve yanakları minik yaralarla dolmuştu. Yutkundum, o muydu?

Kıza yaklaştım. Elimi uzattım ve Almanca kekeleyerek dedim ki, merhaba, ben Icho. Elim havada kaldı.

Bir adım geri attı ve ben de Gertrude, dedi, kimi arıyorsunuz?

Belki bilmiyorsunuzdur.

Affedersiniz, dedi Gertrude, tanışıyor muyuz?

Ve ben tekrar, ben Icho, dedim. İki yıl önceki savaş sırasında, Zeiss konvoyunda yürüyen mahkûm, ve saçları örgülü bir kız, elinde yiyecekle beni yolun kenarında beklerdi, siz o kız değil misiniz?

Gertrude kollarını göğsünde kavuşturdu ve affedersiniz, dedi, sizi anlamadım.

Size teşekkür etmeye geldim, beni kurtardınız, yani eğer o sizseniz.

Bu ne zamandı, diye sordu?

Savaş sırasında.

Savaş sırasında kampta esir miydiniz?

Öyleydim.

Sonra yolu gösterip dedim ki, tam olarak orada duruyordunuz, kulenin karşısında, hatırlamıyor musunuz? Annenizle orada duruyordunuz, o siz değil miydiniz?

Üzgünüm, dedi Gertrude, iki yıl önce ben burada değildim. Bir ay önce bu köye geldim. Berlin yakınlarındaki başka bir köyden, siz Yahudi misiniz?

Evet, Yahudi'yim, belki saçları örgülü bir kız tanıyorsunuzdur, size çok benziyor.

İnsanlarla tanışacak zamanım olmadı, dedi Gertrude. Üzgünüm, siz özellikle bunun için mi geldiniz.

Hayır, hayır, bir tren bekliyorum.

Ben de, dedi Gertrude.

O kızla tanışmak için bir trene bindiğim rüyayı sadece çok yorgun olduğumda görüyorum, ama rüyamda, kampı, Almanları ve o acımasız yolculuğu da hatırlıyorum ve sabah kendimi kötü hissediyorum. Herkese, hatırladığım haliyle kızın ayrıntılı bir tarifini bırakıp ayrıldım, manastırdaki rahibeler ve askerler onu bulmama yardım edeceklerine ve İsrail Ülkesi'ne telgraf çekeceklerine dair bana söz verdiler, böylece ben de ona, bana gösterdiği ilgiden dolayı teşekkür edebilirdim. Karanlık ve kurtlarla dolu bir ormanda küçük bir ışık olduğunuz için teşekkür ederim. *Heil* Hitler'i alt ettiğiniz için size çok teşekkür ederim, evet. Radyoda bas bas bağıran ve milyonları *Heil, Heil* diye peşinden sürükleyen adamı.

Manastırda onlara, adı Icho-İshak olan ve İsrail Ülkesi'ne gitmeye hazırlanan Yahudi bir çocuğun kraliçesi olduğunu ona söylemelerini istedim. Ona şöyle söylemeliler: Onunla tanışabilseydi, gökteki tüm yıldızları ve ayı onun için aşağı indirirdi. O Alman kızı bulmalı ve ona tam olarak İshak'ın bu dileğini söylemeliler.

Kimse telgraf çekmedi ve ben rüyalarımda ne zaman Zeiss'a gitsem hep onu arıyorum. Rüyalarımda neredeyse her kampı ziyaret ediyorum, ama en çok Zeiss'ı, özellikle de Hamursuz Bayramı'nda. Her yıl masayı kurarken, masaya bir boş sandalye koyarım. O kız için bir sandalye. Sandalyesini güzelce temizler, masa örtüsü altına gelen kısmı düzeltirim ve her Hamursuz Bayramı akşamı ona çok teşekkür ederim. Dov'a teşekkür etmem, Tanrı'ya teşekkür etmem, tatil için gelen oğluma, kızıma ve torunlara teşekkür etmem, Hamursuz Bayramı'nı başka bir yerde kutlamak için torunları alan oğluma teşekkür etmem, sadece o kıza teşekkür ederim, evet ve belki bir gün gelir de bizimle birlikte oturur diye beklerim, böylece biz de doğrudan yüzüne bakıp söyleyebiliriz, teşekkür ederim, teşekkür ederim. Belki de, çoğunlukla karımla birlikte yalnız geçirdiğimiz ve içimizden masa kurmak gelmeyen yılbaşı akşamı gelir, belki kız bizimle oturmaya geldiğinde yeni yıla gireriz, ballı elma yeriz ve birlikte şarkı söyleriz, *Yeni Yıl Kutlu Olsun, Mutlu Bir Yıl Olsun,* belki.

Polonya, 2003

23 Haziran Pazartesi, Auschwitz-Birkenau rampasında.

Öğleden sonra, Auschwitz-Birkenau Kampı'ndaki rampanın çakılındayım, önce gazetelerden gördüğümüz o kule, balta ile kesilmiş bir ormana benzeyen devasa kampın karşısında, sadece birkaç kışla binası ayakta duruyor ve tam şu an iki işçi dikenli telleri onarıyor ve üçe ayrılan bir yol, ikisi rampa boyunca uzanıyor, üçüncüsü hafifçe yana kıvrılıyor, ürperiyorum, Tanrım, Dov ve İshak'ın nakil aracından indikleri yer burası, tam burası ve şurası da beyaz eldivenli SS adamların durduğu yer, eldivenin içinde uzun bir parmak, bir ulusun hayatıyla oynayan bir parmak ve rampanın kenarına doğru uzun adımlarla yürüyorum ve rehberimiz Alex, şimdi koğuşlara gideceğiz, diyor, bense, lütfen rampayı tekrar görmek istiyorum, diyorum, kabul ediyor ve rampanın çakılı ayaklarımın altında bağırsa bile, kendimi zorlayarak uzun bir adım atıyorum ve içimde, çakılı İsrail Ülkesi'nden uçakla getirdiğim Yahudi bacaklarla çiğnemek ve Auschwitz-Birkenau'nun göklerine haykırmak için vahşi bir dürtü var, ben İsrail Ülkesi'nde doğdum, Yahudi insanların arasında ve siz, onların herkesi ortadan kaldırmak istediğini gördünüz, bu konu hakkında ne, ne söylemeniz gerekir, hah, Batya endişeleniyor, iyi misiniz, ve ben bir dakika diyorum ve sonra Dov ve İshak'ın talimatlarını hatırlıyorum, saunaya git, git ve Kamp Kanada'nın hemen hemen nerede olduğunu gör, annelerin ve çocukların sanki piknik yapıyorlarmış gibi dinlendiği ormana git, çantalarında yiyecek bir şey, bir bisküvi ya da elma olup olmadığına bak ve sonra bloğa git, en az bir bloğa girmeli ve kalabalık olduğunu söylediğimiz hücrelere bakmalısın ve krematoryumun yakınına gitme, yıktıklarını duyduk ama sen yine de ondan uzak dur, duyuyor musun, milyonlarca hayalet olduğunu söylüyorlar ve rahatsız edilmemek için dünyayı lanetliyorlar, bu yüzden oraya gitme.

Benimle gelin, dedim, aile için birlikte bir mum yakarız.

Hayır. Kesinlikle olmaz. Biz oraya gitmiyoruz, dediler, biz hiçbir yere gitmiyoruz, mumları kendin yak ve fotoğraf çek, böylece hatırlarsın, bizim aklımızda yeterince fotoğraf var ve Auschwitz-Birkenau'dan ayrıldığında bizi ara, ayrıldığını bilmeliyiz.

Arayacaksın, değil mi?

SON

Yazarın Notu

Yaşadığım köy, 1936 yılında ilk on üyesi arasında babamın da olduğu bir avuç Bulgar öncü tarafından kuruldu. Celile Gölü'ne bakan bir tepenin üstündeydi.

Nisan 1946'da, Nazi Soykırımı'ndan kurtulan bir grup genç yeni kurulan köyümüze geldi, çoğu Polonyalıydı ve ailelerini kaybetmişlerdi.

Yeni gelenler toprağı işlediler, İbranice öğrendiler ve sonra, birlikte öğle yemeği yiyecekleri ailelerin yanına gönderildiler. İshak bize geldi. Dov başka bir aileye gönderildi. Altı aylıktım ve benden büyük iki kardeşim vardı.

Yıllar sonra İshak bana, ağlayan bebeğin sesini (benim sesimi) ve onu annesinin kollarında görmeyi sevdiğini söyledi, çünkü bu bir yaşam belirtisiydi.

Annem İshak'ın bir kardeş gibi olduğunu söylerdi, evlat edinilmiş bir kardeş ve ona İshak'ın ailesinin nerede olduğunu sorduğumda, "Şşşş, bu konu hakkında konuşmuyoruz," derdi.

Okulda Yahudi Soykırımı'nı öğrendiğimizde, İshak'a Savaş sırasında nerede olduğunu sordum. Söylemeye istekli olduğu tek şey şuydu: "Günlerce, bir insan konvoyu oluşturarak, bitkin, aç, umutsuz bir halde fabrikada çalışmaya giderken, adım adım ilerlediğimiz yolun kenarında annesiyle birlikte duran Alman kıza, her gün bana sandviç veren o kıza tekrar rastlasaydım, onu kraliçe yapardım." Gözleri dolmuştu. Ona bunu birkaç kez daha sordum ama başka bir şey söylemedi. Kızın ya da Alman kasabasının adını bilmiyordu. Sormayı bıraktım. O günden sonra, Soykırım hakkında okumayı da bıraktım.

İshak ve ben, grup köyden ayrıldıktan sonra iletişimi sürdürdük.

İsrail'in merkezine taşındım ve 2001 yılında ilk kitabım *Come Auntie, Let's Dance* yayımlandı. İçimde, bir sonraki kitabımın İshak ve Dov kardeşler hakkında olacağına dair güçlü bir his vardı. Bunu, "Ama bundan bahsetmek istemiyorlar," diyen kocam Dror ile paylaştım.

İshak'ı aradım. Yad Vashem ve diğer kuruluşların ondan hikâyesini paylaşmasını istediklerini ve reddettiğini söyledi. "60 yıldır bu konu hakkında hiç konuşmadım, çocuklarımla bile. Neden şimdi konuşmak isteyeyim ki?"

Dov'u aradım, o da reddetti, ama bana köydeki, bebek olduğum için hatırlayamadığım ilk günlerini anlatmayı kabul etti.

Onunla kuzeyde buluşmak üzere trene bindim, yaşadığı yer İshak'ın yaşadığı yere uzak değildi. Bize kahve yaptı, konuşmayı kaydedip kaydedemeyeceğimi sordum. Küçük cihazı masanın üstüne koydum, sonra doğruca bu sandalyeye oturdu, gözlerini kocaman açtı ve başladı, "Auschwitz'e gece vardık. Tren kapılarını açtıklarında, parlak ışıldaklar gözlerimi acıttı. İnsanların ağladığını ve çığlık attığını duydum, köpekler havlıyor ve askerler bize bağırıyordu, '*Schnell, Schnell.*'"

Sessiz biriydim. O akşam İshak'ı aradım ve bana Dov ile konuştuğunu söyledi. "Pekâlâ, ben de hikâyemi anlatacağım."

Bir yıl boyunca, iki haftada bir onlarla oturdum. Önce tek tek, sonra birlikte. Yavaş ve dikkatli bir şekilde ilerledik. Onlar için endişeleniyordum. Bazen, İshak konuşurken ağlıyordu.

Kardeşlerin kız kardeşi Sara ile tanışmak için Queens New York'a gittim. Yahudi Soykırımı sırasında yaşadığı deneyimleri paylaşırken, mutfağında saatlerce oturduk.

Soykırım hakkında çeşitli kitaplar okumaya başladım: Randolph L. Braham ve Nathaniel Katzburg'un *History of the Holocaust: Hungary* isimli kitabı, Yad Vashem tarafından yayımlanan *The Auschwitz Album* ve daha pek çok şey.

Bundan sonra iki yıl daha oturdum ve bu kitabı yazdım. Kendimi, bir çalışma kampında, kulübelerde, deliklerde, açlık içinde yaşadığımı hayal etmeye zorladım: Bu koşullarda, ne görürdüm, ne koklardım, ne duyardım? Bedenim nasıl hissederdi? Auschwitz'deki tahliye rampasında yürüdüğümü varsaydım. Yazın bile palto giydim, ağlamadan duramıyordum.

Elyazmasını yayıncıma vermeden önce Auschwitz'e gittim. Rampayı, kulübeleri, toprağı, gökyüzünü ve krematoryumun yıkılmış kalıntılarının yakınındaki ormanı görmek istedim. Her şeye dokunmak istedim. Kitabın son sayfası, bu ziyaret sırasında yaşadığım bazı deneyimleri anlatıyor.

O günden sonra, Soykırım hakkında dört kitap daha yazdım.